天下文化
BELIEVE IN READING

心理勵志 BBPB007B

第3選擇

解決人生所有難題的關鍵思維

I see Myself

I Seek you Out

I see you

The 3rd Alternative

Solving Life's Most Difficult Problems

史蒂芬‧柯維
Stephen R. Covey

姜雪影、蘇偉信 —— 譯

目錄

當你試圖解決跟朋友、同事,或是家人之間的一項艱難衝突,而事情的發展不如你所願時,難免會感到挫折。此時需要更多內在意志與力量。當問題愈重大,就愈需要內在的安全感、豐沛的雙贏思考、耐心、愛、尊重、同理心、堅忍不拔的決心,以及創造力。

各界推薦

即使是在目前這個衝突不斷的時代，我們仍能瞥見美好的事物。柯維博士讓我們看見，如何超越最難以解決的紛爭，進而尋求生命中更美好的事物。

—— 圖圖主教（Archbishop Desmond Tutu）

1984 年諾貝爾和平獎得主

你可以在短短五頁以內，就能得知柯維所要傳達的訊息。但我深切期望你能仔細閱讀並應用每一頁的知識。柯維遺留給我們珍貴的禮物。但，就像大多數深刻的思想，唯有在日常生活中有意識地實踐，才能真正改變人生。

—— 湯姆·畢德士（Tom Peters）

管理學大師

在本書中，柯維博士激發我們去思考，如何以先前未曾有過的方式，來解決問題。我們必須拋開彼此間的分歧，包括我們的邊界、語言、經濟、政治，以及文化，共同針對當下所面臨的問題，攜手共創雙贏的解決方案。

—— 穆罕默德·尤努斯（Muhammad Yunus）

2006 年貝爾和平獎得主

在《第3選擇》中，對於我們所面臨的危機，柯維促使我們要超越已有的次優解決方案，也就是超越左派和右派，以及超越橫亙在我們面前、那許許多多虛假的選擇。本書充分回應愛因斯坦的警語：我們不可能用製造問題時的相同思維水準來解決問題。

—— 亞利安娜·哈芬登（Arianna Huffington）

《哈芬登郵報》創辦人

再一次，柯維又做到了！在這本新書中，針對如何掌握人生最嚴峻的挑戰，柯維提供深具意義的建議。不是用「我的方法」，也不是用「你的方法」，而是共同尋找「我們的方法」。

—— 小馬里奧特（J.W. Marriott, Jr.）
萬豪國際集團董事長暨執行長

在本書中，柯維遠遠超出他所熟悉的領域。同時提供建議，能夠處理我們所面對的痛苦和焦慮，無論是針對個人或組織或是我們身處的社會。本書可算是柯維所寫過最雄心勃勃且充滿希望的書，就我個人認為，這本是他最佳的代表作，對所有人幫助甚大，能使我們盡最大的努力，在這混亂的世界中，活出和平與正義。

—— 華倫‧班尼斯（Warren Bennis）
管理學之父

本書用最令人信服的方法，以解決當今最具挑戰性的議題，同時也是企業和整個世界不容置疑的成功公式。

—— 道格拉斯‧科南特（Douglas R. Conant）
湯廚公司前執行長暨《紐約時報》暢銷作家

柯維博士再一次做到了！《第3選擇》不但是本具強大力量的著作，同時也解答了人生中最具挑戰性的問題。本書是所有未來的領導者必讀書籍！

—— 杭士曼（Jon M. Huntsman, Sr.）
杭士曼公司創辦人暨董事長

───── **第 1 章** ─────

轉捩點

這本書所要講的，是一種非常根本的原則，

它將改變你的人生以及整個世界。

它是我長久研究高效能人士的生活及行為模式之後，

最重要的總結與發現。

基本上，它就是解決人生難題的鑰匙。

人生充滿難解的問題 —— 看似完全無解的難題。個人問題、家庭問題、工作問題、生活周遭的問題，還有與整個世界、大環境相關的問題。

也許你的婚姻一開始真的有如天作之合，但現在你們幾乎無法忍受對方。你可能和父母、手足、兒女間關係緊張。你也可能覺得自己的工作難以應付、完全失衡，時間、精力永遠不夠用。又或許，你也和許多人一樣，對我們這個好興訟的社會感到厭煩至極，覺得每個人怎麼動不動就對人提出告訴。我們擔心犯罪問題，以及它對整個社會的影響。我們看到政治人物努力想要解決這些問題，但卻一籌莫展。每天的晚間新聞更讓人深感無力，覺得人與人、國與國之間的問題，恐怕永無解決之日。

於是我們失望、決定放棄，或勉強接受一些最終還是會讓自己感覺很糟的妥協。

這正是我一直想寫這本書的原因。

這本書所要講的，是一種非常根本的原則，我相信它將改變你的人生以及整個世界。它是我長久研究高效能人士的生活及行為模式之後，最重要的總結與發現。

基本上，它就是解決人生難題的鑰匙。

所有人都會遭逢困境，大多數人會勇敢面對、堅忍奮鬥，希望最終還是能見到光明。但對許多人而言，恐懼就藏在假面之下。有些恐懼是有形的，有些則是心理層面的，但它們都非常真實。

如果你能認識並實踐本書中所說的這個原則，你不但能夠順利克服難題，甚至還能為自己打造出一個從未想像過的美好未來。這個原則不是我發明的，因為它一直都存在。對於那些願意運用這個原則來面對人生挑戰的人而言，它絕對會成為他們這一輩子所發現的最大寶藏。

　　我在《與成功有約》（*The 7 Habits of Highly Effective People*）一書中曾經提及這個原則。我當時就說它是該書所有原則中，「最有催化作用、最能激發能量、最具統合效果、最令人興奮」的一個原則。在《與成功有約》中，我只大略談論這項原則，但在本書中，我將邀請各位與我一起更深入、更廣泛地進行探討。如果你願意下功夫好好學習，你的思維模式將徹底改變。你將能夠以一種全新的、超級有效的方式，來面對人生中所有最困難的挑戰。

　　我非常興奮能與大家分享少數真正掌握這項原則的人所經歷的故事。他們不只是解決問題的專家，而且創造出我們每個人都夢想擁有的新未來。你將看到：

- 一位父親如何在某天晚上，奇妙地挽救自己身心受困、幾乎自殺的女兒，幫助她脫離束縛多年的絕境；
- 一位印度年輕人如何解決數百萬窮人無電可用的困境 —— 而且幾乎不花任何成本；
- 一位加拿大的警察局長如何單憑一己之力，降低了整個城市的青少年犯罪率；
- 一位女士如何讓深陷汙染的紐約港起死回生 —— 同樣幾乎不花任何成本；
- 一對曾相敬如「冰」的夫妻，如今能一同笑看昔日的那些艱困時光；
- 一位法官如何迅速、和平地解決了美國歷史上最大的一宗環保訴訟 —— 而且根本沒有開庭；
- 許多美國青少年必須隨著擔任勞工的父母四處遷徙。一所專門接納這類青少年的高中校長如何讓學生的畢業率從三成一口氣提升到九成、讓學生的基本技能提升三倍 —— 而

且還不需任何額外的經費；

- 一位單親母親如何與孩子從激烈對立轉變為互敬、互諒；
- 一位醫生如何以不到其他醫生看診費零頭的超低收費，治癒了自己所有罹患致命惡疾的病人；
- 一個團隊如何讓充斥暴力與垃圾的紐約時代廣場，變身為北美最大觀光重鎮。

我要強調：以上這些都不是坐擁財富與影響力的名人。他們只是和你我一樣平凡的人，但他們都成功運用了這個最重要的原則，來面對自己所碰到的艱難挑戰。因此，你也絕對可以做到。

我可以聽到你的心裡正在嘀咕：「拜託，我並不想和那些人一樣，變成解決重要問題的英雄。我自己的問題都解決不了了。我很累，只想給自己找到一些行得通的解決之道。」

相信我，本書提到的所有事情，不但可以解決全球性的問題，對你個人的問題也同樣有效。這項原則可以化解一位單親母親與孩子之間的緊張關係，也可以幫助一個國家元首避免一場戰爭。

你可以運用這項原則來解決：

- 你與老闆或同事之間的嚴重衝突；
- 一個「走不下去」的婚姻關係；
- 你與孩子的學校之間所出現的嚴重歧見；
- 一個讓你陷入財務困境的難題；
- 一個工作上的艱難決策；
- 與鄰居或社區之間的嚴重抗爭；
- 家人之間的長期離齬或不合、甚至冷戰；
- 肥胖問題；

- 一個讓你無法獲得滿足的工作；
- 一個老是「不開竅」的孩子；
- 一個你必須為顧客解決的棘手問題；
- 一個恐怕得進法院才能解決的問題。

　　過去四十多年來，我已將本書中的這項基本原則傳授給數十萬人，包括小學生、滿座的企業家、研究所學生、大約30位國家領袖，還有其他各種不同背景的人。我的傳授方式幾乎完全一樣。撰寫這本書的目的，就是希望將這個原則帶進更多小學校園、戰場、董事會、國會，或是更多人家中的廚房。

　　我是一個全球性領袖組織的一員，這個組織致力於改善西方國家與伊斯蘭世界的緊繃關係。其中成員包括美國前國務卿、重要的伊斯蘭及猶太教領袖、各國企業領導人，以及衝突管理專家。第一次開會時，我發現每個人似乎都各有目的。整個會議顯得正式而平靜，但你完全可以感覺到其中暗潮洶湧。當天是個星期天。

　　我請求大會讓我先教導大家一個原則，然後再繼續開會。大家很有禮貌地同意了。於是我將本書的概念傳授給在座的人。

　　到了星期二晚上，整個氣氛已全然改觀。每個人都放下自己原有的目的與想法。我們獲得一個大家之前未曾想過的精采解決方案。現場的每個人都變得互敬互愛 —— 你可以清楚地看到、感覺到。那位前國務卿小聲地對我說：「我從來沒見過這麼驚人的事情。你所做的事情可以徹底改變整個國際外交。」這一點我之後會再詳加說明。

　　正如我所說，你不必是一位國際外交專家，就能輕易將這個原則應用於自己所遭遇的挑戰。最近，我們做了一項全球性的調

查，希望了解大家在個人生活、工作，以及大環境中所碰到的最
大挑戰。我們的樣本未經嚴格篩選，只是希望了解大家的想法。
總共有7,834人回應了我們的調查，他們來自全球五大洲、隸屬各
種不同組織，職位也各有高低。

- **個人生活方面**：他們覺得最大的挑戰來自工作壓力，而且工
  作滿足感太低。許多人的家庭也出了問題。一位歐洲中階
  主管的心聲頗具代表性：「我覺得壓力很大，常常處於心力
  交瘁的情況，根本沒有時間或精力去做任何自己喜歡做的
  事情。」另一位則說，「我的家庭顯然出了問題，其他事情
  也都因而亂了套。」

- **工作方面**：當然，每個人最在意的就是薪資與獲利。但許
  多人也擔心自己跟不上全球競爭的腳步，「我們簡直是困
  在自己的百年傳統之中⋯⋯我們愈來愈跟不上時代的需求
  了⋯⋯我們真的沒有好好運用自己的創造力和創業精神。」
  一位非洲的企業高層寫道：「我之前任職於一家國際性的企
  業，但去年我決定辭職。我之所以辭職，是因為自己似乎
  再也無法從工作中找到任何意義。」

- **大環境的問題**：對我們的調查對象而言，人類目前面對的前
  三大挑戰是戰爭與恐怖主義、貧窮問題，以及自然環境的
  崩壞。一位亞洲的中階主管竭力呼籲，「我來自全亞洲最窮
  的國家之一。我們心中的吶喊是，絕大多數的民眾都生活
  在貧困之中。就業機會、教育資源嚴重不足，基礎建設幾
  乎不存在，外債龐大、政府失靈、貪腐猖獗。」[1]

上述就是我們的遠親近鄰內心所感受到的問題。明天他們列出的挑戰或許有所不同，但痛苦的源頭恐怕仍是八九不離十。

壓力愈來愈大，人類彼此傾軋的問題也愈來愈嚴重。二十世紀是一個大型戰爭的世紀，但二十一世紀似乎卻成了個人傾軋的世紀。每個人的憤怒指數大幅飆升。家人吵鬧不休、同事爭權奪利、網路霸凌猖獗、法院人滿為患、瘋子濫殺無辜。態度狂妄的「名嘴」充斥媒體 —— 言論愈辛辣，他們的錢就賺得愈多。

這種日趨白熱化的傾軋嚴重影響我們的身心健康。「我非常擔心當今全球文化中這種極力妖魔化別人的趨勢……人類歷史最黑暗的時代都是由這種趨勢開始的，也就是負面的『他者化』（otherization，譯註：即劃分彼此、反對異己）。然後，這種趨勢開始轉化為暴力的極端主義。」心靈健康專家萊瑟（Elizabeth Lesser）指出。我們都很清楚這種趨勢會帶來什麼樣的結果。

因此，我們究竟要如何化解彼此之間最具分化性的歧異、最困難的問題？

- 難道我們還要走上戰爭的老路 —— 決定**不再**忍耐了、**一定要好好教訓一下自己的「敵人」**？
- 還是我們要扮演「受迫害者」的角色，無助地等待別人來解救我們？
- 或是，我們要將正面思考發揮到極致 —— 假裝什麼事也沒發生？
- 或是，我們決定恬淡寡欲、忍耐到底？因為反正事情不可能有更好的解決方式 —— 所有的解決方案其實都只是安慰

---

1. 完整的調查內容請參閱 "The 3rd Alternative: The Most Serious Challenges"。網址：http://www.The3rdAlternative.com。

劑而已，根本無濟於事。

- 還是，就像大多數樂觀向上的人，我們反正就是盡力而為，希望事情**或許真能**「船到橋頭自然直」？

不論我們決定以什麼方法來面對問題，都得面對它們所帶來的後果。戰爭只會帶來更多的戰爭；受害者只會變得愈來愈依賴別人；不願面對現實的人遲早會被現實找上門；憤世嫉俗也成不了任何大事。如果我們凡事只是盡人事，希望**這一次**船到橋頭真的會自然直，我們其實也不是真正面對現實。據說，愛因斯坦曾言，「我們不可能用製造問題時的相同思維水準來解決問題。」

要解決自己所面對的最困難問題，我們就必須徹底改變思維模式。這正是本書的目的。

當你一路閱讀時，會發現自己正處於一個轉捩點上 —— 介於你的過去（無論它是什麼樣的光景）和一個你自己從未想像過的未來之間。你將發現自己擁有「改變」的天賦。你將開始以革命性的、完全不同於以往的方式思考自己的問題。你將產生嶄新的反應方式，它們將幫助你順利克服許多在別人眼中幾乎完全無法跨越的障礙。

你將可以站在那個轉捩點上，看到自己嶄新的未來 —— 你的未來歲月可能將完全超乎想像。你將不再無奈地步入一個無可避免的未來 —— 精力凋萎、阻攔重重。相反地，你將開始實現一個充滿驚喜、意義非凡、貢獻卓著、不斷突破的人生 —— 而且可以一路到底。

藉著本書所提到的原則，重新對焦自己的生命，你將發現一條通往那個嶄新未來的神奇道路。

—— 第 2 章 ——

第3選擇

尋求「綜效」的原則、思維模式與流程

生命不是網球賽，只能有一方贏球。

當雙方都贏、能夠共同創造出一種新局面，

讓彼此都感到滿意時，絕對更令人快樂。

這就是為什麼發揮綜效的流程必須從

「你是否願意與我一起尋求一種雙贏的解決方案，

讓我們都能滿意？」這個問題來開始了。

有一種方法可以解決我們所面對最嚴峻的問題，甚至是那些看來似乎完全無解的難題；有一條路可以穿過人生中幾乎所有的困境及分歧；有一種方法可以幫助我們大步向前。它不是「你的」方法或「我的」方法；它是一個超越你我的方法；它是一種任何人都未曾想過的更好的方法。

我稱之為「第 3 選擇」（the 3rd Alternative）。

大多數的衝突都有正反兩方，我們都習慣用「我們」來對抗「你們」。我們是好人，你們是壞人 —— 或至少沒那麼好。我的團隊是對的、是公義的，你的團隊是錯的、甚至是毫無公義可言的。我的動機純正，你的動機則比較複雜。這是我的場子、我的團隊、我的國家、我的孩子、我的公司、我的意見 —— 永遠是我這一方對抗你那一方。在所有這些情況下，我們都只有兩種選擇。

幾乎每個人都得選邊站。因此我們有了自由派和保守派之分、共和黨對抗民主黨、勞方對抗資方、律師對抗律師、孩子對抗父母、保守黨對抗勞工黨、老師對抗校方、大學對抗社區、鄉村對抗城市、環保主義者對抗土地開發商、白人對抗黑人、宗教對抗科學、買方對抗賣方、原告對抗被告、開發中國家對抗已開發國家、妻子對抗丈夫、社會主義者對抗資本主義者，以及教徒對抗非教徒。這就是為什麼我們會有種族歧視、偏見與戰爭。

爭議雙方都有根深柢固的觀念。比方說，環保健將的觀念源自珍惜大自然的美好與平衡，而開發商的觀念則是從推動社區進步、經濟成長而起。雙方都視自己為正義、理性的一方，而對方則完全不理性、沒知識。

我們的觀念其實是與自我認知盤根糾結的。如果我說自己是環保主義者或保守派或老師，我說的不僅是自己的信念或價值觀 —— 我所描繪的是**我是個什麼樣的人**。因此，當你攻擊我這一

第3選擇

我們的想法

我的想法　　　　　　　　　　**你的想法**

第3選擇　大多數的衝突都有兩方意見。第1選擇是我的想法，第2選擇是你的想法。藉由尋求「綜效」（synergize），我們可以找到「第3選擇」——我們的想法，也就是一個化解衝突、更好的方法。

方時，你攻擊的是我和我的自我形象。如果推到極端，自我認知的衝突甚至可以引發戰爭。

　　「兩種選擇」的思維如此深植人心，我們要如何才能克服它？基本上很難。我們要不是持續掙扎，就是無奈妥協，因此我們才會面對這麼多令人沮喪的困境。然而，真正的問題通常並不是我方的論點究竟有多高明，而是在於我們的**思維模式**。

　　思維模式就像一張地圖，幫助我們決定自己要走的方向。我們所**觀**看到的地圖，決定了我們的行**為**，而我們的行為，則決定了我們會**得**到的結果。改變思維模式，我們的行為及所得的結果也

觀一為一得

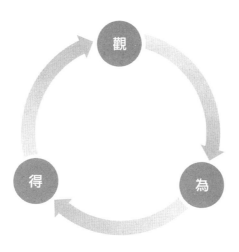

觀一為一得　我們的思維模式左右著我們的行為，因此也左右了行為所帶來的結果。我們**得**什麼結果，端看我們的行**為**；而我們的行**為**，則由我們如何**觀**看周遭這個世界來決定。

將有所不同。

舉例來說，當番茄剛從中南美洲引進歐洲時，一位法國植物學家認定它就是古代學者口中的「狼桃」（wolfpeach）。他警告說，一顆番茄下肚就足以引發痙攣，讓人口吐白沫而死。因此，從歐洲遷徙而來的美國早期移民雖然會在自家花園種植番茄做為觀賞之用，但他們卻完全不敢碰觸這種「毒果」。在此同時，壞血病是殖民時代的人經常碰到的一種嚴重疾病，它是因缺乏維生素C而起，而番茄裡可是蘊含了維生素C。治療壞血病的良方就在殖民者自家的後院裡，但許多人卻因一個錯誤的思維模式而白白送命。

　　將近一個世紀以後，這種思維模式因新資訊的出現而發生改變。義大利人和西班牙人開始吃番茄。據說，美國總統傑佛遜（Tomas Jefferson）還曾大量種植番茄、鼓勵美國人食用。今天，番茄已成最受歡迎的一種蔬果。現在，我們**視**番茄為健康食品、大量**食用**番茄，而且因而**獲得**健康。這就是思維移轉（paradigm shift）的強大威力。

　　如果我是環保主義者，我的思維模式（也就是我的思維地圖）只會讓我看到一片美麗的處女林地，因此我很自然就會想要保護它。如果你是開發商，你的思維地圖所顯示的，將只是這片林地底下驚人的石油蘊藏，於是你就想要趕緊鑽地採油。這兩種思維模式可能都是正確的。沒錯，這片土地上確實有珍貴的原始森林，然而，底下也確實蘊含著豐富的油藏。問題在於，這兩種思維地圖都不**完整** —— 而且永遠也不可能完整。相同地，番茄的樹葉確實有毒，因此，就某部分而言，反對番茄的思維模式其實並沒有錯。雖然有些思維地圖或許真的比別的地圖完整，但是沒有一張思維地圖是真正完整、真實的，因為地圖原本就不是真正的地形、地貌。英國小說家勞倫斯（D. H. Lawrence）曾說，「每一個半真理（half-truth）最終只能在另一半的真理中，創造出自己的對立面。」

　　如果我只看到「第1選擇」的思維地圖（也就是**我自己**那張不完整的地圖），解決這個問題的唯一方法，顯然就是說服你去改變你的思維模式，甚或強迫你接受我的選擇。這也是我保有自我形象唯一的方法 —— 我必須贏、你必須輸。

　　相反地，如果我決定拋開自己的地圖去接受你的思維地圖（也就是「第2選擇」），我還是會面對同樣的問題。因為你也無法保證你的思維地圖一定完整，因此，我很可能會賠了夫人又折

兵 —— 你可能贏，但我一定輸。

　　我們可以把不同的地圖合在一起看，這樣當然有幫助。我們會有一張更完整的地圖 —— 包含了雙方的想法。我會了解你的想法，你也會了解我。這當然是一大進步。但即使如此，我們的目標可能還是互不相容。我仍然不希望任何人碰我的森林，而你則依然希望在森林裡鑽井取油。我對你的地圖有了充分的了解，反而可能讓我們的抗爭變得更加激烈。

　　現在，**我們要進入最精采的部分了**。我看著你，忽然想說，「或許我們可以想出一個超越你我現有想法的另一種解決方案。**你是否願意和我一起發掘出一個我們到目前為止從沒想過的『第 3 選擇』？**」幾乎很少人提出這個問題，但它不僅是解決衝突的關鍵，而且還能改變整個未來。

尋求「綜效」的原則

　　藉由一種尋求「綜效」（synergy）的流程，我們可以達到「第 3 選擇」。所謂的「綜效」就是 1 加 1 等於 10、或 100、甚至 1000！它是當兩個以上懂得互敬互重的人，決心攜手、超越各自原有的既定想法，來面對某一項重大的挑戰時，所可能產生的驚人結果。在我們攜手打造一種遠超過以往的全新境界時，我們將會產生某種奇妙的熱情、活力、心靈手巧，以及激情。

　　「綜效」與「妥協」絕非同一碼事。當我們妥協時，1 加 1 頂多等於 1.5，也就是每個人都輸。綜效不只是**解決**一個衝突。當我們達到綜效的結果時，我們已經完全**超越**衝突。我們達到一種全新的境界，它帶來嶄新的可能性、扭轉整個未來，因而會讓每個人都興奮莫名。綜效比「我的」想法或「你的」想法都高明；綜效是

「我們的」想法。

綜效是一種幾乎未被人真正了解的概念。原因之一是，它遭到太多人的扭曲、誤用而完全被汙名化了。在企業界，「綜效」通常是一種反諷之詞，用來美化為了刺激股價所進行的企業購併行為。在我個人的經驗裡，如果你想要別人對你翻白眼，只要丟出「綜效」一詞，包準有效。這是因為許多人幾乎不曾真正體驗過綜效的好處。當我們聽到綜效這個名詞，它八成都是出自想要操弄、扭曲這個概念的人之口。「只要一聽到西裝革履的人講出『綜效』二字，我就知道自己的退休金可能不保了。」大家不相信這

綜效　這就是所謂「1加1大於2」的自然法則。不選你的方法、不用我的想法，而是選擇綜效之路，以獲得更高、更好的結果。你我一起，我們1加1大於2。

個名詞，因為太多人為這個名詞帶來了極端負面的聯想。大家已經認定，只要有人提起「充滿創意的合作與綜效」，意思就是說「來，我又想到一個剝削各位的方法了。」當然，這種負面的心態是絕對不可能帶來什麼創意或促進任何合作的。

然而，綜效其實是一種奇蹟。它隨處都在；它是自然界運作的基本原則。美國紅杉的根彼此盤根錯節，因此才得以抵禦強風的吹襲，而且高聳入雲。綠藻及真菌依附在苔蘚之中，因此也才能舒服地仰賴毫無養分的石頭為生。呈V字形飛翔的鳥群所能飛行的距離，比一隻單飛的小鳥多出將近兩倍，因為鳥群拍動翅膀所產生的上升氣流，讓鳥兒得以輕省地遨翔。將兩塊木板疊在一起，它們所能承受的重量，遠超過個別木板的承重力。水中細小分子的交互作用，可以創造出每一片都獨一無二的雪花。在所有這些例子中，整體的能量都遠大於個體力量的總和。

1加1應該等於2，但在發揮綜效時可不止。比方說，如果一部6萬PSI（每平方英吋一磅，pound per square inch）的機器可以截斷一根鐵條，要截斷一根相同大小的鉻則得用上7萬PSI，而一根鎳條更需要用到8萬PSI。因此，如果我們將鐵、鉻及鎳熔合在一起，它可以承受的力量應該是21萬PSI。對吧？

不對！如果我以特定的比例熔合鐵、鉻、鎳，這條合成金屬將能承受30萬PSI的力量。30萬PSI減掉21萬PSI，我們竟然憑空多出了9萬PSI的承受力。這種合成金屬比它們個別的承受力整整高出了43%。這就叫做**綜效**！

這種暴增的承受力讓噴射引擎得以產生。噴射引擎的驚人高溫與壓力足以融化承受力不足的金屬，但「鉻鎳鋼」（chrome-nickel steel）卻能承受比一般鋼材高出許多的高溫。

相同的綜效原則也適用於人類。同心合作的人可以做到的

事，遠超乎任何人的想像，也遠高於他們各自能量的總和。

　　音樂就是人類發揮綜效的絕佳例證。節奏、旋律、和聲及個人風格加總起來，可以創造出全新的音樂質地、層次及深度。音樂學家告訴我們，人類音樂史上，絕大多數的時候音樂都是一種即興的藝術 —— 任何時候，興致一來，大家就可以一起演奏或唱和。根據某種特定的形式來創作音樂是非常晚近的事。即使是今天，某些最動人的音樂 —— 例如爵士樂 —— 依然是一種即興式的音樂。

　　「和聲」就是幾個不同的音符同時發出聲音所產生的效果。每個音符都沒有失去它們各自的特色，但同時發聲卻可以創造出一種綜效 —— 和聲。它是任何個別音符都無法創造出來的效果。和音符一樣，創造綜效的人也不會失去自己的身分認同，他們只是將自己的能量與別人的能量結合起來，共同創造出一種任何個人都不可能創造出來的偉大結果。

　　在運動界，它叫做起「化學作用」。偉大的球隊可以享受綜效及化學作用所帶來的奇妙能量，而這正足以讓他們打敗那種由專愛賣弄個人技巧、好大喜功、完全不顧綜效的明星球員所組成的超級球隊。我們無法單憑球員的個別能力及技巧，就判定每支球隊會有怎樣的表現。一支偉大球隊的表現，絕對遠超乎每位球員個別能力的總和。

　　人類發揮綜效的極致範例當然就是家庭了。每一個孩子都是一個「第 3 選擇」—— 也就是一個擁有獨一無二特質的個體。我們不可能藉由將孩子父母的能力相加，來預測這個孩子所能擁有的能力與特質。父母雙方賦予任何一個孩子的特質都是全宇宙獨一無二的，而這個孩子所能發揮的創造力也完全無可預期。偉大的大提琴家卡薩爾斯（Pablo Casals）曾說，「孩子必須知道他們自己

是一個奇蹟，因為從開天闢地到世界的末了，都不會再有任何一個人，和他一模一樣。」

「綜效」就是家庭的本質。每一位成員都會為這個家庭增添一種獨特的風味。當孩子對自己的母親展顏一笑時，其反映的絕不只是一種單純的共生關係 ── 不只是因為他們生活在一起、彼此互利互惠。正如我的朋友霍爾（Colin Hall）所說，綜效或許就是「愛」的代名詞。

太多例子向我們證明，綜效的威力可以改變世界。但綜效也可以改變你個人的工作及生活。沒有綜效，你的工作將陷入停滯，無法成長、無法自我改善。市場競爭及科技的改變已經到達一種若不具備正向的綜效心態，你將很快成為歷史的地步。沒有綜效就沒有成長。你將陷入殺價競爭的惡性循環，直到無以為繼、打烊關門為止。另一方面，如果你能發展出正向的綜效心態，則將進入一種良性循環，讓你可以永遠站在市場及技術的尖端，朝不斷成長、影響力不斷擴大邁進。

還有一種情況稱為「負向綜效」（negative synergy）。它發生於惡性循環因更多負面力量的加入而加劇之時。我們都知道，抽菸可以致癌。但石棉也會導致肺癌，如果你既抽菸，同時又不斷吸入石棉，你得到肺癌的機率將遠超過兩種致癌因素相加的程度。如果你不積極發展正向綜效，你就極有可能落入負向綜效的困境之中。

正向綜效的成果並非漸進發生。你可以透過持續改善的流程來提升某項產品的品質，但你恐怕無法透過改善的流程，發展出一種全新的產品。綜效不但是解決人類衝突的關鍵，同時也是世界上每一種真正的「新產品」之所以能夠出現的原因。它是生產力大躍進的關鍵。它也是所有真正的創意背後的思維能量。

　　讓我們舉幾個例子，看看綜效如何在國家、個人或組織等不同層次，徹底改變了遊戲結果。

創意式非暴力

　　當我與印度聖雄甘地的孫子阿倫・甘地（Arun Gandhi）見面時，他對祖父的一生提出了極為獨到的見解：

> 　　諷刺的是，若不是因為種族歧視和偏見，印度恐怕不會出現一位甘地。這完全是拜挑戰、衝突之賜。他很可能只會成為另一位有錢的名律師。然而，正因為南非的種族歧視，他在抵達南非不到一週之內，就遭遇一次極大的屈辱。由於自己的膚色，他被趕下火車。他覺得深受羞辱，因此在月台上坐了一整夜，思索該如何為自己討回正義。他的第一個反應當然是憤怒。他憤怒到希望得到以眼還眼式的正義。他想要以暴力的方式回敬那些羞辱他的人。但他克制住自己。他告訴自己，「這不是正確的做法」。這種做法無法為他討回正義。或許會讓自己獲得一時的快感，但卻無法討回任何正義。它只會讓衝突的惡性循環愈演愈烈。
>
> 　　就從那一刻起，他發展出自己的非暴力哲學，不但一生奉行，而且用以推動南非的種族正義。這讓他在南非一待就是22年。然後他又回到印度，帶領印度的獨立運動。這個運動的結果成就了一個獨立的印度，而這是之前任何人都未曾夢想過的結果。

　　甘地是我心目中的英雄之一。他絕非完人，而且他也未能完

成自己一生所有的目標。但他發展出自身的綜效，發明了「第3選擇」：**創意式非暴力**（creative nonviolence）。他超越了只有兩種選擇的思維模式 —— 他不打算逃避，也不打算反擊。那是動物的行為 —— 受到逼迫時，動物要不是奮力反抗，就是逃之夭夭。這正是兩種選擇的思維模式 —— 不是攻擊就是逃避。

甘地以「綜效」改變了超過3億人的生命。今天，印度是個超過10億人口的國家。她是一個充滿驚奇的國度。你可以感受到她那偉大而獨立的人民所散發出來的活力，以及經濟與宗教上的熱情。

音樂課

娜蒂雅看到自己的寶貝女兒手上拎著小提琴，哭著走出校門。這個八歲大的小女孩向媽媽哭訴 —— 老師說以後學校不上音樂課了。那天晚上，身為小提琴家的娜蒂雅愈想愈生氣。一想到女兒臉上失望的神情，就讓她根本睡不著覺。於是，她仔細推敲，明天要如何以一番鏗鏘有力的大道理，好好教訓一下這位老師。

早上，娜蒂雅腦袋顯然比較清醒了一點，於是她決定先搞清楚學校到底發生什麼事，再來決定要如何展開攻擊。她提早到校，以便在上課前先和那位老師談一談。「我女兒熱愛小提琴，」她說，「我很好奇到底發生了什麼事，為什麼學校不再准許孩子們在校練琴？」讓她大吃一驚的是，那位老師竟然開始落淚。「因為我們不再有時間上音樂課了，」她解釋說。「我們必須將所有時間用來幫孩子上基本科目，像是閱讀及數學。」原來這竟是政府的規定。

有那麼幾秒鐘，娜蒂雅忽然想要轉而抨擊政府，但她想了一會兒，又說，「一定有什麼方法，可以讓孩子既能學習音樂，又能學好基本科目。」老師的眼睛一亮。「對呀，音樂原本就和數學**非常相關**呀。」聽老師這麼一說，娜蒂雅的腦筋飛快地轉動。「我們是否可能**利用**音樂來教導那些基本科目？」她看著老師，兩人同時笑了出來，因為她們想到了同樣的解決妙方。接下來的一個小時，她們的創意源源不絕，神奇至極。

很快地，娜蒂雅開始利用自己所有的空閒時間在女兒的班上擔任義工老師。她和女兒的老師一起運用音樂來教導所有的科目。學生不但用數字，同時也用音符來學數學（兩個八分音符等於一個四分音符）。用唱歌的方式來讀詩當然也讓學生覺得容易許多。藉由了解偉大的作曲家和他們所屬的時代，再加上練習、演奏這些作曲家的作品，歷史課活了起來。孩子們甚至因為世界民謠教唱而學到不少外語呢。

學音樂的家長和負責教學的老師共同發揮綜效，其重要性完全不亞於音樂與基本科目之間所發生的綜效。學生既學了音樂，也學會了基本科目 —— 而且進步神速。很快地，其他老師和家長也都躍躍欲試。後來，連政府也開始對「第3選擇」產生了強烈的興趣。

全面品管

1940 年代，管理學教授戴明博士（W. Edwards Deming）希望美國產業界能夠正視提升品質的重要性，但美國產業界卻選擇縮減研發經費以換取短期利益。這就是兩種選擇的思維模式 —— 不是高品質、就是低成本，兩者只能選擇其一。這不是大家都明白的

道理嗎？在美國，要求短期內獲利的壓力，不斷逼使企業界以犧牲品質來達到目標，惡性循環就此產生。而產業界也因此浮現一種心態：**在不被逮到的情況下，我們可以偷斤減兩到什麼程度？在不引起顧客反撲的前提下，我們的產品可以偷雞摸狗到什麼程度？**

由於美國產業界毫不領情，戴明到了日本。基本上，戴明所說的就是：瑕疵會滲入所有的生產流程，而且瑕疵會趕跑顧客，因此，生產流程的最高目標就是持續不斷降低瑕疵發生的比例。日本企業界結合了戴明的想法以及他們自己的「看板」（kanban）管理哲學。所謂「看板」哲學就是將生產管理的責任下放到第一線，讓第一線員工可以自主管理相關的生產流程，而每一個人的目標都一樣，就是生產出更好的零件。兩種理念的結合，創造出一個新產物，也就是「第 3 選擇」── 全面品質管理（Total Quality Management, TQM）。TQM 的目標是要在持續改善品質的同時，不斷降低成本。一種新的心態產生了：**這項產品可以如何加以改善？**

在此同時，身陷兩種選擇心態的美國企業界，卻只得繼續與品質不斷提升、價格卻愈來愈便宜的日本汽車及電子產品苦戰。經過一段時間以後，這個惡性循環終於重傷了美國製造業。

「兩種選擇」的思維

從這些例子可以清楚看到，發揮綜效的最大阻礙，就是缺乏「第 3 選擇」的思維模式。身陷「兩種選擇心態」的人在碰到任何問題時，除非承認綜效真的有可能發生，否則無法見到任何綜效。**擁有兩種選擇思維的人眼中只看得到競爭，從來看不到合作；他們永遠是「敵我分明」的心態。**兩種選擇思維的人只會自己創造困境；對他們而言，事情永遠「不是你死，就是我活」。兩

兩種選擇

兩種選擇

我的方法　　　　你的方法

兩種選擇　在衝突中，我們往往用「我的方法」或「你的方法」思考。但擁有綜效心態的人，會綜合雙方的利益，或超越這種狹隘的思維，得到第3選擇。

種選擇思維的人深受色盲之苦，他們只看得到黃色或藍色，永遠看不到黃藍交融之後的綠色。

　　兩種選擇的思維模式隨處可見。最極端的例子就是戰爭。除此之外，參與任何所謂的「世紀大辯論」中，也都是兩種選擇思維模式的展現。保守派一開口，自由派就閉上耳朵（反之亦然），這就是兩種選擇的思維模式。許多企業領袖固然會為了短期獲利而犧牲公司的長期利益，但兩種選擇的思維也會出現在那些自稱很有遠見的人身上，因為他們總是拒絕考慮短期利益。我們在拒絕科學的宗教人士或拒絕信仰價值的科學家身上，同樣看到這個問題。（倫敦的一所大學裡，有些科學家甚至只要看到學校的神學家在座，就絕不肯走進教職員餐廳吃飯。）

　　兩種選擇思維的人常常無法將別人當個「人」來看，他們只看到別人的意識型態。他們看不到不同觀點的價值，因此也就不願意去了解任何與自己不同的觀點。他們可以假裝很有風度地敷

衍別人，但其實根本一句話也不想聽；他們只想虛與委蛇、操弄別人。他們的攻擊性很強，因為他們沒有安全感 —— 他們的勢力範圍、自我形象、身分認同隨時都有危險。最後，他們就會以全面防堵、全面獵殺來對付所有不同的想法。對這些人而言，1加1通常等於零 —— 甚至負數。綜效在他們身上毫無發揮的餘地。

　　你可能會問，「我們有可能跟每一個人都發揮綜效嗎？」沒錯，要與心智或心態不健全、無法控制衝動情緒的人產生綜效，絕對有其困難。而且，我們當然也很難和精神病患產生綜效。雖然絕大多數的人都是正常人，但即使是我們這些完全正常、理性的人，也很容易落入兩種選擇的思維陷阱之中。如下表所示：我們常會覺得「和我同一國的人」都很……（A欄中的任何一項），而「和你同一國的人」則都很……（B欄中的任何一項）。

　　我以前一直認為，成人不至於會犯這類錯誤，因為大家應該

A	B
善良	邪惡
聰明	愚蠢
有智慧	無知
講理	不理性
有道德	不道德
有彈性	沒原則
天才	白癡
忠於國家	背叛國家
全世界最棒的人	全世界最爛的人

都很了解這個世界的複雜性。然而看到近年來的媒體內容，以及靠著兩種選擇思維還活得很好的人，我忽然變得不太確定起來。

不僅如此，兩種選擇的思維常讓我們在面對兩難時身陷其中、難以跳脫 —— 所謂的兩難就是指看似沒有一個比較好的解決方式的難題。我常聽人談起這類問題，相信你也一樣。有時我們會聽到老師氣餒地說，「我實在沒辦法再教這個學生了，但我也不可能就這樣放棄她。」企業主則會說，「沒有更多的資金，我們根本無法繼續推展業務。但是如果不繼續推展業務，我們又不可能獲得更多的資金 —— 這真是個典型的兩難困境。」政治人物會說，「我們實在無法為每個人都提供必要的健保服務，但我們也不能因為有人付不起健保費就不管他們死活呀。」業務主管會說，「我手下的兩位業務大將天天吵架、彼此傾軋。但沒有他們，我們的大客戶卻會保不住。」太太抱怨自己的先生說，「他實在讓我生不如死，但沒有他我也活不下去。」

兩難的利角

當你覺得自己只有兩種同樣艱險的選擇時，你當然會覺得萬般痛苦。古希臘人將這種情況比喻為「兩難的利角」（horns of a dilemma），因為它就好像你正面對著一頭憤怒的蠻牛 —— 不管牠的哪一支角刺上你，都會讓你肚破腸流、死狀悽慘。

面對這種兩難困境，兩種選擇思維的人心中所產生的不安全感可想而之。有些人會乾脆棄械投降，其他人則會決定勇敢撲向蠻牛的一支角，而且還把所有人都一起拖下水。為了證明自己是對的，他們會不惜緊摀鮮血直流的傷口，也要堅持捍衛自己的立場。還有一些人則選擇死在一支角下，因為他們覺得自己反正已

經無路可走。他們看不到任何第 3 選擇。

　　我們常常無法看清，自己面對的其實是一種**虛擬的**困境。這真是太可惜了，因為事實上，大多數的兩難困境都不是真實的。這種情況隨處可見。民意調查常會問：請問您是支持共和黨還是民主黨？請問您是贊成毒品解禁，還是反對？您覺得使用動物進行研究是對、還是錯？請問您是支持我們，還是反對我們？這種問題根本就不容許我們跨越兩種選擇的思維模式（而且這通常正是問卷設計者的本意）。除非你真是一個極端的兩種選擇思維的人，否則，兩種極端之間一定還有別的可能。我們很少問自己，眼前所面對的問題，是否還有更好的解決方式 —— 也就是第 3 選擇？沒有任何民意調查專家會問你這樣的問題。

偉大的中立者

　　不再期待、放棄希望是兩種選擇思維經常帶來的一種令人氣餒的回應方式。在任何「世紀大辯論」中，一定會有一群「偉大的中立者」（the Great Middle），這些人非常不認同兩極式的想法。他們受不了兩種選擇思維的那種極端想法。他們相信團隊及合作的力量，且能看到另一方的想法。然而，他們同樣看不到「第 3 選擇」。他們並不相信自己與老闆或自己與另一半之間的問題、自己所面對的官司，或是以巴之間的衝突，會有任何真正的**解決之道**。他們是那種會說「反正我們就是不對盤」、「反正我們天生不合」、「這個問題完全無解」的人。

　　但他們卻很相信妥協，也認定妥協就是自己所能期待的最佳結果。妥協一向被認為是一種美德，而它也可能真的讓許多問題不致繼續惡化。根據字典的解釋，妥協就是衝突雙方各自「讓

步、犧牲或放棄」某些自身的利益，以便達成某種協議。這是典型的「雙輸」局面 —— 和「雙贏」剛好相反。許多人可能會「勉強接受」某種妥協，但卻不可能因此而「歡喜雀躍」。雙方的關係一定會留下裂縫，而且通常過了不久又烈火重燃。

　　由於他們是活在一個雙輸的世界裡，中立者通常對任何事都不抱太大希望。他們常是那種年復一年、勤懇工作，但卻很少真正貢獻出自身潛能的人。他們常透過舊工業時代的眼鏡來看世界。他們的責任就是準時上班、規規矩矩地完成公司要求的工作，而不是去改變世界或創造一個全新的未來。他們是很好的團隊成員，但卻絕非扭轉大局的戰將。他們那種懷疑論者的心態，剛好是對抗兩種選擇思維的最佳利器。碰到公司出現派系之爭或家中成員發生嚴重爭執時，「兄弟鬩牆、兩敗俱傷」就是他們心中無聲的回應。只要出現領導人更迭或組織策略變更，他們會極度警覺、馬上出現防衛心態。對他們而言，「拋棄舊思維、擁抱新策略，讓我們成為一個精實、高效能的組織」就等於是「難道你不覺得犧牲一點個人福利、降低一點薪資、一人抵兩人用、讓公司的獲利表現更好，是一件好事嗎？難道你不同意，每個人都應該做一點犧牲嗎？」他們當然同意，因為從來沒人真正問過他們的意見。他們通常被視為可有可無的零件、很容易就能夠替換。而他們也很早就學會不要期待太多。

　　於是，中立者最悲慘的結局，就是染上蔓延全身的憤世嫉俗之癌。對任何事情有任何一點熱情的人，都非常可疑。冷嘲熱諷是他們對新想法的一貫態度。只要聽到「綜效」二字，他們立刻出現嚴重過敏反應。因為他們從來沒有嚐過真正的綜效是何滋味。

尋求綜效的思維模式

　　正如我們所看到，得以跨越兩種選擇的思維、擁有綜效心態的人 —— 例如甘地、戴明及娜蒂雅 —— 並不多見，但他們的影響力、創意及生產力卻十分驚人。他們很自然就能夠看出來，所有的兩難困境其實都是假象。他們是推動思維移轉的人、創新者，也是扭轉全局的戰將。

　　如果我們要加入這些人的行列、也能夠擁有「第3選擇」的思

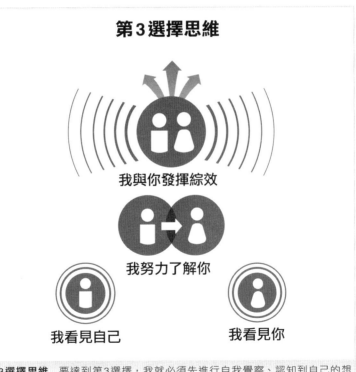

第3選擇思維

我與你發揮綜效

我努力了解你

我看見自己　　　　　我看見你

第3選擇思維　要達到第3選擇，我就必須先進行自我覺察、認知到自己的想法，之後再去認識你所代表的不同想法及其價值。然後，我還必須努力、深入地去了解你的想法。只有到達這個地步，我們才有可能進入發揮綜效的階段。

維模式，我們就必須在四個方面進行思維移轉（請參見頁44）。請大家有一點心理準備，這四種思維移轉都不容易，因為它們都不符合人類的直覺反應。它們會帶我們脫離自私自利的心態、開始尊重別人的需求。它們會讓我們不再一心尋找「正確的」解決方案，而開始尋求「較好的」解決方案。它們會引領我們離開可預期的道路，因為沒有人可以預見第3選擇是何模樣。

在下表中，我們可以看見兩種選擇思維中的4種思維模式，以及第3選擇思維中的4種思維模式。請特別注意它們之間的強烈對比。大家可以看到，兩種選擇思維每經過一個階段，就會離創意愈來愈遠。如果沒有第3選擇思維，創意型的解決方案幾乎不可能產生。每一個思維模式都是下一個模式的基礎，所以，4種思維模式的先後順序很重要。為何如此？

心理學家告訴我們，療癒與成長的先決條件就是「真誠、真實，或一致性」。愈不虛假、愈不偽裝，獲得綜效的機會就愈大。因此，第一個思維模式就是「我看見自己」。它代表人的自覺 —— 積極檢視自己的內心、認清自己的動機、不確定感，以及

	兩種選擇思維	第3選擇思維
1	我只看到自己「這一邊」。	我看見自己 —— 一個獨立的個體，和我「這一邊」無關。
2	我把刻板印象套在你身上。	我看見你 —— 一個獨立的個體，而非你「那一邊」的代表。
3	我防衛自己的想法，因為你是錯的。	我努力了解你，因為你對事情的看法和我不太一樣。
4	我攻擊你。你我之間的戰爭爆發。	我與你一起發揮綜效。我們共同創造一個大家都未曾預見的奇妙未來。

自己的既定想法。確實檢視自己之後，我才能夠以真誠來面對你。

　　療癒與成長的第二個條件是接納、重視、珍惜**你**。羅傑斯（Carl Rogers）是我非常仰慕的一位作家，也是我心目中的英雄。他稱這種態度為「無條件的積極關注」（unconditional positive regard），也就是一種對你的積極而正向的感覺；我能夠視你為一個完整的個人，而非某些態度、行為或信念的代表。對我而言，你不是一個「東西」，你是一個「人」。我視你為自己的兄弟姊妹，與我同為上帝的孩子。

　　第三個條件是「同理性的了解」，而這必須在我接受前兩個思維模式之後，才有可能出現。同理心是指完全進入對方的心理情境、真正了解對方心中的想法。同理心很難得，你我都很少為別人提供或接受別人的同理心。根據羅傑斯的說法，我們通常只會提供另一種完全不同的同理心：「我完全知道你的問題出在哪裡。」因此，真正有效的思維模式是「我努力了解你」，以便我能完全掌握你的心、你的腦，以及你靈魂深處的想法，而非藉此來論斷你。只有在完全真誠的彼此理解之中，創新的想法才有可能自由蓬勃發展。

　　我們必須先滿足前三項條件，才有可能進入第四個階段，也唯有此時，我們才能夠一起學習、成長，獲得真正的、雙方都未曾預見的「雙贏」方案。「我與你發揮綜效」只有在我能夠真誠、積極地關注你**和**我自己，而且真正了解你心中、腦中的意念時，才有可能發生。「我與你發揮綜效」只有在我跨越所謂的「貧乏心態」（scarcity mind-set）── 這件事只有兩種解決方式，一種是對的，另一種則是**錯的** ── 的情況下，才有可能發生。「我與你發揮綜效」只有在我接受了「富足心態」（abundance mind-set）──未來有無限可能，到處都充滿你我從未想過、可以讓我們受益無

窮、精采，而且創意十足的可能性 —— 的情況下，才會發生。

讓我們更仔細看看這些思維模式。

思維模式 1：我看見自己

第一個思維模式就是能夠視自己為獨一無二的個體，具備了獨立判斷、自主行動的能力。

照鏡子時，我在鏡子裡看到的是一個什麼樣的人？我看到

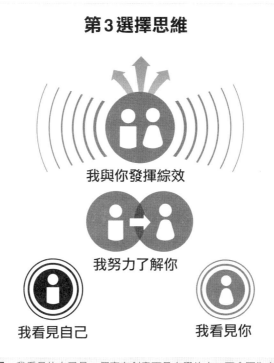

第 3 選擇思維

我與你發揮綜效

我努力了解你

我看見自己　　　　　我看見你

我看見自己　我看見的自己是一個富有創意而且自覺的人，不會因為身處於爭端的哪一方而自我限制。我或許與某些人有相同的理念，或是隸屬於某些團體，但這些人或團隊卻無法箝制我。我的想法及未來由我自己決定。

	我看見自己	我看見自己的「那一方」
觀	我認為自己是一個富有創意而且自覺的人，不受自己隸屬的「這一方」所限。我或許與某些人有著相同的理念，或是隸屬於某些團體，但這些都不能箝制我。我的想法出自我自己。	我以自己所隸屬的團體來定義我自己，也就是我們「那一方」、我的政黨、我的公司、我的國家、我的性別、我的種族。我視自己為保守派、勞工階級、女性主義者或幫派分子，而非一個獨立的個人。我的想法來自外界。
為	我會檢視自己的想法。我會挑戰自己及別人既有的觀念。	我的想法與我所隸屬的團體一致。我的想法本來就是對的，所以有什麼理由要改變？
得	以各種饒富創意的方式與人相交	與別人有許多深具破壞性的衝突

的是一個善解人意、尊重別人、有原則、心胸開闊、不帶偏見的人，還是一個自以為是、喜歡對「衝突的另一方」冷嘲熱諷的人？我是否能夠獨立思考，還是我總是受別人的想法箝制？

我不是某一個爭議事件的某「一方」；我不是自己的偏見、預設立場、先入為主觀念的加總。我的思想不受自己的家庭、社會、文化，甚或所屬的公司所挾制。引用大文豪蕭伯納（George Bernard Shaw）的講法——我不是一個牢騷滿腹、食古不化的傻瓜，每天只會抱怨為什麼這個世界老是與我的（或「我們的」）想法作對。我可以從自己的身上跳開，客觀地評估自己的思維模式如何影響著自己的行為。

從以上的圖表可見，「我看見自己」與「我看見自己『這一方』」的思維模式顯然有著非常強烈的對比。無論在任何衝突中，怎麼觀看事情決定我們的行為，而行為則決定我們會得什麼結果。

低效能的思維模式，就是認為自己是由外在的事物所定義。因此，所有我所重視的事情都是外來的。「定義」就是受限或受箝

制的意思。但人類擁有自由意志，應該可以自由選擇自己要成為什麼樣的人、做什麼樣的事。這不是生而為人最根本的條件嗎？當一個人定義自己為一位環保人士時，她真正的意思其實是，她和某些人在環境保護的議題上擁有一些相同的信念。她的意思當然不是指她**只是**一位環保人士而已 —— 她也是一位女性、一位女兒，甚或是一位妻子或母親。她也可能是一位音樂家、律師、廚師或運動員。

我的意思是，沒有一個角色能夠完全**定義**她這個人。當她照鏡子時，如果她真的很有智慧，她看到的就絕對不限於她所扮演的各種角色。她會看到她**自己** —— 一位體貼、獨立、有創意的人，超越任何的定義。

當一位領導人定義自己為一位理性、務實、冷靜的企業家時，他很可能不久就會栽個大跟斗。他可能會根據自己的 MBA 文化，做出所有「正確」的決定，但結果卻仍一敗塗地。這種事情不是每天都在發生嗎？1950 年代以來，曾經登上《財星》500 大的企業超過兩千家，但絕大多數如今已成明日黃花。過去幾年，我們在全球金融災難中親眼見證，所謂的「冷靜思維」其實有多脆弱。卓越的觀察家明茲伯格教授（Henry Mintzberg）就擔心，自負的 MBA 文化是否正是一再循環的金融危機背後的根本原因。

當然，我們每個人都會受到社會文化的制約。我們的穿著、談吐、飲食、娛樂及思考方式，常與我們所認同的人非常相近。無論是企業領袖、芭蕾舞蹈家、神職人員、政治人物或警察，情況都一樣。我們穿制服、聽信權威、看同樣的電影、人云亦云。

杜克大學哲學系教授佛蘭納根（Owen Flanagan）對這件事情的說法是：「當我們誕生於一個家庭或社區，一種既定的自我形象早已存在。我們無力改變自己生於何處、帶著何種既定形象而

生。形象的存在早於我們的誕生，而且通常早了好幾個世紀……
當我們達到一定的年紀、對自己開始有一些主控權時，我們通
常也只能從這種既定的形象開始發展，也就是一個早已埋藏在我
們靈魂深處、早已是我們自我形象一部分的情境開始。」即使這
個形象或許與我們個人愈來愈無關，而只是一種外界所認定的形
象，但我們可能還是會強力捍衛這種自我形象。

真正的身分盜用

　　我們常聽說所謂的「身分盜用」，也就是有人偷了你的皮夾，
開始假裝是你、使用你的信用卡。當你被別人所賦予的定義完全
吞噬時，這可是更嚴重的身分盜用。你的想法會被外在事物、文
化情境、政治或社會壓力所挾制，完全搞不清楚自己是誰，或是
自己的生命能夠如何發光發熱。我稱之為「真正的身分盜用」。這
種身分盜用非常真實，而且時時刻刻都在發生，因為大家通常分
不清楚什麼是自己的想法、什麼是社會思維。

　　身分盜用也開始癱瘓我們的政治人物。即使是那些剛開始時
胸懷理想、擁有獨立思考能力、用心良善的人，也會不自覺地讓
自己的身分慘遭盜用。他們的行為完全被兩種選擇思維的威力所
挾制，而非出於自己的獨立思考。一位美國前眾議員就說，「大家
開始無奈地臣服在黨派意識之下，好像變得只能乖乖就範，完全
無力突圍而出。」

　　當人創造了鏡子之後，他就逐漸失去自我。他變得比較關心
自己的形象，而非真正的自我。於是，他開始自我洗腦，創造出
一個與社會形象相符的自我。

「我真的很討厭這種黨政協調會，但身為一位黨員，我還是應該出席。」

「又輪到反對黨的傢伙說話了。真搞不懂他們為什麼要做這種無謂的掙扎。」

「大家怎麼可能相信這種鬼話嘛！他們為什麼不能有一點常識？我也只是個頭腦單純、稍微有點常識的人而已啊。為什麼他們就不能像我一樣？難道他們眼睛都瞎了嗎？」

「嗯，他說的有點道理。但是，等一等 —— 他怎麼可能有道理？不可能！他是對方陣營的人呀。」

「真搞不懂，一個平常這麼講理的人，怎麼腦袋會變得這麼僵硬？！」

　　肯定某種與既有文化意象（cultural image）不符的價值，常會對我們的自我形象造成極大的壓力。（你是說，我們的想法並非全部都對？對方有些想法也可能有道理？）但我們每一個人仍然都擁有超越自身文化意象的能力。我們可以超越自己身上所穿的制服、傳統思維、想法，以及所有代表與群體有「一致性」的象徵。

　　首先，人類絕非事先已經做好程式設定的機器。人類不像汽車、時鐘或電腦，我們每個人都有獨特的天賦，可以超越自己既有的文化設定。我們有自覺力。所謂的自覺力就是指我們能夠脫離自身的思考框架，客觀地評估自己的信念與行為。**我們能夠思考自己的思維**。我們有挑戰自身既有假設（assumptions，即既定觀念或想法）的能力。機器做不到這一點。身為有自覺力的人類，我們有自由選擇的能力、創意及良知。這種自我理解的能力讓我們可以擁有自信。

　　另外，我們不可能完全認清自己。當我們照鏡子時，只能看

到部分的自己。我們會有盲點。兩種選擇思維的人遭遇衝突時，很少會去質疑自己既有的文化設定。他們非常仰賴自己眼中看來似乎完全合理的文化假設，殊不知這些文化假設早已被設限，幾乎無一倖免。綜效不但能夠幫助我們了解別人，也有助我們更加認識自己。而這種認識讓我們懂得謙遜。

如果我真的能夠看清自己，我便能看到自己的文化傾向。我可以看到自己有哪些地方需要補強，因為我知道自己絕不完全。我可以看到自己身上承受著哪些壓力；我可以看到別人對我的期待。我也可以看到自己真正的動機。

我的眼光也能因此而超越自身的文化。因為擁有獨特的視野，我可以看到自己在哪些地方能夠有所貢獻。我可以看到自己所能擁有的影響力。我不會視自己為命運、環境的受害者，而是未來的創造者。

如此一來，那些真正**認清**自己的人，應該也都會了解一種「創造性的弔詭」（creative paradox）——自己一方面天生受限，另一方面又完全不受限。他們不會將自己腦中的地圖誤以為是實際的地形、地貌。他們知道自己一定有盲點，但也擁有無窮的潛力。因此，他們可以既謙虛又自信。

大多數的衝突都來自於我們對這個弔詭認識不足。太過自信的人缺乏的是自覺力。由於無法認清自己的看法**永遠**不完整，他們因而經常落入固執己見的陷阱。（我過的橋比你們走的路還多，我當然比你們了解狀況。）也因此，他們通常得不到什麼好結果，而且經常在過程中傷害到別人。另一方面，過度看重自身限制的人則會變得不夠**獨立**。他們很容易視自己為受害者，因而未能發揮潛力、充分貢獻自己的長才。

我之所以稱之為「創造性」的弔詭，是因為：只有認知到自

己不足的人，才會努力去尋找答案；也只有那些了解自己深具潛力的人，才有勇氣去找尋答案。專門研究人工智慧的尤德考斯基（Eliezer Yudkowsky）就說，「想要獲得第3選擇，第一步就是要有決心去追尋第3選擇。」

我的兒子大衛・柯維（David Covey）一輩子都在尋找第3選擇。他的心得是：

> 第3選擇是人類所有互動關係的基礎。每個人都應該學會這種思維方式。我父親送給我最重要的一份禮物，就是將這種思維模式灌輸給我。
>
> 大學時，有一次我需要擠進某一門必修課，否則就畢不了業。助教一直重複他的標準答案：「對不起，課已經滿了、沒有位子了。」於是我去找我父親，問他該怎麼辦。他告訴我，「絕對不可以放棄！找出第3選擇。如果他們告訴你沒位子了，你就告訴他們，你會自己帶椅子去，或是你可以每堂課都站著聽。告訴他們你無論如何一定要擠進那門課。告訴他們你知道一定有人會退選，而你會比課堂上的任何人都認真，而且你一定會證明給他們看。」後來我真的擠進了那門課！
>
> 小時候，我覺得第3選擇的概念實在太天馬行空了，根本就是異想天開。但當我真的開始應用這個概念時，我非常訝異，堅持不懈、決心找出方法來達成目標的威力，竟是如此之大。
>
> 有一次，我的健康教育拿了一個很糟的分數。那一次，健康教育老師出了一份超級恐怖的期末考題，全班幾乎都嚇傻了。我只好又跑去找我父親，問他說，「怎麼辦？我的成

績單裡不能出現這麼一個恐怖的分數啊。」他說我應該直接去找我的教授，並且找出一個能夠將我的成績變A的辦法。於是，我跑去找老師，跟他說，「和許多人一樣，我這次期末考真的考砸了，但我知道一定有方法，可以讓我的成績改善一點。」他也給了我那個標準答案：「不可能！」但我不肯放棄。後來，他終於問我說，「你平常都做什麼運動？」我告訴他，自己是田徑隊的一員。於是他跟我說，「只要你的四百米能夠跑進55秒以內，我就會給你一個A-。」那時，我的四百米成績其實早已達到52秒了 —— 這位健康教育老師的體育資訊顯然太落伍了。於是，我找了一位同學幫我量時間，很容易就跑出52秒的成績、順利拿到我的A-。這又是一個不肯放棄、堅持找出第3選擇的例子。

　　由於成長過程中一直被教導要努力尋求第3選擇，這個概念成了我的一部分。堅持的意思不是蠻幹、粗魯或惹人厭。我只是學會了絕不輕易接受「不可能」這個答案 —— 我一定可以找出第3選擇。

　　大衛的經驗讓我們看到，我們可以如何從自身發掘出第3選擇的種子。他就是一個例子 —— 藉由改變對自己的看法，我們真的可以重新定義自己。

最重要的力量

　　我們的思維模式及文化設定決定了我們的人生故事。每個人的人生故事中都有開頭、許多情節及不同的角色 —— 其中甚至可能包含一些英雄或壞蛋。無數次要的情節最後會匯流為一個主要

情節。劇情中當然還有一些關鍵的轉折及變化。最重要的是，其中一定會出現衝突。沒有衝突，就沒有故事。每一個偉大的故事都因某種衝突而起：英雄與壞蛋的對抗、與時間的賽跑、與自己良心之間的衝突、戰勝自身的劣勢或限制。我們一定會不自覺地將自己視為自己人生故事中的主角（在某些黑暗的時刻、特殊的情況下，我們也可能讓自己成為自己的敵人）。兩種選擇思維的人會不自覺地讓自己困在一種情境中，讓自己成為那個一直與壞人抗爭的老實人。

　　但人生故事中還有另一種聲音 —— 它既不是英雄，也不是壞蛋。它就是那個「說故事」的主述者。如果我們真的具有自覺力，就會發現，自己不僅是自己人生故事中的某個角色，同時也是說故事的主述者。我可以自由詮釋自己的故事。《紐約時報》專欄作家布魯克斯（David Brooks）在這件事情上的觀察極具智慧：

　　　　人生有許多事情我們無法掌控，但對於自己的人生故事，我們卻有著一定程度的控制權。我們可以很自覺地選擇詮釋這個世界的旁白。每一個人都必須為選擇及不斷修正自己人生的「大敘事」（master narrative，即能清楚說明某一重要問題或現象的理論）負起責任。

　　　　然後，我們所選擇的人生故事又會幫助我們進一步詮釋自己身處的世界。它們會讓我們特別注意某些事情，而又忽略另一些事情。它們會讓某些事情變得萬分神聖，某些事情則極度可憎。它們成了決定我們人生慾望及目標的基本架構。所以，「選擇自己的故事」或許聽來抽象、甚至很形而上，但這件事的威力非常大。幫助自己選擇看世界的鏡片，就是人類所擁有的最重要的力量。

　　我兒子大衛經常向別人說起，自己曾說要帶椅子去上課的故事。他用這個小故事來說明第 3 選擇的思維有多簡單，而其威力又有多強大。但更深層來看，這個小故事其實是他整個人生故事中的一個小情節，而他人生故事則是：他絕非任由環境擺布的受害者；他不受兩種選擇思維的限制，而他也正主導著布魯克斯口中所謂的人生「大敘事」。

　　在人生故事的衝突情節中，我們不只是某些「角色」，我們也是主述者，也就是那個決定故事要如何發展的人。我碰過太多缺乏這種思維的人，他們會覺得自己身陷可怕的衝突之中，完全無力改變現狀，因此只能任憑命運擺布。我也見過太多劍拔弩張、水火不容的夫妻，各自忙著攻擊對方（所謂的「對方」，就是自己人生故事中的「大壞蛋」），完全沒有意識到，他們不但是故事的主角，也可以是故事的創作者！他們堅稱兩人已不再相愛，但每當我指出，只要他們願意，他們隨時都可以決定重新去愛對方時，這些夫妻都會宛如大夢初醒一般。「愛上對方」是一種被動的概念，「愛」則應該是一件主動的事，它是一個動詞。「愛上」應該是「去愛」的結果。大家都有能力去**為**彼此做充滿愛心的事，也有能力去**對**彼此做充滿恨意的事。這個**劇本**的作者是我們自己，不是別人。

　　我之前說過，每個人的生命都是一個故事，而這些故事都有一個開頭。當然，每個故事也都有中段及結尾。我們大多數人現在大概都處於故事的中段。也就是說，我們都還能決定它如何結尾。

　　第 3 選擇永遠是由我們自己啟動的。它必須由內而外、由我們內心的最深處、由一種自信及謙卑的基礎開始。它來自於一種自覺的思維，讓我們能夠獨立於自身之外，客觀地檢視、衡量自己

的既定想法及偏見。它來自於一種認知 —— 自己的故事應該由自己來寫，而且，若有必要，可以隨時重寫 —— 因為我希望它有個**圓滿**的結局。

請好好想一下這件事。如果你現在正處於一個衝突之中，請自問：

- 我的人生故事為何？我是否需要調整劇本？
- 我對自己可能有哪些盲點？
- 我的文化設定對我的思維有何影響？
- 我真正的原動力或動機是什麼？
- 我對這個世界的既有假設是正確的嗎？
- 我的既有假設有哪些不完整之處？
- 我是否正在創造一種自己真正想要的結局（故事的結尾）？

思維模式2：我看見你

第二個思維模式就是能夠視別人為活生生的人，而非其他任何東西。

當我們看別人時，我們看到的是什麼？我們看到的是那個人，還是他的年齡、性別、種族、政治、宗教、殘障、國籍，或是性別取向？我們看到的是「內團體」（in group）中的一員，還是「外團體」（out group，譯註：「內團體」指具共同利益、成員間具歸屬感、密切結合的社會群體，類似的概念為「小圈圈」或「自己人」。「外團體」則是指內團體之外的其他社會群體。）的一員？還是我們真能看到每個不同個體的獨特性、能量及天賦？

或許我們所看到的，並不是對方這個**人**，而是我們自己對某

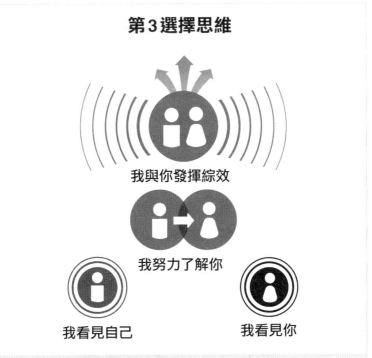

第3選擇思維

我與你發揮綜效

我努力了解你

我看見自己   我看見你

我看見你　我看到的是一個完整而獨一無二的人,一個擁有與生俱來的價值、獨特的才能、無可取代的熱情及能量的人。你不是屬於衝突「另一方」的人。你享有自己的尊嚴以及我的尊重。

些人的既有概念、先入為主的想法,甚至是偏見。

　　我們都看得出別人是否在裝腔作勢,我們也分辨得出自己所面對的到底是個貨真價實的人,還是一張虛假的面具。問題是,**我們自己是否也是那樣的人?還是我們真的能夠以真誠及尊重的態度對待別人?**

　　從下面的圖表中可以清楚看出,「我看見你」的思維模式與「我以刻板印象來看你」,形成了非常強烈的對比。請記得,我們所**觀**看到的,會決定我們的行**為**,而我們的行為也將決定我們所**得**

	我看見你	我以刻板印象來看你
觀	我看到的是一個完整的人，擁有與生俱來、在宇宙中獨一無二的價值、天賦、熱情及能量。你不只是一個屬於「另一方」的人，你應該享有自己的尊嚴及別人的尊重。	我只看到你所隸屬的團體：你「那一方」、你的政黨、性別、國籍、公司、種族。你是一種象徵、一個沒有感覺的名詞：保守派、老闆、西裔人士、穆斯林，而不是一個活生生、獨一無二的個人。
為	我會真誠展現出對你的尊重。	我漠視你的存在，或只是假裝尊重你。
得	發揮綜效的氛圍。我們共同合作的力量，遠大於各自力量的總和。	充滿敵意的氛圍。由於劃分你我、彼此對抗，我們的力量都受到削減。

的結果。

　　基本上，「我看見你」的思維模式和一個人的品格有關。它是一種愛心、寬厚、包容，以及誠實無偽的動機。擁有「我以刻板印象來看你」的思維模式，我就不可能會像保護自己的利益一樣去維護你的利益，而第3選擇也將無從產生。當我看到你的時候，我只會看到你所代表的那一方。我對你的態度或許依然合宜，但這種尊重只是一種偽裝、虛假的面具。

　　我之所以稱這種高效能的思維模式為「我看見你」，靈感來自於非洲班圖人（Bantu）的智慧。在班圖人的文化裡，大家見面時的招呼語就是「我看見你」。意思就是，「我認知到你是一個獨特的個體」。也就是說，「我的人性本質已完全與你相結合。」它是「吾幫托」（Ubuntu）精神的一部分。

　　「吾幫托」一詞很難翻譯。它的意思近似「人性」，但又不完全。它的完整意思是「我是因為大家的存在而存在」。心靈健康專家萊瑟的詮釋是：「我需要你才得以成為我，而你也需要我，才

得以成為你。」另一個例子也可以幫助我們進一步了解「吾幫托」的概念：「『瑪麗很吾幫托』的意思就是，大家都知道瑪麗是一個關心別人、忠心奉行社會義務的人。」但還不僅如此：「若不是吾幫托，瑪麗不會知道自己有多美麗、聰明、幽默。只有在與其他人的關係當中，瑪麗才知道自己是誰。」

了解「吾幫托」的另一種方法，就是藉由它的反義詞：「刻板印象」。以刻板印象來看人，就是抹煞人的獨特性。我們常會說：「他是個標準的推銷員 —— 死纏爛打、讓人很有壓力」，或是「她很自戀 —— 好像什麼事都得圍繞著她轉」、「他是個典型的 A 型人格」、「他是個渾球」、「他是搞財務的」、「有什麼好意外的？他本來就是個半途而廢的人」，或是「她就是那種永遠想要往上爬的人」。我們無法視這些人為獨立的個體，而只能以刻板印象來看他們。

在吾幫托精神裡，所謂「看到」別人，就是珍視只有對方才能夠帶來的獨特天賦 —— 他們的才華、聰明才智、經驗、智慧，以及不同的看法。在一個吾幫托的社會裡，一個人出門旅行時，並不需要帶太多東西，因為一路上所遇見的人自然會滿足他們所有需求。但這些有形的禮物只是另一種更重要的禮物 —— 自我 —— 的象徵。如果我們拒絕或貶低別人的自我，我們就不能繼續享受彼此的禮物與才能。

在解釋「吾幫托」的意義時，加州「樹蔭多元文化基金會」（Shade Tree Multicultural Foundation）執行長畢雪普（Orland Bishop）曾說，如果我們不能真正看到彼此，我們的損失可就大了：「當今的文明剝奪了人類的諸多自由，並不是因為某一個文化刻意壓抑另一種文化，而是因為我們失去了對「眼光」（sight）這件事情的想像，也就是無法體會這種內在能力的真正意義。」

　　「吾幫托」的精神對第 3 選擇的思維非常重要。在衝突的情況下，除非我能看到你這個人所代表的，不僅只是與我對立的那一方，否則，我將永遠無法與你一起發揮綜效。吾幫托的精神不僅是我應該以尊敬的態度對待你。它的意思是，我的人性本質與你的人性本質緊緊相連。也就是說，當我貶抑你的時候，我自己也受到了貶抑。為什麼？因為當我將你貶抑為一種沒有生命的**東西**時，我自己當然也就成了一種沒有生命的東西。

　　最近，我的一位朋友在路上開車時，後面一位摩托車騎士突然對著她大按喇叭、揮舞手臂。她趕緊減速，以為自己的車子出了什麼問題。就在此時，那位摩托車騎士突然加速、緊貼著她的車子往前飛馳而去，嘴裡不僅大罵髒話，而且還提到了一個政治人物的名字。她差一點就被撞飛。然後，她忽然想到，原來她車子的保險桿上貼了支持某一位政治人物的貼紙。對那位憤怒的騎士而言，我的朋友已經不再是一個活生生的人，而是一個**東西** —— 一張貼紙、一個仇恨的對象。

　　那位憤怒的騎士貶抑了我的朋友，沒把她當一個人來看待。但在這個過程中，他同時也貶抑了自己。他可能有自己的家庭、工作、房子，而且可能有人非常珍愛他。但在那一刻，他做了一個選擇，他貶低了自己的人性，讓自己成了一個意識型態的工具。

　　這種貶抑別人的行為 —— 也就是我們所說的「以刻板印象來看人」—— 其實是始於一種潛藏內心的不安全感，而且也正是「衝突」的來源。心理學家都知道，我們對別人的記憶通常壞事多於好事。知名心理學家亞巴拉（Oscar Ybarra）就指出，「我們常堅持要別人為他們的負面行為負責，卻常吝於肯定別人的正面行為。」他認為，之所以如此，是因為以負面的方式看人，可以讓我們覺得自己比別人強。亞巴拉發現，當大家開始以一種健康、務實的

眼光來看待自己時，對別人的負面記憶也會逐漸消逝。而這也正是「我看見自己」必須先於「我看見你」的主因。

「人」真的不是「東西」

偉大的猶太裔哲學家布伯（Martin Buber）在《我與你》（*I and Thou*）一書中指出，我們太常視彼此為沒有生命的「物件」，而非有知覺的人。物件叫做「它」，而人叫做「你」（或曰「您」）。如果我以「它」的方式來對待人，也就是將對方當成一種可以達成自己某種目的的工具，那麼，我自己也就成了一個「它」，不再是一個有生命氣息的人，而是某一種機器。「我與它」的關係，完全不同於「我與你」的關係。「一個身為**它**的虛幻的人和一個活生生的人完全不同，」布伯說。「如果一個人任由**它**來支配一切，不斷繁衍的**它**的世界必將埋沒他，奪走他原有的**我**。」

藉由把別人貶抑到「東西」的層級，我們就會覺得自己好像比較能夠宰制他們。這也就是為什麼企業界一向喜歡把自己的員工稱為「人力資源」，彷彿員工只是企業資產負債表上的另一項負債——就像「應付稅款」或「應付帳款」一樣。這也是為什麼大多數組織裡的大多數人都只被視為是一種「職務」或「功能」，而他們超乎工作所需（甚至「所允許」）的創造力、智謀、靈巧性、聰明才智及才華，卻常完全被忽略。把人當「工具」看，機會成本實在很高。沒有任何資產負債表會顯示出，公司員工未被充分發揮的潛力及能量有多驚人。

相對而言，布伯說，「如果我以**您**的態度來面對一個人……他就不再只是一個東西了。」

布伯之所以選擇使用「您」（甚至「祢」）這個字，是因為

你／您

你＝東西　　　你＝您

你／您　對我而言，你不是一個「東西」（例如一個板手或榔頭），也就是說，你不只是一種可以讓我用來達成自己某種目的的工具。正如布伯所說，你是「您」，一個獨立的個體、一個活生生的人、一個有自己長處、弱點、獨特氣質及驚人天賦的人。

這個字代表的不只是淺薄的尊敬，而是真正的崇敬感。它帶有親密、完全敞開、完全信任的意涵。視別人為**它**，則會創造一種疏離感及冷漠。**它**會助長利用、剝削的心態。

　　我真的為那些對人不存敬畏之心的人感到難過。能夠真正進入另一個人的內心（而且不存掌控、操弄的想法），就等於進入一個聖所，同時也會讓我們自己受益良多。羅傑斯就曾如此形容這樣的經驗對他的意義：

　　　　最讓我心滿意足的一種感覺……就是當我能夠以欣賞落日餘暉的心情來欣賞另一個人的時候。如果我能夠真正敞開

心，我就可以看到和落日餘暉同樣輝煌的一個人。事實上，
或許就是因為我們完全無法控制落日，因此才能真正欣賞到
它的美。就像前幾天，當我正在欣賞落日餘暉時，我不會對
著天空說，「右邊的橘色應該再柔和一點，海平面上應該多加
一點紫色，雲的部分也應該再加一點粉紅色。」我不可能這
麼做。我不會想去控制晚霞。我只能心存敬畏地看著它漸次
展開。

　　人類最大的悲劇，或許就是在看著另一個人時，心中完全失
去了敬畏的感覺。

　　1964年，南非人權鬥士曼德拉（Nelson Mandela）開始了他在
荒涼的羅賓島監獄（Robben Island prison）長達27年的監禁生活。
身為一位前途大好的年輕律師，當年他卻決定挺身反抗壓制所有
南非黑人的種族隔離政策。「上千次的輕蔑、上千次的屈辱，以
及上千個未被記憶的時刻，在我裡面醞釀出憤怒、反抗、慾望，
讓我必須挺身而出，與一個禁錮了我所有同胞的體制奮戰到底。」
他解釋道。在監獄中，他所遭遇的情況與在外面時沒什麼兩樣。
剛開始時，他甚至變得更為憤怒。

　　但漸漸地，曼德拉的心有了改變。出獄多年以後，我有機會
與曼德拉見面。我問他：「你花了多久時間才克服自己對獄卒的憤
怒與不滿？就是那些殘忍虐待你、以最不堪的方式對待你的人？」
他回答說，「大約四年。」我問他，是什麼事情扭轉了他的心？他
說，「當我聽到那些獄卒談起他們彼此之間的關係、他們與家人之
間的關係時，我才發現，原來他們同樣也是隔離政策的受害者。」

　　一位名叫布蘭德（Christo Brand）的年輕獄卒如此描述他自己
的心路歷程：「我剛到羅賓島的時候，大家告訴我，我們所看管的

犯人其實和動物沒什麼兩樣。有些獄卒非常討厭這些犯人，而且對他們極其殘酷。」後來，他被派去看管曼德拉。「我到羅賓島時，曼德拉已經60歲了。他很平實、非常客氣。他以尊重的態度待我，而我對他的尊敬也與日俱增。過了一陣子之後，雖然他是犯人，但我們之間建立起了友誼。」

這份友誼後來改變了布蘭德的生命。他開始私底下幫曼德拉的忙、挾帶一些麵包給他、為他傳口信。他甚至違反規定，讓曼德拉偷偷見了自己剛出生的小孫子，還讓他親手抱了一下那孩子。「曼德拉很擔心我會因為東窗事發而被懲罰。他也寫信給我太太，告訴她我應該繼續讀書。即使身為囚犯，他還不忘鼓勵自己的獄卒要繼續求學。」

曼德拉後來又開始將心力放在布蘭德的小兒子黎安（Riaan）身上。黎安獲准定期前來探視曼德拉，並開始像祖父一般敬愛曼德拉。後來，曼德拉當上南非總統，他的教育基金會便為黎安提供一份獎學金。

對曼德拉和布蘭德而言，他們的關係從「我一它」變成了「我一您」。那位原先視黑人為動物的年輕人開始深深敬愛這位年老的囚犯，並且也起而反對種族隔離政策。這位曾經視白人為仇敵的老人也變得非常疼惜這位年輕的獄卒。但這只是曼德拉口中遠離偏見、「邁向自由的漫長旅程」中的一個階段而已。

曼德拉寫道，「就是在那些漫長、孤獨的監獄歲月中，我想為自己同胞爭取自由的渴望，逐漸轉為一種希望為所有的人 —— 包括黑人與白人 —— 都爭取到自由的飢渴。我深深知道，壓迫者其實與被壓迫者同樣需要被解放……受壓迫者與壓迫者的人性同樣都受到剝奪。」就是因為擁有這種不平凡的看法，他的同胞才會說，曼德拉真的是一位有**吾幫托**的人。

　　這樣的改變只有在雙方的關係轉變為一種人與人之間的關係時，才有可能發生。曼德拉和布蘭德開始視彼此為獨立的個體，而非彼此所代表的那個應該被仇視的團體。正如南非大主教圖圖（Archbishop Desmond Tutu）所說，當我們真正看到彼此時，「我們就得以稍稍瞥見那最美好的事物……也就是一個充滿了憐憫的光輝，以及奇妙的寬容之情湧流而出的世界。那一刻，我們忽然被一種彼此關愛的人性本質連結在一起。」這就是「我看見你」的威力。

　　當我開始擁抱這種「我看見你」的思維模式時，我對你的尊重就是完全真實、毫無虛假的。我看到的是你，而非衝突關係中的「另一方」。我知道你的人生故事豐富且錯綜複雜，同時還充滿了深深啟迪人心的內涵。在「我看見你」的思維模式中，你和我的組合不但威力強大，而且獨一無二，因為你我的長處完全互補。天底下不可能有另一個和你我一樣的組合，我們可以一同進入第3選擇。而在「我以刻板印象來看你」的思維模式中，完全不可能出現這種結果。

　　在「我看見你」的思維模式裡，我就擁有了「吾幫托」（編註：Ubuntu，祖魯語，意思是「有大家，才有我的存在」）。我有一個範圍很大的「同理圈」（circle of empathy）。如果我真的看到了你，我便有很好的基礎可以了解你、體會你的感受，因而降低衝突的機會，並大大提升與你產生綜效的可能。相反地，如果你在我的同理圈之外，那麼，我便無法體會你的感受、從你的眼光來看事情，而你我也就不可能擁有兩人同心合作的威力、獨特見解或創新能量。

　　我鼓勵大家在自己的生活中認真實踐這種思維模式。想出一、兩個人 ── 同事、朋友或家人 ── 一個需要被「看到」的

人。我相信各位知道我在說什麼。他們是否有理由認為你貶抑了他們的價值、忽略他們，或是假裝尊重他們？你是否曾經在背後詆毀他們？你視他們為一種象徵，還是一個真真實實的人 —— 有長處、有短處、有原則，也有前後不一的地方、有驚人的天賦，也有可怕的盲點 —— 就和你自己一模一樣？

思維模式3：我努力了解你

這個思維模式是要我們努力去了解對方與我們相衝突的想法，而非迴避或捍衛自己的想法。

對於與我們想法不同的人，最好的回應方式就是：「你不同意我的看法？那我真的得好好聽聽你的想法！」—— 而且你一定要誠心誠意。

優秀的領導人不會迴避或壓制衝突。他們視衝突為突破、大步前進的機會。他們知道，除非不同的意見、挑釁的問題被公開提出來、誠實地面對，否則，團隊就不可能有所成長、有新的發現、有創新的可能。

如果有人抱持不同的看法，一位高效能的主管絕不會忽略他、壓抑或開除他。相反地，他會直接面對那個人，並說，「你非常聰明、能幹、忠誠，如果你不同意我的看法，必然有很好的原因，而我可能並不了解。我顯然必須深入了解你的看法及思考架構。」

我稱這種思維模式為「我努力了解你」，以強調第3選擇思維所需要的重大思維移轉。和所有人一樣，當有人不同意我的看法時，我會自動架起防衛機制。這也就是為什麼第3選擇思維是如此違反人性的本能，它要求我特別重視與我意見相左的人，而非立

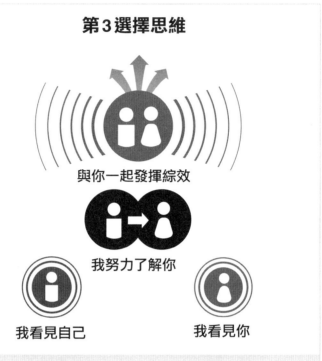

第3選擇思維

與你一起發揮綜效

我努力了解你

我看見自己　　　　我看見你

我努力了解你　我要致力向你學習，不把你的不同看法視為一種威脅。如果像你這樣聰明、有品格的人都會和我的想法有所不同，我當然應該努力了解你的想法。我必須以同理的態度來聆聽，直到自己真正了解你的想法為止。

刻築起防衛的高牆。

　　正如下表所示，「我努力了解你」的思維模式與「我努力防衛自己來對抗你」剛好形成一種強烈對比。請記得，我們**觀**看到什麼，將決定我們的行**為**，而我們的行**為**，也將決定我們所**得**到的結果。

　　我的認同感來自我的選擇、我的想法、我的直覺，以及我的偏見。這也是為何先前兩個思維模式必須是「我看見自己」和「我看見你」的原因。第3選擇思維需要深層的內在安全感，它來

	我努力了解你	我努力防衛自己來對抗你
觀	不同的看法 —— 也就是「真相」的不同面向 —— 不僅重要，而且是不可或缺的。	不同的看法都是錯的 —— 至少不會太有用。
為	我會說，「你看事情的方法和我不一樣，我需要仔細聽聽你的想法！」然後我以同理的心態努力聆聽，直到自己真正了解你對事情的看法。	我會說，「你看事情的方法和我不一樣 —— 你是我的威脅。」如果不能說服你，我就漠視你、迴避你，或積極與你對抗。
得	對問題會產生一種寬廣、具有包容性的看法，因而得以創造出一種有力的解決方案。	對問題會產生一種狹隘、排外的看法，只會導引出一種不健全的解決方案。

自對自我的真實檢視，以及感謝你帶來的特殊觀點。防守心態則相反：它由不安全感及自我錯覺所餵養，且把所有持異己意見的人視為東西。

「我努力了解你」是從一種「真相非常複雜，每個人大概都只能看到某些面向」的原則開始。劇作家王爾德（Oscar Wilde）曾說，「真相永遠不可能那麼單純或簡單。」沒有人能掌握真相的全貌。擁有第3選擇思維的人都明白，掌握愈多真相的面向，就愈能看清事情的真實面貌。於是，這些人會特意、努力地去挖掘真相的不同面向。因此，如果你掌握到我所不知道的真相，我何不直接去找你，讓你好好教我？

容我特別強調，這種思維上的思維移轉真的非常極端。它不將衝突視為問題，而是機會。它視極端對立的意見為一種學習的機會，而非一堵高牆。許多有關談判的書籍都強調要找出雙方都同意的事，以及雙方共同的利益。這當然很重要。但更重要的恐怕應該是積極探索雙方的差異，並從這些差異中獲益。

不同的人會有不同的想法，這不但是一件再自然不過的事，

而且也極其重要。多年來，我一直強調，如果有兩個人的意見完全一致，那麼，其中一方就是多餘的。一個沒有差異性、大家想法都一致的世界，是不可能有任何進步的。然而，我們依舊不肯珍惜這種差異，反而努力防衛自己，因為我們以為自己的身分認同正遭到威脅。在防衛心態下，許多人努力在自己的四周築起高牆來保護自己，而非突破差異、大步向前。

高牆

　　彷彿水泥牆般堅不可摧的既定思維，是面對衝突時最令人感到挫折的阻礙之一。人類歷史上，我們常見象徵性的高牆轉變為真實存在的牆。我們看到擋在資本主義與共產世界之間的柏林圍牆。我們也看到以色列和巴基斯坦之間的隔離牆。只要高牆聳立，我們便無法繼續前行。只有等到至少其中一邊的人願意伸出手來，而且真正了解另一方的想法，我們才有可能繼續往前走。

　　這些高牆都是一些不經大腦的人云亦云所堆砌起來的。政治上的攻擊當然是最明顯的一種思想操弄。但我們在任何地方也都能發現這種想當然爾的說詞 —— 包括家庭以及職場：

　　「自由派只會拚命加稅，然後把錢拿去救濟遊手好閒的人！」
　　「良心被狗吃掉的保守派！」
　　「面對犯罪過分軟弱！」
　　「種族主義好戰分子！」
　　「懦弱、毫無原則的政客！」
　　「販賣戰爭的軍火肥貓！」
　　「讓你當選，就等於向恐怖主義低頭！」

「讓你當選，只會犧牲窮人、讓富人更有錢！」

「社會主義分子！」

「法西斯！」

在斯威夫特（Jonathan Swift）的《格列佛遊記》（*Gulliver's Travels*）中，我們看到了一群稱為勒皮他人（Laputans）的怪異團體，他們是國家的統治菁英。他們認為以說話的方式彼此溝通實在浪費精力，於是決定每個人都攜帶一個裝滿符號牌的袋子，見面時只要拿出符號牌來比劃就行了。「我常觀察這些人，」格利佛說，「他們會打開自己的袋子，進行一個小時的對話，然後收起行囊、各自離開。」當然，斯威夫特只是想要嘲諷政治及企業領袖只會不斷丟出一些僵硬、了無新意的說法，完全不願進行真正的溝通。

今天，愈來愈惡毒的語調開始滲入許多意不在溝通的行為當中。人類互相溝通時應有的禮貌，似乎降到歷史最低點。現在，大家的對話中充滿憤怒、分化、挫折，以及對立。即使在過去極端講究互相尊重的政治高層裡，我們現在也不時會聽到一些尖銳的語言，而非文明的對話。兩種選擇思維的毒性似乎正在蔓延。

在網路、電視新聞，以及全球各國的廣播頻道裡，煽動者找到一條致富的捷徑 —— 以加油添醋、詛咒謾罵來蠱惑社會分裂為對立的陣營。有些煽動者視自己為敢言的烈士，有些是標準的投機者，但多數人純粹只是以煽動仇恨為營生的工具。正如杜肯大學阿奈特教授（Ronald Arnett）所言，藉由簡單的敵我意識，這些人「表面上看來似乎思想銳利，其實只不過是拒絕聆聽別人的想法、不肯接受新觀點而已。」

高汀（Seth Godin）也指出，我們在網路上找到了組成「部落」

（tribes）的新方法，這件事當然非常可喜。從禁慾主義哲學家到烏克蘭的民族舞蹈愛好者，每個人都找到了彼此連結、探索共同興趣的機會。但這種新興的部落文化卻也有其險惡的一面：大家愈來愈傾向與想法相同的人膩在一起。兩個不同的人在Google上提出一個相同的問題，但這個聰明的搜尋引擎卻早已知道他們各自想要的答案，因此會提供他們完全不同的資訊。諷刺的是，即使網路為我們提供了聆聽不同意見的大好機會，但躲在數位高牆後的人卻常是根本不願接觸或參考不同的觀點。他們彷彿成了勒皮他人，對著彼此一成不變的想法點頭如搗蒜，但卻完全關閉自己的耳朵，不肯聽進任何聲音。

發言權杖

　　多年來，這些鼓動仇恨、分化群眾的媒體深深困擾著我。藉由廣泛教導「我努力了解你」的思維模式，我一直全力與他們對抗。我見過三十多位國家領導人以及無數的企業及政治領袖。我也接觸了從新加坡到南卡羅來納州的許多學童。我一直教導大家同一件事。我稱之為「發言權杖溝通法」（Talking Stick Communication）。

　　許多世紀以來，美國原住民在集會中一向以發言權杖來指定誰擁有發言權。只要發言的人繼續拿著發言權杖，任何人都不准打岔，直到發言者覺得大家真的都聽到他所說的話、了解他的想法為止。有一次，一群地位崇高的美國原住民領袖頒發了一支發言權杖給我。我一直悉心保存。「發言權杖」的意義非常值得我們細細咀嚼：

發言權杖

發言者　　聆聽者

發言權杖　美國原住民的一種傳統。發言權杖就是平和溝通的象徵，只要發言者繼續拿著發言權杖，任何人都不得干擾，直到發言者覺得大家真的都聽到他所說的話、了解他的想法為止。

　　任何人只要拿到發言權杖，他便擁有神聖的話語權。在他握著發言權杖時，只有他能說話，其他集會成員都必須保持肅靜。發言權杖上綁著老鷹的羽毛，它賦予發言者秉持誠實與智慧發言的勇氣與能力。發言權杖底端的兔毛提醒他，他的言語必須發自肺腑，而且要柔和而溫暖。權杖上的藍色石頭提醒他，「大神」（the Great Spirit）聽得見他心裡的聲音，也聽得到他口中所說的言語。光輝燦爛、顏色千變萬化的貝殼則會提醒他，所有受造之物都會改變──每一天、每個季節、每一年──而且人、事、物也都會改變。四種顏色的珠子──黃色代表日出（東）、紅色代表日落（西）、白色代表

下雪（北）、綠色代表大地（南）──則象徵他說出自己肺腑
之言時所掌握的宇宙能量。發言權杖上還綁著一束美洲大野
牛的毛，代表說話的人也擁有和這種偉大動物相同的力氣與
能量。

　　這一段對切諾基族（Cherokee）發言權杖的描述，精準地歸納
出我一直以來傳遞的觀念。發言權杖的精神不是贏得辯論，而是
聆聽、深刻理解別人的心聲。它需要勇氣、智慧，同時還必須將
真相與體恤之心相結合。二十一世紀全球文化裡最重要的一件事
就是去了解別人，而非宰制別人。「發言權杖溝通法」是我們這個
時代最重要的一種「道德必需品」。

　　發言權杖在「談話圈」（talking cycle）中非常重要。談話圈是
印第安長老討論、處理、決定重要事務的場合。根據傳統，談話
圈絕非辯論大會。婁卡斯特博士（Carol Locust）這樣解釋談話圈：
「談話圈的目的是要讓每一個人都能在完全信任、絕對安全的環境
下，坦誠說出自己所知的真相……沒有人比另外一個人重要，每
個人完全平等，沒有人開頭、沒有人總結，因此，每一句話都是
在平等的基礎上被聆聽，也會受到同等的尊重。」

　　雖然談話圈的起源已不可考，但卻可以從「易洛魁聯盟」
（Iroquois Confederation）的建國神話中略窺一二。好幾個世紀以
來，北美「下大湖區」（lower Great Lakes，譯註：即美國北部包括
部分印第安納州、俄亥俄州及賓州的區域）五個原住民國家不斷
展開血腥戰爭，每一個國家都想奪得主控權。早在十二世紀時，
一位名叫底甘那維達（Deganawidah，即「和平使者」之意）的年
輕外地人來到這個地區，同時也改變了這一切。

　　故事說到，這位和平使者決心去尋找當地一位殺人無數、

極度嗜血的印第安戰士。這個人遺世獨居，大家都非常怕他，因此甚至沒有人知道他的名字。一天晚上，這位和平使者偷偷溜到血腥戰士的住處、爬到他的小屋上方。裊裊炊煙正從小屋頂端的小洞徐徐冒出。帳棚內，血腥戰士正凝視著一鍋開水發呆。突然間，他從水中看到一位陌生人（和平使者）的臉，這張俊美的臉讓他萬分驚豔，因而也讓他開始冥想自己的種種邪惡作為。

　　陌生人從屋頂下來、進了帳棚，血腥戰士張開雙臂擁抱他，並說，「我太驚訝了，竟然會有一個人從鍋子裡望著我。他的面容是如此的俊美，讓我心神嚮往……我覺得，那或許是我自己的臉在往上瞧。那時，我忽然想到，『我那殺人不眨眼的習慣好像與這張俊美的面容不太相稱。』」

　　他在這個陌生人面前完全卸下了心防。他講述自己的故事，陌生人靜靜地聆聽。之後，血腥戰士說，「我講完了，現在換你。輪到我來仔細聆聽你的想法。」

　　和平使者對他說，「現在你已完全改變了自己的生命模式。如今你已有了一種全新的心態，就是公義與和平。」他們一起望向水中，發現兩人的容貌竟然如此相像。和平使者為戰士取了一個名字：海華沙（Hiawatha）。於是，兩人共同「展開了長達數十年的智慧與精神的爭戰」——努力將莫霍克（Mohawk）、歐尼達（Oneidas）、奧農達加（Onondaga）、卡尤加（Cayugas）及塞內卡（Seneca）等五個國家整合為今天大家所知的「易洛魁聯盟」。

　　易洛魁聯盟被許多人稱為「全世界現存最早的參與式民主（participatory democracy）」。一方面，它是解決無盡戰爭的第3選擇；另一方面，它也是停止弱肉強食的新出路。五個國家後來未曾發生過任何戰爭。易洛魁憲法體制，也就是所謂的「和平大法」（the Great Law of Peace）一直延續至今，由各族族長所組成的聯合

議會負責執行。議會多數的決定都是經由所有成員平等發言後無異議通過。議會地位崇高,因此它只負責處理一些重大問題,部落內部的問題則多由各自的部落議會來處理。這就形成了一個獨特的邦聯制度。有趣的是,易洛魁的女性議會擁有否決男性議會決議的權力。

雖然歷史學家對易洛魁的影響力各有不同評估,但易洛魁聯盟顯然為美國的聯邦政府制度提供了一個最佳範例。早在獨立革命發生前好幾十年,美國建國元勳富蘭克林(Benjamin Franklin)就曾提議,原有的英屬殖民地應該組成一個類似的聯盟。他對於易洛魁這種匠心獨具的聯盟架構極為佩服:「它通過了時間的考驗,而且顯然堅不可摧。」富蘭克林問說,如果印第安人做得到,有什麼理由殖民地做不到?

這正是第一個談話圈所留下來的偉大遺澤,它出現於海華沙在水中見到自己和他兄弟的那一刻。根據和平使者的說法,這次談話圈所帶來的結果,就是一個「全新的心態」——也就是「我看見自己」及「我看見你」的思維模式。而它們「完全改變了海華沙的生命模式」。為了將這個全新的心態傳遞到所有國家,這兩個人又一同實踐了「我努力了解你」的思維模式。無論走到哪裡都召開談話圈,在五個國家中一步步建立起「和平大法」。而發言權杖也成了和平法的代表及象徵。

將近一千年以來,五大國家彼此和平相處。在此同時,所謂的西方文明國家卻將戰爭及大規模屠殺發揮到極致,幾乎成了一門學問。

同理心

心理學家告訴我們，「發言權杖溝通法」的核心要素是「同理聆聽」（empathic listening）。我一生大部分的精力都投注在教導「同理聆聽」上面，因為它正是通往和平與綜效的關鍵。海華沙得以發洩出自己心中所有的孤單、憤怒與罪惡感，就是因為和平使者主動去了解他、仔細聆聽他的心聲（不僅是他口中所說的內容」）。只有在他卸下自己的心理重擔之後，海華沙才能開始敞開

同理聆聽　在一個衝突的情境中，對方說話時，我們的心裡通常只會想著等一下要如何回應或反駁。我們兩人中間有一道隱形的「牆」，使我們根本聽不到對方所說的話。相反地，同理聆聽的人會努力想要去了解對方的想法與感受。

心胸、聆聽和平使者的想法:「我講完了,現在輪到我來仔細聆聽你的想法。」

何謂同理心?我很喜歡以色列哲學家藍伯特(Khen Lampert)所下的定義:「同理心發生在當我們發現自己⋯⋯已經與人易地而處的時候。我們得以透過對方的眼睛來看這個世界,感受到她的情緒、分享她的痛苦。」我們似乎天生就有同理的能力:即使是新生兒,也會在聽到其他嬰兒的哭聲時,自己也開始哭起來。

「同理心」不同於「同情心」。同理心代表我們認同或願意轉換到衝突的另一方,但卻不表示我們同意另一方的「觀點」。它只代表我們嘗試去了解對方的想法。它代表同時聆聽到對方所說的內容以及她所表達出來的情緒,以致我們得以與她易地而處,真正感受到她的心境。

我喜歡將「同理聆聽」比喻成為對方提供「心理上的新鮮空氣」(psychological air)。當你快要窒息時,除了新鮮空氣之外,你不會想要任何其他東西 —— 而且你必須立刻就要!只要有了一口新鮮空氣,你的需求就完全被滿足了。正如對空氣的需求,人類最大的心理需求就是被了解、被珍惜。

當你以同理心來聆聽另一個人的時候,你就等於為對方提供了心理上的新鮮空氣。一旦這個重要的需求被滿足了,你們就能開始專注於解決問題。在這個充滿衝突的世界裡,太多人都覺得自己的心聲無人聞問、自己的權力受到剝奪,並且因自己受到忽視或扭曲而感到萬分挫折。願意踏出第一步、仔細去聆聽別人的人,就掌握了打開別人心理枷鎖的鑰匙,讓心理即將窒息的犯人得到釋放。羅傑斯如此描述那些覺得自己真正獲得了解的人,他們的反應:

幾乎毫無例外，當一個人覺得自己的心聲真正被聽到時，幾乎都會熱淚盈眶。我想那應該是喜悅的眼淚。他似乎在說，「感謝上帝，終於有人聽到我的聲音了；終於有人知道我的處境了。」碰到這種時刻，我通常會想像，這人就像是一個被關在地牢裡的囚犯，日復一日地敲著摩斯電碼對外求救：「有人聽到我的聲音嗎？外面有人嗎？」終於，有一天，他聽到了一個微弱的敲擊聲，回應說，「聽到了！」只要這麼一個簡單的回應，他就從孤單無助中得到了釋放。他又成了一個生機勃勃的人。

我了解你、我聽到了，高牆就此倒下。想想看，當我們終於可以說，「感謝上帝，終於有人聽到我的聲音了」，它會對我們的婚姻問題、法律糾紛、政治鬥爭、最嚴重的衝突，帶來多麼重大的影響。精神上的緊繃解除了，我們終於可以開始向第 3 選擇邁進。

同理心是我們與生俱來的能力。1990 年代初期，研究人員發現了一種稱為鏡像神經元（mirror neuron）的腦細胞，這種腦細胞會因我們自己做一個動作，或看到別人做這個動作而被啟動。義大利科學家先是在猴子身上發現這個現象。他們原本只是希望知道，當猴子拿取食物時，哪些腦細胞會啟動，但他們竟意外發現，當**另一隻**猴子伸手取食時，這隻猴子的腦細胞竟然也會啟動。

鏡像神經元顯然可以分辨某一個動作是否帶有敵意。當我們看到一個人舉起手時，這種腦細胞會產生不同的反應 —— 即使我們當時還無法判定那人只是要用手撥一下自己的頭髮，還是想要拿起棍子打我們。無論我們自己微笑或看到別人微笑時，這些神經元都會被啟動。也就是說，看到別人微笑，我們也會感受到那

個笑容。看到別人痛苦，我們也會產生痛苦的感覺。這些神經元可以**感受**到別人的感覺。

如果同理心是人類的本能，且能帶來這麼大的影響，為何它仍然那麼罕見？因為競爭的思維模式真的威力強大。專研同理心與文學的綺恩教授（Suzanne Keen）觀察，「支配、分化、創造階級關係的慾望」會弱化人類的同理心。一般而言，我們常認為有同理心的人「心腸太軟、不切實際」——自以為努力去了解別人，就可以改變別人。頭腦清醒的務實主義者可不會那麼濫情。

然而，當你仔細思考以「支配、分化、階級化」的方式對人，別人所會產生的自然反應時，你就不得不自問，誰才是**真正的**務實主義者？如果我一心想要支配、分化別人，隨意將人分門別類、貼標籤，這種行徑必然會遭致反抗，因此，也就不可能創造出「我—您」的關係，而只會產生「我—它」的情況。我所得到的結果只有衝突，而非創意。

羅傑斯指出，同理心的另一個阻礙則是「人類想要評斷、衡量、認可，或否定別人說話內容的自然傾向。」他提供了一個例子：「當你剛聽完一場演講時，你常會聽到有人說，『我不喜歡今天的演講』。而你會如何回答呢？你的回應不出同意或不同意兩種。你要不是會說，『我也不喜歡』，就是『不會呀，我覺得挺好的呀。』也就是說，你的基本反應也是去評斷自己所聽到的講法、從自己的角度進行評估。」這類的意見交換通常不會特別有害，但碰到的衝突愈是強烈，我們的評斷也會愈尖銳，同理心當然也就愈不可能產生。當碰觸到個人重要理念或與身分認同有關的歧異時，同理心通常就會消失得無影無蹤了。這也就是為什麼除非我們將同理聆聽變成一種習慣，否則它根本不符合人性本能的原因，而我多年來也一直教導大家要「知彼解己」（Seek first to understand, then to be understood，譯註：作者《與成功有約》一書中的第五個習慣），而非一味要求別人先來了解你。

要讓同理聆聽變成一種習慣，我們就必須刻意去實踐。當我聽到別人不同意我的想法時，我會直接走上前去，對他說，「你看事情的方式顯然與我不同。我得聽聽你的說法。」我愈常這麼做，這件事就變得愈自然，而我所學到的也就愈多。我非常享受這樣的意見交換。

對於那位表示「不喜歡今天的演講」的朋友，身為一位同理聆聽者，我的回應應該是，「哦，怎麼說？」如果他說的是我未曾注意的議題，我會因此獲得一些不同的見解。但若事關我非常在意的問題，而我又能夠**先**誠心聆聽對方的觀點，這時他也應該會比較願意聆聽**我的**想法。

如果你抗議說，「我是很好的聆聽者。我一向公平、沒有任何預設立場」，那麼，你恐怕還是未能以同理心來聆聽。如果你也和多數人一樣的話，當別人說話時，你應該也是忙著思考自己待會兒要如何回應。如果你的本能就是要回應我所說的每一句話，我真的可能對你掏心掏肺嗎？與你自己的女兒溝通時，如果你只是一味評斷、反對或譏笑她的論點，她會對你完全交心嗎？如果你是老闆，你的員工能夠真誠與你溝通，而且相信你絕對可以了解他們嗎？

下次與人討論問題時，請嘗試以下這個實驗：每一個人都必須先說出前一人剛才所說的話**以及**他的感受，直到對方覺得完全貼切，才能開始發表自己想說的話。首先，你會發現，這件事不如想像中容易。要覆述別人所說的話並不難，但要掌握對方當時的**感受**可就沒那麼容易了。但若你願意不斷嘗試，你就能夠掌握到同理心。你將能夠感受到身為另一個人的真正感覺，而且也能夠看

到他眼中的世界。

　　許多人都知道「積極聆聽」（active listening）的方法及好處，包括：想像對方的感受、重複一遍對方所說的話、不讓自己驟下判斷或給評語。但要成為一位同理聆聽者，你必須先學會放輕鬆、安靜、專注。當然，如果你是那種一聽到不合你意的話，立刻就會漲紅臉的人，這件事確實會比較有挑戰性。

　　另一項更重要的挑戰則是培養出同理的**心態**（mind-set）。如果你是真心想要了解我這個人（因為我與你有所不同）；如果你能夠以尊重的態度對我，而且真心希望了解我的想法、為什麼我會這麼想，以及我對這些事情的真實感受，你將對我向你交心的速度感到萬分驚訝。但積極聆聽的技巧也可能會妨礙同理聆聽。如果我感覺到你似乎只是假裝對我的想法有興趣，我就會對你想要利用積極聆聽的技巧來操弄我而產生極大的反感。

　　無論如何，同理心一定能夠擴充我們的思維。當你的配偶、同事或朋友真正向你敞開心胸、坦誠以對時，他就會將自己的觀點注入你的思維。他所見的真相也會融入你的心中。政治哲學家鄂蘭（Hannah Arendt）因為極度珍視真相的價值，同時也了解自己的有限，因此她要自己跨越限制，真正進入其他人的思維。她寫道，「要以更寬闊的心態來思考，我們就必須訓練自己的想像力，讓它去四處探索。」達賴喇嘛也常說，那些與他意見不同的人，正是他最重要的老師。

　　你或許會想，「同理聆聽難道不會延長衝突的時間嗎？我真的需要再聽一遍所有這些論調嗎？難道它不會讓事情變得更糟？我才沒時間搞這一套！」其實，這些問題剛好暴露了你的思維模式。如果你覺得自己早就聽過所有這些論調，那你就錯了。除非你已將發言權杖交給我 —— 也就是說，除非你已完全了解我以及

我的感受，以致足以擔任我的辯護人，否則，你根本就還沒聽進任何東西。

至於拖延衝突的時間，我發現同理聆聽永遠是解決衝突最迅速的方法，幾無例外。投資於了解我的想法及感受上所需的時間，與和我長期抗爭所需要花的精力及資源相較之下，絕對只是九牛一毛。光是在美國，120萬名律師每年從客戶身上收取的服務費用，就高達710億美元。如果我們能夠努力去了解彼此，以誠實、開放的態度進行溝通，我們可以省下多少時間與金錢！

對個人而言，因為缺乏同理心，我們浪費在婚姻及其他關係中的無謂爭執，時間又有多少？同理聆聽當然得花時間，但和重建破碎關係或長期活在緊繃心情下的痛苦比較起來，這個時間絕對太划算了。

2010年，美國各界正因一項新的健保法案而相持不下，美國總統及國會領袖決定上電視，公開辯論雙方的不同意見。能夠親眼見識這麼高層級的政治辯論確實令人大開眼界，因為這類辯論通常都是私下進行。這次辯論對我別具啟發性。

我承認，在牽涉到的利害關係人為數龐大的情況下，綜效確實比較難以達成。但這種情況仍不少見，而它之所以能夠發生，通常是因為有一方願意掙脫無謂的抗爭、決心尋求一種更好的解決方式。但在這一次的電視辯論中，這種情況並未發生。雙方都論理清晰，也都充分發揮說服的技巧。他們提出一大堆民眾得不到幫助的悽慘故事，或是駭人的健保成本及漫無節制的濫用情形。他們為了關於健保驚人的效率低落及不公平而落淚、發出訕笑。他們尖銳指出對方立論上的弱點。從他們所掌握的充沛資料看來，雙方顯然都做了功課。

但到了辯論最後，你卻可以清楚感受到雙方的挫折感。儘管

他們巧妙運用各種邏輯、資料及情緒，但在解決紛爭上，他們卻沒有獲得任何進展。即使知道攝影機正對著他們、自己上演的不過是一場政治秀，我們還是可以清楚看出他們內心所感到的那種空虛與挫折，因為他們之間的高牆完全沒有動搖的跡象。

　　問題出在哪裡？答案是，他們的思維模式有問題，但我指的並不是他們的政治思維。很顯然地，他們只是將自己視為爭議雙方的代表，而非能夠思考、可以講理、具有創意、**擁有獨立判斷**能力的個人。結果，他們根本不想進行同理聆聽。他們對於努力**了解**彼此的想法，以便從對方身上學習、尋求第3選擇，完全沒有興趣。

　　我並不是說大家不應該進行辯論、讓真理愈辯愈明。

　　在當今社會這種兩極化的思維模式下，我們常會認為，辯論的目的就是要贏過對方、打垮另一邊的想法。把這種思維模式套用在你的朋友和家人身上，看看你們可不可以建立起互敬互愛、精采而有意義的關係。對於擁有第3選擇思維的人而言，他們的目標絕非贏過別人，而是讓每一方、每一個人都能產生**轉變**。當我們能夠從對方身上學習時，我們的想法自然就會轉變 —— 有時甚至是非常極端的轉變。

　　在「我努力了解你」的思維模式中，我之所以與你辯論，主要是希望能夠激發出新的想法，而不是要強迫你接受我的想法。我將辯論當作學習的工具，而非攻擊的武器。我的目標不是要凸顯自己勝你一籌，而是要**改變**這場遊戲。

　　在「我努力了解你」的思維模式中，我仔細聆聽，以便了解你眼中的真相，而非尋找你論點中的漏洞，好用來攻擊你。羅傑斯指出，「我唯一能夠理解的現實，就是我眼中所見的世界……你唯一能夠理解的現實，則是你眼中所見的世界……而唯一可以

肯定的是，我們所理解的現實是不一樣的。世界上有多少人，『真實的世界』就有多少種！」除非我真的可以掌握完整的真相（不幸的是，機會不大），否則，我唯一能做的，就是盡量從你所見的真相中學習。如果我只聽得到自己的聲音，我是學不到什麼新東西的。請思考一下十九世紀英國哲學家彌爾（John Stuart Mill）的這段話：

> 最難以對付的邪惡，不是部分真相之間的激烈衝突，而是默默箝制另一半的真相。當人們被迫必須聆聽雙方的意見時，那就還有希望，當人們只能聽到一種聲音時，錯誤會僵化為偏見，而真相本身也將停止發揮它的威力。

　　在「我努力了解你」的思維模式中，我也必須冒一個既令人恐懼、又讓人欣喜的風險。如果我真的了解你的感受、看到了你眼中的世界，我當然就得面對改變自己想法的風險。如果我真的很誠實，我的想法就不可能完全不受影響 —— 也不應該如此。如果你完全沒有影響到我，我也應該擔心自己是否思想太過僵化、想法太過頑固。確實，為了我自己好，我必須聆聽你所見的真相。正如羅傑斯所說，我的思維模式不應該是「因為你和我想法一致，所以我重視你」，而是「因為你的想法與我不同，所以我應該特別重視你、珍惜你」。

做出穩健的決策

　　現在，你心裡可能會想，「這些有關同理心的說法聽起來當然很宅心仁厚，但似乎也有點蒙昧無知。沒問題，我當然願意聆

聽，我絕對無意對別人失禮，但我也很清楚自己的想法。我不需要別人來告訴我應該怎麼想。」

對於你這種想法，我的回應是，同理聆聽一點也不蒙昧無知，事實上，這是一種非常務實的做法。在職場上，任何不懂得聆聽的人都不會有什麼好下場。企業對於無法做出穩健決策的領導者絕對毫不留情面，而穩健決策的基礎當然就是徹底了解你的顧客、供應商、團隊成員、其他部門、創新者、投資者 —— 也就是每一個利害相關人。穩健決策的定義是：「在排除所有不確定因素之後，所得出的最好選擇」。而排除不確定因素的唯一方法，就是聽清楚別人的想法。

舉例來說，多年前，一家跨國食品公司的高層決定向一家新供應商購買蘋果汁，以降低公司的生產成本。這些高階主管做決策時，只邀請了公司的財務部門參與。這個決策卻讓公司的研發主管大驚失色，並試圖警告他的上司們，他們想要採購的這種新產品裡面，其實一滴蘋果汁都沒有 —— 它純粹只是糖水。但這些高層對於每年因此能夠省下 25 萬美元成本感到非常滿意，並訕笑這位研發主管「太無知、不切實際」。終於，有一天，這些高階主管都被送進了大牢，公司並因此而必須付出高達 2,500 萬美元的罰金 —— 相當於購買 100 年不實商品所能省下的成本。

所以，到底是誰比較「無知、不切實際」？是那種努力尋求不同意見、真心想要了解事實的人，還是不想聽不同意見的人？

這類有問題的決策每天在企業界層出不窮，它們多半出自那些無法或不願以同理心來聆聽的主管。但相同的問題在我們生活中的不同層面同樣屢見不鮮 —— 包括家庭問題、社區關係、政府部門、親子溝通。拒絕聆聽只會製造衝突而非創意，只會帶來軟弱而非強韌。最諷刺的一點是，那些擔心同理聆聽會讓他們看來

愚昧無知、彷彿向人示弱的人，最後卻只能做出最差的決策。

　　我認識一對夫婦，他們有三個孩子。這個家庭在各方面都很平順，而且充滿生氣。那位父親的工作必須經常出差，但兒女仍在他經常缺席的情況下順利成長。他與孩子的關係很好，唯一的缺點就是他無法經常在家。一切似乎都很美好，直到他那步入青春期的女兒開始在學校出現偏差行為，然後開始觸法。

　　每次出問題時，心情焦慮但時間又非常有限的父親都會想辦法和她坐下來，希望能夠好好談一談她的問題 —— 但時間上或許還是有那麼一點急促吧。他們每次都會繞著相同的問題打轉：「我真的太肥了，我很醜。」「不會呀，我覺得你很漂亮呀。」「你當然必須這麼說，因為你是我老爸。」「如果不是真的，我絕不會這麼說。」「你當然會。」「你覺得爸爸會騙你嗎？」接下來，討論的焦點就變成了這位老爸的誠實度。或者，他會告訴女兒一個他自己小時候的故事。比方說，他小時候手臂很細、肩膀很瘦，所有人都會不停取笑他。「你覺得這樣說就會讓我比較不難過嗎？」女兒反嗆他。

　　然後，家裡會平靜一陣子，接下來，他又得出門了，整個事情就這樣一再循環。有一次，他又在外地出差，他的太太忽然打電話來說女兒失蹤了。他急著趕最快的一班飛機返家。警方努力幫忙找人，一家人則焦急等待。幾天之後，她終於在另一個城市的逃家少年庇護所被找到了。父母趕去將她領回家。回家的路上，她一句話也不肯說。那位父親是個很溫和的人，他真的非常挫折，於是掏心掏肺地告訴女兒他們有多想她，在她失蹤時，他們有多擔心、多害怕。他拿好幾位朋友的故事來鼓勵她，說他們也曾如何歷經惶惑不安的青春期，但最後都挺過來了，而且現在都好得很。

那天晚上，他和太太仔細討論女兒的問題。「我真的不知道該怎麼辦，」他承認。他太太回答說，「或許你可以試著聽聽她怎麼說。」「什麼意思？我常常聽她說話呀。老實說，聽她說話幾乎成了我在家時唯一做的事情。」

他太太擠出微笑。「仔細聽她說，你別說話。真的，別說話，聽她說就好。」

他在女兒身旁坐下，她還是不發一語。他問說，「要不要談一談？」女兒搖搖頭，但他沒動，也沒再說話。當她終於開口時，天都快黑了。「我真的不想活下去了。」

心頭一驚，他努力壓抑反駁的慾望，反而溫柔地重複了女兒所說的話，「你不想活下去了。」接下來是五分鐘的沉默。他事後說，那真是他這一輩子最漫長的五分鐘。

「我很不快樂，爸爸。我討厭自己的一切。我想要結束這一切。」

「你很不快樂。」他吐了一口氣說。

女兒哭了起來。事實上，她開始大聲啜泣，但同時又想說話，於是，洪水氾濫、水壩潰堤。她一路說到東方漸白，而父親總共說不到十個字。第二天，事情似乎又有了希望。過去，他給女兒的只有同情心，終於，他發現了同理心。

這只是他為女兒所提供的第一劑「心理上的新鮮空氣」，往後幾年，他還會為女兒提供許多這種心理上的新鮮空氣。如今，她已是個沉靜而成熟的女子，對於自己以及父親對她的愛極有自信。他願意努力去了解女兒的內心世界、重視女兒的心聲，不再強迫女兒接受自己的觀點。這件事為她的生命提供了一個穩固的根基。

我鼓勵大家認真看待「我努力了解你」這個思維模式。仔細

回想自己與別人關係中某些緊張，而且傷害性極大的時刻。當緊張關係升高、信任感降低、雙方完全不知下一步該怎麼走、彼此之間高牆聳立時，試著用同理心做個實驗：

- 主動向對方說，「你看事情的方法與我不同，我應該聆聽你的想法。」
- 全神貫注 —— 聆聽時絕不發揮「多能工」的本領。不妄下評斷、不評估、不分析、不給忠告、不下注腳、不濫情、不評論、不爭辯。對你說話的人不需要你站在他們那一邊。他們只需要你以尊重的態度聆聽**他們的**心聲。
- 保持安靜 —— 你不必提供任何答案、是非判斷或解決方案。卸下所有的壓力。只要放輕鬆、專心聆聽就好。
- 只有在需要幫助對話繼續下去時才開口，例如，「再多告訴我一點有關……」、「請繼續說」，或只是「嗯」。
- 注意情緒的起伏及轉折 —— 確認對方的感受：「你一定覺得很（抱歉、憤怒、受傷、疲憊、焦慮、失望、錯亂、困惑、受背叛、不確定、可疑、不安、擔心、挫折）吧。」
- 有必要，可以使用「發言權杖」（實際上或象徵性）。
- 記得，你只是在聽一個故事 —— 看電影時，你不會中途打斷電影、反駁劇情、對著銀幕抗議。（如果你真的那麼做，一定會被請出戲院 —— 非常合理的處置！）你會很投入，你對現實的感覺會暫時停止運作，甚至進入某種出神的狀態。
- 做好學習的準備 —— 只要願意開放心胸，你就能夠獲得許多足以讓自己見識頓開的洞察力。因資訊的增加而改變想法是一件再自然不過的事 —— 它絕非軟弱的象徵。

- 確定自己的了解無誤 —— 若有必要，可以重複一遍對方剛才所說的內容、覆頌一遍自己所聽到的事、討論你得到的感受、問對方是否覺得你已真正了解他的想法與感受。如果沒有，繼續努力，直到他感到滿意為止。
- 表達你的感激之意 —— 能夠受邀進入另一個人的心靈，是很大的一種榮幸。這件事對你有非常大的益處，因為你可以因此而了解到自己先前毫無所知的某一部分的真相。正如彌爾所說，「如果有人向我們表達不同意見，讓我們好好謝謝他們吧。讓我們開放心胸聆聽他們的想法並心存感謝，因為有人幫我們做了該做的功課。」

你現在知道該如何為衝突注入「心理上的新鮮空氣」了吧？實驗到某一個階段，如果對方突然改變態度，決定也想聽聽你的想法時，你不必太過訝異。如果你為了了解他們而付出代價，他們當然也會回過頭來，願意聽聽你的想法。當這種情形出現時，你們就真的開始邁向第3選擇了。

思維模式4：我與你發揮綜效

最後的這個思維模式就是要找出一個任何人先前都沒有想到過的更好的解決方案，而非陷在彼此攻訐的循環之中。

我稱這個思維模式為「我與你發揮綜效」。如我們所見，發揮綜效就是創造第3選擇的過程。它就是打造一種新現實所會產生的熱情、活力、創意與激情，而這種新現實遠勝於舊現實。這也是為什麼我又稱它為「創造式思維模式」的原因。

頁92圖表顯示出「發揮綜效」的思維模式與「攻擊」的思

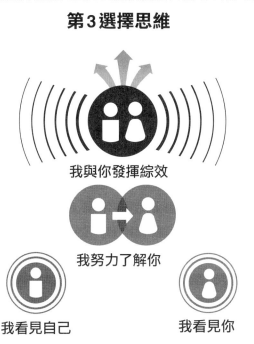

第3選擇思維

我與你發揮綜效

我努力了解你

我看見自己　　　　　　　我看見你

我與你發揮綜效　一旦我們彼此完全了解之後，就準備好要一起發揮綜效了，也就是要找出一個我們以前未曾想到過的更好的方案。發揮綜效是一種最迅速、最有創意、共同合作式的問題解決方法。

維模式有多大差異。「我攻擊你」的心態，正是「我以刻板印象來看你」以及「我努力防衛自己來對抗你」這兩種心態的自然結果。這是一種毀滅性的思維模式，無論是感情關係、伙伴關係、企業、家庭、組織、國家 —— 基本上，就是對未來的徹底毀滅。如果我對你存有攻擊的心態，你就會變成一種刻板印象，不再是一個我的眼睛所能**看見**的活生生的**人**。你代表了一種我無法忍受的意識型態，因為你基本上就是**錯的**。你是一個足以威脅到我的自我認同、自我價值的妻子、丈夫、伙伴或是家庭成員。如果我是這

	我與你發揮綜效	我攻擊你
觀	1+1＝10，或100，或1000！	1+1＝0，甚或負數。
為	我努力尋求第3選擇。我提出：「你是否願意尋求一種你我都未曾想過的、更好的解決方案？」	我製造衝突。我堅持自己狹隘的解決方案。即使最後自己也得做某種妥協，但我一定得讓對方輸。
得	找到第3選擇的好處為何？	對方，或是一個企業、一個國家、一個家庭在衝突中必須付出的代價為何？

樣看你，我會說些什麼？「我一定要好好教訓你」、「一山不容二虎 —— 不是你死，就是我活。」

我可以試著可憐你、改變你的想法，但基本上，你依然象徵著某種我無法認同的事情。因此，我必須以漠視你的存在、嘲弄你或傷害你來捍衛我自己。最後一步就是直接攻擊：我必須打敗你。光是贏過你並不夠 —— 你必須被擊潰。1加1等於零，因為我們玩的本來就是零合遊戲。我們會得到什麼樣的結果？你我之間只會有戰爭，無法創造出任何其他東西。

在攻擊心態下，最好的結果只是妥協而已，而妥協的定義就是雙方都得犧牲一些東西。妥協是1加1等於1.5。妥協不是發揮綜效。過去大家給了妥協太多虛幻的掌聲，大家都覺得能夠達成妥協是一件很棒的事，但妥協絕非發揮綜效。

相對而言，「我與你發揮綜效」的心態，正是「我看見自己」、「我看見你」，以及「我努力了解你」最自然的結果。請記得，任何事情都必須從真正的尊重自己及尊重對方開始 —— 我與你交會、我不利用你。下一個階段就是積極的同理心、一種真正的決心，希望找出真理的各種不同面向。除非每個人都覺得真正被了解（包括實質上與情緒上），否則我們根本無法進入綜效的

階段。歐洲工商管理學院（INSEAD）法爾考教授（Horacio Falcao）如此描述：「我用自己的行為來證明你不必懼怕我。因此，你根本不必捍衛自己，因為我並不想攻擊你。也因此，你不用抗拒、也不需亮出你的實力，因為我也沒對你亮出任何東西。」

現在，問問你自己：攻擊心態會讓你的事業、你的國家、你的家庭付出哪些代價？另一方面，致力尋求第 3 選擇的綜效心態，又可能為你的事業、你的國家、你的家庭帶來哪些好處？

你可以自己回答這些問題。但請各位先想想，那一夜，在那個陰鬱的南非火車站裡，如果甘地臣服於攻擊心態之下，結果會是如何？憤而反擊會為他自己以及整個印度的未來，帶來什麼樣的影響？另外，就完全不同的層次而言，如果那位學音樂的母親娜蒂雅，基於對學校禁止學生練琴的憤怒，因而決定對那位老師展開一連串的攻擊，而非尋求與老師攜手合作、發揮綜效，結果又將如何？再從另一個層面來看，如果當年日本製造業視戴明博士為外來干預者，以文化抗體來抵制、甚至攻擊戴明博士，結果又會如何？

攻擊的思維模式在日文中叫做「氣合」（kiai，即進攻之意）。在日本武術中，氣合的意思就是全神貫注於攻擊或抵擋敵人時所爆發的力量，並以一聲喊叫為象徵。相反地，發揮綜效的思維模式則稱為「合氣」（aiki）。合氣的意思就是開放心胸，將自己的力量與對方的力量做一種非對抗的結合。「合氣道」就是一種以綜效為基礎所發展出來的近代武術。在合氣道中，你以結合自己與對手的力量來瓦解衝突，也就是以柔克剛、借力使力，甚至可以因此而創造出更大的力量。所幸，日本的產業界以「合氣道」的心態來迎接戴明博士，因而創造了不凡的歷史。

合氣道大師慕恩（Richard Moon）指出，「合氣道最重要的一

件事情，就是我們從不抗拒別人的力量。解決衝突的方法是，我們從不反對別人的信念或想法……我們需要更了解他們的想法，我們需要更了解他們的能量、他們的精神。當我們這麼做的時候，我們會變得興味盎然、可以與之共舞，更能改變整個情況。」

千萬記得，真正的綜效需要的是「合氣」而非「氣合」，也就是真正的尊重與同理心態，而非抗拒與攻擊心態。

發揮綜效的流程

除了缺乏正確的心態之外，發揮綜效的第二種障礙就是缺乏技能。發揮綜效是達到第 3 選擇的流程，我們必須了解這個流程如何運作。到目前為止，我已談到一個綜效型的人最重要的**性格特質**，並檢視構成第 3 選擇思維的各種基本模式。接下來，我將開始介紹綜效型的人所需要的基本技能。

小孩天生就會發揮綜效。「創造性思維」是我們與生俱來的本能。一位朋友告訴我，他觀察自己的兩個兒子和他們的朋友如何利用幾個紙箱子、一些被風吹落的櫻桃（它們代表人）、一堆石頭，還有一塊香蕉皮（這是國王的城堡），建造起一整座城市。他們精心打造了一個偉大故事，而且是邊想像邊發展。他們在自己的故事中加入許多情節，有政治、戰爭、經濟、愛情、嫉妒，還有熱情。

孩子是天生的夢想家，可以創造出無數的世界。長大過程中，我們歷經學校、工作的訓練，開始專精於某些事物，因而忘了自己曾經有過創造世界的能力。但這些能力並未消失。有時，我們會驚訝於自己因迫於需要，竟而能夠創造出第 3 選擇。危機可以逼出我們的第 3 選擇思維。1970 年四月，阿波羅 13 號登月時所

發生的意外，就是一個絕佳的例子。當阿波羅13號內部發生爆炸之後，困在太空艙裡的三位太空人開始發生氧氣不足的問題。由於失去電力系統，三位太空人被迫離開指揮艙、進入登月小艇。然而，登月小艇的氧氣量並非設計來支援三位太空人的需要。二氧化碳過濾器逐漸耗盡，意味著太空人正面臨緩慢死亡的困境。當時，指揮艙中還留有許多方形的過濾器，但它們與登月艇的系統並不相容 —— 登月艇使用的是圓柱形的過濾器。這真是個典型的兩種選擇困境 —— 必須將一個方形物體塞進圓洞裡。

　　登月任務地面指揮官克蘭茲（Gene Kranz）誓言：「失敗**不在**我們的選項之內！」他們必須找出第 3 選擇。於是，地面的技師開始從太空人手邊所有的材料下手（塑膠膜、封箱膠帶、紙板、塑膠水管）。他們迅速研究出一個長得很像郵箱的東西，它可以連接

發揮綜效 4 步驟　　這個流程可以幫助我們實踐綜效的原則。1.提出啟動第 3 選擇的問題；2.定義出每個人所謂的「成功」；3.不斷嘗試、實驗，直到 4.達成綜效。

起原本並不相容的氧氣系統。地面人員透過無線電將這個臨時連接器的規格告訴太空人，太空人依樣畫葫蘆照做了一個。氧氣通了！

在這個案例中，第 3 選擇是在生死交關的情況下被逼出來的。這當然是個最極端的情況，但我們可以從阿波羅團隊發揮綜效的範例中，學到哪些重要的功課？我們學到：第 3 選擇可以迅速產生。而且，我們可以利用手邊現有的資源來創造第 3 選擇 —— 我們不見得需要更多或新的資源。我們也再次看到，大多數的兩難困境其實都是假象。最重要的是，我們看到：生死與共、彼此同心可以創造出奇妙的綜效。

我們發現，危機常能逼出綜效。但我們不必非得等到危機臨頭，才來尋求綜效。如果我們擁有正確的心態，則隨時都能透過四個簡單的步驟來達成綜效。

發揮綜效 4 步驟

1. 我先向你提出啟動第 3 選擇的問題：「你是否願意與我一起尋求一個你我都未曾想過的、更好的解決方案？」這個革命性的問題能夠解除你的防衛心態，因為我並沒有要求你必須放棄自己的想法，完全沒有。我只是問你，我們是否可以一起尋求一個第 3 選擇，而它將比我的想法或你的想法都高明得多。這只是一種思維上的實驗，沒別的意思。

2. 然後我會問你一個類似這樣的問題：「你的**更好**大概長什麼樣子？」這個做法是要找出一個清晰的願景及一套標準，以便定義出雙方都能夠感到滿意的結果 —— 也就是

一套超越雙方原有想法的成功標準。

3. 一旦標準確立，我們就可以開始實驗各種可能符合這些標準的解決方案。我們可以開始打造一些原型，以腦力激盪找出新架構、徹底推翻自己的思維模式。我們暫時不做任何批評、判斷。等一下我會提出幾種評斷的方法，但所有綜效都必須容許自己先實驗一些最極端的可能性。

4. 我們可以從空氣中的興奮情緒得知，綜效已經出現。懷疑、衝突全部消散。我們必須不斷嘗試、調整，直到那種代表第3選擇已然出現的創意能量通透全身。當綜效出現時，我們絕對會知道。

社會中有許多所謂的「衝突解決專家」。但對大多數的衝突專家而言，解決衝突通常是指協調出一個低層次的權宜之計，它可以止息衝突，但卻不見得能夠得出一個人人滿意的神奇結果。第3選擇不但能夠達到休戰的效果，也不僅只是一種妥協。第3選擇是創造出一種新情勢，它比那種「雙方各退一步」的結果好得多。它不是「一方面」如何，而「另一方面」又如何，它根本就是一種「第3方面」。

接下來讓我們更深入探索，這些達到綜效的步驟在真實生活中應如何運作。

步驟 1：提出啟動第 3 選擇的問題

發揮綜效的第一步是提出啟動第3選擇的問題：「你是否願意與我一起尋求一個你我都未曾想過的、更好的解決方案？」

這個問題能夠改變一切。如果對方的答案是「我願意」，則需

要雙方都有所妥協的協調，立刻變得無用武之地，雙方的衝突也會立刻脫離緊繃狀態。在一個「低度信任」的狀況下，這個「我願意」或許會帶點遲疑、甚至有點不情願，但它仍是雙方脫離尖銳對立、朝積極性解決方案邁進最重要的第一步。

要能夠誠懇提出這個問題，我就必須先重新訓練自己的思維方式 —— 不再視自己為唯一知道如何客觀、正確思考的人，「我」也不是所有智慧的來源。我的思維必須在尊重彼此、重視差異的模式中進行。如我們先前已討論過的，我必須深切認知綜效的弔詭原則 —— 雖然雙方意見不同，但有可能兩人都是對的。

而且，我不能只將自己視為某一方的代表。我必須能夠超越自己的不滿，超越自己的立場、意識型態、團隊、公司或政黨。我不再受制於過往的經驗。我是一個完整的人、一個獨立的個體，我有能力創造自己的命運。我可以選擇一個不同的未來。我也必須願意暫時拋開自己原有的想法以及自己所認定的解決之道。（請注意，我說的是「願意」。）我必須對**我**從來沒想過的可能性，保持完全開放的態度。我必須願意順著流程前進，因為綜效原本就是不可預期的。

「你願意與我一起尋求一個更好的解決方案嗎？」

「我願意，但我實在想不出有什麼更好的解決方案，而且我不打算作任何妥協。」

「我絕對無意要你妥協。我只是想知道你是否願意與我合作，讓我們一起創造一個比你我現在所能想到的解決方案都要更好的辦法。這個辦法現在還沒出現，但我們可以一起創造。」

　　不先建立起這些思維模式，我永遠不可能提出啟動第 3 選擇的問題（而且還必須是誠心誠意的）。我也永遠不可能超越自己原有的心理制約。

　　但是，如果對方不這麼想呢？如果他們的思維模式是不信任、不尊重，而且完全不客觀呢？

　　當我提出這個啟動第 3 選擇的問題時，對方應該也會稍微卸下心防。他們可能會對於我竟然願意接受新的可能性，覺得有些吃驚。他們通常也會因此而感到好奇，甚或揣測我的動機。但若我能一直保持尊重對方的心態，而且真心希望了解對方的立場與利益，他們的回應通常就會變成「好呀，當然願意」——無論他們心中還有多少質疑。記得，如果我不能深入了解他們、仔細聆聽他們的想法，他們還是有可能隨時拒絕與我一起尋求新的解決方式，而且他們的決定絕非沒有道理。

　　根據我個人的經驗，第 3 選擇的結果絕對令人驚喜不已。我曾見過持續多年的激烈衝突，在短短幾個小時之內煙消雲散。第 3 選擇不但能讓問題圓滿解決，而且還可以強化雙方的關係。我也曾聽說，有人在法院中激烈對峙，後來只是因為雙方突然真正了解對方的處境、願意尋求比你死我活更好的解決方式，因而得以瞬間止息紛爭。

　　記得，當你提出啟動第 3 選擇的問題時，你的目的並不是希望別人放棄他們的想法或立場。你們將攜手進行一次艱難的實驗，一起問自己「如果……」。要讓實驗成功，雙方都必須暫時拋開自己原有的立場。

　　贏當然很愉快，但贏的方法並不只有一種。生命不是網球賽，只能有一方贏球。當雙方都贏、能夠共同創造出一種新局面，讓彼此都感到滿意時，絕對更令人快樂。這就是為什麼發揮

綜效的流程必須從「你是否願意與我一起尋求一種雙贏的解決方案，讓我們都能滿意？」這個問題來開始了。

步驟 2：定義「成功」的標準

　　各位是否也常訝異，人們彼此相爭的原因竟是如此瑣碎、無聊？國家會為了一塊毫無用處的小小土地而開啟戰端；丈夫與妻子會為了吃完飯該誰洗碗而鬧到要離婚；企業會為了一點小小的紛爭而終至破產。

　　但所謂的「衝突點」，其實往往都不是真正的問題。嚴重衝突的背後，通常都有更深層的問題。引用我的好友克里斯汀生（Clayton M. Christensen）教授的說法 —— 真正的工作不是化解衝突點，而是去改變導致衝突發生的思維模式。

　　當巴勒斯坦人聚集起來抗議以色列建立一個新屯墾區時，那個屯墾區當然不是真正的問題核心。真正必須做的事情，是改變心態。中東地區的衝突其實必須回溯好幾十年、甚至好幾個世紀。真正的問題是，雙方內心所堅持的原則（例如公平、正義）有所不同。內心的衝突才是最頑強、最難解的衝突。

　　記得嗎？綜效心態在日文中稱為「合氣」，也就是將不同的力量融合在一起，創造出一種和諧的結果。當雙方的基本原則產生衝突時，我們不可能單純地排斥對方的原則。事實上，我們通常必須接納、分享那些原則。無論是以色列人與巴勒斯坦人、土耳其裔賽浦勒斯人與希臘裔賽浦勒斯人，或是北愛爾蘭天主教徒與基督徒之間的衝突，雙方在堅持自己的立場時，當然都還是會訴諸最基本的公平原則。解決衝突的關鍵，就是要讓這種雙方都認同的原則，產生出一種全新的、更好的應用方式，也就是發揮

「合氣」的心態。只要將這個基本原則提升到一個全新的層次，便能讓雙方都可以從這種彼此都認同、都願意遵循的原則中得到力量。

假設我們已經非常了解彼此的處境、想法、立場，便可以開始打造一個能夠滿足各自需求及理想的全新願景，以達到真正的雙贏結果。藉由清楚定義成功的標準，綜效心態就可以充分發揮。「標準」（criterion）一詞來自希臘文，意思是「一種遵循原則或規範的方式」。遭遇衝突，我們當然都希望獲得最好的結果。問題是，何謂「最好的結果」？

以下就是進行這個步驟的一個簡單案例：一位公園管理處的官員深感挫折。因為預算遭刪減，他轄區內的一座公園將面臨關閉的命運。不僅如此，這座公園原本就存在一個非常嚴重的問題 —— 愛狗人士希望自己的狗兒能夠自由地在公園玩耍，但其他人卻很討厭此起彼落的狗叫聲及狗兒造成的混亂。當然，雙方都不希望公園被關閉。大家都願意尋求第3選擇，於是他們開會，列出了他們的成功標準：

- 公園必須保留，同時要擁有足夠的維護經費；
- 人與狗在公園裡都很安全；
- 公園必須保持乾淨；
- 公園中不應出現過度的噪音。

這些簡單的標準獲得所有人的同意，大家也都參與了達到目標所必須完成的任務：找出第3選擇，讓每個人都贏 —— 公園管理人員、市民大眾、納稅人，還有狗狗。待會兒我們就會看到這件事情的結局如何。

　　發揮綜效的流程也曾運用在許多國家的建國大業上。當美國最初的邦聯政府制度證明行不通時，公民代表聚集起來，草擬出一份新的成功標準 —— 也就是1787年的《美國憲法》。近代一點，讓我們看看模里西斯共和國（Republic of Mauritius）的建國歷程。這個印度洋中的小島約有100萬住民，分別來自非洲、印度及東南亞。她正是發揮綜效的最好範例。這個小島的信仰幾乎涵蓋了世界上所有的宗教，島民所使用的語言多達幾十種，文化及傳統極為多元，但這一切都融合在一個全球獨一無二、豐富而和諧的文化之中。當模里西斯在1968年從英國獨立出來時，稀少的資源及族群差異成了這個島國和平存活的最大威脅。由於印度人為最大多數，非印度裔島民非常害怕自己將被邊緣化。某些專家甚至預言，模里西斯將在政治、宗教、種族的衝突中自我毀滅 —— 正如之前的許多國家一樣。但在綜效心態及真誠擁抱差異的決心之下，模里西斯打造出一套讓每位國民都擁有相同發言權的憲法。這是他們最重要的「成功標準」。選舉時，大多數的國會席次都由最高票的候選人取得，但他們特別保留了八個席次給「最優秀的敗選者」（best losers）。這個做法確保國會的平衡，以及少數族裔在國會中的代表性與發言權。好個精彩的第3選擇！

　　模里西斯面臨的另一個困擾是，由於宗教繁多、傳統多元，幾乎每一天都是某一個族群的節日。也因為慶典過多，整個國家幾乎做不了什麼事，但也沒有任何族群願意主動放棄自己的節日。於是模里西斯制訂一個標準：獨樂樂不如眾樂樂。現在，模里西斯每年設定幾個重要的宗教節日，而且全國人民都必須共同遵循。每位模里西斯的國民都要過基督教的復活節、伊斯蘭教的開齋節，以及印度教的排燈節。模里西斯人非常喜歡慶祝彼此的節日，因而也創造出一種欣賞、尊重、愛護彼此及所有社群的強烈情感。

　　藉由清楚定義出大家都願意共同遵循的社會準則，模里西斯成功避開許多多元族裔國家難以倖免的族群衝突問題。模里西斯絕非完美，他們也有自己的社會問題，但她確實是個不折不扣的成功故事。他們沒有以捨棄公平原則或將它限制在某種狹隘、自利的架構中來獲得成功，相反地，他們找出了獨特、穩健、強而有力的新方法來善加利用公平原則。他們不只是「共存」而已，模里西斯國民達到了「共榮」的目標。正如模里西斯領導人拉姆古蘭（Navin Ramgoolam）所說，「我們從不同的地方、以各種不同的方式來到這座小島。但現在，我們都在同一條船上。」

　　為了達到綜效的結果，我們需要建立起一套穩健、強而有力的標準，它必須能夠代表愈多的利益關係人愈好，而且愈早確定愈好。如果我們遺漏某些重要的標準，最後很可能得全盤重來，因為它無法代表真正的綜效。如果能夠從一開始就擁有一套完整的成功標準，我們將可以為自己省下許多麻煩。

　　成功標準可以有許多不同的形式。我們可以發展出一個強而有力的使命宣言，總結出我們的最高理想，如果未能達成這個使命，別的事情也就無關緊要了。我們的標準也可以不必那麼偉大。如果是蓋一棟房子，我們需要的就是一張藍圖。如果是撰寫一個電腦程式，我們需要的則是一張規格表及示意圖。如果是經營一家企業，我們需要的是一份策略計畫書。我們自己可能也有一套生活上的價值觀。無論如何，我們的腦子裡必須先有一個清楚的目標，才能開始追求綜效，否則只會創造混亂。

　　發揮綜效的箴言如下：**愈早、從愈多人身上、獲得愈多的想法愈好。**

　　讓我們以寶鹼公司（Procter & Gamble）的創新哲學為例 ── 寶鹼可能是全世界最成功的一家消費者產品公司，旗下有數十個

全球知名品牌，包括佳潔士牙膏、汰漬洗滌劑、吉利刮鬍刀、沙宣洗髮精、幫寶適紙尿褲等。寶鹼的創新團隊永遠從一個扎實的目標及一套清楚的成功標準開始。比方說，多年前，消費者研究指出，大家都希望擁有潔白的牙齒，也都不想花大錢請牙醫做美白。於是，寶鹼的團隊開始為一個成功的解決方案下定義、設標準。他們邀請佳潔士的齒科專家、汰漬的漂白專家、長期研發熱塑材料的黏著劑專家，以及其他許多人士一起加入這個專案團隊。這個背景多元的團隊將他們的成功標準高掛在牆上：這項新產品必須便宜、使用方便、效果迅速、易於生產、可長久保存。這些標準同時還附帶許多技術上的標準。將這些成功標準謹記於心，這個團隊創造出佳潔士的「牙齒美白貼片」（Whitestrips），立刻造成轟動，成為市場上的熱銷產品。

　　寶鹼的例子剛好與多年前一家歐洲藥廠推出一種降血壓藥物的經驗，形成強烈對比。當這家藥廠為新藥申請美國上市許可時，美國食品藥物管理局（Food and Drug Administration，簡稱FDA）斷然否決這項申請。FDA指出，這種新藥必須一天服用兩次，但市面上早有一天只需服用一次的藥物。一天兩次的服藥方式將會增加消費者服藥過量或不足的機會，因此，這種新藥未能獲准上市。

　　整件事對這家歐洲藥廠是一項嚴重的打擊。當消息傳回歐洲總部時，公司的行銷主管不解地說，「為什麼沒有人找我們一起參與這項新藥計畫？我們當時就可以告訴你們，這樣的藥物將無法符合FDA的標準。」美國藥品市場的成功標準是一日一劑，但研發團隊並不知道這一點。由於未能將重要的利害關係人納入團隊、共同設立成功標準，這家歐洲藥廠竟然做出一種根本不符市場標準的新藥。

　　雖然發揮綜效的流程會帶領我們去到一個自己事先完全無法
預期的地方，但這並不表示在起步時，我們心中不需要有一個目
標。發揮綜效的流程描述的是，我們「如何」到達自己想去的地
方。設定成功的標準則可以幫助我們定義，那個地方是何模樣。
這些標準也能夠幫助我們更加了解自己目前身在何處，因此才能
夠找到正確的前進方向。沒有成功標準，我們很容易就會同心協
力爬上一座高梯，但最後卻發現，這座梯並非通往我們的目的
地。因此，每爬一步，我們離自己的目標就愈遠。

　　或許你會想，「萬一有人堅持設定一些別人都無法接受的標
準，那該怎麼辦？」如果我們確實完成思維模式 3，也就是深入了
解彼此的想法與立場，我們就會知道哪些標準會讓彼此都贏。真
正最重要的問題是，「我們是否願意尋求能夠讓**大家都贏**的標準？
也就是某些我們還沒想到過的標準。」回答「我願意」，就可以讓
我們更深入發掘各種可能性。

超越公平

　　無可妥協的標準之所以會產生，幾乎都是因為事情不符公平正
義的原則。「不公平、不符合正義、對我們不尊重」，再沒有比這
更基本的人性呼求了 —— 無論是在學校、商界、法庭，或是聯合
國大會之中。然而，在我看來，對於擁有第 3 選擇思維的人而言，
最大的挑戰應該是提出遠超過公平原則的標準。但要怎麼做呢？

　　許多（甚至絕大多數）的衝突，都是因為不公平而起。無論
背景為何，任何人都能夠感受到自己是否獲得公平的待遇。為了
更深入了解公平的概念，經濟學家多年來一直在進行一種稱之為
「最後通牒」的實驗。在這個遊戲中，一個人扮演「提議者」，另
一人則為「回應者」。提議者會先拿到 10 張 1 美元的鈔票。然後，

他必須向回應者提供某個金額的鈔票。此時,回應者可以決定是否接受對方的提議。最重要的關鍵是,遊戲結束時,雙方手中都必須有鈔票。如果任何一方手中沒有鈔票,另一方就得把所有的錢都退還給主辦單位。

經濟學家的理論是,如果參加遊戲的是兩個機器人,那麼,絕對理性的提議者就只會提供1美元給回應者,而回應者也會非常理性地接受這1元美鈔,雙方手上都會有錢。但人類行為卻非如此。通常,提議者會提供5美元給回應者,而對方也會欣然接受,雙方就會擁有等額的金錢 —— 非常公平。但有趣的是,當提議者提出太少的金額給回應者時,回應者通常會因為覺得不公平而拒絕接受**任何**金錢,於是就會造成雙輸的局面。這種結果或許看來很不理性,但卻也證明公平原則的威力。

全世界成千上萬的人及團體都玩過這個遊戲,從倫敦的銀行家到秘魯山區的牧羊人。在不同文化之間,遊戲的結果卻幾乎完全一致。也就是說,所有的文化都有一種與生俱來的公平感。

但正如最後通牒遊戲所顯示的,「公平」通常因人而異 ——在我看來是公平的,對你而言卻並非如此。這就是為什麼第3選擇思維必須超越公平原則的原因。最後通牒遊戲的問題是,它讓參與者受制於一種假象的**貧乏**原則。在這個遊戲裡,參與者總共只有10張1元美鈔可供彼此分配。因此,根據這個遊戲的規則,無論遊戲如何進行,提議者其實都是輸家,因為他**一定得要**放棄某個金額,才能保住自己想要的錢。但在真實的世界裡,雙方其實並不需要放棄任何金錢,因為他們可以利用那10塊錢來進行槓桿操作。在真實世界裡,我們所奉行的並非**貧乏原則**,而是**富足原則** —— 我們所能創造的財富沒有上限,而我們也有無數的方法可以創造財富。

　　要獲得第3選擇，提議者與回應者可以變成合作伙伴，將錢用來投資獲利，或一起投資一椿生意，共同賺取更多財富。第3選擇讓我們可以掙脫「第1選擇」或「第2選擇」的單選題，避開雙方因公平原則不同而產生的爭議與衝突。

　　坦白說，擁有第3選擇思維的人對於事情是否公平其實並沒有太大興趣，我們有興趣的應該是能否產生「綜效」。對我們而言，一個公平、符合正義原則，或是恰當的解決方案並不夠。我們的期待比這個更高。如果我們只在乎公平，我們就還未到達第3選擇的心態。

　　我很喜歡「可靠顧問公司」（The Trusted Advisor Associates）創辦人兼執行長格林（Charles H. Green）的觀察：「要求『公平』可能會成為信任殺手。互信的基礎是互惠，也就是積極珍惜對方的價值……如果我們只是將精力花在協調誰應該得49，誰應該得51，我們就會在追求『公平』的過程中扼殺了信任。」因此，擬定出一套標準很可能會變成一件很緊張的事，甚至造成更多衝突。擬定標準不一定得鉅細靡遺，通常，最有效的做法就是直接問對方：「你心目中的成功長什麼樣子？」然後記下對方最立即、最明確的答案。

　　每一次當你想要尋求第3選擇時，試著寫下你的成功標準。要找出成功標準，你必須先問自己以下幾個問題：

- 是否每個人都參與擬定標準的工作？我們有沒有從所有可能的利益關係人身上，獲得所有可能的想法？
- 我們**真正想要**的結果是什麼？我們真正該做的工作是什麼？
- 什麼樣的結果才會讓「所有人都贏」？
- 我們是否真的超越自己的既有想法，開始尋求更好的結果？

當每個人都對這些問題的答案感到滿意時，你們就可以開始創造自己的第3選擇了。未來，當你們開始選擇自己要採取的行動時，可以再回頭問自己，哪一種選擇最符合你們的成功標準。

步驟3：創造第3選擇

回顧多年來我與世界各地的朋友合作的經驗，我會說，其中最精采的部分幾乎都是綜效得以發揮的情況。它通常都是因為某一個人展現勇氣、說出了大家應該聽到的話。然後，其他人忽然覺得自己也可以完全真誠，最後，同理心終於促成了綜效。這也是易洛魁聯盟教導給我們的功課。當一個人 —— 和平使者 —— 勇敢地向自己的對手伸出雙臂、真誠聆聽對方的心聲時，那一刻就成了戰爭文化轉變為和平文化的起點。

要啟動整個綜效的循環只需要一個人 —— 你。整個循環可以從你願意對別人說：「你看事情的角度與我有所不同，我需要好好聆聽你的想法」開始。一旦每個人都覺得別人聽到自己的心聲，這時你就可以問，「大家是否願意同心尋求第3選擇？」如果答案是肯定的，你們便能開始嘗試一些符合成功標準的解決方案。

請注意，我說的解決方案是複數的，也就是不只一個。尋求第3選擇時，大半都得嘗試許多不同的解決方案。我們可以打造一些新的模式、以新的方式整合舊的元素、徹底顛覆自己的思維模式。我們以不設限的方式嘗試各種可能性、相信解決的方法所在多有。我們克制自己下判斷的衝動，直到大家都知道綜效已然產生的那個神奇的時刻來臨。

在本書中，大家將會看到許多創造第3選擇的方法，但所有的綜效都必須在我們容許自己完全自由、不給自己任何限制、願

意實驗任何可能性的情況下，才有可能發生。大家原則上都會同意，但多數人卻無法讓自己完全自由。這件事聽來有點諷刺，因為當今每個人都聲稱自己熱愛創新，而且科技的進步也一日千里。然而，多數工作團隊或組織文化卻依然十分僵化，而且舉世皆然。任何想嘗試發揮綜效的人都必須承擔令人興奮卻又十分恐怖的風險。

　　因為要尋求一種全新的解決方案，我們就必須願意放棄自己原有的立場和想法，好讓第 3 選擇的創新過程有充分的發揮空間。「放手」的過程中，我們必須願意敞開自己、不怕受傷。這件事可能做起來難度很高，因為人類本能會讓我們在遇到問題時，必須起而對抗或趕緊逃之夭夭。這就是為什麼刻意要求自己停下來、努力去尋求第 3 選擇，會是那麼重要的一件事。根據綜效的法則：**凡事一定都有更好的解決辦法。**

「第 3 選擇」從何而來？

　　我們要去哪裡尋找第 3 選擇？何處才是綜效的泉源？小說家譚恩美（Amy Tan）說，綜效來自「宇宙的暗示、運氣的降臨、祖母的鬼魂出現、純然的意外。」也就是說，創造第 3 選擇的靈感或許天地間俯拾即是，或出自個人經驗，也可能只是機緣巧合，或必須捻斷數莖鬚。但無論如何，第 3 選擇永遠是嶄新的、令人血脈賁張，而且富有驚人的生產力。

　　第 3 選擇的概念由來已久。印度哲人及希臘哲學家都知道，真正的新觀念絕對不是來自辯論，而是來自理念不同的人之間的對話。《柏拉圖對話錄》（*The Dialogues of Plato*）便反映了一種追尋新事物的渴望，而非希望說服別人接受一些既有的事實。佛陀也說，人無法在憤怒、敵意、權力慾中悟道。祂也提到一

種遠超「我對你錯」這種狹隘思維的「全知」。德國哲學家黑格爾（Hegel）使用「超越」（overriding）一詞來形容足以推翻先前所有假設的那種靈光乍現的洞察力。他看出「第1選擇」（即「正命題」，thesis）及「第2選擇」（即「反命題」，antithesis）可如何共同創造出「第3選擇」：「合命題」（synthesis，譯註：黑格爾「辯證法」中的「正、反、合」概念）。修禪之人追求「見性」（kensho）的片刻，也就是一種剎那的開悟。它足以使得一切瑣碎的爭執變成毫無意義。

　　偉大的康德（Immanuel Kant）也對第3選擇頗為著迷。一如今日，與他同時代的兩種選擇思維者為了宗教與科學的問題爭論不休，但康德卻希望超越這種爭論，達到一種更高層次的思維：

> 　　我不會只想以「駁斥」來面對合理的反對。在反覆思索這些反對意見時，我會將它們納入自己的判斷之中，讓它們有機會推翻我自己極為珍視的信念。藉著這種對別人的想法不帶偏見的觀點，我希望自己能夠獲得某種超越自己原有看法的「第3觀點」（third view）。

　　歷史上最偉大的思想家，正是那些推動世界朝第3選擇前進的人。他們被稱為「開創性的思想家」（seminal thinkers），因為他們撒下新的思維種子，後來都將開花結果，成為一種全新的觀照世界的方式。我們的高等學府都應該成為第3選擇的苗圃。但發揮綜效不是「偉大思想家」的專利。只要願意與人合作，每一個人都能夠從綜效獲益。試著只用一隻手綁鞋帶，如此你便會知道綜效的重要性。一個小孩子無法摘到任何蘋果，但如果另一個孩子站到他肩上，這兩個孩子就可以盡情摘下許多蘋果。力量相加，兩

人都贏；單獨行動，兩者皆輸。

有時第 3 選擇是來自兩種對立思維的結合。在某些情況下，你可以從兩種對立的想法中各自擷取一些概念，然後創造出一種全新的解決方案。比方說，投降與對抗是完全相反的兩種想法。對抗通常免不了訴諸暴力，投降則是非暴力的。然而，甘地以及後來的金恩博士卻都結合了這兩種截然不同的概念，提出「非暴力抗爭」的第 3 選擇，因而讓整個國家、種族獲得自由。

即使還在讀大學時，金恩博士的老師就已經注意到他那種綜效思維的能力。「無論主題為何，金恩永遠會從一個正命題轉向一個反命題，最後再得出一個超越兩者的合命題。」他的一位老師回憶說。金恩博士是一位能夠在衝突情況下，充分發揮第 3 選擇思維的人。在一個大家幾要「跳過桌子去割斷對方喉嚨的場合中，金恩可以一直安靜地坐著，直到鬧劇終於結束。」雖然有些人對他的被動非常不以為然，但其他人卻因此看出，他那種安靜聆聽的習慣，其實是他創意思考流程的一部分。他的一位朋友說，「他有一種非常奇特的能力，可以安坐在一些冗長、對立的會議中，最終再總結大家所提出的意見，並融合出一個所有人都同意的結論。」他經常會要求某一個人「盡量表達出最激進的想法」，然後再請另一個人「盡量表達出最保守的觀點」。它幾乎成了一種遊戲。對金恩博士而言，「同理聆聽」與「綜效式解決方案」永遠合作無間。

綜效可以來自刻意結合不同的力量，或巧妙利用對立的力量。但最有趣的第 3 選擇卻常發生於某些人突然做了某種奇特、意外的連結之時。

我們以先前那個經費遭到刪除的小公園為例。除了面臨關閉的命運之外，愛狗人士和其他鄰居之間的衝突更是嚴重。雖然每

個人都同意一個目標 —— 讓愛狗人士和所有鄰居都擁有一座美麗、乾淨、永續的公園，但大家並不知道要如何達成這個目標。於是，他們開始尋求第 3 選擇。沒有人記得到底是誰提出建立一座愛犬墓園的奇特建議，但這個想法最後竟成了拯救這座公園的關鍵。愛犬墓園需要的面積不大，但它不但能夠讓狗主人懷念他們那些熱愛這座公園的寵物，還可以為公園提供最需要的維護資金。狗主人付的錢可以鋪路、修剪花園和樹木。公園中還有狗狗專區，可以讓狗兒恣意奔跑，而狗主人則必須負責保持公園的清潔。因此，狗兒們拯救了這座公園，而每一個人都對這個第 3 選擇滿意極了。

　　有時候，一個簡單的第 3 選擇也可以解決某些更為複雜的問題。1992 年，一種可怕的新型霍亂忽然在印度蔓延開來。政治人物和衛生官員互相指責對方、為淨化重災區水質所需的經費及其困難度吵成一團。就在他們吵鬧不休的當兒，一位印度裔科學家卡吉爾博士（Dr. Ashok Gadgil）卻努力思考，如何才能在既不需要昂貴的化學藥劑，也不必耗費大量能源來煮沸開水的情況下，來達成淨化水質的目標。他知道紫外線可以殺菌，於是他將一個普通日光燈泡的蓋子取下，再將燈泡對著一盆遭受汙染的水照射。不一會兒，紫外線竟然將水質完全淨化了。

　　就在其他人為了政治問題、研究經費及基礎建設的投資金額爭執不休之時，卡吉爾卻發明了一種只需要汽車電瓶就能啟動的紫外線淨水器。如今，這種淨水器已遍及全球。用卡吉爾的方法淨化重達一頓的水，只需花費區區半毛錢。

　　卡吉爾博士讓我們看到，將每天都會接觸到、再平凡不過的東西，以獨特的方式加以整合，就可以產生第 3 選擇。不需要特別的天才、不需要龐大的經費，只需要一種不同的思維方式。發現

維他命C的諾貝爾獎得主聖捷爾吉（Albert Szent-Gyorgyi）曾說，「科學發現就是觀察每個人都看得到的東西，然後以沒有人想過的方式去思考。」

電腦的誕生就是這種不凡連結的最好例證。十八世紀時，法國里昂的絲織業者一直為布料上的圖案經常出錯而大傷腦筋。年輕的織布工人魯修（Basile Bouchon）知道，這些失誤是因為轉換織布圖樣、重新設定織布機時所造成的。這是一項繁瑣且極易產生失誤的流程。

魯修的父親是一位管風琴製造師。有一天，魯修靈光乍現，將織布機的圖樣和他父親在製作管風琴時所使用的打孔紙模連想在一起。魯修於是拿了張紙板，在上面打了一些洞，並用這張打孔卡片來控制織布機上的針，好讓編織的圖案能夠保持完美。他發明的打孔卡片帶來紡織業的自動化，同時更啟動日後的工業革命。

一個世紀之後，一位年僅21歲、在美國人口普查局工作的年輕人何樂禮（Herman Hollerith）得知打孔卡片的功用。他忽然想到，就和織布機上面的針一樣，電線也可以由打孔卡片來連結。於是他設計出一部打孔機，用來處理手上的人口普查資料。在那之前，美國人口普查局以人工方式花了整整八年才完成美國的人口普查工作。1890年，何樂禮的打孔機第一次上陣，工程浩大的普查流程一口氣縮減為短短幾個月。為了製造打孔卡片製表機，何樂禮創辦了一家小公司，今天，這家公司的名字叫做IBM。接下來的50年，電子計算機就從何樂禮的基本概念一路發展出來。現在，當我們看著一台電腦時，很難將它與管風琴、織布機，還有美國的人口普查連結起來。但這些正是創造出這個奇妙綜效的意外連結。

或許你會說，「好吧，好吧！但那些連結可是花了好幾個世紀

才發生的,而我們今天就需要一個解決方案!」

當然,我們不可能強迫連結的產生,但我們可以創造出一個讓這類連結比較容易發生的環境。我們可以加快這個流程,努力促成一些奇特、預期之外的連結,以便創造出更多、更瘋狂的好點子。

讓我們來看一個例子。這是一個發生於二十世紀,因為希望消滅瘧疾而產生的典型的政治、環境及人道需求之間的衝突。瘧疾好發於熱帶國家,這種冷酷的人類殺手每年會讓超過兩億五千萬人染病、奪走一百萬條生命 —— 多半是小孩子與老年人。瘧疾的傳播媒介是瘧蚊,當瘧蚊咬人時,它會將一種致命的寄生蟲注入我們的血液中。

二十世紀中葉,DDT之類的殺蟲劑成功抑制了瘧蚊的生長,瘧疾死亡人數大幅降低。之後,科學家開始擔心,DDT殺死的不只是害蟲,還包括鳥類及其他野生昆蟲,同時還可能讓人類致癌。1962年,瑞秋・卡森(Rachel Carson)的重要著作《寂靜的春天》(*Silent Spring*)提出警告,化學殺蟲劑很可能會讓所有生物賴以存活的自然環境受到嚴重汙染。後來,DDT幾乎完全被禁用,瘧疾再起。

政治人物及科學家紛紛選邊站。有些人堅稱,禁用DDT只會造成無謂的死亡,DDT的好處遠大於它的風險。其他人則認為DDT太危險,而且反正瘧蚊也已經開始對它產生抗藥性。正當兩種選擇的思維彼此激烈交火之際,「蓋茲基金會」(Bill and Melinda Gates Foundation)卻開始邀集不同領域的專家,共同尋求阻止瘧疾蔓延的新方法。這個團隊中的成員包括多位醫學專家、一位昆蟲學家、多位軟體工程師、一位天體物理學家,甚至還有一位火箭專家。在綜效精神之下,各種方案紛紛出爐。

建議以雷射光束來射殺瘧蚊的,就是那位火箭專家。每個人聽了都忍不住翻白眼、大聲訕笑,但這個想法卻慢慢出現曙光。一

些光學工程師開始以一般DVD的藍光雷射來做實驗。程式工程師也創造出一些可以控制雷射光的軟體。最後，一位名叫「黑客約翰森」（3ric Johanson）── 沒錯，就叫這個名字 ── 的發明家從網路上買來一堆零件，並將所有東西兜了起來。結果如何？可以在空中直接轟掉瘧蚊的「蚊子毀滅性武器」堂堂誕生了。這種雷射光束對人類及野生昆蟲完全無害，它可以探測到蚊子翅膀的振動，然後以一個微小的光束，直接將蚊子在空中殲滅。裝上這種雷射設備的鐵絲網，就足以捍衛整座村莊，讓村民不再受瘧疾之害。

這種撲殺瘧蚊的雷射光只是眾多瘋狂點子的其中一種。蓋茲基金會的團隊還提出讓瘧蚊突變、以假目標誘殺瘧蚊，或直接對瘧蚊進行基因改造等做法。而這還只是開端而已。和蓋茲團隊相較之下，贊成或反對DDT的勢力似乎顯得完全沒有想像力。蓋茲的團隊則是下定決心，一定要找出一個第3選擇 ── 或是成千上萬其他的可能性。

有關綜效的泉源，我們學到了什麼？第一，在兩種選擇的緊繃氣氛之下，我們當然不可能找到綜效。第二，讓自己的腦袋能夠脫離每天的例行公事，絕對有幫助。第三，我們知道，自己必須有尋求全新可能的意願。第四，同理聆聽及真正開放的心態，才能夠激發出新的想法。

所有這些都沒錯 ── 但人類的腦袋裡還有更多更瘋狂、不可測的東西可以挖掘。它藏在人類上百億的腦神經連結之中。人類的大腦原本就是**設計來**進行強烈、預期之外，甚至是奇怪的連結，並創造出極為奇妙的想法。愈能夠支取這種強大的能量，我們就愈能想像、整合、超越時間與現實，終於抵達綜效的泉源。

現在，看我們如何才能自覺地打造出能夠孕育這種經驗的環境。

魔幻劇場

在赫曼・赫塞（Herman Hesse）知名小說《荒野之狼》（*Steppenwolf*）中，故事主角哈利覺得自己被困在一個令人窒息的兩種選擇世界裡。他對自己的無聊生活極度不耐 —— 所有的思考都不被允許，但他想要的卻更多。一天，一位詭祕的樂師帶他進入一個稱為「魔幻劇場」的神祕房間。房門上掛著一個牌子：「狂人專用。入場費：你的理性。」

魔幻劇場內，在一個「充滿了門與魔鏡的世界」裡，哈利看到的是無止盡的反射影像，有些看來很快樂，有些則誇張、晦暗。他幻想自己擁有許多不同的人生，感到一種令人振奮的自由感：「空氣中有一種魔力。我被溫暖完全包圍，並帶著我飄向遠方。」他提到「失去對時間的感覺」。他發現每一個人都是一個「多面的世界、一個滿是繁星的天堂、一種形體的混沌，有不同的狀態與階段、有遺傳也有潛能。」更重要的是，哈利學會了笑 —— 嘲笑自己以及別人的各種瘋狂形象。

尋找第 3 選擇最好的環境，就是「魔幻劇場」。在那裡，所有的可能性都可以攤開來放在桌上，每個人都能夠有所貢獻，沒有任何點子是「離譜」的。那是一個大鳴大放的地方。大家都放下本位主義、自我中心、自負與驕傲，因為在魔幻劇場裡，任何想法都不是確定的。你可以前一分鐘提出一個建議，下一分鐘又提出另一個完全相反的建議，沒有人需要擔心自己的想法是否前後一致。

愛默生（Ralph Waldo Emerson）曾說，「愚昧的從一而終源自心靈的渺小與狹隘」。他的意思是，我們不應該受自己的想法所束縛 —— 如果能夠想出更好的新點子，為何不捨棄原有的舊思維？在魔幻劇場裡，前後一致不會為你加分。任何想法都可以更改、

任何想法我們都歡迎 —— 即使是（或尤其是）瘋狂的想法。畢竟，太多偉大的發明，剛開始時也都只是某人的一個瘋狂想法而已。在魔幻劇場中，大家盡情地虧別人、笑自己，因為事情本來就該如此。

　　要進入魔幻劇場必須先進行一次暫時性的思維移轉。我們必須先不做任何判斷。我們不是來辯論、評斷，或確認任何事情的，那些事情要過一會兒才進行。現在要做的事比較像是遊戲，而非工作；比較像是開始，而非結束；比較需要多提建議，而非提供解答。這是一個建立模型、拆掉、再重新來過的過程。如赫塞所說，在魔幻劇場裡，「成千上百的可能性正在等著我們。」

　　任何地方都可以成為魔幻劇場，但有些注重創意的組織或團隊，常會特別指定一個場地，做為魔幻劇場之用。無論何時、何處，要進行這件事，我們必須先聚集每一個人，根據以下的規範行事：

- 別太嚴肅，這不是「辦正事」。每個人都知道它只是個遊戲！
- 避免做結論、避免達成任何協議或共識。不要受到任何「解決方案」的誘惑。
- 避免評斷別人（或自己）的想法。想到什麼就勇敢說出來，沒有人會要你為自己所說的話負責。不要只是跨出框架 —— 要彈跳出去。
- 創造模型 —— 在白板上畫些圖像、圖解，製作模型、寫下初步的想法。讓大家「看到」你所想的，不要只是用說的；大膽畫出來，讓每個人都可以清楚知道你的腦袋裡到底在想什麼。

- 徹底推翻某些既有想法、完全扭轉傳統思維 —— 無論聽來
多麼可笑。「我們是否可以用橡膠做道路、水泥做輪胎？」
（事實上，這個問題後來真的創造出所謂的「橡化瀝青」，
也就是將舊輪胎的橡膠混進瀝青裡，這種路面可大幅降低
高速公路的噪音）。

- 速度要快 —— 設下時間限制，讓所有人都維持在極高的動
能中，讓創意思考飛快流轉。

- 點子愈多愈好，目標就是想法要多。思考的速度要快、全
力迸發、迅速萌芽。

- 牆上應該畫滿了圖。我們完全不知道哪一個隨手丟出來的
點子，最後會變成我們的第3選擇。結束以後，如果魔幻劇
場看起來不像是一個創意叢林，那麼，我們恐怕還沒有到
達產生綜效的地步。

魔幻劇場聽起來和許多人所熟悉的「腦力激盪」有點像。
但我認為，多數的腦力激盪都太溫和，不大可能激發出真正的新
點子。大家提出一些不慍不火的想法，然後再選出其中一個，定
案。之後，我們就覺得自己算是發揮了創意。但我們不可能用錯
誤的思維模式 —— 妄下批評、慢條斯理、自我防衛 —— 來運作魔
幻劇場。因為真正重要的就是思維模式。我們必須願意暫時進入
「狂人專用」的魔幻劇場。

一開始，你可能會對所有這一切感到有點不習慣，但試用這
些規則的時間愈長，你就愈會對可能出現的結果感到興奮。你會
覺得自己像是一位創作藝術家，因為第3選擇絕對帶有驚人的原創
性及獨特性。多數的藝術家告訴我們，在創作真正成型之前，他
們其實並不知道自己的作品會是什麼模樣。美國近代繪畫先驅韋

伯（Max Weber）曾說，「創作的過程中，我必須高度仰賴一些自己無法清楚掌握、尚未具體成型的事物。」

當然，魔幻劇場如今已遍及全球。尋求第 3 選擇不再需要大家面對面、聚集在一個實際的場合之中，更不需要召開任何正式的會議。由於社交網路快速普及，平板電腦、手機，以及曼哈頓到雪梨、祕魯小村莊到埃佛勒斯峰基地營區之間的無限網路連結，已經讓這種與全世界的人一起發揮綜效的能力，出現了爆炸性的發展。人類可以共享腦力、共同面對每一種最嚴酷的挑戰、分享個人或專業上的想法、共享實際的研究結果或單純的個人創見。網路現象就是一種宇宙超級無敵的綜效發揮。

現在，你可以拋出一個重要的問題，然後邀請全世界的人與你一起發揮綜效。網路綜效更棒的一點是，你甚至不必在場 —— 它可以在你缺席時繼續進行。如果你提出的議題夠重要，而且你可以接觸到正確的社群，你的偉大問題就會自行發揮「病毒感染」的作用，迅速萌發出各種新點子、意想不到的獨特見解、無數的第 3 選擇 —— 以及更多、更有創意的問題。即使你已經為自己的問題找到一個很好的答案，其他人仍將繼續探索這個問題，因為它的發展已脫離你的控制。

心存懷疑的人會不斷嘲弄魔幻劇場，他們無法忍受這種實驗，他們會想要讓你看來像個呆子 —— 竟然會提出這麼可笑的做法。私底下，他們最害怕的其實是失去自己的地位。但他們完全錯了。激發綜效最好的地方就是實驗室 —— 無論是實際或虛擬的。這些實驗室是依照我們先前所列出的那些規則來進行的。只有在實驗室裡，才有可能讓蓋茲基金會那個反瘧疾團隊想出以雷射光來擊殺瘧蚊的瘋狂點子。誰也不知道，全世界有多少孩子會因為這個團隊的成果而保住性命。「如果一個想法在剛開始時聽起

來不夠荒謬,那它根本沒什麼好指望的。」當愛因斯坦說這句話
時,他可不是在開玩笑。

　　大多數的企業領袖都極為重視創意。2010年,一項為IBM製
作的調查曾顯示,1,500位來自60個國家、33個不同產業的企業執
行長,都將創意列為「未來領導力最重要的一項元素」。每一位企
業領袖都希望自己的部屬充滿創意。但正如創意界的專家狄波諾
(Edward de Bono)所說,創意無法「靠模糊的摸索產生」,它需要
一套「謹慎而踏實的程序」。大家現在應該已經發現,第3選擇的
流程看似簡單、無拘無束,但它絕非漫無章法。對企業而言,第3
選擇顯然是最好的一種思維模式。

　　但第3選擇思維不只對企業有用。對任何運用魔幻劇場思維模
式的團體而言,創意絕對可能澎湃洶湧地爆發;自我防衛的能量
遽降、創意的能量陡升。羅傑斯也確認了這一點:

　　　　我發現,如果我能夠幫忙建立起一種真誠、竭力探究、
　　彼此體諒的氣氛,精采的事情就會發生。處於這種氛圍中的
　　個人及團體將能夠脫離僵化、產生彈性……脫離可預期的思
　　維,產生不可預期的創意。

步驟4:獲得綜效

　　我們如何才能知道,自己已經尋找到了第3選擇?

　　**環繞著我們的興奮之情會讓我們知道,自己已經找到了第3選
擇**,陰鬱的氣息、自我防衛、沉默全都消失。隨著第3選擇而來、
充滿創意的活力在空氣中迸發。我們完全可以感覺得出來。我們
將見證那種「飛躍性的成長」、因充分的自我實現而產生的「高峰

經驗」（peak experience），以及那種迎風而上的奇妙感受。空氣中充滿「挖到寶了」的激情，每個人都有一種小孩子突然看到某種稀罕之物的興奮之情，等不及要將自己的大發現宣告周知。企管專家布維諾（Bolivar J. Bueno）對發揮綜效的奇幻旅程如此描述：「小孩都喜歡玩捉迷藏 —— 找到被藏起來的東西，就是會產生一種奇妙的快感。雖然我們慢慢長大，但追求驚喜的渴望從未真正消失。我們喜歡發掘神祕的寶藏 —— 我們喜歡和別人分享發現寶藏的喜悅。」

　　當我們不再對先前的爭執、假設感興趣時，我們就知道，自己已經找到了第3選擇。新的可能以其單純與優雅，立即征服了我們，我們會徹底改變自己的思維。新的選擇不是一種妥協 —— 每個人都必須有所犧牲以換取某種協議，但每個人心中也都不免埋怨。第3選擇可以改變我們與宿敵的關係 —— 突然之間，我們成了共同探險的伙伴，而非戰場上叫陣的敵人。

　　當我們覺得自己深受啟發時，我們就知道，自己已經找到了第3選擇。突然之間，我們的眼睛明亮了，我們覺得奇怪 —— 自己先前為何看不到這個可能性。只要認知無誤，綜效其實是生命中最高層次的行為 —— 它可以讓我們展現出或看出一個人、一個家庭、一個團隊，或一個組織最真實的潛力。我認為，無法發揮綜效是人生極大的悲劇，因為有那麼多的潛能無法被開發、發展、發揮。低效能的人日復一日地處在無法發揮自身潛能的困境之中，他們在生活中只能體驗到非常有限的「綜效的滋味」。反過來說，綜效能夠讓我們將自己獨特的天賦、洞察力，以及多元的視野，聚焦在生命最重要的挑戰上。而其結果常讓我們感到神奇無比。我們創造出全新的可能性 —— 也就是我們腦子裡從來未曾想到過的答案 —— 而它也將讓我們獲得最大的益處。

　　我們之所以知道自己已經找到了第3選擇，是因為它完全符合我們的需要。它不是一種漸進式的改變，而是一種根本性的突破、一種驚人的「大躍進」。整個產品線、企業、甚至產業因它而生。它使新的科學、技術、甚至文化突然萌芽。它會徹底改變我們的人際關係。它可能會為發現它的人帶來無可想像的價值 —— 通常是因為它也擄獲了整個世界的心。

　　我們要如何辨識第3選擇？第3選擇將會符合我們所有的成功標準。它可以讓所有必須完成的工作畢其功於一役。它將為我們提供所有人都想要的結果。它改變了整個遊戲。它讓每個人都擁有贏的能力。

　　簡言之，「我與你發揮綜效」的思維模式可以帶領我們超越戰爭、邁向和平 —— 不只是解決衝突而已，而是綻放出各種新的可能性。它可以善加利用人與人之間的歧異，而非只是弭平歧異。它擁有一種「富足心態」，也就是相信世上有足夠的東西可供大家分享，包括解決方案、名望、財富、肯定、可能性等等。它剛好與攻擊性的思維模式相反，它是一種可以激發創意的思維模式。

　　尋求第3選擇的過程中，將達到綜效的那一刻稱為一種「步驟」，或許容易造成誤解。它或許更應該被稱為「一個發現」或「一個飛躍」。無論如何，它絕對讓人吃驚、出人意表。我們無法保證自己一定會達到綜效，但因它的報償是如此之高，因此，我們當然得奮力追求，直到產生綜效的那一刻為止。我們絕對無法接受任何其他的選擇。

在你的生活中追求第3選擇

　　各位將在本書中認識許多人 —— 一般人、藍領、醫生、警

察、業務員、藝術家、老師、家長 —— 以及決定除了第 3 選擇之外，絕不委曲自己接受任何其他結果的企業家、教育家以及政治領袖。大家將看到，有多少人戰勝了看似無法克服的衝突，為自己及其他所有人創造出嶄新的未來。每一個故事都是一份邀請 —— 邀請你加入他們的行列，以竭力追求第 3 選擇來面對自己的挑戰及機會。

請注意：這些故事對大家的幫助或許會超乎你的想像。某一個人或組織，先前可能還是一個第 3 選擇的精采範例，但後來卻不幸走岔了路，反而成了一個慘烈的負面教材。人都有弱點，而且常常無法堅守原則。深具遠見、極力追求綜效的領導人總會離開，接班人卻可能擁有完全不同的思維模式，組織的方向也可能因而徹底改變。這些故事的目的不是要刻意檢討某些人或組織，而是要藉此來說明發揮綜效的原則與流程。我們可以從成功的經驗中學習，也可以從失敗中學習。只要將注意力集中在相關的「原則」上，你很快就可以在自己生活的各個層面，精準掌握第 3 選擇那種扭轉全局的威力。

第三章「職場中的第 3 選擇」是要發掘出我們工作中的各種第 3 選擇。你將看到，當你成為一個能與人產生綜效的伙伴時，工作及事業上的成功將唾手可得。

第四章「家庭中的第 3 選擇」所要討論的，是如何在一個人類最重要的關係深受威脅、破碎家庭充斥的世界中，擁有一個積極正面、可以依靠、創意無限的家庭關係。

第五章「校園中的第 3 選擇」則是關於如何改變問題層出不窮的教育體制，努力扭轉下一代的生命，幫助他們都成為擁有第 3 選擇思維的人。唯有如此，未來他們才可能回過頭來，幫助我們翻轉每一個人的未來。

第六章「第3選擇與法律」討論的是如何將當今社會好興訟的文化，扭轉為一種彼此體恤、同理、綜效的文化，好將我們浪費在法庭上、彼此爭訟的精力及寶貴資源，運用在更重要的事情上。

第七章「社會中的第3選擇」討論的是如何克服社會中的撕裂力量。也就是為犯罪、疾病、環保及貧窮等重要議題，尋找第3選擇。

第八章「全世界的第3選擇」探討的則是如何將我們自己提升至日漸惡化、不斷撕裂世界的無謂爭執之上。大家將見到一些令人敬佩的人物，他們主動扛起了「和平使者」的角色 —— 而「和平」正是綜效的極致表現。

第九章「第3選擇的人生」談到的是「活在漸強的樂句中」。對我而言，這代表最令我興奮的綜效經驗還在等著我去發掘、我人生中最重要的貢獻還未上場。在這一章中，我會觸及一些與我個人有關的問題。我已年近八旬，大可輕鬆退休，但我並不打算就此悠閒度日。相反地，我覺得自己的生命似乎愈來愈有意義。

追尋第3選擇將成為我們改變心態、停止無謂爭執、打開心胸、彼此傾聽、活在一個我們大可為自己打造的快樂生活之中的最佳機會。除了第3選擇思維之外，還有什麼別的方法可以創造出我們最渴望獲得的、全新的解決方案？讓我們可以成功面對自己最艱難的挑戰？人類現有高度政治化、衝突化的思維模式，至今未能解決全球所面臨的貧窮、疾病，以及受各種問題挾制的困境。「第3選擇」不只是一種「最好的策略」，它甚至應該是一種道德義務。

從教導中學習

學習本書內容最好的方法，就是把本書的內容再教導給別人。大家都知道，在教學的過程中，老師所學到的遠多於其他人。所以，找一個人 —— 無論是同事、朋友或家人 —— 把你所學到的都傳授給他。請以下列這些問題來問他，或者你也可以自己再想一些問題。

- 定義綜效的原則。大自然教導了我們哪些綜效的威力？為何綜效對你個人及專業上的成長有如此根本的重要性？
- 兩種選擇思維會給我們帶來哪些限制？它如何妨礙我們為困難問題找出解答？
- 詳細說明「第 3 選擇」的概念。舉出你自己或別人生命經驗中，真實發生過的第 3 選擇。
- 說明思維模式如何主導我們的行為、決定我們生活上的許多結果。
- 為何許多人會成為「偉大的中立者」？為何兩種選擇的思維方式會讓人對任何事都不抱期待、冷嘲熱諷？
- 說明「第 3 選擇」的思維模式：我看見自己、我看見你、我努力了解你、我與你發揮綜效。為何它們必須以這個順序進行？
- 「真正的身分盜用」是什麼？
- 定義何謂「吾幫托」精神。它與「以刻板印象來看別人」有何差異？在克服發揮綜效的阻礙上，曼德拉的獄卒教導了我們哪些功課？

- 請說明「發言權杖溝通法」的遊戲規則。它如何幫助我們發揮綜效？
- 請以「發言權杖溝通法」與一位你需要更深入了解的人進行溝通 —— 朋友、同事或家人都可以。請問溝通後的效果如何？
- 當你希望啟動「第3選擇」時，首先你應該問哪一個問題？請說明尋求第3選擇的各個步驟。
- 何謂「魔幻劇場」？魔幻劇場的遊戲規則如何幫助我們發揮綜效？

自己試試看

在附錄中，你將看到一種稱為「發揮綜效4步驟」的規劃工具，以及這項工具的使用說明。請在下列這些情境中，運用這項工具來創造出你自己的第3選擇。當然，你也可以自創一些其他情境。

- 隔壁鄰居計劃在他們家的後院增建一間工作房，但新的工作房卻會擋住從你家窗戶眺望出去的美麗景致。
- 你的配偶剛獲得一家明星企業提供的一個大好工作機會，但這個工作職缺是在別的城市，而你很不希望因此搬家、放棄自己的工作及朋友。
- 長期以來，你非常不認同孩子學校（或老師）的某種教育方式。
- 你深愛自己的工作，但你服務的這家小公司最近因為業務不佳而可能得裁掉你和同事的工作機會。

第 3 章

職場中的第3選擇

一個人待在一間未上鎖、但門只能向內開啟的房內，
如果他一直沒想清楚
自己應該向內拉、而非向外推那扇門
他將永遠被禁錮房內。

——哲學家維根斯坦（Ludwig Wittgenstein）

　　我們活在一個高牆紛紛倒下的時代裡。我們眼見無國界經濟勃然興起。科技進步下，禁錮人類心靈的高牆不復存在。但一道最堅固的高牆依然聳立：人與人之間的隔閡。這些高牆通常眼不能見，但它們卻阻絕了信任、溝通，以及創意。今天的職場根本承受不起這些高牆所帶來的損失。想想業務與行銷不合、勞資間缺乏互信，或是大家因無法彼此坦誠以對，結果導致辦公室傾軋、中傷惡鬥、微觀管理（micromanaging，譯註：即鉅細靡遺的管控）。所有這一切可能為個人及組織帶來的損失，將會難以估計。

　　推倒這些高牆的關鍵，是一種內在的能量 —— 凡事以「我們」為念，而非只想到「我」。當我們以聆聽來了解別人、當我們深深相信「第3選擇」—— 也就是真的有太多更好的事情，正等著大家去創造 —— 美妙的事情必然會發生。它們會發生在你所屬的組織裡。它們也會發生在任何人際關係之中。

　　大家都知道，職場上高牆處處聳立 —— 工作團隊之間、部門之間、上下游之間處處高牆。創意型的人和會計型的人之間有高牆；主管階層和勞工之間有高牆；組織和顧客之間有高牆。想要捍衛自己的高牆是人之常情，而這正是職場高牆處處聳立的原因。防衛性超強的「兩種選擇」思維，正是問題之所在。

　　從正面的角度來看這件事，一個組織之所以衝突不斷，是因為它有一個目標要完成，而組織中每一個充滿創意、才華洋溢、認真優秀的人對於如何達成目標，都有非常獨到的看法。這些看法或許互相矛盾、難解、古怪、不協調，但它們也可能非常有幫助、甚至值得激賞。

　　有些組織比較願意容忍衝突，有些組織盡量迴避衝突，有些組織則根本濫用衝突。但大多數的組織都希望能夠「管理」衝突。主管常去上課，學習如何避免、控制及解決衝突。因為我們

都相信，衝突能免則免，若是真的無法避免，當然就要加以控制；而如果控制不了，恐怕就得趕緊解決，以便祥和之氣重新降臨。有關衝突管理的書籍似乎都將衝突視為摧枯拉朽的風暴，我們只能咬牙苦撐、盡量降低損失。

但職場衝突真正的問題不在於它的存在，而在於我們通常都以錯誤的思維來面對。碰到衝突時，「兩種選擇」的回應方式不是全力對抗，就是盡量迴避。但綜效型的回應則是歡迎、喜悅、面對、探索。比方說：

- 當一位同仁對老闆提起公司所做的某件「蠢事」時，典型的老闆聽到的是「抱怨」，但綜效型的老闆聽到的卻是一個「想法」。
- 一位團隊成員對專案經理說，「我們是否可以用比較不一樣的方法來做這件事？」典型的專案經理一定會想說，「哼，她顯然想要『指教』我該怎麼做好自己的工作。」綜效型的專案經理則會認為，「嗯，我應該聽聽她的想法。」
- 一位同仁對團隊負責人說，「我真的無法和某某某共事。」典型的團隊負責人會想說，「個性衝突的問題又來了！」綜效型的團隊負責人聽到的則是，「有人在求救呢。」
- 公司總部派來一個人說，「我是來提供協助的。」一般人典型的反應會是「他們顯然認為我不知道該怎麼做好這件事。讓我好好教訓一下這小子。」綜效型的回應方式呢？「太好了，希望我能好好從他身上學到一些東西。」

這些典型的回應方式源自於「將差異視為威脅」的思維模式。通常，我們的回應方式不是奮力對抗，就是避之唯恐不及，

因為我們都會有一種因不安全感而產生的防衛思維。這類防衛思維出現在：企業主管在會議中平息歧見時；專案團隊因計畫受質疑而憤怒離席時；或是跋扈的業務主管堅持「一切聽我的，別囉唆」的時候。

這些人無法想像，衝突其實是活力的象徵。衝突通常是在我們**認真思考**自己的工作時，才會發生。當我將衝突稱為「禮物」時，大家不禁為之側目。但我的意思是，認真思考的人，想法**永遠**不會彼此相同，而如果他們誠意大到願意熱情說出自己的不同意見，我們當然應該心存感激接受他們的厚禮。

我認識一位非常傑出的企業領袖，他常在會議開始之前，先丟出一個讓大家拼命絞腦汁的問題，例如：「假如我們可以一夕之間換掉整個產品線，大家會有何建議？」「假如我們的產品在一夕之間完全失去它的存在價值，我們該怎麼辦？」「有沒有哪一件事，倘若我們把它做得更好，就足以改變一切？」「我們的公司與搞出世紀大弊案的安隆公司（Enron）有哪些相似之處？」「我有哪些不願正視的問題？」他的目的就是要引起衝突 —— 不是毫無意義的火爆對峙，而是饒富趣味、可以激發思考活力的論辯。他的會議室成了一個不折不扣的魔幻劇場。由於他的團隊早已習慣這種做法，他們對於進行建設性的衝突變得十分在行。「我不希望自己說話時，旁邊的人只會拼命點頭如搗蒜，」他說。「我希望看到大家搖頭晃腦、努力思考，而非只是點頭稱是。我想要聽到大家的**思考**。我想要看到電光火石。」然後，他就會開始專注聆聽。他光靠聆聽就足以讓你筋疲力盡。

兩種選擇：對抗或逃避

和這位實踐「第3選擇」的領導人比較起來，「兩種選擇」思維的領導人不是拚命對抗，就是盡量逃避。

第一個例子是對抗型的領導人。成就斐然的主管接下國際媒體集團的執行長，但從許多不同的角度來看，他都不是一位很好的聆聽者，而且喜歡把意見不同的人邊緣化。公司同仁覺得自己一直受到貶抑，他們常聽這位主管不斷數落他們有多笨。顯然，他很會挑起戰火。他的作風是永遠站在攻擊的一方。六個月之後，他被炒魷魚。每個人都知道他很有才華，但他的聰明才智卻抵不過他不尊重人、沒有同理心的缺點。

現在，我們再看逃避型的領導人。他是一家知名食品公司的總裁。我的一位同事曾與他密切合作過一段時間，他如此描述這位總裁：

> 剛上任時，他誓言讓公司的成長一日千里，但十年後，公司的股價紋風不動。他繼續提出自己為公司孵化的偉大願景，但已沒有人想聽他的空話 —— 不只是因為公司根本表現不佳，同時也是因為他完全聽不進任何人的話。按照公司同仁的說法，他只會「迴避衝突」，不同的意見只會讓他皺眉頭。他不喜歡衝突 ——「這不是我的作風」，他說。他人很好，也是個很不錯的朋友，但只要他在場，沒有人會提出任何尖銳問題。大家只能臣服在他腳下，聽他滔滔不絕宣揚自己為公司孵化的偉大願景。只不過，那些願景多半只是他從最新的企管書籍裡所讀到的一些新理論或偉大的策略，其中沒有半點電光火石。與此同時，我竟然也只是坐在一旁，完

全不敢提出自己心中的那個大哉問:「我們何不專心做出一些
更好的產品?」

　　有些衝突解決專家會建議我們,要將「問題」和「情緒」分
開。我覺得這個說法行不通。在這家食品公司裡,產品品質的問
題不可能從公司總裁的情緒中抽離出來。對他而言,質疑他的經
營策略就等於質疑他的自我認同與自我價值。他沒有足夠的自我
覺察能力,可以讓他「同理聆聽」別人的想法。

　　問題導向的衝突幾乎也都難逃情緒衝突的陰影。大多數的企
業至今都仍困在工業時代的舊思維裡,因此,員工必須鼓起很大
的勇氣,才敢對自己的上司提出質疑。他們會心懷恐懼 —— 自己
是否根本自不量力、人微言輕?自己是否會顯得很蠢?自己是否
會不小心讓上司顯得很蠢?自己會不會被呼巴掌(象徵性的,或
實際上)?如果情緒風險過高,沉默將籠罩整個組織。企業領導
人常將自己身旁不斷點頭稱是的笑臉,誤認為是和諧、共識的象
徵。這很可能是個致命的錯誤。

　　所有的衝突都充滿了情緒。比方說,在你看來或許只是一項
有關薪資的小衝突,實際上卻可能夾雜著員工對自我價值的懷疑
或是有志難伸的挫折。假設你是女性主管,當一位男性同仁因為
對自己的薪水不滿而來找你時,你所面對的很可能是一位情緒即
將爆發的人。薪水只是他自我價值的一種象徵,代表了他在家人
以及朋友面前的地位。這次會談對他而言真是極度困難 —— 要提
出這件事,他就得鼓起極大的勇氣。他不想製造麻煩,也不想讓
你覺得他是個弱者。但另一方面,他又覺得自己似乎未受到應有
的重視,甚至心懷怨怒。若更複雜一點,這件事或許還牽扯到他
的男性尊嚴。你從他的臉上、他所說的話語中,不可能完整了解

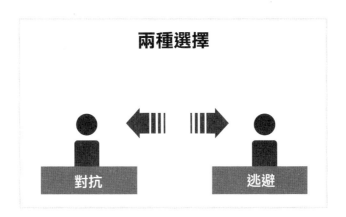

到他的心聲，你只知道他有話要說。

　　如果你是一位「兩種選擇」的上司，你只有兩種回應方式：對抗或逃避。如果你選擇逃避，你就只能舉手投降、同意對方所想要的。衝突理論專家稱之為「調適」（accommodation），但它通常只會製造更多的問題。選擇逃避，你就是對其他人不公平、創造不好的先例，同時還提高這位同仁對下一次薪資談判的期待。

　　你也可以選擇對抗。對抗的型式有很多：

- 你可以貶低他：「你的薪水和別人一樣多呀。」但這個答案不啻將他貶為一台機器 —— 和其他人一樣，他也只是一個負責工作的人頭。
- 你可以吹捧他：「你是一位非常有價值的同仁，我們真的希望能夠為你提供更好的待遇。」這個回答或許可以稍稍緩解對方緊繃的情緒，但它不過是一種虛假的謊言，一種有口無心的廢話。
- 你可以拿他和自己比較：「我從來沒向上司要求過加薪。我

很注重團隊精神，所以加薪都是自己找上門的。」在這個
看似紆尊降貴的資歷比賽中，你固然會贏，但原因不是你
比較有道理，而是因為你的力量比較大。

- 你也可以妥協：「我無法給你加薪，但我可以讓你每個星期
五都提早半小時下班。」在這種對抗中，雙方都是輸家。
勞方輸掉員工半個小時的工作時間，而員工也沒有得到自
己想要的加薪。妥協永遠是一種拮据、狹隘的東西。因為
妥協背後的假設是，桌上的派就只有這麼大，如果你多吃
一點，我就得少吃一點。妥協只是貧乏思維所帶來的一種
比較溫和的結果。

如果對方出現某些情緒反應，你可以按照專家的建議，告訴
對方，「讓我們專注在問題上面。」但這麼說並不能解決對方的情
緒問題。雖然你真的很希望雙方能夠「專注在問題上面」，但這種
情況真的不太可能發生。沒錯，你是可以找到一個雙方暫時都可
以接受的權宜之計，但情緒的問題還是沒有解決。算總帳的時候
遲早都會到來。

第3選擇：發揮綜效

如果你是一位「第3選擇」的主管，你既不會對抗，也不會逃
避。你會找出一種更好的解決方案。它不但能夠為你的同仁提供
強大的情緒滿足，也能為公司創造出全新而且重要的價值。

我的朋友曾經告訴我一位「第3選擇」的領導人如何有效處理
一個類似情境：

　　我剛到一家新公司工作。我原本期望能夠得到不錯的待遇，但為了擠進這家公司，我決定接受比原先期望低很多的薪水。沒過幾個月，我就發現，我的薪水完全不足以維持家計，最主要的原因其實是因為某些醫療上的花費。除此之外，我也覺得自己的薪水與在工作上的付出並不相稱。因此，我冒了很大的風險，決心找公司大老闆一談。我先前對她一無所知，而她也完全不認識我。事實上，當時的我對公司尚無任何具體貢獻。

　　但她還是邀請我到她的辦公室聊聊，而我也說明了自己的來意。當她說「請再多談一點你的狀況」時，我確實有點訝異。我向她說明家中情況，她始終安靜聆聽，而我也談及許多自己進公司以後所做的事情。她問我對公司、客戶、產品有些什麼想法。那個情況實在很奇怪，我們談了很久，我原先以為我們所要討論的是我的薪水，結果我們一直在談我 —— 我過得如何、我有哪些想法、這幾個月來我在公司學到了些什麼。

　　然後，她問到一個我負責處理的客戶。她想知道我對於拓展這個客戶與公司的業務有何想法，而我就把自己剛好也思考過的一些想法與她分享。

　　兩、三天之後，她又請我到她辦公室談談。這一次，三、四位其他同事也加入我們的討論。她已經將我對這位客戶的想法，事先寫在會議室的白板上。我們有了一次非常棒的討論，而且之後又進行了好幾次精采的溝通，我感到非常興奮。最後，公司決定擴大我的工作範圍，我不但薪水增加不少，同時也開始為這個重要的客戶提供更高層次的服務。

　　那些討論只是我這位朋友在公司迅速升遷的一個起點。後來，他竟成了這位「大老闆」的合夥人。

　　我很少聽過比這位女士更有智慧的領導人，她具有優秀的「第3選擇」思維。她大可全力對抗或直接接受我朋友的要求。但她嗅出了一種雙贏的可能。她沒把眼光放在現有的派上斤斤計較，她看到一個更大的派。她認為，將我朋友的個人需求及工作熱情與公司客戶的需求相結合，或許能夠創造出一個讓各方都獲益的新出路。而她所創造出來的最後結果，正是一個嶄新的產品線，以及一位對公司的重要性與日俱增的優秀合夥人。據我所知，我這位年輕朋友的貢獻是，他最後讓公司的規模整整擴張了一倍。

　　讓我們看看這位女士如何帶領她的團隊，創造出這個「第3選擇」：

- 首先，她願意花時間以同理心來聆聽，真心希望了解這位年輕員工的處境及其心聲。表面看來，她似乎只是想知道為何他的薪水會帶給他那麼大的困擾。但深層來看，她其實是希望全面了解這位同仁、發掘他能為公司帶來什麼樣的貢獻，好讓各方都贏 —— 而非只是解決他個人的難處。
- 然後，她深入了解他。她一再請他到自己的辦公室、發掘他的想法，並結合其他人的思維。她珍惜他獨一無二的才能與想法。
- 最後，整個團隊達到綜效的結果：新的服務、新的產品、以新的方式滿足一位重要客戶的需求 —— 甚至一整個新客戶群的需求。

所有這一切，都是因為這位主管**擁有習慣於**在新的機會出現時，努力尋求第3選擇。當一位同仁提出抱怨時，她將它視為公司成長的契機。她視衝突為成長的沃土，而非對抗的戰場。

多數衝突解決專家都將解決衝突視為一種交易 —— 如何分配一個派。你可以決定順應對方的要求，也可以全力對抗、爭奪，而且取得優勢的技巧所在多有。你可以盡量想辦法去分配，但到頭來，那還是同一個派。

相反地，第3選擇是**改變現狀**，亦即創造一個更大、更好的派 —— 而且很可能是大得多、好吃得多的派。也就是說，絕大多

數的衝突解決方式都是一種交易，唯有第3選擇是一種徹底的改變。

　　當我們發現自己處於衝突之中時，絕不能自動落入防衛心態。這件事非常重要，但它也違反我們的本能。遭遇挑戰時，人類最自然、不經思考的反應，就是對抗或逃避。這也是動物的本能反應 —— 二元思維。但成熟的人類卻應該尋求第3選擇。

　　記得，發揮綜效的第一個思維模式就是：「我看見**自己**」。我有能力跳脫自我、檢視自己的思維及感受。我可以檢視自己的動機：「為何我會捲入這個衝突？我是否太自我中心了？我是否太需要別人的注意或肯定？我是否覺得自己的地位受到威脅？還是我真的只是關心這個議題？」如果我對自己的價值很有把握，如果我對自己的貢獻與能力很有信心，我就沒有必要以捍衛自己來與你對抗。我可以與你坦誠相對。

　　但我也要記得發揮綜效的第二個思維模式：「我看見**你**」。也就是說，我對你有出於真誠的尊重。我很重視你的想法、你的經驗、你的立場，以及你的感受。

　　因此，我就會開始實踐發揮綜效的第三個思維模式：「我努力了解你」。你我之間的差異讓我深感好奇 —— 而非深受威脅。沒有任何事情會比以下這句話更能迅速化解衝突中的負面能量：「你我看法不同，我得好好聽聽你的想法。」而且這麼說的時候，你必須真心誠意。

　　如果你確實實踐這些思維模式，則必將達致一個讓衝突消弭於無形的第3選擇：「讓我們共同尋求一種比你我現有想法更好、更高明的解決方案吧。」每一個人都是贏家，每一個人都有了新的活力。通常，你們甚至會忘了原來的衝突到底是什麼。

傲慢：發揮綜效的最大障礙

　　綜效心態能夠阻絕職場中的衝突，因此所產生的智慧火花也往往令人驚歎不已。但綜效得來不易，而它所面對的阻力也極為驚人。發揮綜效最大的障礙就是**自大**。它是阻止人類能量彼此交融的最大絕緣體。自大的形式繁多，從大家熟悉的「本位主義」（Not Invented Here Syndrome，簡稱 NIH Syndrome，即「不是我們所發明的東西一概拒絕」之意），到各種足以讓個人、組織、甚至國家步向衰亡的傲慢心態。

　　古希臘人認為，傲慢，也就是極端的自大，是最糟的一種罪行。古希臘時代，一個自誇己力、訕笑敵人的戰士，就是犯了傲慢之罪。一個為一己之私而濫用權力的君王，同樣也犯了傲慢之罪。希臘人相信，傲慢會帶來報應，也就是無可避免的毀滅。他們認為，傲慢終將帶來悲劇，而他們說的一點也沒錯。今天，我們看到許多最受人信任的組織、機構一夕崩潰，原因就是最高層的人心存傲慢。2008 年的金融大海嘯中，許多關鍵領導人犯下各式各樣的錯誤 —— 從盲目的自信到完全的欺騙。

　　傲慢的主要癥狀就是「沒有」衝突。如果沒有人敢挑戰你，如果你無法從別人身上獲得任何意見或忠告，如果你發現自己說得太多、聽得太少，如果你完全沒有時間應付那些與你意見不同的人，那麼，你恐怕就離崩壞不遠了。蘇格蘭皇家銀行（The Royal Bank of Scotland）前總裁就是一個最好的例子。根據報導，此人「不能容忍任何批評……每天早上他會與自己的一群心腹開會，有時，公司主管還會在會中遭到嚴厲批判。」他稱自己所進行的惡意購併為「安樂死」。倫敦《泰晤士報》直接以「傲慢」來形容他的領導風格。因而，他也未能及早了解正在醞釀的金融風暴，而

許多人更指控，他那種高風險的行事作風，正是金融風暴的肇因之一。2007年，蘇格蘭皇家銀行總資產高達750億英鎊。到了2009年，它吞下了「英國金融史上最大的損失」，總資產只剩下45億英鎊。

再看另一個例子：讓安隆公司一夕瓦解的，或許就是他們那種反綜效的心態。觀察家認為，安隆擁有最典型的傲慢文化：「這家公司刻意遏阻所有的可能性以及對事情的不同看法，以保護公司裡的既得利益階層。他們以保護公司的成功模式及堅持追求卓越為名，培養出一種僵硬、偏狹的企業文化，以至於新想法被忽略、提出的警告遭漠視，而批判性思考只會害你被炒魷魚。」

GET

當然，不是只有企業領導人才會犯傲慢之罪，難享綜效之利。每個人都可能深受其害。職場中許多大大削弱企業生產力的鬥爭，多源自某種程度的傲慢。尼爾（Greg Neal）是全球製藥產業中的頂尖業務主管，也是一位見解獨到的觀察家。他將這種自大的病症細分出三大元素，簡稱為「GET」（請見下表）。它們是每個人都有的自然本能，但卻也常阻斷我們的「第3選擇」之路。我們擔心失去利益、擔心自己的身分認同（「我是個輸家？」）、擔心自己的「勢力範圍」（「這要算誰的功勞？」）。諷刺的是，如果我們能夠攜手發揮綜效，便能因此獲得更多利益及安全感；每個人也都會擁有更大的影響力。但要逃避GET的蒙蔽，其實並不容易。

業務部門與行銷部門是職場上的世仇，他們之間的鬥爭也是最典型的職場衝突。有些人說，這種衝突舉世皆然、歷久彌新，

GET	
G	G代表「利益」（GAIN）：個人的利益、我所賺得的利益、該當是我得到的利益。
E	E代表「情緒」（EMOTION）：我的感受、我的不安全感、我的恐懼、我的身分認同。
T	T代表「版圖」（TERRITORY）：我的勢力範圍、我該有的員工名額、我的預算、我的專案、我的專業能力。

只是「自然律」的一種。美國《商業週刊》（*Business Week*）觀察說，「行銷部門通常認為業務部門是一群貪婪而自我本位的人。而業務部門的說法就更直白了。他們認為行銷部門根本就是一群只會說、不會做的笨蛋。」然而，業務部門與行銷部門的基本目標完全相同 —— 他們都必須去了解、接觸並滿足顧客的需求。藉由建立共同的資訊系統及工作流程，企業努力想將這兩個部門整合在一起。但正如《商業週刊》指出，「真正的問題其實出在部門的文化、性格及心態。」哈佛大學企管教授雪匹洛（Benson Shapiro）總結指出，「業務人員基本上是一群比較獨立、隨性的人，他們崇尚的是『戰鬥機飛行員』的心態。而行銷部門的人則較保守，崇尚的是較為細膩、中央集權式的做法。」

　　這正是尼爾在他所服務的製藥公司必須面對的問題。「我們有一個很強的行銷部門，以及一支效率高又努力的業務大軍。但他們之間卻有個大鴻溝 —— 從基本的溝通到品牌主導權的爭奪，每件事都有衝突。行銷部門認為他們的研究能力足以對顧客有最深入的了解，而業務人員則根本就是與顧客朝夕相處。」事實上，雙方的鴻溝已經讓公司大受影響、市占率開始下滑。

　　公司派尼爾來解決這個問題。公司領導階層要求他創造出一

個新的部門，好讓大家「腦袋清楚一點」。「公司內部簡直封閉至極。負責心血管產品的行銷部門完全不與負責呼吸系統或神經系統或骨質系統的團隊溝通。」他也發現自己有多不受歡迎。「我直闖GET的核心，結果發現大家情緒緊繃、本位主義嚴重。我去拜訪各單位。我只簡單放了幾張製作精美的投影片，結果換來的卻是一片死寂。那種安靜中完全不帶半點正面的能量。」

　　幾個月過去了，事情幾乎毫無進展。尼爾這才慢慢意識到，他的方法有誤。那些人在情緒上根本尚未準備好要與別人一起發揮綜效。「正確的做法應該如何？業務部門及行銷部門主管應該先見面。他們應該一起去拜訪相關同仁，了解他們對這個問題的看法。『我們應該怎麼做，才能弭平雙方的鴻溝，讓大家工作起來更順利、溝通更順暢？』也就是了解所有人的意見與想法。就是因為沒做這件事，他們才會想到另一種解決的方法：對付我所帶領的這個負責整合的團隊。」

　　還好，回到正路為時未晚。他停止向大家做簡報、開始努力聆聽。「我們必須在組織所能容忍的時間與成本範圍內，盡可能獲得所有人的認同與接受。我們的想法是要讓所有人都有機會表達意見，然後看看哪些東西會浮出水面。我們花了很多時間來取得大家的認同與接受。」他進行耗時九個月的「浴火抗戰」。

　　呼吸系統部門即將推出一項非常重要的新產品。尼爾的公司從未涉足這個市場，因此，這項新產品的上市只准成功、不准失敗。先前公司的另一項新產品，上市情況十分不理想，原因就是業務部門與行銷部門之間存在大鴻溝。全國性的行銷計畫在不同的業務區域執行得很不平均。「有些區域執行得極為成功，有些區域還算不錯，有些則慘不忍睹」——這件事讓行銷部門非常沮喪。

　　在準備新的上市計畫時，尼爾的整合團隊仔細聆聽，蒐集每

一個業務區域的想法。「大家踴躍表達意見，綜效已然形成。大家共同定義成功的標準 —— 客戶來電數、資源利用率、市占率。我們的準備比從前任何一次都更充分、各部門比從前任何一次都更團結。我期待這次的上市計畫會一舉成功。」

那是公司有史以來最成功的一次上市計畫 —— 而且是在一個他們未曾涉足的市場。他們面對的是有數十年經驗的競爭對手，但他們搶下很大的市占率。「上市的成果超過原訂目標30%以上。不同區域之間的差異比從前小很多，創新產品採用率（product adoption rate）也是史上最高。」今天，尼爾公司在呼吸系統方面的產品營業額，已達數億美元。

尼爾之所以能夠成功，是因為他直搗GET的核心，也就是找出讓公司面臨分崩離析的防衛心態。他直搗各山頭 —— 帶著尊重的態度、同理心，以及一個不變的問題：「我們要如何攜手合作，才能讓各位的工作更順利？」身為一位「第3選擇」思維者，他心中沒有任何既定的想法或解決方案，只有一個堅定的決心 —— 克服GET、讓綜效得以發揮。

當個人恩怨出現時

今天的職場壓力驚人。我們必須以更少的資源做到更多的事，進行全球性的競爭。同時在愈來愈緊縮的時間中，達到愈來愈高的目標。在這樣一個快速衝刺的環境中，摩擦在所難免，而小摩擦有時會演變成大恩怨。在如此高壓的氣氛下，各方衝突一觸即發 —— 從彼此迴避、含怒不語、挖苦嘲諷，一路演變成高聲叫罵，甚至偶爾出現暴力相向的場面。

許多書籍、網站都會告訴我們要如何「解決」職場上的個人

衝突（這顯然是一個很常見的問題）。他們所說的內容都差不多。
如果你是主管，你就應該將雙方隔開、居中調停，或者送他們去
上課。如果你自己就是衝突的一方，則一定要保持冷靜、對事不
對人、離開戰場。這些建議都沒錯，但它們都不具備「改變」的
能量 —— 它們只是一種「交易」，也就是利用各種機會，軟硬兼
施，讓別人一步步接受你的想法。然而，我們真正應該處理的，
卻是雙方的「關係」。

　　如果我們真的擁有綜效心態，就會致力改變雙方的關係。我
們會努力釐清自己的想法、深入了解別人的價值。找一個機會，
與對方單獨坐下來，對他說，「你的看法和我不一樣，我想要好好
聽聽你的想法。」然後，誠懇地聆聽。

　　你或許會聽到一些讓自己很難消受的話。當對方在你面前發
洩時，你可能會覺得自己臉上一陣青、一陣白。但你一定要按捺
住，繼續聽下去。不要受到誘惑，起而防衛自己 —— 你會有機會
表達自己的想法。你是來聆聽、了解對方，不是來吵架。

　　你很可能會發現，原來雙方所爭執的，根本不是真正的問
題。真正觸發雙方起衝突的，其實是某種與GET有關的深層問
題。它可能與對方的利益、情緒上的不安全感有關，或是對方覺
得個人版圖受到威脅。要真正清空自己的情緒與想法，進入對方
的思維、完全體會對方的感受，可能真的非常困難，但這也是你
的最大考驗 —— 測試一下你自己是否真正擁有發揮綜效的能力。

　　你所聽到的可能真的是一堆沒營養的廢話，但你也有可能
會因此茅塞頓開。至少，你將因而掌握到一些自己從沒想過的觀
點。如果你是一位真正的綜效型人物，所有這一切都不會傷害到
你或侵犯到你的自我價值，反而可能幫助你擴充自己的眼界。

　　我有一位朋友，他是個非常成功的企管顧問，他曾經告訴我

這麼一個故事：

> 我已經當了多年的企管顧問，而且工作表現愈來愈好。我有一位同事（暫且稱他為席德吧），他的年紀比我大、身材矮小、頭頂微禿。他的衣著風格比較輕鬆，而我們其他人則比較正式。

> 我想他大概對我在公司裡的爬升速度有點意見，因為開會時，他常會拿我說的話開玩笑。雖然他沒明說，但他一直在暗示我根本太年輕、太天真、「該學的還多著呢！」然而我卻從客戶那裡聽到一些他的工作情況，有些客戶顯然不太滿意他的表現。

> 之後某一天，我終於和席德正面交鋒。我對他一陣砲轟，還說他是個過氣的老傢伙。第二天，我收到一封簡短的信，全力反擊我的汙蔑。我決定一笑置之。將近兩年，我們兩人對彼此視而不見。

> 有一天，我們兩人突然被指派必須聯袂出差到華府、一起服務某位客戶。我很不願意和他共事，但我們兩人剛好擁有這位客戶所需要的特殊專長。我必須和他坐在一起，捱過四小時的飛機旅程。他忽然狠狠地瞪著我，由於不知道該如何處理這種情形，我直覺地對他說，「席德，我們已經很久沒說話了。要不要乾脆跟我說說你的想法？」慢慢地，他開始表態。

> 幾個小時之後，我的看法完全扭轉了——不只是對席德的評價，同時也包括對整個企管行業的看法。這些年來，席德已經慢慢成為「根本原因分析」（Root Cause Analysis）的專家，這是一門尋找並改正企業根本問題的學問。多年來，他

在這個領域累積了驚人的知識，但卻對公司未能正視這方面的專業而深感挫折。

多年前，當他說我該學的東西還很多的時候，他說的完全沒錯。我真的還有太多該學的地方。接下來的三年裡，他在協助客戶之餘，也全力指導我，幫助我了解這門我原先幾乎毫無所知的學問，同時也徹底改變了我對於應該如何從事顧問工作的看法。

每天晚上，在工作結束之後，我們都會一起在旅館附近慢跑。席德開始願意對我吐露他對公司的失望，以及自己的專業知識未受重視而心生挫折。他說明為何某些客戶會不喜歡他──因為他有一種很討人厭的習慣：說實話。他也告訴我，我那次的公開羞辱，對他的傷害有多大。我真誠向他致歉。

我也慢慢了解他的背景──他的童年非常坎坷，然後又經歷過一次慘痛的離婚。我慢慢發現，他是花了多大的功夫，才讓自己成為一個學養豐富的人──不僅在企管方面，同時也包括藝術及文學等領域。我更發現他在從事各種活動時所展現的毅力，包括高爾夫、滑雪，以及蠅釣（fly-fishing，譯註：一種將釣鉤繫上羽毛或彩線，偽裝成蠅蟲，然後將釣繩在水面不停揮舞的釣魚法）。

在華府的三天時間裡，我專心聆聽席德的分享──而那也成了我在工作上的轉捩點。席德在問題解決方面的深入見解，大大改變了我的顧問模式，而我的工作成效也因而有了極大的提升。我當然沒有每件事情都聽從席德的建議──我還是覺得他對顧客的態度太直接了點。但即使這一點，對我也是極為珍貴的經驗。最重要的是，我得到一位寶貴的忘年

之交及工作上的導師，而他對我的生命也產生極為重大的影響。

　　我的朋友和席德之間的高牆瞬間瓦解，只因其中一人決定退一步、仔細聆聽對方的心聲。這件事花了他好幾天的時間，但這項投資的報酬率非常高 —— 不但改變他的工作模式，更為他贏得一位摯友。後來，他們兩人聯手開發出許多非常有創意的方法，為許多客戶解決棘手問題。

　　當我們覺得自己受到不公平的對待，我們的心很容易會被那種不公平的感覺霸占。我們通常不覺得自己在衝突中有任何責任 —— 一切都是對方的錯。它會啃噬我們的內心，讓我們變得自我防衛、心懷不平。這個衝突的循環會不斷惡化，終至影響我們的工作表現。

　　但我們可以選擇一條不同的路。我們可以選擇誠懇聆聽與我們有衝突的人，他們心中到底是何想法、有何需求。如果我們真心了解對方 —— 不虛偽、不狡詐，我們會對另一個人所能提供的見識與理解感到萬分驚訝 —— 正如我的朋友與席德的經驗。他自己甚至沒有說任何話，心中就已對席德充滿同理心。事實上，有時言語反而多餘、礙事。

　　當然，也有些人完全不肯接受別人的同理心。他們很可能會在情緒上（甚至肢體上）對人施虐。當然，沒有人應該容忍這類傷害。但大多數職場上的衝突都不至於到達這種程度。人際之間的嫌隙通常都是因為不經意的怠慢、勢力範圍受到侵犯，或雙方的個性衝突而產生，也就是所謂的GET因素。

　　在職場衝突管理的相關書籍之中，你會看到很多調停、談判、妥協的方法，但卻看不到任何以發揮綜效來面對衝突的建

議。這些書籍談的都是交易式的做法，或是以浮面的技巧來處理衝突、讓雙方重回平衡狀態。它們鮮少提及如何「根本改變」雙方的關係。

交易式衝突解決模式最大的危機在於，雙方的情緒傷害仍在。大家可以暫時休兵、握手言和、重回工作崗位，但若彼此的關係沒有產生結構性的改變，暗藏的情緒將持續醞釀，隨時可能再度爆發。

交易式的解決模式關心的是「我」──「我要如何在損失最小的情況下，為自己爭取到最大的利益？」改變式的解決模式關心的則是「我們」──「我們要如何共同打造出一個神奇無比的結果？」

你可以從自己做起。身陷衝突時，你可以立刻停止爭辯、安靜聆聽對方。如果你覺得自己一定得把話講清楚，請暫時忍一下，先專心聆聽。如果你覺得自己深陷「兩種選擇」的思維，趕緊問對方，「你是否願意共同尋求一種比你我現有想法都高明的解決方式？」

超越雙贏：
如何在銷售行為及談判中發揮綜效

傳統的業務人員正逐漸消失。原因很多。網路的興起正是其一。許多從前必須面對面進行的交易，如今直接透過網路就可以完成，中介者已無存在的必要。然而，即使在買賣雙方必須親自接觸的 B2B 世界裡，業務人員也正逐漸消逝。我相信其中最主要的原因是，原有的「賣方」概念正慢慢被淘汰。

怎麼說？因為「販售」這個行業從未脫離「我們 vs. 你們」這

類兩種選擇思維。其中當然也有例外，但典型的業務動力就是「數字」：營收數字高於一切。請別誤會，獲利當然非常重要 —— 沒有利潤，談什麼企業使命？但若業務人員一心只想著數字，而不是為顧客提供最好的服務，到頭來一定是兩頭空。其中的道理非常清楚，而且無可撼動：**生命的意義不在於積攢，而在於貢獻 —— 不在於累積物質成果，而在於服務他人。**

　　銷售或談判最原始的形式就是討價還價 ——「不是你死、就是我活」的零合遊戲。雙方都想從別人身上占到更多便宜。這類業務人員最愛稱自己為「獵人」，每天出門的目標就是「追殺獵物」。另外，我們還有各種形式的所謂「顧問式銷售」（consultative selling）。藉由「顧問式銷售」，業務人員的目標是創造出雙贏的結果。雙贏當然比討價還價進步多了。

　　我相信，雙贏心態不只是企業經營的基礎，更是所有人際關係的根本。它是打開人心的鑰匙。沒有雙贏心態就沒有信任、沒有互助、沒有進步。我相信大多數的企業人士都已了解這一點。看到雙贏思維在全球日漸被接受，我感到非常欣慰。多年來，我一直非常努力，希望能在這件事上有所貢獻。

　　然而，業務這個行業之所以日漸凋萎，雙贏心態未能更加深植人心其實也是主因之一。費爾考教授（Horacio Falcao）相信，「你輸我贏」的思維模式仍是大多數人的「設定值」：「許多人認為雙贏思維太過溫和，但這是一大謬誤。雙贏之所以被認為天真，是因為有些人誤將它視為『溫和』的象徵。但雙贏的本質應該是『正向思考』，而非天真，這兩者之間的差異可大了。」

　　雙贏思維是所有穩固關係的開始，而非結束。相同地，在企業界裡，雙贏思維也是發揮綜效的開始，而非結束。雙贏的結果不見得是最好的結果。雙贏意味著雙方都沒有損失、對事情的結

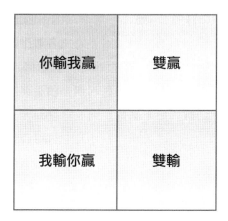

雙贏

| 你輸我贏 | 雙贏 |
| 我輸你贏 | 雙輸 |

雙贏心態 「你輸我贏」代表我們這一方得到了我們想要的;「我輸你贏」表示你們那一方得到了你們想要的;雙輸代表雙方都沒有得到自己想要的 —— 也就是妥協背後的心態。雙贏則是第3選擇的心態。它不是你的方法或我的方法,而是一種「更好的方法」。

果都很滿意。這當然沒有什麼不好,但綜效心態卻能產生更好的結果 —— 雙方可以共創的價值,完全沒有上限。

在從前那種討價還價的年代裡,由於一般人買車很少能夠找到自己真正認識、信得過的車商,因此只能祈禱自己不要被人當肥羊宰。「黑心車商」也已成為一種社會上的刻板印象。但隨著時代進步,大多數車商的銷售模式已變得更上軌道、透明,而且真心希望能為顧客提供一椿好交易。

然而,仍有一些非常罕見的綜效型人物,他們會不斷尋求

第3選擇，為顧客「創造」價值。對於大多數的有車階級而言，因為汽車折舊而不得不承受一些損失，幾乎是無可避免的事。一旦買了新車，它的價值通常都會快速下跌，直到所剩無幾、跌無可跌。這是所有車主都會有的挫折感。有鑑於此，一位我所認識的車商找到了一種神奇的方式，可以幫助顧客保住他們在買車上所投資的金錢。每一年，大多數的客戶都會以比正常車價稍微高個幾百美元的價格，向他買一部新車。然後，他會在下一年的新車出廠時，再幫顧客以大約相同的價格賣掉原有的舊車。因此，他的顧客年年都有新車開，而且幾乎不會因為換車而損失任何金錢。他會事先做足功課，只提供折價率最低的車款給客戶。雖然他賣一部車子所賺的利潤相對較低，但因為銷售量驚人，他簡直賺翻了。「我寧可每個月賣150輛車，每輛只賺500美元，也不願意每個月賣25輛車，每一輛狠撈1800美元。」由於他賣的幾乎都是新車，不太需要維修，因此他根本不必設立維修部門。除了一個小型的展場之外，他也沒有其他的經常性開支。更重要的是，他還有一群最死忠的顧客。

　　這位車商的第3選擇讓他免除了曠日廢時的銷售及議價過程。他根本不必為那些事情煩心。因為生意太好，有時他還忙不過來，必須割捨一些賺錢的機會。由於決心要幫顧客省錢，結果他反而為自己省下更多時間、精力。他不但毫無開發新業務的壓力，反而有應接不暇的顧客。

　　過去，想買東西的人通常都得和業務人員打交道。只有透過業務人員，買家才能買到自己想要的產品、服務或資訊，但買家通常都很厭惡與業務人員玩鬥智遊戲。今天，買家可以從網路上買到許多自己想要的東西，因此，即使是擁有雙贏心態的業務人員，也都逐漸失去工作機會。然而，我們仍有一樣東西無法從網

路上取得，那就是**綜效**，也就是那位車商所能提供的創意與幫助。換言之，就是一位真正關心顧客利益的人。

　　我的朋友卡爾薩（Mahan Khalsa）是談判界真正的高手。他說，「『販賣』代表**對**某人做一些事，而非**為**某人做事或**與某人一起**做一些事。業務已經成了一種以『恐懼』為基礎的關係。顧客害怕受騙上當，而業務人員則害怕失敗。」絕不會有人喜歡「受騙上當」的。

　　我認為，販賣型的業務觀念正逐漸衰亡。取而代之的概念應該是「綜效型伙伴關係」（synergistic partnership）。在我自己的公司裡，我們有所謂的「顧客伙伴」（client partner），他們的工作就是與我們的顧客一起尋求綜效、協助顧客創造出能夠為他們帶來競爭優勢的第3選擇。他們的任務就是幫助顧客、讓他們成功。

　　卡爾薩說，「你『必須』幫助你的顧客成功。這是一種重大的思維模式移轉。」「綜效型伙伴關係」對多數人而言都是一種思維模式的轉移。光是讓顧客產生採購行為已經不夠。你必須幫助顧客降低成本、增加營收、運用資金，協助他們建立產品品質及顧客忠誠度，或是提升他們的工作績效。你必須幫助顧客達成他們本身的使命。

成為「第3選擇型」談判者

看見自己

　　要轉移到第3選擇的心態，我們必須先用不同的眼光來看自己。我們不再是推銷員（討價還價的專家）。我們不再打電話給客戶說，「我們現在有一種功能更優越的新產品，您要不要參考一

下？」現在，我們都應該變成「綜效專家」（synergist），隨時隨地尋找新的方法、幫助顧客成功達成他們的目標。

我們常聽說，談判時一定要從自己的強項出發。通常，這就表示我們必須在與對方的權力關係中，擁有所謂的優勢地位（power position）。對我而言，優勢地位的意義卻大不相同。無論我們與另一方的權力關係如何，只有在我具備道德、誠實，以及雙贏心態時，我才真正擁有所謂的優勢地位。只想利用本身的優勢來打敗對方、占對方便宜的人，縱使可以獲得短暫的勝利，但此人或這家公司卻完全不值得市場的信任。要成為第 3 選擇型的談判者，我必須先視自己為追求雙贏的人，我不會接受任何不是雙贏的結果。我不希望我們任何一方蒙受任何損失。

我的兒子大衛曾經擔任我們公司的業務總監。有一天，一家大企業找上我們，大衛的業務團隊感到興奮至極 —— 這可是世界上數一數二的大企業，而他們希望跟我們談一筆超大金額的生意，請我們為他們服務。

仔細看了對方的提案之後，大衛發現對方所提的條件極為苛刻，這筆生意對我們幾乎毫無利潤可言。於是他打算婉拒這筆生意，但他的業務團隊卻一直要求他接下這個案子。「想想看，這麼大的公司將成為我們的客戶！這只是個開頭而已 —— 以後他們一定會給我們更多的生意，未來我們一定可以爭取到比較合理的條件。」

大衛從小就被諄諄教誨，一定要建立雙贏心態 —— 如果對方以犧牲我們的利益做為他們成功的代價，無論交易的金額有多大、未來有多少的可能性，它都不是一樁好生意。於是，他登門拜訪對方的企業總部，極力想與對方共同創造出第 3 選擇，但卻功敗垂成。

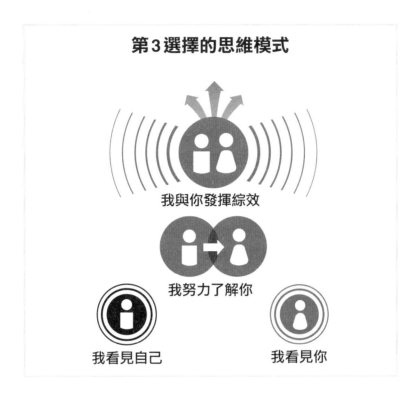

「每個人都知道這種遊戲規則，」大衛說。「大企業的談判人員最主要的任務，就是逼迫協力廠商乖乖就範，而他們也習於一再得逞。他們想要在老闆面前邀功說，『看我為公司爭取到什麼樣的利益』。但我們並不打算玩他們的遊戲。若不是雙贏，我們寧可不做這筆生意。」

最後，不知道對方到底是佩服我們立場堅定，還是真的很需要我們的服務，他們決定接受我們的條件。這個合作案有了雙贏的結果，而我們也和對方有了一種優秀且充滿創意的伙伴關係。

綜效型談判（synergistic negotiation）的基礎就是雙贏心態，而

它必須從我們自己開始。但雙贏心態只是個起頭，我必須願意繼續與你攜手共創一個足以令雙方都感到驚喜的結果。

幾年前，我們想要研究為何會有那麼多企業在自己極力想執行的企業策略上慘遭滑鐵盧。我們決定進行一項大型調查。我們聯絡了幾家產業界頂尖的調查公司，請他們前來競標。他們禮貌性地提出標案，但他們的報價卻讓我們瞠目結舌。我們的回應真是銷售人員典型的「大驚失色」策略：「什麼？」我們真的沒想到，做一個調查竟然要花那麼多錢。

然後，我們碰到了彼特。他是一家大型調查公司的代表。彼特沒有提出標案，他只問了我們兩個簡單的問題：「你們為什麼想要做這個調查？你們真正想做的事情是什麼？」我們向他說明自己的計畫，並告訴他，我們在教導個人提升工作效能上已有多年經驗，而這些顧客現在希望我們也能幫助他們的組織變得更有效能。我們談到我們需要更多的相關資訊 —— 客戶的主要挫折為何、我們可以如何幫助他們。

彼特仔細聆聽。結果，他竟然為我們提供許多建議，而且不需要花很多錢。有些建議甚至不會為他帶來任何營收，例如他所建議、而且也願意為我們引介的一些採訪對象。他也告訴我們可以如何利用自己現有的資料，而這也可大大節省我們的經費。他還大方談到自己的公司在執行策略時所碰到的一些問題。

彼特做了許多談判專家教導我們絕對不可以做的事。他主動提供免費建議、告訴我們可以如何自己做調查，而非花大錢請他的公司幫我們做。他的建議非常有價值，但卻不要一毛錢。他對於他們公司的成本及利潤非常透明，完全不暗藏一手。過了好一陣子以後，彼特才終於向我們正式提案。

彼特是否太天真？工作效能是否也太低了些？在我看來，絕

非如此。由於彼特自己對這個問題極有興趣（而非只想做成一筆生意），他成了這個計畫中深受信任的合作伙伴。他提出許多既創新又聰明的問題解決方式。他為我們引介許多可以教導我們最新調查技巧的專家。他也一再提醒我們研究的基本要素：為什麼要做這項研究、進行的方式，以及這項研究的限制等。當然，我們的錢也開始流進他的口袋。最後，我們真的委請彼特的公司為我們執行一項極重要的調查，而那只是我們合作的第一個案件而已。當我們公司也開始從事調查業務時，彼特和他的同事成為我們設計產品時的重要顧問。多年來我們一直與彼特合作，他為我們提供無以計數的服務，而我們也將他列為公司的關鍵資源。

時間久了，彼特這樣的合作伙伴價值將愈來愈高。他們視自己為綜效專家，而非產品的推銷員。但由於大多數業務人員都還未能將自己提升到綜效的層次，因此，他們的價值只會持續下降。買家對於無法發揮綜效的賣方顯然愈來愈沒耐心 —— 無論他們是否擁有雙贏心態。

看見你

要進行第3選擇型的談判，你必須先視對方為一個人，而非一場戰爭、一個遊戲或一次獵殺行動中的「獵物」。我們太容易落入「敵我意識」的陷阱中。專研談判的盧姆教授（Grande Lum）警告說，「最重要的是，不要妖魔化別人，把對方想像成難搞的談判對象……或許他們只是不信任你所屬的組織；或許他們曾經在談判中吃過虧；或許他們根本不知道還有別的談判模式。基本上，我們每個人都是自身利益的捍衛者，而且我們也都認為，只有自己的做法才能帶來最好的結果。」

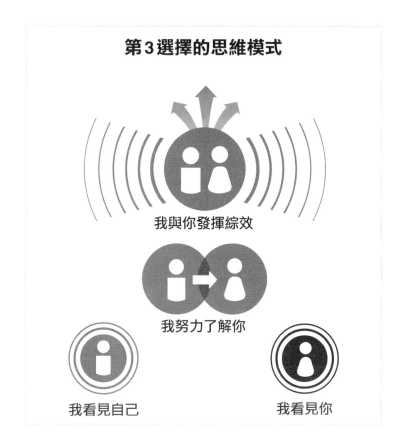

舊時代或我們刻板印象中的業務人員通常都會創造一些英雄故事。他們會描述自己如何不屈不撓地打敗了強悍而殘酷的敵人，最後終於獲得勝利。這些故事可以讓他們自我感覺非常良好。但那只是一種假象。兩種選擇的思維模式（即敵我意識）讓他們無法視對方為一個人。結果，他們就會將對方當成敵人。傳統的銷售及談判訓練會教大家一堆謀略與技巧，以便在那種敵我對抗情境中占得上風，其中包括「以退為進法」（door-in-theface）：先提出一個過分的大要求，等對方被拒絕後，再一步步退讓、提出較小的要求（實際的目標）。還有「得寸進尺法」（foot-in-the-door），也就是先讓對方做一些小小的讓步，然後再不斷進逼，讓對方一再割地賠款。另外還有所謂的「上飄球」（lowball）策略，亦即賣方會在一開始時叫價很低，但最後一分鐘再拚命加上一堆小要求，讓最後的價格一舉衝高。這種做法和「吹毛求疵法」（nibble）很類似，也就是讓對方不斷投資時間、精力於這椿交易上，但業務人員卻會在交易最後階段，忽然加上一個新的要求。這種做法的邏輯是，由於買方已經投資太多時間、精力在這椿交易上，他們應該不會為了最後這一點成本的增加而打退堂鼓。

　　由於必須應付賣方這麼多的鬥智遊戲，買家也開始發展出自己的防衛技巧。卡爾薩就指出，「不正常的銷售方式讓不正常的採購技巧應運而生。」買方通常會使用所謂的「引君入甕法」（krunch），也就是以「我們的差距愈來愈小了……你的價格愈來愈接近了……再接近一點……」來一步步壓低賣方的價格。當然，還有先前提到過的「大驚失色法」（flinch）：「你在說什麼呀？你瘋了嗎？不可能會有人付這種價錢的啦！」買方當然也可以用「吹毛求疵法」來對付賣方。當然，賣方也想出了他們的因應之道，即所謂的「反大驚失色法」（reverse flinch），而我相信，買方一定又會繼續使出所謂的「反反大驚失色」伎倆（triple-reverse flinch）。

　　除了這些最基本的步數，經驗老到的談判者還會運用一些更細膩的手法。他們會分析對方身上承受了哪些壓力、對方的風險容忍度、最後期限的心理效應，以及每次讓步的間隔時間有多長。他們會仔細精算──每次讓步的幅度要逐次縮減，而且都得附帶一些條件。基本規則是：一定要躲在暗處、絕不直來直往，

而且回答問題時一定要兜圈子，讓對方不斷投資時間與精力，如此一來就可以提高他們打退堂鼓的代價。

這類傳統招式都會傷害買賣雙方的互信。每個人都想要以其人之道還治其人之身，這也難怪傳統的銷售流程都是如此之困難、令人挫折、浪費時間。但這還不是最糟的。

你一定會碰到不惜撒謊的人。朋友最近跟我提及他從前參加過的一個談判訓練營。他說，訓練課程中有一場角色扮演的遊戲，談判雙方都只知道部分有關對方的資訊。遊戲的目標是要運用自己手上的資訊成功達成交易，擁有最佳條件的一方才能獲得獎賞。我朋友的那一隊慘遭痛宰。會後，他問贏得比賽的那一方，他們是如何取得優勢的。「我們騙了你們，」他說。「我們告訴你們的底價，其實比真正的底價高。」

我的朋友立刻向研討會的講師提出抱怨：「他們是靠說謊贏的。」他抗議。那位講師是一位非常資深的女性企業主管，她教談判已有數十年的經驗。她轉向我的朋友，回答說，「如果根本就沒有真相，哪來的謊言？」

讓我補充一句：如果根本就沒有真相，哪裡有發揮綜效的可能？這些欺騙手法在網路時代已經逐漸失效，因為每個人都可以輕易地從網路上取得成本、品質及服務的相關資訊。「大驚失色法」、「引君入甕法」早已成為舊時代的遺跡。今天，如果你告訴我，你所提供的價錢已是市場上的最低價，你最好說的是實話，因為我可以當場就以自己的智慧型手機來查證你的說法。我可以很輕易就找到一切有關你的公司、你的競爭者、你的產品、你的服務品質，甚至有關你個人的資料。一切資料都攤在陽光下，任何事都瞞不了人。

唬弄人的談判伎倆早已玩完了。再也沒有人有耐心玩那一套

把戲了。想要唬弄別人的人，只會讓人看穿他對人的不尊重。認為「人生不過就是一堆談判遊戲」的人，完全是活在貧乏心態之中。如果想要成為一個第3選擇的思維者，我們必須擁有富足的心態──只要願意攜手合作，我們可以共創無限精采的可能，遠超過我們原先所有想像。我必須視你為一個有血有肉的人、珍惜你的信任與尊重，而非把你當成騙局中的冤大頭。

　　藉由坦率直言及同理聆聽，我們通常可以直接省略談判這件事。我的兒子大衛告訴我以下這個故事：

> 　　我的女兒瑪德蓮想要參加一個全國性的創意寫作班，但因名額已滿而被拒。我心中立刻冒出第3選擇式的反應：「寫作班當然還沒滿」。我立刻拿起電話，打給負責招生的那位女士。我向她簡單介紹了一下瑪德蓮、她是個什麼樣的孩子，以及她有多麼希望能夠參加這個寫作班。我對她說，「能不能請您多告訴我一下目前的狀況。我只是想多了解一點，完全無意逼您接受我的女兒或跟您玩任何手段。」於是我開始仔細聽她說明，而且在溝通過程中與她建立了很好的關係。掛完電話20分鐘後，瑪德蓮就接到那位女士寄來的入學邀請函。

　　今天的人際關係準則是「發言權杖溝通法」。我以「同理聆聽」與你相交，我直話直說、毫無虛假，並且保持全然透明。

努力了解你

　　要尋求第3選擇的談判，需要「我努力了解你」的思維模式。換句話說，它需要深刻的同理心。

　　幾乎所有的銷售訓練都包含聆聽技巧。然而，大多數時候，聆聽的目的都是為了搜尋「購買訊號」，而非了解對方。在一本有關談判藝術的暢銷書中，作者只提到「聆聽」一次，而且只將聆聽當作是給買方的一種「不花錢的讓步」。

　　如果你真心珍惜自己與談判對象的關係，你就會以積極、反思、同理的心態來聆聽。你不會只是表淺地聆聽，一心等候切入銷售的機會。你會表達出強烈的同理心，因為這將反映出你是個什麼樣的人，而非它將為你帶來什麼好處。

　　如果你希望成為客戶的「綜效伙伴」，而不只是一位銷售員，同理聆聽將能把你推上那個位置，你將能夠從顧客的角度來看這個世界、感受到他們的痛苦、分享他們的願景。我知道，身為一位業務人員，你真的很難放下自己的產品或解決方案，但如果你夠聰明，你就會脫離自己的心理情境，努力進入對方的心境。正如卡爾薩所說的，「將整個對話視為一種對未知的探索……認清事實 —— 你不是在為顧客尋找解決方案，你們是共同參與在這個探索的過程之中。」這是一個非常重要的見解：你是要**與客戶一同尋找**解決方案，而非**為他提供**解決方案。你口袋中的產品不可能完全符合客戶所需。但若攜手合作，你們將可以創造出一個完全符合所需的解決方案。

　　如果你能夠以同理心來聆聽，你將感受到客戶心中的挫折。你將聽到他們內心的吶喊：「這簡直要我們的命」、「我們正因此而不斷失血」、「讓我們一直受困不前的原因是……」。你也將聽到他們的願景：「只要我們能夠……」、「我們的終極目標是……」、「我可以想像有一天……」。身為一位綜效伙伴，你的責任就是要去感受他們當下心中的沉重負擔。努力思考、不斷覆誦這些挫折與期待。最後，你會開始想辦法讓他們將這些抽象

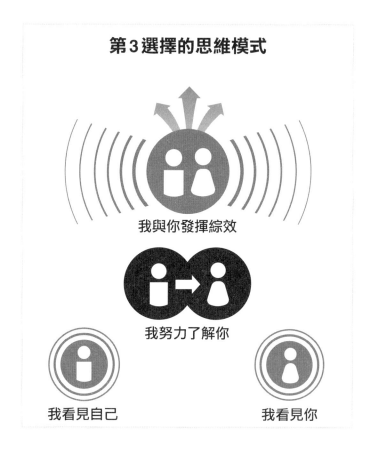

的說法轉變成具體的衡量指標。就像外科醫生，你會想要知道患者的內出血到底有多嚴重。你會想要知道他們的願景等同於什麼樣的數字標準 —— 他們需要增加多少營收、增加多少市占率、達成目標到底會給他們帶來什麼樣的好處。卡爾薩觀察他自己的客戶說，「他們通常都還沒有花足夠的時間與精神，去仔細衡量那些問題或機會將為自己帶來什麼樣的後果。幫助他們直搗問題的核心，就能為客戶帶來極大的價值。」一旦真正釐清他們心中的

焦慮以及你所能產生的貢獻，你就可以據此來衡量自己的服務價碼。你可能會發現，你所提供的服務，價值其實遠高於自己的價碼。你甚至可以要求以抽取最後成果的某個比例來做為酬勞。「把你的固定價碼扔了吧！」卡爾薩說。

聆聽型的銷售人員與一般人刻板印象中那種口若懸河的銷售人員剛好呈強烈對比。大多數的業務人員話都說得太多，而它正是造成誤解顧客需求、過度銷售、徒勞無功等問題的主因。即使他們看起來好像在聆聽，他們其實還是在說話 —— 在他們自己的腦子裡說。

尤瑟里（Jim Usry）是美國製藥業資深業務主管。他指出，多年前，藥廠的業務人員與醫生之間發展出一種單向的溝通關係。「無論對方是否有興趣，我們反正就是一成不變地重複同樣的銷售台詞……那時候，藥廠的銷售策略就是『觸及率與頻率』（reach and frequency）—— 愈多的業務員拜訪愈多的醫生愈多次愈好。當時甚至同一家藥廠曾有八位不同的業務員都向同一位醫生兜售同一種藥物。他們說同一套說詞、送出一模一樣的樣品藥。」光是在美國，負責拜訪醫生的藥廠業務員，竟然高達九萬五千人之多。「這簡直不合理、沒效率 —— 根本就是瘋了。」

尤瑟里知道，醫生非常討厭這類疲勞轟炸。「可憐的醫生，他們要應付的事情愈來愈多。主管機關、病人、醫護同仁、文書工作都得花他們的時間，如果再加上藥廠業務員，當然會惹人嫌。」許多醫生開始產生反感。「如果他們帶來的是一些新的藥物，我當然有興趣。但我真的沒時間聽他們一再重複相同的台詞。我還有病人要看呢。」艾雪醫生（Dr. Jordan Asher）是美國南部非常有名的一位醫界主管，他的說法代表了許多醫生的心聲：「製藥業和速食業根本沒兩樣。它們都是上市公司，它們的目標都是為股東賺

錢。唯一的差別是，藥廠業務員賣的剛好是藥品。他們的目標與我們完全不同。他們個個舌燦蓮花，只要能夠做成生意，他們什麼話都說得出來。」

「雙方的關係毫無建設性，」尤瑟里指出。「沒有人會問，『病人在這件事情當中的角色為何？』」兩個世界之間一直存在著一堵高牆 —— 至今依然聳立。由於一直被指控以提供董事職務、研究經費、演講費，甚至以舉辦餐會來收買醫生，藥廠開始遠離這種與醫師的接觸模式。

但有些綜效型的思考者開始有所突破，他們以彼此聆聽來尋求第3選擇。傅高（Jim Fuqua）就是一個很好的例子。傅高是一家美國大藥廠的資深業務主管。「我們一輩子都在販售藥物，」他說，「但我們必須進行徹底的自我改造 —— 不但要繼續創造業務佳績，更必須好好改善我們與顧客之間的關係。我們一直未能好好凸顯自己的價值，相反地，我們看來好像只是一部賺錢機器。於是我們花了許多時間來改造自己的業務模式。」

與你一起發揮綜效

聆聽是良好工作關係的基礎。一旦養成發揮同理心的習慣，就能順利進入發揮綜效的層次。

諷刺的是，各大藥廠卻以「觸及率與頻率」的銷售模式，在自己與顧客之間築起高牆。他們愈是敲門，顧客愈是抗拒。一些醫院甚至嚴禁藥廠業務人員進入院區。但當傅高和他的同仁開始聆聽，而非對著醫生口若懸河時，綜效也開始出現。藉由「發言權杖溝通法」，傅高和他的同仁了解，醫生真正的需求並非藥廠拚命想塞給醫生的藥品。

「科學知識 —— 醫生最重視的是科學知識。他們想要知道如何才能恰當地使用我們的產品，以及這些藥物背後相關的科學知識。」因為有了這樣的認識，第 3 選擇於焉誕生。傅高將公司內 24 位一流高手組成了一個「健康科學團隊」，並與全美最具影響力的醫師共同開會。傅高是這個團隊的負責人。他指出，「我們的工作是要了解這些頂尖醫療主管最關心的問題，並確保他們獲得最有價值的相關科學知識，而且心中完全不帶任何銷售目的。」

藥廠內部出現不小阻力。有些業務主管說，組成「健康科學團隊」只是白費力氣：「他們賣的是什麼？他們如何創造收入？」但傅高強力捍衛這套做法：「我們知道，這才是與醫生合作最好的方法 —— 提供他們真正需要的東西，而非拚命推銷某項產品。他們不需要更多的樣品藥、產品介紹手冊、紀念品。我們知道，如果我們能夠接觸到這些頂尖的醫療主管，他們就可以影響到許多其他的醫生，我們的業績就會成長。」

他們從聆聽中發現更多讓醫生深感困擾的問題。「病人不肯遵從醫生的指示，就是個大問題。醫生清楚告訴病人應該怎麼做，但病人就是不肯聽話，」尤瑟里指出。「他們不肯控制飲食、抽太多菸、不肯運動。他們會說，『給我一顆藥不就行了。』」傅高的藥廠開始研究如何改善病人不肯聽從醫生指示的問題。「以糖尿病為例，糖尿病的醫療成本很高，造成非常沉重的負擔。如果能夠讓病人更加聽從醫生的指示，醫療負擔就可大幅降低。我們現在就在討論一種對所有人都有利的食療法，讓病人更容易遵從醫生的指示。我從事的是製藥業，我當然希望自己的產品能夠按照正確的方式被使用，這樣對我最有利，而醫生也會比較滿意、病人更會因此而獲利。整個醫療體系也會因負擔大幅降低而受益。」

結果，他們發現，許多銷售業的技巧對醫生非常有用 —— 醫

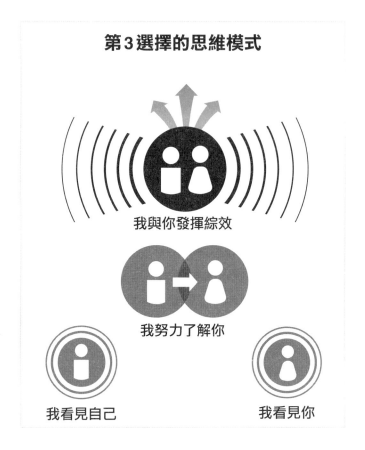

生可以利用這些技巧來鼓勵病人與之合作。醫生也可以「推銷」
自己的治療方法。他們可以深入探索病人不肯合作的原因、以同
理的態度聆聽、找出根本原因。（你沒有時間運動？看來時間是
個大問題哦。如果我建議你一種不花時間的運動方式，你是否願
意嘗試一下？）他們也可以更積極地追蹤病人的運動狀況 —— 就
像業務人員那樣。於是，一個第3選擇出現了：訓練醫師銷售的藝
術。

　　另一個令健保服務提供者深感困擾的問題，就是醫療資源分配不均。「美國東南部就是如此，」傅高指出。實際數據令人憂心。「在阿拉巴馬州，醫生與人口的比例大致符合標準。但問題是，所有的醫生都集中在四個城市裡。阿拉巴馬西部幾乎沒有醫生，但當地的肥胖症及心血管疾病卻非常嚴重 —— 大約75%的人都有這些問題。也就是說，問題最嚴重的地方，卻幾乎完全沒有健保的服務。」於是，傅高及其醫療人脈網開始積極解決這種資源不均的狀況。「我們有很好的產品可以治療這些疾病，於是我們開始與那些有心將健保服務帶進這個區域的人積極建立策略合作關係。你不可能像從前一樣，派一堆業務員去拜訪當地的醫生，因為根本沒有醫生可以拜訪。我們必須做的是靜下心來，花時間聆聽當地的醫療組織、州政府官員以及各大學的想法，然後再看看我們這種規模的企業可以提供什麼幫助。」

　　在這個把自己從「長了腿的藥品廣告」轉變為「解決關鍵健保問題的重要資源」的過程中，尤瑟里、傅高以及一些和他們一樣的人，開始發展出許多可以讓病人、醫生，以及自己的公司同時受惠的第3選擇 —— 而且還享受極大的成就感及滿足感。

　　如果我們擁有的是典型的兩種選擇心態，我們就只能看到兩種選擇：我贏或你贏。因此，對我們而言，人生就只是一連串的讓步或獲益。這是一種零合的世界觀。相反地，如果我們擁有的是第3選擇的心態，我們將看到一片光明 —— 你我可以攜手共創無限可能。零合交易的結果是妥協、你輸我贏或我輸你贏。但第3選擇卻可以改變世界。人會改變 —— 他們的心胸、態度會變得比較開放，他們會聆聽、學習，他們會以嶄新、開闊的方式來看事情。人的改變正是第3選擇最神奇的地方。

　　哈佛商學院教授馬哈特拉（Deepak Malhotra）及貝瑟曼（Max

Bazerman）指出，綜效型伙伴關係的目標「不只是幫助你們達到雙方都**認為**是『雙贏』的結果；它的目標是幫助你們達到價值的極大化。」企業界每一個人都在尋找最重要的「差異化因素」，好讓自己能夠在市場中出類拔萃、與眾不同。我認為，所有差異化因素中最重要的一項 —— 也就是最能夠讓你出類拔萃的一個因素，就是學會發揮綜效。

綜效 vs. 傳統談判模式

如果你是從綜效的思維出發，在談判過程中，你將隨時都在尋找第 3 選擇。追求第 3 選擇的四大步驟與傳統的談判模式差別極大。

無論你是買方或賣方，傳統談判模式通常以提出比合理要求更高的條件來開始。說得好聽，這叫做「拉高目標」（aim high）。買方希望花最少的代價、獲得最大的價值，賣方則希望賣到最高的價錢。每一個人都知道，最初的出價只是要摸清對方的野心到底有多大。這個階段通常少不了「大驚失色」的反應。

但我們是綜效專家。對我們而言，這個步驟既幼稚又浪費時間。我們會以提出第 3 選擇的問題來開場：「我們是否可以一起創造一個大家都未曾想過的最棒的交易？」有時候，我們得先建立對方的信任，才可能提出這個問題。但如果我們一向聲譽良好，我們大可立刻勇敢提出這個訴求。

在傳統談判模式中，出價的下一步就是合理化自己所提出的條件。由於誰都不願意太快提出太大的讓步，因此大家就得合理化自己所提出的條件，舉出一大堆的數字及驚人的故事，證明自己的條件絕對合理。但如果對方也願意與我們攜手尋求第 3 選擇，

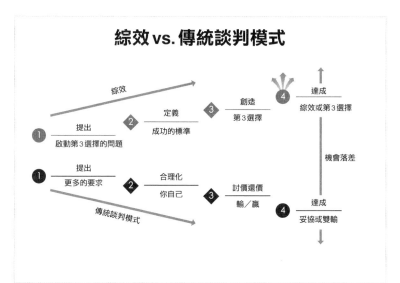

綜效 vs. 傳統談判模式　傳統談判模式彷彿一種「讀心術」、討價還價、自我合理化的遊戲。它會削弱人與人之間的關係，通常只能導向妥協，也就是雙輸。綜效卻會強化人與人之間的關係，導向雙贏的結果。兩種模式之間有著愈走愈大的機會落差，在一個競爭如此激烈的世界裡，誰也無法承擔這種落差。

我們就能一同定義成功的標準以及必須完成的工作。對每一個人而言，真正的雙贏結果為何？這時候，我們已經建立起伙伴關係，可以一起創造最奇妙的結果了。

　　傳統型的談判者辛苦地合理化自己所提出的條件，現在，他們準備進入下一步。說得好聽一點，這個階段可以叫做「發掘對方的底線」（discover the limits），但說穿了，它不過就是討價還價罷了。雙方都希望能夠以最低的代價，得到最大的利益，看看在不超過對方忍耐極限的情況下，自己能夠進逼到什麼程度。但對我們這些綜效型的人而言，討價還價完全沒有必要。因為到這個階段，我們早已開始共同尋求可能的解決方案 —— 提出各種第 3 選擇。這是一個充滿創意、人人活力四射、令人興奮的階段，因

為沒有人知道最後的結果會是什麼。

傳統談判流程的最後一個階段，就是雙方達成妥協，也就是各自提出所謂的「最佳之最終報價」（best and final offer, BAFO），好讓雙方可以勉強接受，以便結束這個痛苦的流程。雖然雙方會握手、多少還算滿意，但沒有人會因這個結果而感到興奮。畢竟，每個人都得在妥協之中犧牲一些東西。但綜效專家此時卻已創造出第 3 選擇。它讓每個人都興奮不已，因為它是一個大家事先根本沒有預期的完美解決方案，而且大家都知道接下來該完成的工作為何。人人都是贏家——它為每個人都提供了遠超預期的好處、大家的關係更加鞏固，而我們也可以一起攜手打造共同的未來。

這兩種做法之間存在著巨大的「機會落差」（opportunity gap），而且會隨著時間不斷擴大。在這個高度競爭的世界裡，沒有人可以承受落入不利一方的後果。當傳統談判者將時間浪費在挖空心思想要探知對方想法、操弄他人，但終究只能得到某種妥協的結果時，第 3 選擇思維者卻將精力投資於改變彼此的關係，而且時時著眼於未來可能出現的機會。

綜效的創新能量

有史以來針對成功企業所做的一項最大型的研究明白指出，創新能量是企業永續成功的關鍵因素。「長青計畫」（The Evergreen Project）邀集了哈佛、哥倫比亞、麻省理工學院、達特茅斯大學、華頓商學院，以及其他許多重要大學的學者，進行了一項長達十年的研究。他們的目標：找出基業長青的偉大企業與一般平凡企業之間最大的差異。

毫不意外地，他們發現，偉大的企業都擁有非常強大的創新能力，而且對此深感自豪：「他們著眼於根本性的改變，也就是足以改變整個產業的創新想法、石破天驚的產品概念或是科技突破……由於他們絕不會滿足於任何無法帶來兩位數以上營收或獲利成長的改變，因此一般性的成長或改善絕對不夠。他們致力尋求的是足以撼動市場的重大創新、足以讓競爭者嚇破膽的突破。」

這些石破天驚的創意或突破從何而來？創新專家會告訴你，它們都來自綜效。我的好友克里斯汀生教授可說是全世界在這方面最頂尖的思想家。他認為，石破天驚的創意一定都具有強大的「破壞性」。它們通常都出現在所謂的「交界處」（on the edges），也就是多元觀點或奇怪的連結不斷交互衝撞之處。它們**絕不會**來自多數企業中所充斥的那些同質性強的主流思維。

這的確是個弔詭。我們知道偉大的企業都具備強大的創新能力，但我們也知道，重要的創新通常來自市場中某些微渺而難以預期的改變。就定義上而言，成功企業通常就是產業世界中的既得利益者，也就是比較保守的一部分。那麼，他們是如何掌握到這些重大的創新？

答案是：主動搜尋！這些優秀的企業非常了解綜效如何運作，於是他們會積極在組織中培養綜效能力。許多優秀企業都經常性地醞釀第 3 選擇。相反地，平庸的企業則通常非常不相信新思維。他們討厭破壞性的事物。他們活在一個敵我意識分明的兩種選擇世界裡。他們將自己無法進步歸咎於外在因素、視科技上的突破為威脅。創意專家狄波諾（Edward de Bono）如此形容這種奇特的心態：「身陷危機、迫切需要創意的企業，卻也正是最不願意尋求創意的企業。這些組織深信自己的思維模式沒有任何問題，而是『整個大環境』對他們太不利了 —— 因此根本沒有必要改變

思維模式……一家著名的企業曾經對我說，因為面對的問題實在太多，所以他們根本沒有時間去尋求什麼創意！他們之所以會身陷危機，或許正是因為這種態度吧。」

但第3選擇思維者卻熱愛破壞性。他們在努力維繫既有的成功經驗之外，同時也展開雙臂歡迎外來的、多元的、不同的、豐富的新思維。他們發展出一種「雙重人格」，能夠同時擁抱現在與未來。

第3選擇型的企業與缺乏創意的組織，在文化上大不相同。科學家發現，蟻群的「突現能力」（emergent forces，即應變能力）能夠幫助它們在最惡劣的環境中生存，例如在鋼筋混凝土地基中，或柏油馬路的縫隙裡。他們所謂的「突現」（emergence），是指個別螞蟻之間的不同屬性可以結合起來、共同解決生存上的問題。我很喜歡拿珊瑚礁來比喻第3選擇的組織文化。如果你到加勒比海或澳洲去潛水，你一定會看到許多美麗的珊瑚礁以及優游其間的各種五彩繽紛的魚類、蕨類、軟體動物及海洋植物。這些珊瑚礁的表面看來生氣盎然，它們會隨著海潮飛舞，有如輕風拂過花園一般。但珊瑚礁的底部其實早已是石灰石。生物學家告訴我們，新的珊瑚物種大多出現在「邊界區」（the edge zones），也就是生物多樣性極高，並與所謂「高物種豐富度中心」（centers of high species richness）互動頻繁的區域。企業組織的情況也是一樣。那些重視差異性、竭力尋求多元思考「熱區」的組織必將蓬勃發展，而懷抱防衛心態的組織則將逐漸僵化、枯萎。尋找綜效最好的地方就是在「邊界區」，也就是各種多元觀點、不同能力的人群聚集之處。

「第3選擇」團隊

　　真正的創新必須仰賴綜效，而綜效則需要多元性。兩個看法完全一致的人之間不可能產生綜效。在這種情況下，1加1只能等於2。但看法不同的兩個人卻可以產生綜效，於是，1加1可能等於3或30，甚至3000。因此，創新力強的企業會刻意將能力、專長不同的人組成團隊。一支高效能的團隊可以發揮每個人的強項、虛化每個人的弱點，團隊成員彼此高度互補、甚至臻於完美。只有這樣的團隊才有可能創造出第3選擇。

　　我就擁有一個彼此高度互補的團隊。我的團隊成員完全可以補足我的弱點。現代科技是我的弱點之一，但我的團隊讓這個問題消失於無形，因為他們在這方面的能力超強。

　　互補型團隊（complementary team）的規模或結構完全沒有限制，它可以由兩個人組成，也可以包含全世界的人。但這樣的團隊必須能夠尊重彼此的差異，而非心存抗拒，也不能容許綜效之敵的存在 —— 傲慢之心、個人勢力範圍，或門戶之見。

整合歧異

　　「互補型團隊」能激發出不同的見解。它們可以創造出類似珊瑚礁的環境 —— 不同的連結得以產生、精采的綜效得以醞釀。正如知名專欄作家強森（Steven Johnson）所說，互補型團隊可以「讓特質不同的人的直覺產生連結。你有半個創意，另一個人可能剛好擁有另外一半的創意。如果你們是在一個對的環境之中，它們就會醞釀出比兩人相加更強大的結果。」

　　全球知名的專利控股公司「高智發明」（Intellectual Ventures，

IV）就是一個精采的互補型團隊。高智發明是由微軟公司前科技長米佛德（Nathan Myhrvold）所創立。根據他的說法，他是將一些背景各異的精采人物整合起來，「為了樂趣、也是為獲利」而解決許多重要的難題。他們所解決的難題之一，就是為開發中國家提供疫苗，以拯救千萬人的性命。

疫苗必須在低溫中儲存，否則就會損毀、失效。即使只暴露在暖空氣中幾分鐘，整批的疫苗就可能完全報銷，損失的是難以計數的生命及千百萬美元的金錢。在擁有溫控裝置及穩定電力系統的已開發國家，這個問題很容易避免；但在開發中國家，這卻是一個可怕的難題。為了解決這個問題，米佛德在他的華府實驗室組了一個團隊。團隊成員的背景非常特別，其中包括自動販賣機專家、自動咖啡機專家，以及自動武器專家。他們的發明看來就像一個大型熱水瓶，而在這個熱水瓶裡，又有另一個儲存疫苗的瓶子，兩個瓶子之間是一個低溫液態氮的儲存槽。為了讓疫苗保持低溫狀態，這個瓶子絕對不能打開。於是，他們設計了一個開關，只要一按開關，一瓶疫苗就會像販賣機裡的可樂一樣自動彈出來。為了讓瓶子完全密封、不容許任何熱空氣進入，他們將這個給藥裝置設計得宛如AK-47自動步槍的彈匣。這個價格低廉的新發明可以讓疫苗保持在低溫長達六個月，完全不需要任何電源，因而也讓成千上百萬的民眾得以免除致命疾病的威脅。

在此同時，兩種選擇思維的人卻彼此爭論不休。政治人物、企業領袖、經濟學家、工程專家不斷辯論 —— 到底該如何為開發中國家提供穩定的電力及溫控系統。他們在社會主義與資本主義、商業思維與民粹思想、再生能源與化石燃料之間爭吵不休。這些門戶之爭或許饒富興味，但就在強勢者熱烈辯論之時，弱勢者卻不斷因遲遲無法獲得疫苗而無辜喪命。米佛德指出，「提供更

好的疫苗容器或許只是治標之道，無法徹底解決貧窮與落後的問題，但它卻可以幫助成千上百萬的兒童，讓幾個世代的孩子在等待進步的巨輪終於駛入他們的社會之前，不致慘遭疾病的殘害。」米佛德的「第3選擇」正是一個互補型團隊為了某一項重大問題、極力發揮綜效所產生的結果。如果你能夠想像在一個房間裡，一堆人正努力將自動販賣機、咖啡壺以及AK-47整合在一起，你就可以稍微捕捉到米佛德的「魔幻劇場」是一個如何奇妙的場景。任何一個人 —— 即使是這個團隊最優秀的負責人 —— 也無法獨力創造出這個神奇的解決方案。

我非常喜歡小說家譚恩美的觀察：「創意就是綜效加上真正重要的事。」這句話絕對可以應用在「高智發明」的團隊上。

無國界團隊

活在這個高科技世紀最過癮的事情之一，就是團隊的組成可以完全超越國界。我們可以用幾年前完全無法想像的方式，與其他人一起發揮綜效。我們可以在任何時候與世界上任何地方的任何人進行溝通、甚至見面。唯一能夠阻隔我們的，只有文化上的高牆，但許多優秀的組織也正致力於夷平這些高牆。

樂高玩具（LEGO）就是一個最好的例子。這家丹麥玩具公司常被譽為是世界上最受消費者信賴的企業。樂高將他們廣大的顧客群視為互補團隊中非常重要的一分子。

如果顧客偷偷駭入你們公司的電腦系統，你會如何反應？報警抓人，對吧？當這種情況發生在樂高身上時，就和任何人一樣，他們一開始的反應也是非常沮喪。但他們又問了自己一個問題，「為什麼顧客會這麼做？」正因為他們是樂高公司，他們開始

對這個問題感到好奇，並決定以「發言權杖溝通法」與這些「罪
犯」進行溝通。

　　與這些駭客溝通之後，他們發現，原來這些人竟然都是樂
高迷 —— 他們只是想創造出自己的樂高模型而已。他們駭入樂
高的電腦是為了察看樂高的存貨系統，以便訂購一些原本只能成
套購買的零件。樂高的社群發展部門負責人亞斯奇德森（Tormod
Askildsen）記得：

> 　　我們的律師團其實已經準備要去追訴這些顧客，跟他們
> 說，「喂，你們不可以這樣做。」但我們發現，樂高的社群中
> 其實充滿了才華洋溢、技術高竿的顧客。沒錯，他們是在搗
> 亂，但他們同時也是在改善我們的產品。於是我們決定讓他
> 們去做這件事，而這也產生非常奇妙的結果。如果你信任顧
> 客，他們其實可能會做出一些對你非常有益的事情。樂高這
> 個品牌並不屬於我們，它屬於所有顧客。我們或許擁有樂高
> 的註冊商標，但這個品牌卻是活在所有顧客心中。

　　於是樂高發展出一套電腦軟體，讓樂高迷可以盡情打造新的
樂高模型，並鼓勵他們與其他顧客分享自己的設計。結果是，樂
高迷免費為樂高公司創造出成千上萬種的新產品設計。「這是樂高
二十一世紀的產品平台，」亞斯奇德森指出。「我們以這種方式來
貼近市場需求。我們可以創造出一個完全由顧客設計的新產品系
列，然後再將它們推進市場。」

　　如果是兩種選擇的思維，樂高要不是禁止這種明顯違法的
行為，不然就是必須忍受這些違法行為可能帶來的損失。兩種
選擇、就法論法的人很可能在一秒鐘之內就扼殺了一個龐大的

商機。但第3選擇還是獲勝了，而樂高也發現一個全新的商業模式：讓顧客設計自己的產品，樂高則負責提供材料。如果樂高沒有第3選擇的企業文化，這項綜效將無從產生。傳統的企業思維只會一心阻止這種事情發生。但正如英國記者李德彼特（Charles Leadbeater）所說，「聰明的組織會朝新的商業模式移動，以巧妙的方式來融合『封閉』與『開放』。」他如此描述自己在中國大陸採訪的一家聰明企業：

> 上海在過去10年內出現了2500棟摩天大樓，在其中一棟裡，我訪問到盛大遊戲公司（Shanda Games Ltd.）的負責人。盛大遊戲擁有兩億五千萬名網路訂戶，但他只聘用500位員工。他並不為這500位員工提供服務，只為他們提供一個平台、一套規範及一些工具，然後再協調他們的行動。真正的遊戲內容其實是用戶自己創造出來的。這種模式也在用戶與公司之間創造了一種黏著度（stickiness，譯註：網路顧客忠誠度衡量指標之一）。
>
> 如果你是一家網路遊戲公司，而你擁有一百萬名顧客，你只需要其中1%來擔任你的共同開發者，你就等於擁有了一支萬人開發團隊。

正如樂高玩具與盛大遊戲，優秀的組織都會熱切地在顧客群的創新思維「熱區」，積極尋找可以發揮綜效的機會。他們的「魔幻劇場」是全世界。李德彼特繼續提出以下這些引人深思的問題：「如果我們讓所有學生中的1%，成為教育制度的共同開發者，會產生什麼結果？如果我們讓1%的病患成為醫療服務的共同開發者，結果又會如何？如果我們讓使用者變成生產者、顧客變

成產品設計師呢？」

匯整成一個第3選擇

　　企業進行併購的原因有很多：創造經濟規模、打入新市場、
多角化經營等。我相信，打造出一個可以發揮綜效、具有互補效
果的團隊，絕對是進行企業併購最重要的原因，也就是讓整體的
結果大於個別企業相加的總和。

　　然而，少有併購案真正達成綜效的結果。全球性企管專業服
務公司KPMG（在台會員為安侯建業會計師事務所）進行的一項重
要研究顯示，「83%的企業併購案並未能替公司股東帶來好處。」
而在超大型併購案中，甚至有60%對股東權益有損。首先提出
「病毒行銷」（viral marketing）概念的瑞波特（Jeffrey Rayport）也
說，「對策略性綜效的錯誤期待，使得華爾街淚流成河。」

　　為何如此？因為併購多半出於傲慢，而非為了發揮綜效。另
一項重要的研究發現，從「媒體效應及所獲得的報酬來看」，絕大
多數的併購案與「企業CEO的傲慢脫不了關係」，也就是與企業
領導人冀求更高的名位、更多的金錢有關。1980年代，一心想成
為全球第一大專業服務公司的「上奇廣告」（Saatchi & Saatchi）就
是一個經典案例。這個目標讓上奇廣告不斷搶進一些自己並不專
精、也沒有太大熱情的領域。莫里斯・上奇（Maurice Saatchi）曾
說，「這不足以使我們致勝，但卻足以把別人拉下馬來。」但他們
的併購熱卻讓這個曾經創造歷史的偉大企業一夕崩潰。莫理斯・
上奇日後承認，「問題出在傲慢？我想應該是吧。」

　　進行併購時，企業領袖一定會強調併購所能帶來的綜效。然
而，這多半只是口惠——為他們毫不掩飾的傲慢找個好聽的理

由。這就是為什麼企業界的人會對「綜效」這個名詞如此反感。當大家都知道，併購其實只會讓企業負責人變得「超級、驚人、令人咋舌的富有」時，所有關於綜效的夸夸之談只會讓人覺得異常虛偽——尤其是當大多數併購公司表現得令人不忍卒睹，而企業高層卻能「坐享一筆超級鉅額收益」時，更是令眾人唾棄、不齒。併購只有在能夠創造綜效時，才可能真正成功，但當來自不同企業文化的員工士氣低落、工作機會深受威脅時，綜效顯然不可能發生。終究，員工才是兩個企業併購時，真正必須努力創造出第 3 選擇的人。我先前所引用的那份 KPMG 的研究也指出，考慮併購案時，綜效應該是首先、也是最重要的一項決定因素。只有在雙方能夠創造出一個真正的互補團隊、我們的長處將成為你們的機會，而你們的長處也正是我們的機會時，才應該進行併購。

「綜效絕對存在，」史丹佛大學教授康寧（Peter Corning）向我們保證。「它的效果可以衡量及量化：例如，經濟規模、效率的提升、成本的降低、更高的收益。」瑞波特也指出，「綜效是一種企業轉型策略。能夠打造出全新的企業及產業的，就是綜效。」

的確如此。一個多世紀前，萊斯（Henry Royce）與貴族出身的勞斯（Charles Rolls）第一次在英國曼徹斯特的米德蘭飯店大廳碰面。你很難找到比他們兩人身分、背景差異更大的人了。頭髮花白、留著落腮鬍的萊斯是工人之子，自己則成了一位老練的機械師，負責為英國軍隊製造蒸汽起重機，而且以追求完美出名。身高 180 公分的勞斯則是身材、地位都高人一等。年僅 27 歲的勞斯出身名門，是個特權階級的公子哥兒，而且也是英國大學生中第一位擁有個人專屬汽車的人。在愛德華七世時代的英國，他們兩人之間的社會鴻溝極大。但他們都熱愛汽車。當時，汽車還只是少數人的昂貴玩具（而且品質極不穩定）。萊斯花了整整三年時

間，在自己的店裡反覆研究一部法國汽車──他確定自己做得出更好的車子。他的人生準則是「在每一件事情上竭力追求完美。將最好的東西變得更好。如果完美的東西不存在，就自己創造。」

他所打造出來的手工汽車讓勞斯大為驚豔。勞斯當時已經展開一項新事業：在時髦的倫敦西區開設一家汽車展售中心。他對於陳列在自己展示中心裡的法國汽車也是不甚滿意。於是這位年輕、富有的行銷專家和這位頑固的老機師決定共組「勞斯萊斯」汽車公司（Rolls-Royce）。

這正是一家第3選擇的公司，也就是高品質機械工藝與花俏行銷能力的奇妙結合。就在萊斯全力打造一台地球上最好的汽車時，勞斯則為這台汽車設計炫麗的銀色車身，以及一套即將席捲整個英國上流社會的行銷計畫。1907年，因其閃亮車身及安靜的引擎而得名的第一台勞斯萊斯「銀色幽靈」（Silver Ghost）終於誕生了。

勞斯冒了很大的風險，決定邀請媒體界跟隨他們的新車進行一趟橫跨全英的耐力測試。媒體記者對新車的表現大為讚嘆。「車蓋下的引擎彷彿一台安靜的縫紉機。」其中一位寫道。日復一日，大家都等著看奔馳在英國鄉間小路的新車拋錨。但它並沒有拋錨。終於，他們決定結束這一趟將近兩萬五千公里的試車之旅，並宣布「銀色幽靈」為「全世界最好的汽車」。勞斯萊斯的名聲從此奠定。今天，勞斯萊斯依舊是全球汽車中的翹楚。

勞斯萊斯見證了超過兩百家英國車廠的起落與興衰，而它今天依然在製造銀色幽靈。2011年2月，勞斯萊斯推出第一台無線充電豪華電動車102EX，而投保了五千一百萬美元的第一台「銀色幽靈」，則是當今全球身價最高的一部汽車。

勞斯炫耀式的行銷手法與萊斯黑手工藝的結合，創造出一個

嶄新的成果 —— 也就是一個「第3選擇」。他們兩個人漸漸培養出對彼此的尊敬與珍惜。當勞斯不幸於一場墜機意外中喪生時，萊斯的情緒完全崩潰，從此無法再踏入他們的汽車工廠一步。但他們的遺澤長存。這是一個根基穩固的聯手行動，它根植於深厚的個人情誼、對彼此特長的高度尊敬，以及在追求卓越上的共同願景。

　　沒有這些元素，併購行動不可能成功、綜效也不可能產生。一個併購行動不只是雙方資產的合併。當你提出一項併購案時，你所做的是一項極為神聖的交易。你所面對的是許多人的生計、自我認同，以及夢想。發言權杖溝通法不可或缺。如果你尊重這些人，不只將他們當成某種工作職掌，而是真正去了解他們的優點，你將會獲得遠超過自己預期的珍寶 —— 你將發現自己未曾想像過的綜效。

「第3選擇」的相關技能

　　只有在綜效得以發生的環境裡，互補型團隊才最能夠發揮能量。羅傑斯深明此點：「如果我們能夠建立起一個充滿創意、尊重及理解的環境，令人興奮的事情就會發生。個人及團隊在這樣的環境中，將可以遠離僵化、充分發揮彈性……遠離一成不變，展現出無可預期的創意。」

　　所以，我們要如何創造出這樣的環境與氛圍？要找出第3選擇，我們就必須先問這個問題：「我們是否願意攜手尋求一個遠超我們所曾想像的解決方案？」如果答案是肯定的，我們就可能成為創新者。但是創意需要的不只是決心。狄波諾就說，「將創意視為一種規範，它就會變得毫無用處。當我們開始運用某些特定的

技巧及能力時，我們在任何領域都能產生新創意。」我們可以在
魔幻劇場中找到這些特定的技巧與能力。魔幻劇場的原則是富裕
心態，而非貧乏心態。我們的思維應該充滿活力、蓬勃發展、到
處萌芽。如果在結果出現之後，魔幻劇場看來並不像是一個混亂
的叢林，我們很可能還沒發揮出綜效。任何能夠激發富裕心態的
做法，都能夠帶領我們發掘第 3 選擇。

「原型製作」與「顛覆原型」

讓我們專注於魔幻劇場中的兩種關鍵做法：

- **打造模型**：畫出圖像、製作模型、寫出粗略的大綱或草稿，
  呈現出你心中的想法，而非只用口述；讓它們具體呈現出
  來，好讓每個人都能看到你內心的想法。這個方法稱為
  「原型製作」（Prototyping）。
- **顛覆創意**：徹底顛覆傳統思維想法 —— 不論它聽起來有多
  可笑。這種方法就叫「顛覆原型」（countertyping）。

所謂「原型」（prototype）就是用來測試一個想法的模型。它
可以是白板上的一個簡單圖示，也可以是一個功能完整的樣品。
電子工程師會製作試驗電路板（breadboards），而軟體工程師則可
能會製作所謂的「線框」（wireframe，即示意圖）來模擬成品。作
家早在真正動手寫作之前，可能會先草擬出一份詳細的大綱、畫
些草圖和圖表，然後請別人幫忙過目、提供意見。企業主可能會
以一些不同的店面設計做實驗，以釐清或確認一些概念。

以一個互補型團隊來測試「原型製作」的好處是，它可以讓

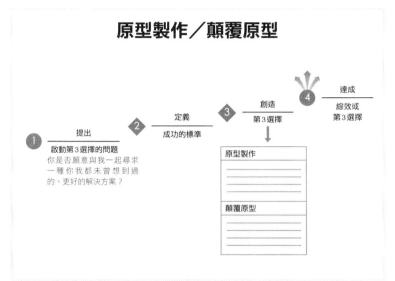

原型製作／顛覆原型　創造第 3 選擇的兩種方式。所謂原型就是一個解決方案的草圖、模型、樣品或草稿。顛覆原型也一樣，只是它會將事情整個顛倒過來，或對原有的假設提出挑戰、倒轉傳統方法。我們可以用這兩種方法來對不同的人測試不同的可能性。

我們快速掌握一些問題。「快速成型技術」（rapid prototyping）就是迅速創造一些原型，以便在展開辯論之前，讓每個人都覺得別人已聆聽並了解自己的想法。在這個過程中，「發言權杖溝通法」極為重要。當你在說明自己的原型時，我的責任就是仔細聆聽你的論述、理解你的想法、掌握你所帶來的特殊見解。輪到我向團隊報告自己的原型時，其他人也必須以同樣的態度來聆聽。

　　由此可以看出，何以擁有一群背景多元的團隊成員會是那麼重要的一件事了。我的原型可以反映出我的世界觀及我所看見的片段真相。如果我是個聰明人，我當然希望看到其他人的原型所反映出的真相。唯有如此，我們才能共同創造出足以回應外界所有問題的解決方案。比方說，軟體工程師常會先快速寫出一個程

式、邀請一個多元背景的團體來進行審核並提出問題 —— 客戶代表可能覺得它使用起來不太方便；工程人員可能會抓出一個小毛病；擁有行銷背景的人或許會質疑它的實用性。這些問題絕對愈早發現愈好。

「顛覆原型」則是一個顛覆期待的模型。顛覆原型通常也是最有創意的解決方案。藉由徹底扭轉原有的假設，我們經常可以找到一些全新的方法來解決問題。顛覆原型的功能是刺激思考、提出挑戰，看看它能在團隊中誘發出什麼新想法。

最簡單的顛覆原型就是扭轉原有的做事方法。舉例來說，一種顛覆原型的租車服務就是將車送去給顧客，而非等顧客自己上門來取車。一個顛覆原型的電力公司可能會付錢收購顧客的剩餘電力，而非因為電廠的發電效能愈來愈不足而向顧客收取更高的電費。或許海上衝浪已不能滿足你，因此你決定將衝浪板載到山上，把它當成滑雪板來使用。

我非常欣賞狄波諾提出的「積極性的顛覆原型」（engaging countertypes）。比方說，他建議可以組成青少年的「善良幫派」（positive gangs），一方面可以讓孩子享受到與惡質幫派相同的歸屬感，但又能夠引導他們投身有益社會的事情。以下則是他針對房價下跌所提出的顛覆原型：

　　當房價不斷下跌時，買方通常會採觀望態度，希望等到房價跌更多時再下手 —— 如果幾個月後就能以更低的價錢買到相同的房子，那又何必急於一時？於是房市繼續慘跌，因為有些人不得不賣屋求現，房價當然只能直直落。

　　但我們也可以發明一種新的房屋買賣契約。賣方可以用今天的價格賣出房屋，但契約中明訂，如果一年（或兩年）

後，房價繼續下跌，賣方就必須退回差價。因此，買方不需
要再觀望，而房價也可停止下跌。最後，賣方可能也根本不
必退還任何差價。

顛覆原型的概念在二十一世紀的經濟中大放異彩。比方說，
耐吉球鞋現在不但賣出新球鞋，同時也買進舊球鞋。他們絞碎舊
鞋、回收其中的橡膠做為田徑跑道，利用布料部分做為籃球場的
襯墊、用其中的泡沫塑料為網球場的地面增加彈性。英國的「沃
客」洋芋片（Walkers）已不再另外用水來清洗洋芋，因為可以在
抽乾洋芋水分的過程中同時完成清洗洋芋的工作。顛覆原型已成
王道。

顛覆原型可以避免所謂的「團體迷思」（groupthink），也就
是團隊成員思維過度一致的問題。看法愈一致，我們就愈需要以
「顛覆原型」做為一種解毒劑，以防止不夠好、未經檢驗的想法成
為大家的共識。美國汽車史上有一個著名的顛覆原型的案例。羅
姆尼（George Romney）於1950年代接掌了當時身陷危機的美國汽
車公司（American Motors Company，通稱AMC）。他環顧美國車
市，發現美國的汽車愈做愈大，因而吃油也愈來愈兇。他打破了
美國各大車廠的團體迷思。其他美國車廠當時都認為，他們的顧
客特別中意那些「高耗油大恐龍」（gas-guzzling dinosaurs）。但羅
姆尼卻顛覆了這個原型，推出「小型車」（compact car）的概念。
AMC推出「漫步者」（Rambler）車款，並在1958年打破所有的
汽車銷售紀錄。這次顛覆原型讓美國汽車產業認清，他們的顧客
中有許多人只是想從甲地到乙地，並不在意自己開的汽車是大是
小。所有美國的車廠都開始推出自己的小型車。到了1977年，多
數美國出產的汽車都已縮小到「漫步者」的大小，或甚至更迷你。

　　團隊中的每一位成員都應該能夠自由提出顛覆原型的想法。這個角色很重要，因為他們會對一些既有想法提出挑戰或反對意見。一位「顛覆原型者」會將團隊思維進行反向思考，將原型整個翻轉過來、提出完全相反的建議：「嘿，我們是不是應該收購舊球鞋，而非只是販賣新鞋給顧客？」或者「嘿，或許小型車才有真正的大市場？」

　　「原型製作」及「顛覆原型」是互補型團隊快速、有效獲得第 3 選擇的方法。它的目標是超越過去所有的原型，以一種令人興奮莫名、近乎神奇的方式來解決問題。我們或許也可以想出以雷射槍轟掉瘧蚊的方式來防治瘧疾。如果想要保護疫苗，我們或許也可以設計出一種雙層的真空隔熱罐，然後以擊發 AK-47 步槍的方式來射出疫苗。這可是前所未有的瘋狂想法 —— 而且我們都會為此而欣喜若狂！

混用原型

　　「第 3 選擇」經常來自許多不同原型的組合。在原型製作的過程中，我們可能會發現，其他人的模型中有許多自己沒想過的好點子。舉例來說，1990 年代，許多消費性電子廠商都希望領先市場，推出能夠播放數位影像的光碟。他們都記得 VHS 與 Betamax 之間那場昂貴的戰爭。長達十年的時間，這些廠商對於要支持哪一種規格舉棋不定（標準的兩種選擇思維），因而大大惹惱了消費者。由於擔心再度發生這樣的內耗，產業領袖決定坐下來、組織一個稱為「科技工作小組」（Technical Working Group，簡稱 TWIG）的互補性團隊，以便推出數位影像的共同規格。由 IBM 實驗室的貝爾（Alan Bell）領軍，TWIG 審核無數的概念。競爭激烈

的東芝、索尼、飛利浦、蘋果，以及IBM的工程人員都有機會提出自己的原型，並從彼此的原型中努力學習。最後，TWIG選中了東芝擁有10-gigabyte大容量的雙面超高密度光碟（superdensity disk）。但他們也非常喜歡索尼和飛利浦所推出的「EF調變」（EF modulation），因為它能夠降低由灰塵、刮傷或指印所引起的跳針或卡軌問題。

1996年，一個跨企業的聯盟終於推出了最終產品。這項命名為「數位多功能光碟」（也就是DVD）的產品，結合了各個原型中最優秀的功能，而且比任何單一企業的產品都要高明許多。DVD自此席捲全球。在市場最高峰的2007年，全球總共生產了17億片DVD，總值高達240億美元。

最精采的解決方案通常來自盡早將最多、最好的腦袋結合在一起。「原型製作」流程能夠促成這件事情的發生。

從大自然中尋找原型

珊瑚礁、雨林、沙漠，放眼望去，我們到處可見大自然創造出來的綜效奇蹟。深具啟發性的例子俯拾皆是。知名作家鮑爾斯（William Powers）比喻得好：

　　人類的工業生產能力確實可以製造出像「克維拉纖維」（Kevlar）這樣的強韌材料，但它卻需要幾千度的高溫、在硫酸溶液中拉扯才做得出來。相對而言，一支蜘蛛卻可以在室溫中自行製造蜘蛛絲，而它每公克的強度甚至高達鋼鐵的好幾倍。人類也可以在極高溫中製造陶瓷，但鮑魚卻可以在海水中藉由釋放出一層層的蛋白質、凝結海水中的鈣質來製造

自己的殼。而且，鮑魚的殼還有自癒能力，因為殼上裂縫的
邊緣會自我強化，因此不會繼續擴大 —— 不像人類所製造的
（比方說）擋風玻璃。

　　如果我是克維拉防彈背心的製造商，或許我應該找一位專
門研究蜘蛛的生物學家來加入我的研發團隊。如果我是一位營造
商，或許我也應該聘請一位海洋生物學家。想想看，我們大可製
造出以蜘蛛絲做成的防彈背心，或是像鮑魚一樣能夠自行修補裂
縫的窗戶。大自然充滿了各種可能性，正等著我們與它連結。

　　1941年的某一天，一位名叫麥斯楚（George de Mestral）的瑞
士電機工程師與他的狗剛從一趟打獵旅行返家。他的狗身上沾滿
了芒刺。就在他努力清理狗狗身上的芒刺時，他忽然想到，為什
麼這些芒刺會那麼難以拔除。於是他將芒刺放到顯微鏡下。他看
到狗毛上全是一些細小的鉤子，他忽然想到，自己看到的正是一
種可以取代鈕釦及拉鍊的天然黏著方式。魔鬼粘（Velcro）的發明
就是麥斯楚那一趟森林之旅的成果。多年後，當魔鬼粘已成為一
項極為成功的產品時，麥斯楚對一位魔鬼粘製造商開玩笑說，「如
果你的員工向你請假去打獵，你最好答應他。」

　　在美泰兒（Mattel）連續幾年績效不彰之際，蘿絲（Ivy Ross）
接掌了這家玩具公司位於洛杉磯的產品設計部門。當時許多人都
認為，美泰兒已經失去創新能力。正當蘿絲努力想為美泰兒重建
創新能量之時，她剛好讀到一篇有關澳洲鴨嘴獸的文章。鴨嘴獸
恐怕是世界上最奇怪的動物之一，它看來很像海狸，但它腳上卻
有像鴨子一樣的蹼，也有爬蟲類才有的毒液，而且會和小鳥一樣
下蛋。蘿絲決定在美泰兒建立一個類似鴨嘴獸的產品開發團隊。
她在自己的魔幻劇場中請來了迪士尼的演員、幾些會計及包裝方

面的專家、心理學家、腦科學家、音樂學家，以及好幾位建築師。她把他們送到遊樂場去觀察小孩子玩遊戲。然後，這些被大家謔稱為「小鴨鴨」的團隊（the platypi）開始忙了起來。一個月之內，他們在牆上掛出33張新玩具的原型。再過幾個禮拜，他們做出一套精采的創意造型玩具 ——「艾蘿」（Ello），並因此為小女生打造了一個全新的玩具類型。「鴨嘴獸小組」成了美泰兒的一頁傳奇，並衍生出許多類似的互補型團隊。蘿絲說明她組織這個「鴨嘴獸小組」時的情境：

> 一開始的時候，每個人都在問，目標達成期限是什麼時候？每個人都想知道，整個流程將分為哪些階段？我告訴他們，這個團隊的基本目標是要在12週之內，為美泰兒開發出一種全新的業務。我們必須提出完整的營運企畫、具體的產品、包裝方式，反正就是全套計畫。如何達到這個目標？我自己也不知道。這是一次探險，而我的工作就是要讓這件事自然地發生。要做到「自我組織」（self organize）真的很花時間。「唉呀，已經8個禮拜了，我們的產品連個影子都還沒有呢。」我告訴他們放輕鬆、不要擔心，混沌原本就是流程的一部分。我叫他們到史前生物博物館去、到動物園去，然後再帶回一些全新的想法。忽然之間，事情就發生了……
>
> 忽然之間，空氣中出現一種「有了」的氣氛。有人起了個頭，接下來，整件事情就這麼自然地展開了，然後，大家開始驚喜地彼此相望。突然間，大家知道自己挖到寶了。而且不是只有一個人有這種感覺 —— 每個人都感覺到了。當它發生時，即使時間已非常緊迫，大家還是興奮莫名，開始不計代價、決心要把事情做成。每個人都卯足了全勁，決心要

讓事情開花結果，因為每個人都已在這件事投注太多心血。我們真的是同心協力、眾志成城，完全不像從前那種單打獨鬥、彼此競爭的工作模式。那是一種真正的同心協力。

蘿絲所形容的，正是發揮綜效的情況。她建立了一支擁有多元專長的團隊 —— 正如鴨嘴獸那般。結果便激發出一次創意的大爆發。

天馬行空式的原型

提出天馬行空式的問題可以讓我們的想像力完全鬆綁、激發出全新的可能性：「如果我們只能運用現有的產品來解決問題，情況會是如何？」或是「如果我們毫無資源，但又必須解決這個問題，我們又當如何？」或是「如果我們擁有無限的資源，我們該怎麼做？」舉例來說，耶魯大學商學院策略專家奈爾巴夫（Barry Nalebuff）以下面這個問題建立起許多概念原型：「克羅伊斯（Croesus）會怎麼做？」克羅伊斯是希臘神話中一位擁有莫大財富的國王。奈爾巴夫說，提出這個問題可以激發出極度創新但又能夠有所掌握的解決方案。假設你是一位億萬富豪，而你希望隨時都能看到自己想要看的電影，你會如何解決這個問題？奈爾巴夫提供的解答是：

二十世紀中葉，神祕大富豪霍華‧休斯（Howard Hughes）有一種和克羅伊斯相同的本領 —— 用財富來解決問題。假設現在是 1966 年，而你就是霍華‧休斯。有時你會突然非常想看一些亨佛萊鮑嘉（Humphrey Bogart）主演的經典老片。不幸

的是，當年錄影機尚未發明。你會怎麼做？

休斯決定買下一家拉斯維加斯的電視台，把它當成自己的錄放影機。只要他想看亨佛萊鮑嘉的電影，他就立刻打電話給電視台的總經理，叫他當天晚上馬上播放他想看的那部電影。我們都知道，當年那家電視台一天到晚都在播《北非諜影》（*Casablanca*）以及《馬爾他之鷹》（*The Maltese Falcon*）。

只要提出這個「克羅伊斯問題」，你便不會一開始就從貧乏心態去考慮事情──你一定會從自己可以想像的最佳解決方案下手，因為你甚至有能力為自己買下一個電視台呢。從這一點著手，你可以慢慢調整自己的狂想程度，朝較務實的方向修正──例如打造一台可以達到相同效果的機器，或是某種網路服務。

顛覆原型的商業模式

每一家公司都希望（或應該希望）自己能夠成為一家「第 3 選擇企業」。許多研究顯示，成功的企業都有其獨到之處。他們都沒有所謂的「老二」形象，也就是說，他們不會和其他企業看來差不多。之所以能夠異軍突起，都是因為他們能夠與顧客及員工發揮出強大的綜效。當我們翻閱一些有關顧客及員工忠誠度的研究時，我們會發現，這些優秀企業都找到了一種顛覆原型的方程式，能夠獲得顧客及員工的高度信任及信心。

無論他們自己是否意識到，第 3 選擇企業都曾經歷某種「顛覆原型」的階段，讓他們得以與一般企業的行事作風大相逕庭。他們的商業模式往往與表面上看來非常合理的企業運作模式背道而

馳。他們通常都會以非常奇妙的方式，徹底扭轉一般的傳統思維。

讓我們想想迪士尼的例子。迪士尼在為旗下那些世界一流的主題樂園尋找、訓練、發展員工時，花錢絕不手軟。在投資員工的這件事上，有誰比迪士尼更用心？讓我們再想想好市多（Costco）的例子。好市多是一家可以一次購足所有生活用品的大賣場。他們的產品種類或許不如一些其他的大賣場，但顧客卻蜂擁而至 —— 就像小孩玩尋寶遊戲般熱切。再想想新加坡航空公司 —— 即使是經濟艙的乘客，也能享受到無可匹敵的服務：腳踏板、個人電話，以及可以無限暢飲的香檳酒。機上還可點餐、熱騰騰地從空廚送來，就像在美食餐廳一樣。新加坡航空不但提供這樣的服務，而且還能在全球航空公司因虧本而不得不放棄乘客服務之際，依舊大賺其錢。

所有這些第3選擇的企業都有一種顛覆原型的商業模式。他們都以其他公司未曾想到過的方式來經營企業。他們的共同點是，他們都願意違抗常規來服務及照顧顧客，將顧客當成活生生的人，而非只是一組訂位或一筆生意。新航總裁周俊成說，「歸根究柢，航空業還是一個勞力密集的產業。從你跟一位售票人員接觸，到登機、領行李，每個步驟都跟人有關。」他們每天都問自己一個大致相同的第3選擇問題：「今天我們能為顧客及員工做些什麼其他人從來沒有想過的事？」

我有一位好朋友，他在加拿大從事企管顧問工作。有一次，他在多倫多帶領一場有關綜效的討論課程。研討會參加人數將近40人，包括製造業、店東、律師、公務員、會計師、護理師。他們的年齡層及種族背景各不相同，而且超過一半是女性。課程中，我的朋友問道，有沒有人願意擔任一項綜效實驗的白老鼠。

一位坐在前排，穿著得體、說話客氣的男性舉起手來。我們

暫且稱他為雷納多吧。我的朋友問他碰到了什麼狀況。

「我擁有一家大型五金建材行，」雷納多的英文裡帶有一點西班牙口音。「我花了許多年才建立起這家店，而且我有非常好的顧客群。我的生意應該算是非常成功，而且我也希望它能繼續成長。但是，現在恐怕一切都要完了。」

「原因是，我們鎮上將會新開兩家大型居家修繕中心。不是一家，是兩家！我的五金行剛好就位於這兩家新店的中間。他們都是實力雄厚的連鎖企業，我絕對不可能在價格上打贏他們。我擔心我的顧客恐怕別無選擇，只能投向他們了。」

我的朋友深吸一口氣、轉向大家。整個會場一片靜默。你可以清楚感受到，所有人都為雷納多感到難過。

「好，」我的朋友說。「我們大家得幫幫雷納多。我們將進行一次顛覆原型的演練。雷納多必須怎麼做才能夠保住自己的顧客？我們能夠創造出哪些別人未曾想過的點子？」所有人開始討論。大家拿起麥克筆、海報紙，迫不及待地勾勒出許多顛覆原型的做法 —— 也就是徹底顛覆五金建材行原有販售方式，讓雷納多的五金行能夠異軍突起的新商業模式。整個會場陷入一片忙亂 —— 那是一種令人興奮的忙亂，因為你可以感覺到，每個人都卯足了全勁。

當我那位朋友大喊「時間到」時，每組人馬都迫不及待地想要分享自己的創意。創意真是滿場飛舞呀。大家提出了好幾百個建議，包括：

- 為何要等顧客上門？直接去找顧客！用一部卡車載滿五金建材，直接開到一些工地去。
- 你有經驗老到的員工，何不將你的五金行轉變成一個學習

中心？顧客可以從真正的專家身上獲得最佳的房屋修繕建議。

- 開辦「零時差服務」。顧客來電或傳簡訊告知需要某一項工具，立刻幫他們送過去！
- 如果我只需要一根釘子，請賣我一根，不要逼我買下一整包。

最有幫助的一些建議來自研討會中的女性學員 —— 她們提到居家修繕中心及五金行對她們的心理有多大的威脅；她們多麼希望有一家專門為女性需求及興趣而打造的店；雷納多應該聘請一些女性員工，為女性顧客規劃一些課程，找出女性在居家修繕方面最需要的產品。「顛覆原型！何不乾脆開一家女性居家修繕專門店？」一位女性參與者大叫。

我的朋友說，那是他這輩子見過最具成效的一次顛覆原型的演練。研討會學員的多元專業背景及觀點，為這個問題帶來了最豐富的創意激盪。雷納多坐下時興奮得滿臉通紅。「我現在又有希望了。」他說。接下來幾個月，雷納多以大型居家中心的相對特質徹底改造自己的商業模式。大型居家修繕中心賣的都是無印商品，未受任何專業訓練的服務人員對客人面無表情。雷納多的五金行則可以為顧客提供最佳的專業意見及個人化服務，而且有特別為女性顧客量身訂製的服務。無論大型居家中心做什麼，雷納多就做和他們完全相反的事。

一家大型居家中心開在鎮上的一邊，另一家則在另一邊。他們之間雖然並沒有太大的差異性，但他們還是以典型的兩種選擇思維彼此競爭。採取第 3 選擇思維的雷納多則站在中間，好整以暇地與兩大競爭對手清楚區隔市場，以自己獨特的服務品質與專業

能力，快樂地看著顧客不斷上門、生意大幅擴充。

　　這些第3選擇組織有一大特徵，就是對那些為自己工作的員工及和自己做生意的顧客擁有真正的尊重及同理心。他們會不斷問自己一個顛覆原型的問題：「我能夠如何推翻傳統、徹底顛覆傳統做法 —— 不僅只是為自己區隔市場，同時也是為鄰居提供最高的價值？」

　　如果一家餐廳決定讓顧客自己決定為所享用的餐飲付多少錢，你覺得如何？以任何標準來衡量，潘娜拉麵包（Panera Bread）都算得上是一家非常成功的企業。潘娜拉在全美40州開了好幾千家咖啡館風格的麵包坊。它的企業使命是「讓每一隻手臂下都夾著一條麵包回家」。潘娜拉是全美顧客忠誠度最高的輕食餐廳。後來，潘娜拉決定積極回饋這個社會。

　　「潘娜拉關懷咖啡館」（Panera Cares café）是一種新型態的咖啡館……一家責任共享的社區咖啡館。」潘娜拉已經開設好幾家這種顛覆原型的餐廳 —— 他們讓顧客自己決定要付多少錢。潘娜拉的創辦人夏伊奇（Ron Shaich）說，這個做法的目的是要「讓任何需要一餐飯的人，都能夠飽餐一頓。我們鼓勵大家取自己所需、付自己所當付。店裡的食物沒有標價，也沒有收銀台，只有建議的捐款等級以及一個捐款箱。」有些顧客給的比一般標準高，有的人捐很多、有的人捐得少，另有些人則希望以勞力來換取食物。夏伊奇發現，大約三分之一的客人會付高於建議金額的費用。關懷咖啡館不但收支足以打平，而且完全自給自足。

　　我相信潘娜拉這個顛覆原型的咖啡館，未來的回收將數倍於其投資。潘娜拉喚起了好人的好心。它正在改變我們的社會，讓一些不幸遭逢人生風暴的人獲得暫時的避難所，也為大家提供了自助與助人的機會。潘娜拉教導我們，賺錢不是只有一種方法。

在開發中世界尋找顛覆現狀的原型

　　開發中國家的創造力正在顛覆整個世界。來自開發中國家的聰明、低價、低耗能科技，創新程度令人吃驚，而且很可能將會徹底改變全球經濟。

　　有一次，我的好友克里斯汀生教授前往蒙古訪問。經過當地一個市場時，他突然看到一些價格低廉的太陽能電視機。它們的功能不錯，而且價錢極低。他在想，這樣的產品是否可能一舉終結規模龐大、投資金額也龐大的傳統發電產業。「那些電視機和一般人想要的產品沒有太大差別。一般人並不喜歡規模龐大的電網，他們只想要有好用的電視機。」

　　印度有將近半數家庭無電可用。由於沒有電力服務，數百萬人都缺乏就業與接受教育的機會。而且，缺乏電力更嚴重傷害了印度的自然環境，因為數以百萬計的家庭普遍使用的炭火爐會嚴重汙染大氣層。年復一年，印度不斷辯論要如何將電力送到百姓家中。企業界人士與環保人士嚴重對抗、城市利益與鄉村利益嚴重對抗，政客則彼此對抗。和世界上其他地區一樣，兩種選擇的思維幾乎阻斷了所有的發展與進步。

　　在此同時，印度南方班加羅爾（Bangalore）地方一位名叫韓德（Harish Hande）的年輕工程師，卻擁有可貴的第 3 選擇思維，他問了自己一個顛覆原型的問題：如何才能以幾乎不花錢，同時還可以解救環境的方式，來為一般民眾提供電力？有沒有什麼大家都還未想到過的解決方案？

　　如今，韓德已經找到一個上好的辦法，可以為自己的同胞提供完全乾淨、幾乎不用花錢的電力。他所創辦的 Selco-India 已在印度裝設了十一萬五千套低價太陽能電力系統。無論是打零工的工

人或小企業，韓德的顧客只要付幾百塊錢，就可以擁有一套40瓦
的電力系統，足以照亮整個家。他的顧客都很貧窮，因此韓德還
為他們申請貸款。這樣一來，孩子們就可以擺脫傳統的煤油燈，
在明亮、乾淨的燈光下做功課。小型紡織廠也可以不再受停電之
苦，讓縫紉機不間斷地運轉。許多家庭現在也可以用電子爐煮
飯，不用再忍受炭火所帶來的濃煙。年輕的計程車司機更可以額
外為自己的三輪計程車充電、讓收入倍增。明亮的路燈還可以讓
偏遠的鄉村變得更安全。

　　韓德的第3選擇改變了印度南部成千上萬個家庭的生活。同樣
的情況也發生在中國。一家名為Chi Sage的公司開發出一種「可逆
式熱泵」（reversible heat pump），可使用當地的水井、溪流或湖泊
等各種水源，幫助房屋降溫或取暖。它的費用極低，而且不會對
自然環境造成任何傷害。

　　所有這些對環境無害、費用極低的創新，都可以輕易改變
已開發國家的經濟情勢。達特茅斯大學的高文達拉簡教授（Vijay
Govindarajan）指出，「我們或許正來到一個新世紀的起點。未來，
許多突破性的創新可能會出自開發中國家……。這個全球化大蛋
糕上最美味的奶油或許是 —— 這些創新不但適用於其他開發中國
家，甚至可以在已開發世界中發威。」

　　我們正活在一個擁有第3選擇思維的人可以全球串連的時代。
比方說，印度的太陽能工程師、美國的行銷專家，以及一個中國
的製造團隊可以很簡單就串連起來。企業綜效正以前所未見的方
式在全球各地相繼冒出。但要加入這個革命，卻必須先經歷一次
思維移轉。我們必須樂於活在這個顛覆傳統的原型可一夕產生、
徹底摧毀所有常規的世界裡。我們不能只是知道有所謂的第3選擇
思維，然後對它掉以輕心 —— 我們必須成為第3選擇思維的高手。

綜效時代來臨

　　就某種意義而言，企業其實已不復存在。顧客與員工之間的區別已逐漸模糊，企業內部與外部的界線也幾乎不復存在。所有人都是顧客。新一波的科技已經打破時間與距離的阻隔。工業時代的企業模式在高度透明、充滿變化的時代中已全然崩潰。我們不再是組織圖上的一個單位。如果不能以人與人的關係彼此連結，我們不可能產生連結。

　　我相信，許多人至今仍困在工業時代的殘牆敗瓦之中。以下是我們從「重大挑戰」調查（Serious Challenge survey）中所擷取出來的一些看法：

- 每天我都覺得自己為工作付出更多，但得到的回報卻少得可憐。
- 我希望從自己的工作中找到更多意義。沒有意義，工作起來真的很困難，我很快就會覺得心神耗竭、意志消沉。
- 有時我真不知道自己的方向何在、工作的意義又是什麼。
- 我喜歡自己的工作，但我並不熱愛它，因為它無法「餵養」我的靈魂。到了事業的這個階段，我已經在工作上投注多年心力，如果未來不是做和現在一模一樣的事情，我真不知道自己還能做什麼工作。
- 我有個大問題 —— 我個人與我所從事的金融工作在價值觀上有極大的差異。
- 缺乏目的感讓我覺得自己在這個世界上好像沒有發生太大的作用。
- 我們公司的老闆事必躬親、任何小事都要管。

- 大家常以當面爭執的方式來解決衝突，卻不知這樣只會使問題更加惡化。
- 組織內的衝突常會造成人才折損，讓公司無法保持一致性。
- 有些主管常拒絕承認錯誤、竊取別人的功勞，而且喜歡把自己的事情推給別人做。

　　大家是否注意到那些缺乏目標、孤立、不公平的感受？當我們不覺得自己隸屬於任何更偉大的事情，或參與在一個比自身利益更重要的綜效行動中時，就會讓我們充滿自我懷疑。現在，僅剩的高牆就存在我們自己心中。這是一種文化上、心理上的高牆：「我完全孤立。我覺得自己沒有目的、沒有歸屬感。我不認同這些價值觀。我怎麼會淪落到這步田地，讓自己在這樣一個牢籠中度過一生？」人與人之間的高牆讓我們受困於自己小小的領域以及充滿抱怨、防衛的心態之中 —— 如果你和我不一樣，你就是我的威脅。如果你有不同的看法，等我「治好」你之後，你的看法就會和我一樣了。

　　如果能夠脫離兩種選擇的禁錮，脫離那種傲慢的自戀，我們將會感到自由。在全球綜效的時代裡，兩種選擇的思維是多麼陳腐、落伍。

　　你是否有過在一個真正發揮綜效的團隊中工作的經驗？你是否有過自己完全不能失去任何一位伙伴的感覺？覺得自己全然發光，但卻又與同伴緊密相連，彷彿所有人已成為一體？覺得每一天大家的關係都變得更為緊密，而每個人共同的力量也愈來愈強？對你們自己所創造出來的第3選擇感到萬分驚喜？覺得活著真好、大家在一起的感覺也有趣極了、讓人興奮莫名？我有很多這種經驗，我為從來沒有體驗過這種感覺的人感到惋惜。對我而

言，與朋友共事時所享受的那種在愛中的連結，價值遠超過卑微的個人名利。

「權力與金錢都不能帶來長久的快樂 —— 無論是在個人、伙伴關係、情感關係或組織之中，」我的好友，同時也是南美洲傳奇企業領袖霍爾（Colin Hall）如此說道。「只有在充分發揮綜效、整體的成果遠大於所有個體的總和時，大家才能夠在工作中獲得真正的歸屬感及快樂。」

從教導中學習

　　從本書中獲益的最好方法，就是將本書的內容再教導給另一個人。大家都知道，教學的過程中，老師所學到的遠多於其他人。所以，找一個人 —— 無論是你的同事、朋友或家人 —— 把你所學到的傳授給他。請問他下列這些問題，或者你也可以自己再想一些問題出來。

- 為何「對抗」或「逃避」是多數組織中最主要的兩種領導思維？當一位領導人決心對抗時，將會發生什麼情況？當他決定逃避時呢？
- 請說明第 3 選擇的領導模式。它和「對抗」、「逃避」有何不同？第 3 選擇的領導模式有何優點？
- 綜效思維模式可如何協助你解決工作上的衝突？
- 傲慢如何阻礙領導人或組織達到綜效？
- 以交易的方式來處理衝突會產生哪些危險？以改變的方式來處理衝突有哪些優點？
- 請說明傳統談判方式與第 3 選擇的談判方式有何差別。第 3 選擇談判者應具備哪些思維模式？在一個談判中，你可以如何將其他人變成你的綜效伙伴？
- 「綜效始於邊界區」是什麼意思？你如何從這個概念中獲益？
- 請描繪一個綜效型或互補型的團隊。它們和一般的團隊有何差別？為何多元性對這種團隊如此重要？我們可以從樂高玩具的故事中，學到哪些綜效型團隊的心態？

- 請說明原型製作及顛覆原型的流程如何運作。為何這些流程對綜效型團隊會這麼有用？我們可以從雷納多的故事以及本章其他的故事中，學到哪些與這些流程有關的重點？

- 我認為潘娜拉所創立的顛覆原型的咖啡館將產生數倍於其投資的回收。你是否同意？為何潘娜拉關懷咖啡館是一個顛覆原型的好例子？

- 你是否曾在一個真正發揮綜效的團隊中工作過？你有什麼樣的感覺？你能夠做些什麼來幫助你現有的工作團隊，成為一個真正能夠發揮綜效的團隊？

自己試試看

　　你在工作中是否碰到任何重大的難題或機會。有沒有什麼困難的決定要做？請開始為它製作第3選擇的原型。邀請其他人一起貢獻心力。請運用「發揮綜效4步驟」這項工具。

---第4章---

家庭中的第3選擇

有快樂的地方，就有創造力。

—— 奧義書（*The Upanishads*）

　　家庭可以是一種綜效的極致表現。婚姻本身就是一個奇蹟，它是一種帶有強大改變能量的親密連結。每一個來到這個世界上的孩子都是一個「第3選擇」。新生兒是綜效奇蹟之最。

　　我的祖父教導我，要從家庭的角度去分析各種問題 —— 地方性的、全國性的、國際性的問題，以及政治、教育、組織等各方面的問題。如果一件事適用於家庭，它大概就能適用於任何地方。負債的家庭和負債的國家沒什麼差別；在企業中建立信任與忠誠，和在家庭中也沒兩樣 —— 它們都建立不易，但卻能毀於旦夕。社會問題萌芽於家庭，而解決之道同樣必須始於家庭。

　　身為一位丈夫、父親、祖父，我為自己所擁有的家庭及家人感到萬分慶幸。他們是我一生最大的祝福與喜樂的來源。失去其中任何一人的尊敬與親密關係，都會成為我個人最大的悲劇與傷痛。

　　人類的需求普世皆同。我們需要覺得自己很安全、被人欣賞、受人尊敬、受到鼓勵、被愛。這些需求可以在母子、父女、夫妻關係中，獲得最甜美的滿足。如果家庭無法滿足這些需求，豈不是最大的悲哀。

　　我們的調查對象指出，他們的生命中有以下這些重大挑戰：

- 我們似乎漸行漸遠。我們對於生命中什麼東西最重要，有非常不同的看法。
- 與最親近的人開誠布公地溝通，從來不是一件容易的事。
- 我太太完全無法分享我每踏出一步時心中所感受的喜悅。
- 我是個單親媽媽，一直無法為家人提供一個平衡而圓滿的生活。
- 我結婚31年，有兩個讀大學的孩子。我正經歷嚴重的空巢

期症候群。它大大地影響了我的婚姻及日常生活。我非常
懷念當母親的日子、被人需要的感覺……就這樣，其他沒
什麼好說的了。

* 家庭對我非常重要 —— 家庭出了問題，其他一切就會跟著
天翻地覆。

家庭衝突是最讓人心碎的人生難題。這是個極大的反諷：家
庭既可以讓我們見證最偉大的綜效，也可以讓我們經歷最深沉的
痛苦。我相信，人生中沒有任何成就可以彌補家庭的挫敗。

沒有一種損失會比失去家人更讓人痛苦。大多數的父母都嚐
過孩子突然不見時（即使只是一下下）所帶來的那種驚惶感受。
當孩子在賣場或人群中突然消失時，即使只有一、兩分鐘的時
間，都足以讓我們驚慌失措、完全窒息 —— 直到那小小的身影重
新出現在我們眼前為止。

對某些人而言，深沉的痛苦可能延續一生之久。國際婦女
會（Women for Women International）創辦人奈納夏比（Zainab Salbi）
曾經自述她的一個親身經驗。當她還是個小女孩時，在巴格達的
一個夜晚，她聽到一枚飛彈由遠而近，朝她所在的地方而來。飛
彈就在附近爆炸，她立刻禱告、感謝上帝保守她全家逃過一劫。
後來，她為自己的禱告深感羞愧，因為飛彈擊中了附近的一間房
子。那個家庭的父親及兒子不幸喪命，只有母親倖存。那個家庭
的兒子是她哥哥的同班同學。「下一個禮拜，他媽媽來到我哥哥的
班上，乞求這些六、七歲的小朋友，請他們找找看是否有她兒子
的照片，因為她已經失去了一切。」

然而，在西方文化裡，每天都有太多人漫不經心地拋棄生命
中最珍貴的禮物：他們的家庭。曾經彼此相愛的夫妻，後來卻形

同陌路。美國的離婚率世界第一，第一次婚姻平均有40~50%以離婚收場。俄羅斯排名第二，北歐各國則緊追其後。即使在實際離婚率較低的國家（通常是因為文化上非常不贊成離婚），「精神上的分居」仍是無可避免，甚至非常普遍。

在美國，因父母離異而深受影響的孩子每年超過一百萬人。研究顯示，父母離異的孩子比較容易出現管教問題、心理障礙、成績低落，甚至健康都會受到影響。

珍惜彼此的差異

很多離婚是因真正的背叛而產生 —— 家暴或出軌。但更多的情況下，離婚卻常是兩種選擇思維一再惡化所帶來的產物。

一位太太可能會說：「我的丈夫一天到晚只會盯著體育台、玩電腦、打高爾夫球，回家後，他覺得我應該完全負起照顧孩子、打理家務的責任，完全忘了我也已經忙了一整天。他和他那懶惰的父親完全一個樣子。他不再對我做從前追我時的那些貼心小事，像是一些體貼的舉動或是溫柔地問我這一天過得如何。他對我的需求只剩上床這件事。然後他還覺得奇怪 —— 為何我會對我們的婚姻心灰意冷。」

一位丈夫可能會說：「我太太對我的需求只有錢而已，完全不感激我每天那麼努力工作養家。她的時間都花在孩子身上，根本沒有時間理我。我們家簡直一團混亂，但她卻只顧著參加她的讀書會。而且，我好像做什麼事都不對。她對我非常冷淡，不再像以前那樣，在我回家時會熱情地和我打招呼。事實上，她根本不太管我是否回家。我希望她媽最好不要再來找我們的麻煩。我太太不再像從前那麼注重打扮，也不在意自己的一切。相對而言，

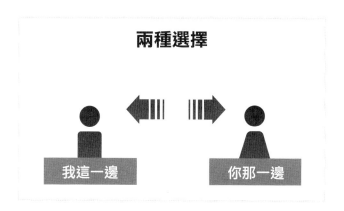

我們公司的女同事卻似乎愈來愈漂亮。」

有了這些心態，愛情變了調，成了深深的鄙夷。有些婚姻變成了辯論大會。家庭成員必須選邊站——非敵即友，雙方涇渭分明。心理學家稱這種現象為「分裂」（splitting）。婚姻諮商專家席爾（Mark Sichel）的觀察是，「在那些敵我意識分明的家庭中，分裂的問題帶來了無止盡的『選邊站殊死戰』……孩子們經常成為夾心餅乾，掙扎於要當個「好孩子」或是「壞孩子」之間。」因此，家庭成了戰場，而非所有孩子都需要、也都該擁有的安全而溫暖的避難所。

有些孩子則必須忍受一些比較隱晦的精神折磨，例如父母雙方的口角、彼此找碴、背後中傷等。這是一種變態的競賽，雙方都想看誰才能讓對方生不如死：「如果你愛我，你就會去倒垃圾。」「我拚命工作了一整天，這就是你表達感激的方式？」「別忘了，他們也是你的小孩。」幾乎沒有人注意到，夫妻之間的那道牆一步步加高，直到雙方完全放棄、彼此冷漠以對。「如果你想要摧毀生命中的某樣東西，」土耳其小說家夏法克（Elif Shafak）

說，「你只需要以厚厚的牆來圍繞它，它自然就會由內而外，乾枯而死。」

　　資深的家庭律師談起一個案例。一位太太來到辦公室，她希望與丈夫離婚。「我真的再也無法忍受了，」她說。這位女士的丈夫賺錢養家毫無問題，而且是社區中的領袖人物。但他卻會否定她所說的每一句話、改變她所做的每一件事。如果她在牆上掛了一幅畫，他一定會把它拿掉。如果她想要在外面用餐，他一定會要求她在家做一頓飯。如果她對朋友說了什麼話，他一定會想辦法讓人家知道，她所說的根本就是錯的。事情的導火線是她邀請父母到家中吃飯的那一天。當天天氣很好，大家坐定之後，太陽餘暉剛好打在她父親的臉上。於是她調整了一下窗簾。他丈夫竟然立即起身，又把窗簾整個打開。多年來，她對丈夫的行為一直忍氣吞聲，但她終於受不了了。他會不斷貶抑自己的太太，直到她再也受不了這種幽閉恐懼症，徹底爆發。這種精神上的虐待、情緒的操弄與控制，其實與肢體上的施虐沒有兩樣。

　　這樣的婚姻之所以破裂，通常有很正當的理由。但更多的婚姻之所以走不下去，其實是因為丈夫與妻子不想再忍受彼此之間的差異。這位先生的情況可能特別極端，但許多不幸的婚姻多半也都是因為類似的問題而破裂。「雙方想法不同」是許多夫妻提出離婚要求時最常見的原因。這個理由適用於許多方面 —— 財務、精神、社會背景，以及親密關係。但真正的原因是，他們無法忍受彼此之間的差異，而非珍惜雙方的不同之處：「我們對事情的看法向來不一樣。」「我真的無法理解她的想法。」「他完全不理性。」一段時間之後，雙方開始絕望，離婚成了唯一的出路。

　　相對而言，好的婚姻關係來自雙方真心珍惜彼此的差異。對他們而言，雙方帶入婚姻中的文化、奇言異行、才華、長處、想

法及直覺，都是樂趣與創意的來源。他因為缺乏耐心而無法做好家庭理財的工作，但他那種自由的特質卻讓他顯得有趣極了。她的保守有時會讓他有點挫折，但她那種含蓄、高雅的舉止卻也令他深深著迷。由於他們是如此地珍惜彼此的優點，因此他們會互相敬重、充分享受與對方相處的樂趣。

當兩人結婚時，他們就獲得了一個創造第 3 選擇的機會 —— 也就是一種前所未有、獨一無二的家庭文化。除了他們與生俱來的個人特質之外，雙方都代表著某一種完整的社會文化、價值觀、生活準則、風俗習慣，甚至語言。其中一人可能來自一種親而不膩的家庭氛圍，大家都非常自制、盡量不發生衝突 —— 或者私下、安靜地處理彼此之間的歧異。另一個人則來自一個關係親密而且態度開放的家庭，彼此之間的衝突會像火山一樣噴發，但又會快速熄火，然後消失得無影無蹤。現在，一個新的文化誕生了。綜效從這兩種既有文化中產生。它可以是一種正面的綜效，也可以是一種負面綜效，端視雙方的心態而定。如果他們將這種歧異視為威脅，問題就大了。但若他們以雙方的差異為榮、以探索對方與自己不同之處為樂，他們的關係必將繁盛興旺、開花結果。有人曾經說過，「娶了我太太之後，我好像搬到國外一樣。剛開始的時候，適應一種全新的風俗習慣顯得很有趣，我太太的感覺也一樣。但現在我們知道，這種探索沒有盡頭 —— 這是最偉大的一種探險。」

我有位朋友是退休教師。當他過世之後，他太太告訴我，「我花了四十五年的時間批評他老是忘記把垃圾拿出去、忘記洗自己的餐盤。現在，我真希望每天晚上回家時，能夠再見到他的笑容。我希望能再聽到他在花園裡吹那可笑的口哨。我真希望能再擁有一天與他相處的時間。我要告訴他我有多麼欣賞他的本

領 —— 不只是教導他的那些學生，同時還包括我們的女兒。他真
是一位多才多藝的人。」我們通常都會在失去某些東西時，才真
正意識到它的價值。

請特別注意：當我說「珍惜彼此的差異」時，我的意思**絕不
是**要你容忍任何違法或不合理的事情。沒有人應該容忍酗酒、嗑
藥、色情或家庭暴力等情事而不訴求協助。我認為大家都應該鼓
起勇氣，立即而正面地回應任何非法或家暴的行為。

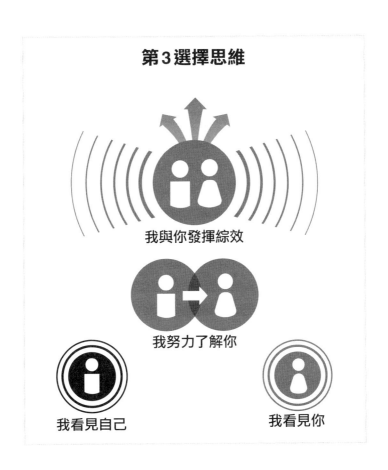

　　然而，即使沒有任何真正不合理的行為，夫妻之間仍會因兩種不同文化中的價值觀、理念及期待上的差距而發生衝突。結婚的目的不是為了爭吵或讓雙方受罪，但一半以上的婚姻之所以會破裂，原因就是雙方未能創造出一種足以超越雙方原生文化的第 3 選擇。

　　一位朋友最近告訴我有關她妹妹與妹夫的情形。他們的婚姻絕對是從愛與彼此委身開始的。他們後來搬到另一座城市，而那裡也成了小倆口的天堂。兩個女兒、一個兒子接連出生，一切都是如此溫馨而平靜。然而，問題逐漸浮現。原來，丈夫從母親身上遺傳到一種挖苦的說話方式，而太太則成長於一個家人之間可以彼此動手動腳的家庭。結果，她成了一個會呼丈夫巴掌的太太。他們的生活中慢慢出現一輪又一輪的辛辣對話，以及一次又一次的巴掌來回。由於轉變的過程非常漸進，他們根本沒注意到問題正慢慢醞釀。直到有一天，他們的關係忽然整個崩潰。一場冷酷、慘烈的離婚官司，讓三個小孩成了最無辜的受害者。

　　相對於這個破壞性十足的惡性綜效循環，美滿的婚姻中則是充滿了正向綜效。他們不僅能夠為彼此之間的衝突發展出第 3 選擇，而且還在整個家庭中建立起第 3 選擇的精神。綜效是一種美滿家庭文化的極致表達，它既有創意又樂趣十足，家人彼此尊重、每一個人也都擁有無限的發揮空間。

第 3 選擇的家庭

　　如何才能建立起一個第 3 選擇的婚姻及家庭？我們要如何才能超越那種死氣沉沉或不斷衝突的關係，進入自己內心深處最想擁有的那種奇妙而充滿改變能量的親密關係？

我看見自己

當然，一切都得從自己做起。我的朋友巴羅（Brent Barlow）是家庭諮詢專家，他說，「如果想要改善自己的婚姻，你就應該先照照鏡子。」如果我認為問題全都出在配偶或孩子身上，那就是問題之所在。這句話的意思並不是說你自己一定就是衝突的主因（但很可能正是如此）。我的意思是，問題真正的根源在於我如何看待自己。十三世紀伊斯蘭神祕主義詩人魯米（Rumi）曾說，「世上的人看不見自己，於是就將問題歸咎於別人。」如果我認為自己只是家中某位不理性、不體貼，或討人厭的成員的受害者，我就是否認了一個基本的事實——我擁有自由意志，可以自主決定如何回應任何事情。不經我的同意，沒有人可以**逼**我做任何事、產生任何感覺。發生在我身上的事或許真的不是我所能控制，但我絕對可以決定如何思考、感覺、回應那些事。

太多人都未能掌握這項基本原則。這種人最典型的抱怨是：「他讓我非常生氣」、「她快把我逼瘋了」、「我最討厭他這麼做了」、「這不是我的錯，她簡直無理取鬧」。別人固然可以迫害我，但終究，我才是決定要不要扮演「受害者」這個角色的人。如果我被困在「自己是好人，配偶是壞人」的心態裡，我就落入了兩種選擇思維的迷惑之中。史多斯尼醫生（Dr. Steven Stosny）在處理破碎婚姻方面有很多經驗，他觀察道，「『受迫害者心態』會讓你永遠以被動的態度，而非積極的方式來回應自己那充滿怨懟、憤怒，或對你施虐的配偶。」如果我視自己為受害者，我便什麼事都不做，只會無助地埋怨發生在自己身上的一切不公義。而且，我也不會相信有什麼「第3選擇」。

相對而言，如果我知道自己是獨立自主的人，就可以選擇

自己的回應方式。我可以選擇以友善的方式來回應對我出言不遜的人；可以選擇微笑而非自我防衛。如果我面對的是工作了一整天、心情不好的配偶，我可以選擇以體諒、溫柔來回應，而非加碼抱怨自己這一天過得有多辛苦，與對方比賽誰的遭遇比較慘。

我相信這個基本心態可以拯救大多數碰到問題的家庭。我可以選擇打破這種拿彼此出氣的惡性循環。我可以為婚姻貢獻的不僅是自己的文化背景 —— 我還可以貢獻出**我這個人**。我不只是衝突中的「一方」—— 我隨時都在尋求第 3 選擇。

歸根究柢，大多數的家庭衝突，都與自我身分認同有關。如果我的自我價值受到威脅，我就會以攻擊別人的自我價值來回應；這種回應只是保護自己免於受傷的一種方式。在精神虐待或家暴的案例中，多數施暴者其實都擁有非常脆弱的自我形象。家庭成員之所以出現攻擊傾向，通常是因為他們覺得「受到忽略、不重要、被汙蔑、心存虧欠、受貶抑、不受尊重、被否定、覺得無力、無能或不被愛。」

史多斯尼說明這些家庭風暴為何會突然爆發。一位妻子說，「這裡好冷。」丈夫竟然受到激怒，回嗆說，「你在說什麼呀？這裡起碼有 21 度。」他將太太說冷解釋成對他的人格及身為丈夫的能力的一種攻擊 —— 如果她覺得冷，那當然是我的錯，因為我沒本事讓她快樂、保護她不受風寒之苦。為了自我防衛，他乾脆貶抑她的感受 —— 她怎麼可能會冷。「即使兩人原先根本沒有想要貶損對方，但現在，他們都覺得受到對方的貶抑。」事情自此每下愈況，因為他們開始不斷打擊對方：「反正我就是冷！你不覺得冷是你有問題！」「我才沒問題！你才瘋了呢！」事情就此一發不可收拾。

這個慘烈循環的肇因，就是我先前說過的「真正的身分盜

用」。他內心原有的真實自我 —— 那個獨特、可貴、強而有力的自我 —— 不幸被掠奪。和我們許多人一樣，他覺得自己的價值來自別人的評價。這種心理制約可能來自原生家庭中的那種「比較文化」：「為什麼你不能像哥哥一樣聰明／像姊姊那樣會運動／像表弟那樣用功？」或許這也是我們這個高度競爭的社會所帶來的惡果，它把我們都逼進了某種悲哀、無可救藥的刻板印象：「你就是電視裡那種典型的中產階級愚蠢人夫，笨到不知該如何保護自己不受涼。」他只能在社會這面鏡子裡看到一種扭曲的自我形象。於是，他變得超級敏感，甚至會去攻擊自己想像的敵人。他彷彿行走在一碰就破的蛋殼上 —— 任何風吹草動都可能讓他粉身碎骨。

這個比喻非常傳神，因為他的自我認知非常單薄，他的自我價值就像蛋殼一般脆弱、不堪一擊，得靠別人來建立他的自我價值。結果是，夫妻二人都受到負面綜效的挾制 —— 而負面綜效不可能鞏固任何關係，只會毀滅婚姻。阿爾比（Edward Albee）的名作《誰怕吳爾芙？》（*Who's Afraid of Virginia Woolf?*）是一部深刻的心理劇，描寫的正是一樁裂解中的婚姻。劇中的妻子殘酷地總結自己的丈夫如何缺乏真正的自我認知：「我坐在那裡看著你，但**你**並不在**那裡**……我發誓，如果你真的在，我會馬上要求離婚。」

重拾一個人的自我形象並不容易，但也絕非不可能。而且它還能在轉瞬之間發生。當我告訴一些人，他們是獨立自主的個體、擁有絕對的自由、可以做出自己的選擇時，他們有時會突然從椅子上跳起來，彷彿茅塞頓開。「這麼多年來，我一直都認為是我丈夫讓我活得那麼悽慘，」一位人妻會說，「但事實上，除了我以外，沒有任何人可以讓我感到悽慘！」一位男士可能會突然起身說，「我不會再選擇讓自己感到憤怒或難堪了！」其他人或

刺激反應

刺激／反應　在刺激與反應之間，還存有空間。在那個空間裡，你有全然的自由去做選擇。沒有人可以逼你用生氣去回應怒氣。你可以選擇以體恤做為回應。

許可以傷害你 —— 甚至故意如此，但正如小羅斯福夫人（Eleanor Roosevelt）所說，「除非得到你的同意，沒有人可以讓你覺得自己低人一等。」刺激與反應之間有一個空間，這個空間就是**你**，一個全然自由、可以決定要如何回應所有事情的你。在那個空間裡，你可以看到**自己**，也可以看到自己最深層的價值觀。如果你能夠在那個空間裡進行思考，你將能夠再度與自己的良知、對家人的愛，以及自己的人生準則連上線。你將能夠根據這些來做出自己的決定。

　　不幸的是，多數人對這個心理空間都茫無所知。由於不了解

自己所擁有的自由，因此只能以兩種方式來回應 —— 直接表達出自己的憤怒，或是壓抑怒火，誤以為只要不理會那個問題，它就會自然消失。大家都知道一個人壓抑情緒時是什麼樣子：雙唇緊閉、不發一語、顫顫巍巍地走在薄薄的蛋殼上。發洩憤怒或壓抑情緒都毫無幫助。困在這兩種選擇之間，你該怎麼辦？

還有第 3 選擇！你可以選擇超越那些感覺。被冒犯是你自己的選擇。被冒犯不是別人對你做的事，它是你自己的選擇。在那個做決定的空間裡，你有能力選擇**不被**冒犯。別人不能羞辱你；只有你自己可以選擇是不是要被羞辱。你無法控制別人的行為，但你絕對可以控制自己對那些行為的反應。專家都同意：「比壓抑情緒或發洩情緒健康得多的選擇，就是改變自己的情緒……堅守最深層的價值觀，並因而改變自己的恐懼及羞辱，這種能力就存在你自己裡面。」「除了『壓抑』和『發洩』之外，還有一個更好的選擇 —— 改變它。以『體恤』（compassion）來取代怨恨、憤怒以及報復的衝動。」

我說過，你可以在轉瞬間將自己的心態從受奴役變為自由。但要永遠保有自由的心態卻需要花些功夫。那種會讓你直覺反應的舊習慣會不斷回來找你，直到你徹底改變自己的腦袋。你必須刻意、自覺、不斷地練習，在刺激與反應之間的那個空間中確實停下來，仔細思考，然後選擇體恤。

史多斯尼擅長於協助家暴施虐者改變他們的施暴衝動。首先，他會介紹他們認識刺激與反應之間的這個空間。接下來，他會幫助他們將這個空間中的核心價值與他們自己連結起來：「你很希望被愛，對不對？」當然。之後，他會幫助他們在這個空間中進行邏輯思考。「在人類歷史上，有任何人是藉由傷害自己所愛的人，而讓自己變得更值得被愛嗎？」他的病人因此明白，對自己

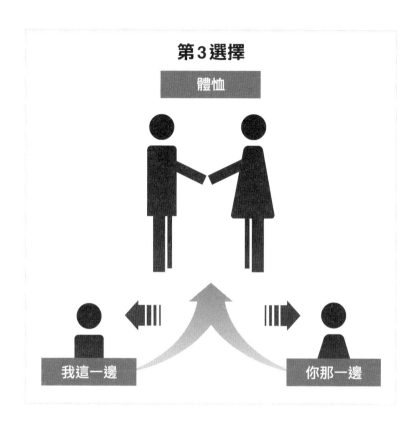

感覺變好的唯一方法，就是選擇體恤別人，而非攻擊別人。

　　接下來，史多斯尼會幫助他們藉由不斷地練習來破除施暴的循環。經過大約一個月的時間，病人將歷經750種特別設計的練習，以徹底改造自己的大腦，由暴力轉為體恤。每一次遭遇衝突狀況時，他們都必須停下來，想像自己真正希望的結果，然後再以體恤之心來回應。最後，他們終於克服過去那種暴力反應模式，打造出新的「心智肌肉」（Mental Muscle），讓體恤成為習慣。

　　現在，當太太說「好冷」時，丈夫會以理性來回應。問題不在他，「冷」只是她當下的真實感受。現在，他的反射動作是幫助

她，而非攻擊她。當他一再展現這種體貼的反應時，她對他的信任與感謝將大幅提升，而他們的關係也將慢慢改變。現在，他們進入了一種正向的綜效。

另一種正向的反應是幽默。「你這麼辣，怎麼可能冷？」丈夫一邊開玩笑，一邊用溫柔的臂膀環繞她。幽默永遠是第 3 選擇，因為它是一種驚喜，一種意料之外的轉折、令人發笑。專家告訴我們，幽默是解除緊張狀態最容易的方法，「威脅反應」下降，終至消弭。

多數人並不需要歷經一個月的治療或訓練來破除自己的衝突循環，但我們確實必須學習轉換心態，而且要不斷地練習。基本上，史多斯尼指出，「憤怒不是權力鬥爭的問題，它是一種自我價值的問題。」它不是想要在一個關係中占上風 —— 這種競爭基本上也是毫無意義。它和我們的自我認知有關。在刺激與反應之間的那個空間裡，我可以決定自己是誰、我想要當一個什麼樣的人。

我認識一對夫妻，他們在一場車禍中失去了孩子。當天開車的是那位太太。很長的一段時間，她的哀傷與愧疚是如此之強烈，以致丈夫覺得自己完全被她排拒在外。雖然他心中也深受創傷，但和多數男人一樣，他努力壓抑悲傷，並以工作來逃避情緒。她卻將他的埋首工作解釋為冷酷無情。雖然他們仍住在同一個屋簷下，但都對彼此非常不滿，心理上也漸行漸遠。這個誤會似乎深到不能再深。

事情的轉機出現在某一天晚上。夫妻之間已許久沒有互動，但這天晚上，當這位先生經過太太房門口時，他忽然瞥見她面無表情、動也不動地坐在床沿。他心中又出現了那個自己所深愛、並娶回家當妻子的女孩，而且他意識到她對自己有多重要。他無法忍受看到她如此哀傷。在不知該如何安慰她的情況下，他只

能默默在她身旁坐下。她微微別過頭去，但他沒有動。他們這樣靜默並坐了一個多小時。終於，她喃喃說道，「該睡了」。於是兩人安靜地睡去。這個景象每天晚上持續上演。沒有隻字片語，兩人卻開始感到一種彼此體恤的心。一天晚上，她輕輕握住自己丈夫的手。

多年之後，他們比任何夫妻都要親密。轉捩點就是那個晚上，當丈夫的心中產生了憐憫，在太太別過頭去時，他決定以溫柔來回應。這個尋求第 3 選擇的善意回應，讓他們得以面對「我的悲傷」和「你的悲傷」—— 也就是我們共同的悲傷，因而也讓他們的婚姻得以重回坦途。有趣的是，他們現在常談起在這次痛苦經驗中，他們從彼此身上學到的東西。做丈夫的發現，埋藏自己的痛苦不但會讓妻子感到挫折、憤怒，也會讓自己陷入長期的憂鬱情緒。他需要學會面對、表達出自己的痛苦。而太太則從丈夫身上學到 —— 重拾工作不但可以讓自己再度對社會有所貢獻，更能讓自己重新面對這個社會。承受痛苦的方式有所不同，成了他們給彼此的珍貴禮物，而他們也因此成為一個更堅實、穩固的家庭。

你在刺激與回應之間的那個空間中所做的選擇，可以決定你與配偶、父母、兒女及朋友的關係。

我們在那個空間中所做的決定，可以改變我們的一生。許多父母有一種天生的雙向開關：他們可以前一秒還表現得極為自制，後一秒卻臉色鐵青、暴跳如雷。他們的孩子因而產生極大的恐懼與不安。我的處理態度則是第 3 選擇 —— 教導中不忘樂趣。就像所有人家的孩子，我家的小孩也很討厭做家事，當我要求他們做一些家務或比較困難的事情時，他們也會聲嘶力竭地抱怨、抗拒。我不會回過頭去痛斥他們，相反地，我都會給他們「兩分鐘哀嚎時間」，讓他們盡情地抱怨、發牢騷。但時間一到，他們就

得乖乖就範、開始工作。

　　有一次我們全家一起度假，我太太和我決定帶孩子們去一個美麗的山中湖泊。但要到達那個地方卻是一樁苦差事，因為那是個炎炎夏日，大家得爬一個長長的陡坡才到得了。以下是我女兒辛希雅對那趟旅程的回憶：

> 　　去科芬湖（Coffin Lake）那一次，我們都覺得自己不如死在半路算了。父母要我們見識一下這個地方有多美，於是逼我們一定得去。但我們只想賴在沙灘上，因此拼命批評老爸的爛點子。「簡直蠢斃了，這裡什麼也沒得吃，只有這些噁心的三明治。熱死了啦，我全身大汗！」很多老爸聽到這些抱怨可能都會吼回來：「閉嘴，不准再抱怨了！」但我家老爸卻宣布：「兩分鐘哀嚎時間！」於是我們開始盡情發洩。「好，時間到！」我們只好開始爬山。他只是乾脆讓我們發洩一下。有趣的是，這一招還真管用。我們竭盡所能地詆毀他，但他只是一臉微笑地看著我們在那裡吼叫，而這麼做還真有效！它改變了我們的心情。當我們終於抵達科芬湖時，它真的很美。在花了那麼大的力氣爬上山之後，我們真的覺得它超美的。

　　如果我想要擁有幸福的婚姻，我就必須成為一個能夠創造正向綜效的人。如果我想要自己的孩子成為一位性情好、個性隨和的青少年，我自己就必須是一位懂得體恤、有同理心、言行一致、充滿愛心的家長。在我形塑自己的自我形象時，我也決定了自己家庭的命運。

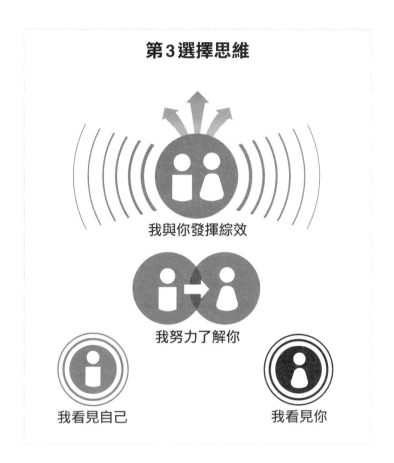

我看見你

「我看見你」代表「我認知到你是一個獨一無二的個體」。要在家庭中做到這件事並不容易。當然，在進入婚姻或為人父母之前，我們一定會對自己的婚姻或家庭有一些期待。我們對自己的家庭成員一定也會有一些期待。但若將自己的期待強加於他們身上，那可就不妙了。如果我愛他們，首先必須將他們視為獨立的

個體，然後還要努力了解他們的差異。要求自己心愛的家人一定要變成自己理想中的樣子，無異將他們貶為沒有生命的東西。但人當然不是東西。俄國大文豪杜思妥也夫斯基（Dostoevsky）說，「愛一個人，你就必須以上帝造他的形象來看他」，而非**我**所希望的形象。

愛不是我們對某人的一種感覺，愛是願意以一個人的本相去看他。用英國才女作家梅鐸（Iris Murdoch）的話來說，「愛是一種艱難的領悟 —— 知道除了自己以外，世上還有別人也真實存在。」這表示我們應該珍惜彼此的歧異 —— 而非忍受這些歧異，而且要為彼此的歧異感到**歡欣雀躍**。也就是為彼此的差別感到興奮、善加利用彼此獨特的天賦與特質。一個常因兒子花太多時間在電腦上而氣結的老媽，或許應該自己學一些電腦遊戲，找時間和兒子較量一番、成為兒子的朋友。一位實事求是、認為搞藝術的妹妹實在有點不食人間煙火的哥哥，或許也可以因為與妹妹一起去看一場前衛藝術展，而為自己的工作發掘出一些創意。一位最討厭女兒一天到晚戴著耳機的老爸，或許可以請她分享一支耳機，並從她所熱愛的音樂中多了解她的世界。如果我們願意分享別人所重視的價值，他們也會比較願意回應我們、分享我們所重視的價值。

我們絕對應該保護自己的家人免於傷害或其他不良行為，並幫助他們盡快脫離這些行為。在有些家庭中，這些行為可能已經失控。沒有人應該尊重或容忍非法與侵害別人的行為，但這並不表示我們應該將任何差異都視為威脅。太多人因為無法容忍某些家人的特質而彼此反目成仇。當一位丈夫或妻子視對方與自己的歧異為威脅時，他們原本可以用來互補長短的力量就會互相抵銷、甚至開始彼此攻訐。當父母或兄弟姊妹之間不能珍惜彼此的歧異時，負面綜效將變得傷害力十足。

　　偉大的精神病學家卻斯（Stella Chess）享齡 93 歲。這真是我們的福氣，因為她活得夠久，才能完成一項長達 40 年的曠世研究。1956 年起，她開始追蹤 238 位來自不同背景的新生兒，以便觀察父母對於教養的不同思維會對孩子的發展造成什麼影響。第一個 10 年過後，她發表了一本著作，書名非常引人側目 ——《尊重孩子的完整性》（*Your Child Is a Person*，直譯應為「你的孩子是個人」）。她的結論是，小孩並不是小機器人，不會受父母制訂的程式所擺布。

　　卻斯堅信每一個孩子都是獨一無二的，只要父母能夠認知孩子的獨特性，孩子就能充分地發揮潛能。一位非常成功的家長曾經告訴過我他的教育哲學，卻斯的研究剛好印證了他的說法：「我是以不同的方式公平對待每個孩子。」也就是尊重每個孩子的差異性。卻斯同時發現，有些孩子和他們的父母非常「不速配」，因為他們的氣質傾向、人生目標、價值觀無一相同。

　　她所追蹤的孩子之一諾曼就是個典型的例子。當小諾曼開始上幼稚園時，他的父母憂心忡忡地跑去找卻斯。諾曼從小是個快樂、友善的孩子，但在幼稚園裡，他卻每個遊戲都玩不久，不到兩分鐘就跑去玩別的東西。卻斯診斷諾曼有一點專注力不足的狀況，但問題並不嚴重。她告訴諾曼的父母，諾曼比較容易分心，但只要運用短期、分段式的學習，他還是能夠表現得很好。「完了！」他的父親咕噥道。「在我看來，這種行為就是不負責任、個性有缺陷、意志力不夠。他得好好振作起來，沒別的辦法。」

　　卻斯寫道，「我們只能等著看，同時心裡充滿了無助、沮喪。一年年過去，諾曼的癥狀愈來愈嚴重，學校成績也受到影響。他那事業成功、吹毛求疵、意志堅定的父親卻變得愈來愈偏激。」他認定自己的兒子是個不負責任的人，這一生注定要失敗。諾曼

的父親顯然老早就「為這個自我應驗的預言埋下了悲劇的種子」。22 歲時，諾曼「基本上已經報銷了，成天睡大覺，要不就是大做有朝一日成為音樂家的白日夢。」40 年後，當卻斯結束這項研究時，她對諾曼的一生所下的註腳是，「一個真正殘酷的悲慘人生」。

今天，我們知道，只要父母能夠全力協助，像諾曼這樣有輕微專注力問題的孩子，絕對有機會大放異彩。他們的活力和好奇心可以為一個成員思慮較嚴謹、個性較被動的團隊，帶來極大的價值。在魔幻劇場中，創意正是最重要的一項元素，因此，諾曼絕對可以成為一種重要的資產。如果父親能夠看到諾曼反應快、創意強的優點，不但諾曼有機會嶄露頭角，他的父親也可以見識到「隨機發揮」的威力。相對地，諾曼也可能會比較願意接受父親的教導，學習專注及堅持。不幸的是，諾曼的情況卻一再惡化。雖然科學家相信，大腦中的化學物質可能造成注意力缺失，但他們也知道，「家庭失能」也可能是肇因之一。

我認識一位家有三位接近成年孩子的母親。最大的兒子有嚴重毒癮、女兒因為擔心體重問題竟然得了厭食症，而最小的兒子則成天埋首電玩，幾乎快要被退學。三個孩子出生時都健康、聰明、各有天賦。但出身農家的母親卻從小對他們威嚇、謾罵，希望糾正他們個性上的「問題」。她成天罵他們懶惰。「我每天早上 5 點就得起來耙草、餵牛、擠牛奶，」她咆哮說。「這些孩子到底是怎麼了？」她用各種方式來操控孩子，例如不聽話就不給飯吃、太晚回家就鎖在門外。她逼迫他們一定要符合自己心中「好孩子」的形象，威脅他們如果做不到就趕出家門。換句話說，她希望他們都能成為她自己的模樣。現在，孩子都準備離家了，我覺得他們一旦離家，可能頭也不會回，因為過去的一切都太不堪

回首。

　　我也認識一位音樂家父親。雖然家境並不富裕，但他的生活非常細緻、文雅。他的女兒成長於一個充滿好書、好音樂的環境，他們也經常一起討論一些想法。然而，他女兒卻熱愛釣魚及搖滾樂。他如何與她相處？「我想不出任何比釣魚更無聊的事了，」他說，「但我也找不出任何比我女兒更有趣的事了。」於是他陪女兒去釣魚，經常滿身汗臭、曬傷、蚊蟲叮咬回家，一邊抓癢一邊和女兒講他們自己才懂的笑話。她會燒錄一些搖滾樂CD給老爸聽。那些音樂讓他頭皮發麻，但也讓他認識新的節奏、開啟新的音樂思維。一天，他非常興奮地發現，自己的女兒正告訴同學，她其實也很喜歡古典樂。「你沒聽過西貝流士（Sibelius）？」她對朋友說。「不是，他是一位作曲家，不是搖滾樂團。」這個小小、特殊的家庭文化沒有因彼此之間的差異而分崩離析，反倒讓家人的關係更為緊密。

　　每一個孩子都是一個第3選擇、擁有各自獨特的天賦特質。當父母為孩子貼標籤或拿他們跟其他人比較時，孩子們的自我價值立刻受到貶抑，而他們也將會「活出」這些標籤的負面意義。我常聽父母毫不自覺地在孩子面前說，「彼得是我們家的懶小子」或「金姆不太會唱歌」或「這是我們家最聰明的孩子」。父母當著孩子的面這麼說的時候，你會發現，孩子幾乎就開始「變成」那個標籤所形容的樣子。我和我太太非常小心，絕不拿孩子彼此做比較，也絕不為他們貼標籤。相反地，我們會特別珍惜他們獨特的個性或人格特質。如果父母刻意不拿孩子做比較或偏袒某一方，許多手足之間的敵對關係都可以避免。我的孩子每一個都同樣寶貝。

　　當我的外孫柯維在國外居住時，有一次他寫信給他的父母

（他的母親就是我女兒瑪麗亞），說他正在作一份自我評估。他希望他們能夠列出一份他的優缺點清單。他說，因為他是他們養大的孩子，一定最了解他，他們的意見應該可以幫助他發現自己還有什麼可以改進的地方。他們回了他一封信，但只提出他的優點。「如果你有任何缺點，」他母親寫道，「那也應該是你和上帝之間的事。祂自會讓你明白你應該成為一個什麼樣的人。」我個人深信，每個人都非常清楚自己的缺點，但卻不見得知道自己的長處。《格列佛遊記》的作者斯威夫特（Jonathan Swift）也相信這一點：「人就和土地一樣，有時地裡藏著金礦，但地的主人卻渾然不知。」當我們以人的潛力而非一些狹義的個性特質來定義他們時，我們就能夠啟發孩子，而非將他們變成貨架上一成不變的貨品，或硬將他們塞進一些刻板印象之中。

　　我非常欣賞大提琴家卡薩爾斯（Pablo Casals）那溫柔的智慧。在他漫長的一生中，他曾為無數孩子上過音樂課：

　　　　我們教了孩子什麼？我們教他們2加2等於4、巴黎是法國的首都。我們什麼時候才要教他們，他們自己是什麼？

　　　　我們應該告訴每一個孩子：你知道自己是什麼嗎？你是一個稀世珍寶。你是獨一無二的寶貝。過去從來沒有另一個小孩和你一模一樣，未來也不會有 —— 你的腿、你的手臂、你那些靈巧的指頭，以及你的肢體動作。

　　　　你可以成為莎士比亞、米開朗基羅、貝多芬。你有能力成為任何人。沒錯，你是一個稀世珍寶。長大以後，你覺得自己可以隨便傷害另一個像你一樣的稀世珍寶嗎？

　　　　你必須努力，我們都必須努力，才能讓這個世界配得上所有的孩子。

「我們根本天差地別」、「我們的差異太大了」、「我們沒有半點相同之處」。躲在「個性不合」這個惡名昭彰的離婚藉口背後作怪的，通常就是這些抱怨的話。彼此關係緊張的父母與子女通常也都以這些說詞來互相埋怨。但興趣不同、特殊的天賦、奇特的個性不是應該讓我們彼此之間的愛情、親情變得更有趣、更濃郁嗎？這些關係中所缺乏的，其實是我那音樂家好友的心態：真正**看見**自己所愛的人，視她為獨一無二的珍寶，視她的不同之處為天賦異稟。

「互不相容」（incompatible）真正的反義詞是「心存體恤」（compassionate）。這兩個字的英文字根都來自「彼此同在的感覺」這個概念。正如史多斯尼所說，體恤之心「可以讓你對所愛的人所擁有的獨特性及脆弱之處變得更為敏銳。它會讓你看清，你的太太是一個和你完全不同的人，她有自己的成長歷程、不同的個性特質、不同的脆弱之處，而且甚至與你有某些不同的價值觀。」

太多夫妻都希望在彼此身上找到自己的影子。太多父母都希望擁有自己的翻版而非一個獨立存在的孩子。把孩子變成自己的翻版不但可以讓父母感到驕傲，而且會產生一種虛假的安全感。當你把自己的孩子變得個性和你一樣、行為舉止和你一樣、說起話來和你一樣，甚至打扮得和你一樣時，你的身分彷彿得到了更深的認同。

但「相同」並非「認同」，外表「統一」也不代表內心「合一」。家庭是最理想的互補性團隊 —— 擁有不同天賦特質的人因彼此相愛合而為一，而且深深欣賞彼此不同的角色、觀點及能力。

對我那些已經結婚的子女，我所能給的最好忠告是：不要想把自己的配偶變得**更好**，應該努力把他們變得**更快樂**。我們都有一種傾向，就是想把配偶變得更像自己，彷彿我們的一切都比他

們高明。但我從自己的婚姻裡學到了一點 —— 這件事絕對錯誤。這麼做等於蔑視對方可以為婚姻帶來的獨特禮物。千萬不要想按照自己的形象來改造配偶，請欣賞對方的不同之處，與之並肩奔跑，並把精力花在讓對方更快樂。

我努力了解你

　　「家庭中的爭吵令人痛苦」，擅長描寫人性的作家費滋傑羅（F. Scott Fitzgerald）說，「它們就像皮膚上永難癒合的裂痕」。癒合家中裂痕的方法就是努力了解你所愛的家人，與他們一起練習「發言權杖溝通法」。雖然家人間的爭吵一個巴掌拍不響，但要啟動癒合的流程，卻只需要一個人。「發言權杖溝通法」是第3選擇解決方案的必要及先決條件。

　　進行的方式如下：我去找你，對你說，「現在發言權杖在你手上」。這就表示，除非我能先覆誦一遍你所說的話，否則我就不准開始說自己的想法。我可以問問題，以確定自己正確了解你所說的話，但我還不能發表自己的想法。對於你所說的話，我不能表示同意，也不能表示不同意。我只能確認你所說的話，直到你覺得已完全被了解。然後，你可以把發言權杖傳給我。現在該我說了，而你也必須保持靜默、以同理心來聆聽，直到我覺得你已完全了解我為止。然後，我就必須再把發言權杖傳給你。

　　發言權杖溝通法可以將防衛型的負面綜效轉變為充滿創意的正面綜效。原因是：當你真心聆聽別人說話，直到對方覺得自己完全被了解為止，你就等於在告訴對方，他們對你有多重要。你等於向他們確認你對他們的重視。這麼做的療癒效果驚人，別人根本無法繼續與你對抗，因而也會對你愈來愈敞開心胸。

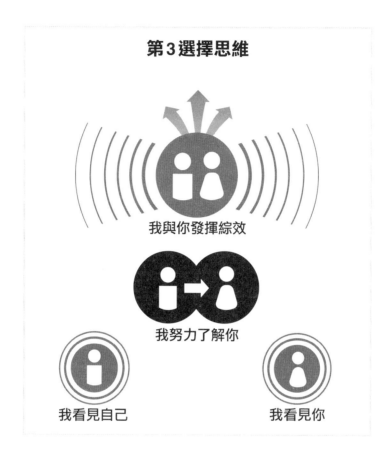

第3選擇思維

我與你發揮綜效

我努力了解你

我看見自己　　　　　我看見你

　　發言權杖溝通法很花時間，但我向你保證，它會為你的家庭
生活省掉太多不必要的爭吵時間及緊張關係。許多長年冷戰的家
人因此而融冰。深埋內心的恨意在淚水中冰釋，家人再度彼此緊
緊擁抱。

　　不幸的是，認真使用發言權杖溝通法的人實在不多。

　　我曾聽一個人稱他的太太為「反對機器」。她沒有半點耐心，
他說，而且不管任何人說任何話，她一定反駁到底。「我女兒會抱

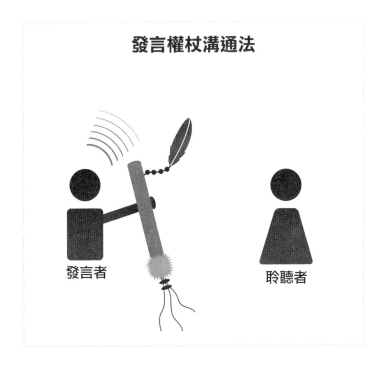

怨說，別人都不喜歡她。我太太會立刻反駁說『胡說八道，這簡直太可笑了。每個人都喜歡你。』」這種溝通模式看似無害，其實卻足以扼殺溝通——女兒會覺得自己的感覺簡直「太可笑了」，而且沒人會有興趣聽她的「胡說八道」。她的女兒會說，「我再也不要去上學了」。但她媽會回應說，「你瘋啦！你一定得去上學。」這種回應方式會阻斷這個女兒「心理上的新鮮空氣」，最後，她可能會突然爆發，然後展開反擊。

　　如果你也和這位母親一樣，在女兒說話的時候，也會一面在腦中想著待會兒該如何回應，那麼，你並沒有真正聆聽女兒說話。如果你總是反射性地反駁她所說的每一件事，你的女兒有可

能對你敞開心胸、自在地說出內心話嗎？如果她無法面對上學這件事，你真能夠了解她所受到的傷害，或理解她為何會覺得去學校是這麼痛苦的一件事嗎？

許多用心良苦的父母會覺得，解決孩子所碰到的問題是自己的責任。這是一種本能。這位母親完全否定女兒的問題，這當然也是一種策略。比較敏感一點的父母則或許會為孩子提供建議。當孩子說，「我碰到一個問題」，他們會說，「或許你應該考慮這麼做」。但父母**真正該做的**，其實是教導孩子如何找出自己的第 3 選擇。當你的孩子告訴你，「我碰到一個問題」時，或許這正是他們困入兩種選擇思維的訊號。女兒的男朋友正在勉強她就範、兒子的成績不好、他們的同學開始吸毒。聰明的父母應該如此回應：「再多告訴我一點情況」、「看來你真的碰到難題了」、「你真的不知道該怎麼做，對不對？」

直接提供建議會產生幾個問題 —— 無論建議本身有多好 —— 你會剝奪孩子學習、成長的機會，也就是與你一起討論、思考整個問題、釐清所有複雜情緒的機會。你讓她喪失了主動面對問題以及發揮創意、靈活應變的能力。你搶走了她找出自己第 3 選擇的機會。你讓她變得更依賴你，而依賴性會帶來無助與怨懟。

你可以對她說，「離那些毒蟲遠一點。不要再跟他們來往了。」很好的建議，但將問題簡化至此，真能平靜她心中的複雜情緒嗎？他們是她的朋友。他們朝夕相處、有深厚的感情。她真能**撇下**朋友不管嗎？她是否應該拉他們一把？還是她真的應該與他們一刀兩斷？在你主動奉上忠告之前，你是否應該以同理心來聆聽她內心的所有情緒糾葛，並相信她一定能夠**自己**找出大多數的答案。此外，你們或許能夠發揮綜效，找出一個不但能夠保護她不受傷害，而且還能幫助她朋友的第 3 選擇。傑出兒童心理學家吉

諾特（Haim Ginott）曾經寫道：

　　聆聽是智慧的開端。出於同理心的聆聽讓父母能夠聽
到言語想要傳達的感受、聽到孩子們所感覺與經驗到的一
切……父母必須培養開放的心胸，這會幫助他們聽到各種真
相 —— 無論是好是壞。許多父母害怕聆聽，因為他們擔心自
己可能不會喜歡所聽到的事。

　　你可能很想幫自己的孩子解決他們所碰到的問題，而他們
很可能也想要你的幫忙。但若你真的這麼做，你就剝奪了自己與
孩子一起發揮綜效的機會。當父母能夠視孩子的問題為建立親子
關係的機會，而不是一些你只想趕快解決的負面、討人厭的苦差
事，你將能夠全然改變你們的互動模式及關係。父母會變得很願
意去了解並幫助自己的孩子（甚至還會倍感興奮呢）。當你的孩子
帶著問題來找你，請不要暗忖，「完了，我現在真的沒時間處理他
的問題！」你的思維模式應該是，「這是幫助我的孩子，投資、鞏
固親子關係的大好機會。」當孩子感受到父母重視他們所遭遇的
問題時，堅固的愛及信任就得以建立。雖然過程中多有挫折，但
我萬分慶幸自己曾經非常努力地去了解孩子以及他們的問題。我
的努力回報豐厚。以下是我女兒珍妮的一段回顧：

　　在長大的過程中，我從來不覺得自己有叛逆的必要，
因為我總是覺得父母真的很了解我。他們會真心聆聽我的想
法。我看到自己的朋友常因宵禁之類的小事而和父母發生衝
突，因為他們的父母會告訴他們，「這就是我們家的規定，沒
什麼好說的。」因此，他們之間的溝通就會到此為止。但我

的父母都會和我討論、詢問我的意見、聆聽我的看法。我從不覺得自己需要採取防衛的態度。所有反抗的衝動都會因為覺得父母真的很理解我而消弭於無形。現在，我有了自己的孩子，當我真的肯花時間聆聽、了解他們的想法時，他們也會非常願意聽從我的話。

十幾歲時，有一次我們全家計畫一起到外地度週末。我不想去，因為我和朋友有約。我爸爸竟然說，「不行，全家今晚一起出發，別再說了。」和所有的青少年一樣，我非常憤怒、跑回房間，發誓這輩子絕不會原諒他。他完全沒有聽我說，也不管我的感受。幾秒鐘之後，有人敲我的門，是我爸。他說，「對不起，我剛才沒有聆聽你的想法。告訴我為什麼你想留在家裡。」聽我講完之後，他說，「我完全理解。」我們便開始一起想辦法。結果，我不但當天晚上獲准留在家中，後來還帶著朋友一起去和家人共度週末。

真誠的道歉和聆聽真的可以化解許多問題。我很幸運，因為我這一輩子都覺得自己有被真誠地傾聽。老實說，我從來沒有父母大吼「不聽話，給我試試看」，而我憤而甩門的經驗，因為從來沒有這個必要，我一向都很願意聆聽他們的想法。

身為一位母親，我現在常會提醒自己，「別帶著答案進去。停一下，聽聽他們的想法。」

如果你和所愛的家人陷入爭吵，你可以選擇以體恤、同理心來回應。專家指出，「如果你踩到了家人的痛處，或家人在盛怒之下說了什麼令你憤怒、不平的話，請將它當成一次溝通失誤 —— 它應該是一個機會，邀請你深入了解為何你們會彼此誤解。」我

喜歡這種處理方式。你可以選擇要被冒犯，還是去了解家人心中真正的想法。如果你能利用緊繃時刻做為發揮綜效的開始，它就可以帶來兩人之間關係的鞏固 —— 而非決裂。

　　或許你和女兒之間出現一陣激烈駁火。當你說，「我要你放棄你的那些毒蟲朋友」時，她回嗆，「我才不要。他們是我的朋友，他們是唯一關心我的人。」你的本能要你立刻反駁：「如果他們拉你去吸毒，他們才不是你的朋友呢。而且他們絕對不是唯一關心你的人。我對你的關心比他們多得多！」但若你是明智的父母，你就應該停止忙著給忠告、開藥方。你知道她剛對你身為一位疼愛兒女的好父母這個自我認知打了一槍，而且很不公平、讓你很受傷害。但若你是擁有第3選擇思維的父母，你就會好好利用這個機會，尋求一個比你們所曾想過的任何方法都要高明的解決方案。第一，你會請她分享她的想法，而你則必須以真正的同理心來仔細傾聽。你可以平靜地對她說，「來，告訴我到底發生了什麼事。」這是一個最自然的邀請。

　　她說，「你只在乎你自己。你只是不想有一個毒蟲女兒。因為那會讓你覺得很丟臉。」

　　這種指控對你當然不公平。但請記住，你在乎的不是公不公平這件事，而是女兒的福祉。請先與她易地而處，暫時放下自己的受傷與焦慮。你現在最關心的是她的想法 —— 不是你的。你應該說，「這件事一定讓你覺得很痛苦，是嗎？」

　　過了一會兒，她回答說，「我只是覺得自己好像完全沒人可以依靠。你有你的工作，學校裡的每個人也都有自己的圈圈。只有我，什麼都沒有。莉亞和麥特是我唯一能夠說話的朋友。」

　　你腦子裡有太多的回應：「你絕不孤單，女兒。我永遠都在，你可以隨時來找我呀。你對我比工作重要多了。你有大好的前

程，你既聰明又漂亮，而且才華洋溢。莉亞和麥特只會帶給你不好的影響。」凡此種種。但這些話你一句也不能出口。你還沒拿到發言權杖。這時你應該反覆思索她的想法，而非你自己的：「所以，你真的非常依賴莉亞和麥特？」

「我很想要融入其他人的圈圈」，她說。「我很努力想要交朋友，但沒人肯接納我 —— 只有他們兩個。他們對我很好。他們很愛我。我們現在有說不完的話。我知道他們給自己惹了很大的麻煩 —— 嗑藥呀什麼的。」

你說：「你很擔心他們。」

她說：「他們昨天晚上叫我一起嗑。他們一直告訴我嗑藥是一件多麼酷的事。但是，看他們嗑藥的樣子真的很可怕。」

你說：「看到朋友這樣受苦，你心裡一定很難過。」

她說：「對呀，但我應該不會讓自己變成那個樣子。」

就這樣。身為一位有同理心的傾聽者，你發現了許多關於女兒的重要事情。你發現她很孤單、她想被接納、她對那些接納她的人有多忠心，但那些孩子自己也正面臨非常嚴重的問題。你發現她對嗑藥的事很警覺；她知道嗑藥很危險，也知道她的朋友正處於危機之中。你發現自己**原先**的擔心其實並非**真正**的問題 —— 她並沒有一步步走上吸毒之路、她對你並沒有叛逆之心。雖然她所說的話真的很傷你，但那只是她的自我防衛，這件事其實根本與你無關。

想想你女兒腦子裡、心中所經歷的一切。你的願意聆聽讓她得以說出這些感受。慢慢地，你成了她的朋友，而非「敵我意識」中的敵人、完全被阻絕於她的心門之外。情況改觀了。現在你成了她「那一邊」的人了。

注意到了嗎？你至今還沒有表示你同不同意她所說的一切。

你並沒有對她朋友正在嗑藥、甚至想要提供毒品給你女兒表示任何態度。你也沒有對她那種不被接納、不被愛的自我形象表示同意或反對。你只是傾聽，以便能夠了解她的想法。這時候，你的工作還只是見她之所見、了解她的感受。也就是說，你等於只是說了，「你和我的看法不同，我必須好好聽聽你的想法。」

現在，你們已經準備好要進入第 3 選擇了。就定義上而言，你們到目前為止還不知道第 3 選擇會長什麼樣子。尋求第 3 選擇永遠都有風險 —— 你們無法確保自己會得到什麼樣的結果。你不知道你和女兒的這趟發現之旅會帶你們到一個什麼樣的地方。但如果你不能確實做到同理聆聽，我可以保證，你將在自己和女兒之間築起一道高牆，一道誤解與痛苦的高牆。事後想要再打破這道高牆，絕對非常困難。

相對而言，你愈是仔細聆聽女兒的心聲，你們之間的心理阻隔就變得愈低。「心情故事可以帶領我們越過高牆」，土耳其女作家夏法克（Elif Shafak）說。這些高牆由堅硬的石頭砌成，而「心情故事則如流水」，可以滴水穿石。就像一條溪流，心情故事會為自己找到出路，領你去到意想不到的地方。愈是能夠跟隨心情故事順流而下，你就愈可能成功找到第 3 選擇。

在當今這種少說廢話、立刻搞定、直接解決問題的文化裡，我們失去了許多細膩的內涵，因為我們根本沒耐心傾聽彼此的聲音，那些獨一無二、充滿掙扎、苦難、成功、失敗的複雜心情。我們覺得自己早就知道了。專家說，「建立關係最大的困難之一，就是我們常常無法清楚、完整地看到另一個人的內心、腦海以及所經歷的事情。這個問題在婚姻中尤其嚴重，因為我們常會根據幾年（甚至只有幾個月）的相處經驗，就以為自己已完全了解另一半。」結果，我們會忽視、逃避、關起耳朵，不肯再花時間聆

聽彼此的心聲。我們不再彼此傾聽，開始在衝突中孤立自己及孩子。而其結果就是「同理心缺損」（empathy deficit）的問題。

有些文化在這方面的表現較好。為了慶祝千禧年，南非的科薩族人（Xhosa）鼓勵大家在一個名為 Xotla 的公開會議中分享自己的故事，並因而解決了許多衝突。Xotla 有時可長達數日，而它的目的就是要為大家提供一個被聆聽的機會，「直到完全釋放自己的負面感受。」也因此，科薩族人完全不知戰爭為何物。相同地，加拿大的原住民也利用說故事來解除緊繃情勢、教導孩子如何解決衝突。出現紛爭時，所有家人或整個社區會聚集在一個「談話圈」中，好讓同理心大大湧流。一位參加了「第一民族」（First Nations，譯註：加拿大原住民）家庭工作坊的人說明了「談話圈」的運作方式：

> 我們不太會用「面壁」或「罰站」來懲罰不聽話的孩子。對我們而言，孤立一個孩子似乎與我們想要他學的事情剛好相反。或許這個孩子應該被帶到他的朋友圈中，聽朋友說他們正想要達成的目標。也許他會因此而看出自己應該做些什麼，來幫助其他人達成目標。

當他們聽到別人分享自己如何解決問題時，孩子們就可以學到同理心，還有「社群的道德價值以及社群對他們的行為有何期待」。心情故事分享比直接教導及行為導正更有效，因為它能夠「直接對孩子的心說話」。

我的兒子尚恩告訴我，努力了解自己的兒子如何改變了他們之間的關係。

大學時，我終於達成了自己的夢想——擔任美式足球校隊的四分衛。帶領球隊兩年之後，美夢提前結束，因為我的膝蓋韌帶受了傷。多年之後，結了婚、開始工作，你可以想見當我發現自己的第一個孩子將是個男孩時，我有多麼興奮。如果能夠把他也訓練成一個四分衛，那該有多棒呀！於是我從他一年級起，一直到八年級，一季又一季地指導他、訓練他，而他也真的成了一位極出色的四分衛。你可以想見，當我看他打球時，我會多麼驕傲地跟別人說，「沒錯，那就是我兒子。」

然後有一天，就在他升九年級的那個暑假，麥可告訴我他第二年不想打球了。我非常震驚。「你瘋了嗎？你知道你有多厲害嗎？你知道我花了多少時間來訓練你嗎？」他只是再說一次他不想打了。這件事對我產生極大的威脅與震撼。顯然，我心裡的安全感有一大半是建立在他能夠成為一位偉大足球員這件事情上。我花了好幾天，努力說服他回心轉意，但效果不彰。

諷刺的是，我當時在公司負責的是產品開發的工作，而且正在規劃一個研討會，主題就是如何當個聆聽者。有一天，我突然驚覺，自己顯然並沒有好好聆聽兒子的心聲。我想我是害怕他真的不想再打球了。當我準備好好聆聽兒子的心聲時，我最需要面對的，其實是自己的動機。我要的到底是一個美式足球員，還是一個兒子？我這麼做到底是為了他，還是為了我自己？當我仔細思考這件事情時，我很清楚自己要的是一個兒子，而在這整件事中，足球其實根本無足輕重。

很快我就有了一個機會。

「麥可，所以你明年不打算繼續打球了？」

「對。」他回答說。

我沒答腔。

「我去年打得實在很爛。」他說。

「所以你對自己去年的表現並不滿意？」

「非常不滿意。」

我點點頭，表示聽到了他的回答。

「我真的很不滿意去年。我在球場上被修理得很慘。看看我的身材，我比其他人整整小了一號。」

「原來你去年被修理得很慘呀……」這時，麥可已經發現，我是真的關心他，除了想更了解他之外，沒有別的動機。於是他也打開心胸。

「對呀，你看，每個人都比我大一號。我還沒真正開始發育，這個夏天我一點都沒長高。你在我這個年紀的時候塊頭就已經很大了，所以你真的不了解。」

「你覺得我不了解。」

於是，對話繼續。一面聆聽的時候，我突然發現了許多有關自己兒子的事。他覺得自己個子太小。他覺得很沒安全感、很脆弱。我們剛搬到一個新的社區，他還沒交到太多新朋友。他去年被修理得很慘。他覺得很有壓力，因為害怕無法符合我的期望。

就在我忽然覺得自己真的應該好好了解他時，他突然問說，「所以，老爸，你覺得我應該怎麼辦？」

我說，「老實說，我完全沒意見。如果你想繼續打球，當然很好；如果你不想打了，我也絕對沒問題。你自己做決定，不管你的決定如何，我一定完全支持你。」

　　　　幾天後，兒子跑來找我。他說，「老爸，我決定明年繼續打球了。」我很高興聽到他的決定，但重要的不是他決定繼續打球這件事——即使他決定不打了，我也一樣替他高興。真正重要的是，那一天開始，兒子和我的關係變得更親密了，直到今天都是如此。我發現，處理人際關係時，快就是慢、慢就是快。花半個小時真心去了解兒子的內心世界，不但解決了一個可能持續好幾個月的心結，而且也避免了往後的摩擦。真的，同理心絕對是最有效的一種溝通方式。

　　深入了解另一個人的內心感受必然會點燃體恤之心。當我們真的可以透過對方的眼淚看到事情；當我們終於了解到自己所愛的人內心真實的感受，我們就會改變。我們的思維模式將全然被改變。叛逆青少年忽然成了內心孤單、掙扎無助的小女孩或小男孩。沉默、陰鬱的丈夫則變成了一個必須不斷與自己內心的無力感、壓力及心碎角力的男人。我們將窺見一位年華老去、脾氣古怪的母親，因人生機會不再、青春不再、生命衰微而感到茫然。每個人的心都是溫柔的，當我們觸摸到那種溫柔時，我們就等於進了聖所。

　　在捷克作家恰佩克（Karel Čapek）的短篇故事《最後的審判》（The Last Judgment）中，一位殘忍的謀殺犯被帶到審判台前。三位感到百無聊賴的法官負責審理他的案子。他們傳喚了一位證人，「一位氣宇非凡的紳士、修剪整齊的鬍子、穿著一件藍色長袍，上面綴有金色的星星。」結果是，這次審判只需要這位證人就夠了，因為祂正是「全知全能的上帝」。被告受到警告，不得打斷證人的證詞，因為「祂無所不知，因此也完全沒有辯駁的必要。」證人確認了被告的殘酷犯行，但祂說的不只如此：孩提時，他深

愛自己的母親，只是不知如何表達。六歲時，他弄丟了自己唯一的玩具，一個珍貴的彩色彈珠，他為此傷心落淚。七歲時，他偷了一朵玫瑰花，送給一個小女孩，但她長大後拒絕他的追求，嫁給一個有錢人。年紀稍長，他成了一個流浪漢，但他大方與其他遊民分享自己的食物。「他很慷慨、樂於助人。他尊重女性、愛護動物、信守承諾。」

然而，一如預期，法官仍然判他下地獄、接受永恆的懲罰。有個機會，這位被告問上帝說，「為何祢不自己審判我？」上帝回答說，「因為我無所不知。如果那些法官也和我一樣無所不知，他們也將無法做出審判。他們將會了解所有的事情，因此他們也會為你感到心疼……我知道有關你的一切事情 —— 每一件事。這就是我無法審判你的原因。」

在我看來，這個故事剛好說明了，愈是了解一個人，你就會對他愈發感到憐憫、心軟，因此也就不忍心去判定他身為一個人的價值。對一個人的了解愈少，你就愈可能視他為一個可以判斷其價值、操弄、不需太在乎的「東西」。

從你自己開始。只要願意邀請家人 —— 你的孩子、父母、配偶 —— 說出他們心裡的話（尤其是在他們遭遇困難時），你就可以創造出一種充滿同理心的家庭文化。鍛鍊你的同理心，問問家人他們正在面對的衝突或所碰到的誤解。聆聽他們生活上、心中的掙扎。只要你能和他們建立起一種由同理心出發的關係，你會發現，他們也將湧泉以報。同理心是會傳染的。

我弟弟約翰在家庭諮商及訓練方面經驗豐富，他跟我提起某一個家庭的情況。這個家庭外表看來非常美滿，但卻因同理心缺乏的問題而嚴重受挫：

這個家庭的成員其實都很優秀，父母、兒女在外的表現都很好。這對父母請我們去幫忙，因為他們正值青春期的兒女出了嚴重的問題。

我們決定先與他們的子女談，於是請那對父母先到另一個房間。剛開始時，孩子們都不願意開口，但他們其實非常聰明、表達能力也很強。很快地，他們開始敞開心胸，告訴我們說，他們的父母從來不問他們有何想法。父母根本不尊重他們、毫無同理心。發言權杖溝通法不只是聆聽，還得表達出真正的尊重。於是我們以真誠的同理心聆聽他們的心聲。他們一輩子都得聽父母告訴他們自己該做什麼。他們從來沒有機會表達自己的想法。於是他們開始產生憤怒，並且將憤怒完全往肚裡吞。他們從來沒有機會好好被聆聽，從來沒有創造綜效、盡情發揮的機會。

我們花了一整天的時間聽他們說。然後，我們邀請他們的父母進來，並請全家一起做一個練習。「請寫下你們認為與『朋友』相關的所有形容詞。」

接下來我們拿他們所列出的清單互相比對。沒有一個形容詞一樣，簡直是天差地別。當那位母親了解這個練習的意義之後，她終於理解問題出在哪裡。她從抽屜中拿出一把尺，交給自己的孩子。「從現在起，只要你們有話要說，就拿起這把尺來。這樣就表示，『我想說話，我有話要說。』」然後那位母親就會靜靜聆聽。整個家庭的文化全然改觀。

每個星期天的下午，那位母親說，他們都會全家一起去騎單車，目的只是為了要重新建立彼此之間的關係、增進互相了解。

伊斯蘭教哲言告訴我們：「無法讓我們超越自我的知識，比無知更糟。」我愈是願意了解你的心，你我就會有更大的力量，一起超越彼此的分歧、去到一個比目前的所在好得多的第 3 空間。

我與你發揮綜效

家庭本身就是一個第 3 選擇。它開始於兩個人及兩種文化的結合。如果能夠遵循以尊重與同理心自持及彼此相待的思維模式，我們就會得到一個第 3 種文化，一種嶄新、擁有無限可能的關係，讓我們得以找到最深的喜悅與滿足。

創造「第 3 選擇家庭」的方法，就是下定決心、堅持綜效心態 —— 不是按照我的做法，也不是按照你的做法，而是找出**我們的做法** —— 一種更高明、更好的方法。我們必須藉由在所有重要的互動關係中堅持尋求第 3 選擇，來訓練、培養自己的綜效心態。如何教養孩子、管理金錢、在事業發展上尋求平衡、做出信仰方面的選擇、提升親密關係 —— 這些都是重要的問題，需要以綜效心態來處理。

不幸的是，我們不但經常未能以綜效心態來處理這些問題，而且對彼此完全不尊重、缺乏同理心。以下這些對話就是最好的例子：

- 「我不明白為何我們老是負債。我們賺的錢並不少呀。」
  「拜託，別再拿這件事來煩我了。」
- 「我希望你不要對孩子這麼嚴苛。」
  「不好好教，他們怎麼學會負責任？」

- 「你總是不在家。」
  「我每天工作累得半死，就是為了養家活口，而你卻只會抱怨。」

　　大多數的家庭衝突大概都沒有這麼嚴重。比方說，夫妻兩人一塊兒度假，我只想躺在沙灘上曬太陽，你卻想打高爾夫。這種問題不太需要發揮綜效 —— 我們可以兩件事都做，或是下午各自分開去做自己想做的事，或選擇其中一樣一起做。沒什麼大不了的。

　　多年前，我的兒子賈許大約13歲。某週六下午，我帶他一起去打高爾夫。我的計畫是當天只打9洞，然後就要回家去聽一個很重要的廣播節目。我不知道賈許原本期望我們會打完18洞，因此，當我告訴他我們得回家時，他真的很失望。賈許很喜歡打高爾夫球，而我們能夠一起打球的時間實在少之又少。因此，我碰到一個難題 —— 我是該讓兒子失望、錯失與他相處的寶貴時間，還是錯過一個對我的工作很有幫助的廣播節目。但我們當然永遠可以找到第3選擇 —— 我車上有一台小收音機，於是我決定戴上耳機，兩件事一起做。賈許和我有了一段很棒的共處時光，而我也同時掌握了廣播的主要內容。

　　我們每天都能找到許多這類第3選擇。小衝突只需要一點點創意加上尋求第3選擇的決心就可以解決。然而，如果我們長期因一些重要問題而意見相左，一個小爭吵也可能釀成一場戰爭。這種情況下，真正的問題就不是沙灘或高爾夫球之爭了，而是我們的關係在根本上出了問題。

　　我們到底要選擇活在正向綜效中，還是長期受困於負向綜效中？如果你想要擁有正向綜效，我必須一再強調「我看見自己」、

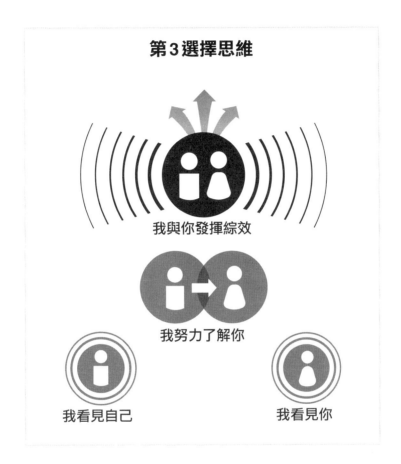

「我看見你」、「我努力了解你」這些思維模式的重要性。除非我
能夠擁有尊重、同理的個性特質，否則，我根本別想與任何人一
起尋求第3選擇，而希望創造綜效的努力也只會是口惠而已。綜效
是有諸中而形於外的東西，如果我只是放在嘴邊說說而已，別人
一定會知道。

　　雖然同理心非常重要，但光有同理心無法解決真正嚴苛的考
驗。如同哲學家楚勞特（J.D. Trout）所說，「同理心只是個起點。

不幸的是，許多人都是尚未抵達終點就已不支倒地。」同理心確實有「改變」的能量，但除非我們努力尋求第 3 選擇，否則問題還是難以解決。問題是，家庭衝突很容易讓人身心俱疲，因此許多人常選擇逃避。有些人則是根本不相信有第 3 選擇的存在。他們可能很清楚自己的妻子、丈夫、孩子，或父母為何會有某些反常的行為，甚至很同情他們的處境與心情，但他們卻早已放棄希望，認為事情不可能有任何改變。還有一些人則是相信綜效，也相信其他人的家庭有可能發揮綜效，但卻不相信自己及自己的家人有足夠的能力、技巧，或必要的個性特質來發揮綜效。也就是說，他們不相信自己。

　　有些夫妻可以同居一室，但卻過著長達數十年貌合神離、有名無實的夫妻生活。他們會不斷為相同的問題彼此折磨，只因雙方都沒有勇氣問對方，「你是否願意與我一起共同尋求一種更好的相處之道？」

　　如果我們願意，我們就可以進入專家口中所說的「第 3 空間」（The Third Place）。我們可以不再彼此拉扯、一心只想讓對方同意自己的看法。我們可以一起尋求一個能夠融合雙方想法的新空間。在這個「第 3 空間」中，我們「徹底改變過去那種二元思維，重新建立一種心態，將各自的價值觀、行為模式及想法整合為一個全新、完整、互補的概念。」簡單來說，我們不再思考「你的想法」或「我的想法」，而開始專注於「我們的想法」，也就是一種最能夠發揮雙方特色及優勢的想法。在「第 3 空間」中 ——「我們所在的地方，永遠是一個我們未曾到過的地方。」

　　我們之前看到一位家長如何與自己的女兒針對嗑藥問題進行同理互動，但那個故事並未到此結束。就在女兒逐漸吐露心情時，他們也正慢慢走入一個「第 3 空間」，也就是許多不同的可能

性可以大大發揮的「魔幻劇場」。記得那位女兒曾經提到，眼見自己的好友施打毒品是一件多麼可怕的事情嗎？

你說：「看到朋友這麼痛苦，你一定非常難過。」

她回答說：「我想他們自己也很害怕，但他們可能不知道要如何停止。他們找不到人可以談。他們不可能跟自己的父母談這些問題……不像我可以直接跟你談。」

現在你心想，「不錯嘛，同理心還真有威力。」但發言權杖現在仍在女兒手中，於是你說，「如果莉亞和麥特能夠得到一些幫助，那就太好了。」

她立刻回答說，「他們的父母如果知道這件事一定會殺了他們。學校老師一直告誡我們不能嗑藥，但沒有人肯聽我們說。學校的諮商老師還不錯，但她們實在太忙了。他們還有誰可以說呢？」

「你覺得呢？」你問。

到目前為止，你所做的都是在回應她的內心煎熬，現在她已經慢慢放鬆，在你的幫助之下，不知不覺地進入了魔幻劇場。許多可能性出現了，但其中沒有任何情況會讓你的女兒陷入毒癮。事實上，她似乎自己做了決定，而且希望找出方法來幫助自己的朋友離開毒品。

多年前。一位名叫岡薩雷茲（Gerardo González）的年輕人也遭遇同樣的問題。岡薩雷茲小時候跟著父母從古巴移民到佛羅里達。他在難民文化中成長，大學對當地的孩子而言，根本是遙不可及的夢想。在一家店裡打工時，他和朋友在社區大學選修了一門課，從此他就愛上了知識分子的生活內涵。他讀了許多好書，與人進行各種思辨。「教育完全改變了我的世界觀，我對知識極為飢渴，完全無法滿足！」他日後說。

　　岡薩雷茲想要更多，而他的夢想也很快成真。然而，就在他進入佛羅里達大學之後，他卻發現自己置身一個從未想像過的惡夢之中：其他的學生 —— 他的朋友、同學，每到週末必定喝到爛醉。車禍、酒精中毒、暴力犯罪 —— 所有這些可能的恐怖後果令他坐立難安。學校當然一再告誡學生不得喝酒鬧事，警察也努力防堵憾事發生。岡薩雷茲既不能放棄自己的朋友，也不願加入他們那種自我毀滅的行徑，於是他開始思考自己的第 3 選擇。

　　岡薩雷茲知道他們這個年紀的人非常不喜歡服從權威，但卻肯聽同儕的話。於是，他召集了一群同學，一起規勸自己的朋友、幫助他們戒酒。他們稱這個團體為「巴可斯」（BACCHUS, Boosting Alcohol Consciousness Concerning the Health of University Students。譯註：Bacchus 原是希臘酒神的尊稱。）他們的行動大為成功。很快地，其他有嚴重酗酒問題的大學也紛紛成立分會。幾十年後，「巴可斯網絡」（BACCHUS Networks）被認為是「今日美國高等教育界最大的一個學生行動組織」。岡薩雷茲和朋友啟動了一個全新的方法來幫助年輕人避免危險的行為，也就是當今所謂的「同儕教育」或「同儕支援」運動。同儕教育有許多不同的形式，已成為大多數學校對抗藥物、酒精濫用的基本工具。它是強力壓制問題與忽視問題之外的第 3 選擇，而且非常有效 —— 可能是所有方法中最有效的一種。順帶一提，岡薩雷茲博士如今已是一位大學教授，而且還是美國一所優秀大學的教育學院院長。

　　我可以想見，這對父女檔一起想出類似鼓勵她的好友參加一些同儕支援團體的方式，來幫助他們脫離毒品。對這位女兒而言，她一定得想出一個真正的第 3 選擇，好讓她不致陷於放棄朋友或與朋友一起沉淪的兩難中。她和父親還可以想出許多其他的第 3 選擇來面對這個看似兩難的問題。這些方式不保證一定都會成

功，但發揮綜效的過程卻可以創造出許多成果。這對父女之間的關係將大大提升，也會對彼此產生更多的尊重與同理心。當他們一起在魔幻劇場中為一個真實的難題進行腦力激盪時，他們之間的關係已不再同於以往了。想想這位父親其他可能的處理方式：命令、建議、請求、說教、賄賂、把她鎖在房間裡、與她冷戰，或是乾脆踢屁股教訓人。這些方法會和發揮綜效一樣具有改變雙方關係的能量嗎？

家庭危機與第3選擇

　　或許就是在這種危機時刻，我們才最需要發揮綜效。我們所面對的最艱難的問題，可以轉變成強化家庭關係的寶貴機會。孩子出生、突然失業、毒品或酒精濫用、不幸的意外或疾病 —— 這類的生命轉折可以摧毀或強化一個家庭，而最大的差別就在於心態。我說的不只是積極正面的態度。我說的是選擇一種創造性的思維模式，而非破壞性的思維模式。

　　舉例來說，被裁員不只會給家庭帶來經濟壓力，還會讓人產生自我認同危機。突然不被需要非常容易嚴重打擊一個人的自我價值。這就是為什麼家暴案例會隨著失業率的上升而大幅增加。一個每天多數時間都待在家裡的失業者，心情必然低落，而「毒品與酒精更將為一個已經一觸即發的炸彈加添柴火。」這種惡性的負面綜效足以摧毀一個家庭。

　　但如果你能擁有創造性的思維模式，你將能夠**看見自己**，發現**你所擁有的才幹、智慧、能量及創意，可能遠超過原有工作的需要，甚至還受到了壓抑。**失去那個工作剛好可以給你一個發揮最大潛能的機會。如果你能**看見別人**，你將開始了解他們的需要，並看到

自己可以如何運用天賦來滿足別人的需求。如果你能夠**努力了解別人**、以同理心來聆聽，你很快就會發現自己可以如何為別人創造更好的生活 —— 而他們必然也會投桃報李。這個世界缺的不是工作機會，而是第3選擇的思維。

我知道一位年紀稍長的人，他在一個很糟的時間點失去工作 —— 他太太剛被診斷出罹患一種慢性疾病。家中忽然完全沒了收入，他們的情況令人擔心。他過去在家具業工作。多年來，他注意到許多逛家具店的人，最後都空手走出店家。於是他與一家連鎖家具店的老闆約了見面，並跟他說，「每天大約有四千名顧客空手離開你的店。根據每位顧客的平均採購金額，你知道自己流失了多少營業額嗎？」那位老闆算了一下，每年的損失可能高達數百萬美元。「如果我能讓其中20%的人不再空手出門，你一年可以多賺多少錢？」那位老闆立刻了解他的意思，當場就雇用了他。現在，他得想辦法達成自己所承諾的目標。這時，他的太太可就派上大用場了。雖然她無法再每天上班，但她卻有非常堅強的企管背景。透過第3選擇的思維模式，他們一起想出了許多銷售的點子，讓他輕鬆超越了自己所承諾的工作目標。

家庭就是一個不同專長的組合。碰到經濟困境時，家人可以成為你最有價值的綜效資源。幾千年來，無數家庭因合作而創造了無數成功的基業。在當今專業分工的時代，這或許比較困難一些，但請看以下這個夫妻同時失業的例子。

這位妻子是一位稅務會計師，先生則是負責銷售冷凍食品。他們有三個高大但未成年的兒子。夫妻二人決定不去就業服務中心排隊，也絕不讓家庭陷入危機，他們決心共同打造一些新的機會。三個兒子個子雖大，但手腳非常靈活，太太懂財務、先生則是天生的銷售員。他們住在一個有很多新開發案的社區，於是他

們決定為自己的新鄰居們蓋圍籬。丈夫負責業務、太太負責營運，兒子們則負責建築圍籬。他們的生意好極了。

　　你當然不一定要和家人一起創業。然而，雖然家庭碰到困難時，大家還是可以積極尋求外援，但家人一起共度難關絕對也是一個強化家庭關係、培養專長、共同開創未來的大好機會。但對許多人而言，他們的第一個選擇都是拚命尋找另一個同樣不怎麼可靠的工作，隨便找個棲身之所。同樣地，許多人的第二個選擇則是自我放棄、淪為永遠的受害者。但第 3 選擇則是為自己設計一個嶄新的工作。你必須真心喜歡做這件事，而且它可以滿足真實世界中的某些需求，最後你就是全力將它推銷出去。想想一個擁有第 3 選擇心態的家庭是多麼有福，可以創造出多麼驚人的韌性及機會。

　　新生兒出世是家庭的另一大挑戰。婚姻中的每一件大事 —— 溝通、財務、優先順序、親密關係 —— 都會因一個孩子的降臨而出現大地震。家務事的項目、數量將增加六倍。父母獨處或共處的時間都大幅縮水。不幸的是，一個新生兒很可能會造成父母感情上、情緒上的隔絕。

　　但每一個孩子都是一個奇蹟，一個奇妙無比、足以改變我們的第 3 選擇。孩子可以強化婚姻關係 —— 即使夫妻中只有一人願意接受第 3 選擇的心態。許多女性都在母親、妻子、職業婦女三個角色中拔河。一個第 3 選擇就是運用創意、規劃出一些可以滿足這些重要角色的方式。你可以問自己，「這個禮拜，身為人妻，我可以做的最重要的一件事是什麼？」你或許可以規劃兩個小時的時間與丈夫安靜獨處。對於一位覺得自己的地位似乎受到忽視的丈夫，投資這兩個小時所能創造的利益遠超出你的想像，而且足以彌補一些你真的無法撥出時間來陪他的情況。身為一位父親，

你同樣也可以規劃一些與你的孩子相處的方式 —— 花一個小時與孩子單獨相處的價值有多高？對你的太太、孩子，以及你自己而言，它都可能會有無可估量的價值。在那個父子／女獨處的時間裡，你得以成為一位**老爸**。我的兒子常喜歡說，「當一位父親與當一個老爸，其間的差別何止以道里計。」

對許多單親家庭而言，生活可能是一個困境接著另一個。母親與職業婦女這兩個角色常會讓你嚴重分裂。孩子剛好在你無法請假的日子生了病。孩子的學校宣布由於積雪太厚、停課一天，但你卻完全找不到保母。你非常想去學校看孩子首次登台演戲，但老闆剛好那一天非你不可。還好，當今的職場變得比從前有彈性得多 —— 但你也不能三天兩頭請假呀。所以，你該怎麼辦？

如果你是一位單親家長，第3選擇真的可以救你的命。你知道角色的衝突一定會發生，所以你**事先**就準備好一些第3選擇來應付錯過孩子學校活動或工作上必須請假的情況。與你的老闆約個時間，向他說明你所面臨的難題。以同理心聆聽老闆的說法 —— 他對這種情況有何看法？他說不定很能理解你的情況，或願意與你一起規劃一個折衷方案。即或不然，也千萬不要開始自我防衛。你愈是願意聽他說，他也就會愈願意聽你說。

然後，進入「魔幻劇場」模式。不只聆聽、釐清問題，你們開始提出解決方案。碰到緊急狀況，有人可以代理你的工作嗎？可以帶孩子來上班嗎？除了這些非常明顯的解決方式之外，你可以更有創意一些，利用這個機會來重新定義自己在公司的角色。如果公司同意你在家工作，你可以為公司做哪些事？你甚至可以讓公司的獲利率提高，因為在家工作可以讓公司省下一些管理成本。一位單親媽媽在銀行得到一個基層職位，但毫無彈性的上下班時間成了她最大的問題。於是她向公司提出一個建議。她注意

到銀行有許多扣押來的房產，必須聘請專業服務業者來幫忙管理。於是她建議，自己可以用較低的價錢來幫忙清掃、維護這些房屋。銀行覺得這個想法很不錯，而她則可以自由運用時間，甚至帶著孩子一起去工作（這就叫做「雙贏策略」。）後來，她甚至將這個第 3 選擇變成創業的契機。她開始聘用人手來幫忙，而且生意極好，她的經濟狀況也因而大大改善！

　　你不必等待一個真正的危機出現。家庭關係很脆弱，而外界隨時都有強大的力量在拉扯、破壞它。除非我們真的很重視家庭中的多元特質，否則，這些差異很可能會讓我們分崩離析。

　　我知道一對年輕夫妻，兩人之間的巨大差異原本可能成為他們婚姻的殺手。這位丈夫體育活動樣樣精通，是當地各種球隊的明星人物。除了運動一流，他在數學及做生意上也是天賦異稟。然而，他卻娶了一位對所有這些事情都毫無興趣的太太。她熱愛舞蹈、戲劇、藝術。他出身勞工家庭，而她則從小家境富裕。他體格魁梧、個性粗獷；她則身材嬌小、活潑易感而優雅。你恐怕很難找到比他們差異更大的夫妻了。

　　但你應該很容易想像，他們的生活一定衝突不斷。由於興趣不同，夫妻二人可能會漸行漸遠。太太可能得獨自去聽歌劇，而先生則窩在家中死守體育台。但事情並非如此。這可是一個真正的第 3 選擇家庭。他們兩人極有智慧，知道要大大發揮彼此的歧異之處。

　　這位太太帶孩子參加了一個當地的戲團。這個劇團氣若游絲，有一搭、沒一搭地在附近購物商場裡的一個餐廳演出。由於已經負債數千美元，劇團隨時面臨解散的命運。這位妻子好說歹說地將先生騙到劇場去看了一場孩子的演出，而這件事卻打動他的心 —— 他的太太和孩子顯然很愛這個看來搖搖欲墜的破劇場。

他四下一望，發現好多事情都需要人幫忙。他一向喜歡動手做事，於是他志願幫劇團做道具。他還充分發揮自己的生意頭腦，開始為劇團辦募款活動。他成了劇團的董事，最後還當上劇團的總經理。

這位老爸自己從未上台演戲，但看著自己的孩子和鄰居每天在舞台上發光，他開始對劇場深深著迷。他的太太後來成了劇團的藝術總監。夫妻兩人開始邀請親朋好友幫忙縫製戲服、製作布景、加入樂團、甚至粉墨登場。丈夫對品質的要求一板一眼，每個人都發現，他不僅在球場上表現亮眼，在劇場經營上同樣有一套。

這個年輕的家庭在劇場中成長。每一個孩子都為劇團增添了重要的力量。一個兒子成了劇團中出色的演員，另一個跳舞簡直有專業水準。原本有意念獸醫系的女兒則因展露了業務規劃的驚人才華而改變志願。她負責打理劇團的財務，不但大幅提升季票的銷售量，更有效節省開支。她成了劇場管理及劇院經營方面的高手。

小劇院開始蓬勃發展。最後，原先的場地已不敷使用，他們開始規劃興建一座新的劇院。這位先生運用他的生意頭腦，幫忙規劃一個大型募款行動。經過15年的共同努力，這個小小的家庭與整個小鎮一起慶祝了新劇院的誕生。而這座劇院也成了這個家庭無私奉獻、發揮綜效的最佳見證。

團結在彼此的差異之中，這個家庭的成員充分說明了第3選擇可以如何在家庭中發光。每個人都重要、每個人都有所貢獻，一個也不能少。丈夫與妻子出身兩種不同的文化，但卻融合出獨一無二的第3種文化，而其結果顯然遠超過原先那兩種文化相加的總和。

融合不成怎麼辦？

但事實是，許多家庭還是選擇了分道揚鑣。如果你想攜手建立家庭的努力並不成功，那該怎麼辦？

離婚並不是家庭發揮綜效的終點。離婚的原因很多，但離婚夫妻卻不必成為兩種選擇心態下彼此控訴的敵人。藉由選擇尊重對方、發揮同理心，一位離婚的配偶絕對可以改變孩子的生命及雙方的關係。要打破彼此怨恨的惡性循環，只需要其中一方願意改變 —— 即使另一方完全不肯回應。記住，我們可以選擇不受別人的冒犯。

我的朋友波爾（Larry Boyle）是一位聯邦法官，有一次，他有機會觀察另一位法官如何審判一件案子。這位女法官以善於創造第 3 選擇而聞名，尤其是在最慘烈的一種訴訟中 —— 孩子監護權之爭。即使是喧騰一時的謀殺案，其辯論之激烈可能也不及家庭法庭中的孩童監護權之爭。那一天，一位七歲女孩及一位五歲男孩的命運將被宣判。那對夫婦分坐兩張桌子，正眼也不瞧對方一眼。律師說話時，太太用衛生紙輕輕拭淚，丈夫則直視前方、雙臂交叉，完全無動於衷。然後，法官大人進來了。

太太的律師先說話。他提出證據顯示這位先生大部分時間都花在與朋友釣魚、打獵、打保齡球上，通常不到半夜不會回家。先生的律師則指出，這位太太與同事有染。兩個人都希望爭取到兒女的獨立監護權。

法官摘下眼鏡，停了幾秒鐘，平靜地說：

今天，我得花好幾個小時聽你們提出各種證據。然後，我得決定誰的說法比較可信。我可以認定父親是一位不負

責任的玩咖。另一方面，我也可能認定母親亂搞婚外情。然後，我就得做出一個決定，而這正是你們必須承受的風險。身為父母，你們原本應該自己做這個決定 —— 不為自己，而是為了孩子的最大利益。

我不愛你們的孩子 —— 我很關心他們的福祉，但我並不像你們那樣愛他們。然而，我卻得做出一個將會影響這兩個孩子一生的決定。而我的判決很有可能是錯的。

我建議你們這兩位做父母的不要再幼稚了，趕緊把孩子的利益放在前面。我現在將宣布休庭半小時，而你們最好趕快利用這段時間，與律師一起討論到底什麼才是對孩子最好的決定。為孩子們的未來做一點計畫吧。如果你們能夠把自尊及個人榮辱放到一邊，你們就應該能夠為孩子做出最好的決定。

如果你們不這麼做，你們就只好將自己孩子的未來交到我的手中，也就是一個完全不認識他們的陌生人。我們30分鐘之後見。

幾個禮拜之後，我的朋友波爾知道後來發生的事情。夫妻兩人當天談了一個早上，有時他們的律師也在場，但多數時間他們都是單獨相處、彼此聆聽、互相道歉。他們共同面對那些讓他們彼此為敵的問題。結果，那位丈夫並不是真的只喜歡和朋友鬼混，而那位妻子也沒有搞外遇 —— 那只是兩個擁有攻擊心態的人對彼此的無聊指控。出於沮喪，她跟上司提起自己的問題，也曾私下和他做了一些討論，但一切僅止於此。而這位丈夫雖然個性比較不成熟，但也不是個壞父親。

雖然因為事已至此，他們並不打算重修舊好，但一旦將注意

力放在孩子身上，他們就決定要維繫住一個實質的家庭關係。先生同意，自己的太太可能比較適合照顧孩子的日常生活，而太太也同意，任何時候先生都可以來帶孩子出去。他們願意盡可能維持一個家庭的完整功能。

「我見識了一位真正的和平使者。」波爾說。她沒選擇呆坐一天、聽雙方幼稚的指控，然後想辦法擠出一個出於兩種選擇心態的判決。相反地，這位家庭法庭的法官讓自己成了第 3 選擇的觸媒。她知道自己的工作不是要為這兩個人提供鬥爭的舞台，而是要為一位小女孩、小男孩創造出最好的未來。還好，這對父母也發現，這更應該是他們的職責。

當然，離婚夫婦不需要法院成為他們選擇綜效關係的觸媒 —— 這應是他們自己該做的選擇。他們也不需要繼續當對方的受害者。和任何人一樣，他們應該服膺綜效的法則 —— 尊重自己、尊重對方、發揮同理心，下定決心以尋求第 3 選擇來面對離婚所帶來的所有難題 —— 無論是家人、財產，或彼此之間的關係。

當對方不肯以善意來回應時，他需要有極大的勇氣及決心，才能堅守第 3 選擇的心態。但這絕對有可能達到，而堅持這麼做所能給你帶來的內在平靜，也將讓你心滿意足。

不久以前，當我為一群專業人士上課時，我有了一次奇妙的經驗。當我正談到為自己的人生負責的一些原則時，一位男士突然從位子上站了起來，並說了以下這段話（大意如此）：「我太太上週決定離開我。這件事完全出乎我的意料。我感受到極深的傷害、憤怒、背叛，以及難堪。但今天聽了這堂課，我決定不再憤怒。我決定選擇快樂，不再受傷或覺得難堪。」

這位男士的謙卑及勇氣讓我深受感動。他決心成為自己生命中一股創造性的力量，而非當下的處境或與妻子之間關係的受害

者。我相信他的內心一定極度澎湃，覺得整個世界彷彿塌下來了
一般。但他卻有了一種自覺，相信自己仍然可以選擇如何面對人
生的挑戰。他發現自己可以主動面對問題，而非只能當個被動的
受害者。

　　我恭喜他的決定，並向他保證，他可以選擇放下自己的憤
怒、選擇原諒，並為自己創造一個嶄新的人生。但在這麼痛苦的
情況下，這當然不是一件容易的事。所有的人都為他鼓掌。我也
為他鼓掌。我從來沒見過這種場面。我不知道他和妻子未來會如
何，但我知道，做了這個選擇之後，如果他真的可以掌握住創造
性的思維模式、視自己為自己生命中一股創造性的力量，他將能
夠找到生命的意義與滿足，而最後也終將能找到內心真正的平靜。

　　「家庭是社會中首要，同時也是最重要的一種機制 —— 它是
承諾、愛、品格、個人及社會責任的苗圃。」我完全同意美國總
統特別成立的「家庭事務委員會」（Commission on Families）所提出
的這項宣言。家庭是我們生命中最需要發揮綜效的一個地方，但
綜效卻也在家庭中受到最多的誤解。

　　我認識一位女士，每次下班回家時，她都會先在門口停一分
鐘，想想自己的家庭。她會想像自己希望和家人打造出的世界，
然後她會打開家門，努力讓自己的夢想成真。

從教導中學習

從本書中獲益的最好方法，就是將本書的內容再教導給另一個人。大家都知道，教學過程中，老師學到的東西比任何人都多。所以，找一個人 —— 無論是你的同事、朋友或家人 —— 把你所學到的傳授給他。請以下列這些問題來問他，或者你也可以自己再想一些問題出來。

* 兩種選擇的思維如何助長了當今高漲的離婚率？
* 「互不相容」的最佳定義為何？為何「心存體恤」是「互不相容」的反義詞？
* 「成功的家庭必然充滿正向綜效」。為何綜效對於一個家庭的成功如此重要？
* 「歸根究柢，大多數的家庭衝突都與身分認同有關」。為何家庭成員經常為了外人眼中的瑣事而激烈爭吵？「真正的身分盜用」如何傷害我們的家庭？
* 為何要刻意發揮家中成員的差異性？應該怎麼做？
* 將憤怒及怨恨轉變為綜效的步驟有哪些？
* 你如何看出一位家人正身陷兩種選擇？你如何幫助他進入第 3 選擇？
* 將家人冒犯性的言詞或行為視為同理聆聽的邀請，這件事的價值何在？
* 同理心在家庭衝突中可以帶來哪些益處？
* 你可以採取哪些步驟來打造一個充滿同理心的家庭文化？
* 你的家庭生活中有哪些挑戰可以用第 3 選擇思維來處理？
* 你會如何向善於發揮綜效的家人表達讚賞與尊敬？

自己試試看

　　你是否與家人或朋友有些衝突？你是否需要一些有創意的解決方式來處理自己與家人之間的問題？請開始創造一些第 3 選擇的原型。邀請其他人一起貢獻心力。請運用「發揮綜效 4 步驟」這項工具。

─── 第 5 章 ───

校園中的第3選擇

釋放孩子的潛能，你就可以讓他成為我們未來的世界。

── 蒙特梭利（Maria Montessori）

造訪每一個國家時，我都會在孩子的眼中看到同樣的光芒、同樣的笑容。只要願意，你一定可以在每一張獨特的小臉蛋上，看到無窮的希望。未能充分達成那些希望，絕對會是人類社會最大的損失。

我們大都將達成那些希望的擔子放在學校身上。全球各地每天都有無數的家長與老師一起努力 —— 有時甚至必須克服極大的阻礙 —— 才能為孩子提供我們所能給予的最好機會。多數人都同意，教育不但是解決所有類型的貧窮（包括生理、心理及心靈）的答案，同時也是決定人類在這個地球上的命運最重要的關鍵。

對我而言，教育不僅是全球性的問題，也與我個人息息相關。我看過一個衛星影像，夜晚的地球籠罩著一張閃閃發亮的燈網。我知道那些燈光代表著無數的家庭，而那些家庭中的孩子都在夢想著自己的未來。我常懷疑這些夢想有多少會成真，又有多少會受挫。另一方面，我自己也有一大群孫子女，他們未來的幸福與快樂當然對我也極為重要。

許多人都和我有同樣的想法。在我們所做的「重大挑戰」調查中，我們請全球各國的調查對象提出他們國家所面對的最嚴重挑戰。「提供良好的教育」和「解決失業問題」一樣，都名列前茅。被問到為什麼時，以下是調查對象提出的一些原因：

- 在尋找人類當今所面臨的各種重大挑戰的解答時，教育絕對是其中最重要的基石。
- 良好的教育是建立更好、更創新的未來最重要的基礎。世界進步的速度比我的國家快得多，和其他國家比較起來，我的國家在教育上所投注的資源大大不足。
- 透過教育，我們可以解決所有其他的問題。我們的教育系

統完全失靈，老師們既懶惰又腐敗，而且完全沒有做好準
備。

- 我們需要一套真正能夠幫助學生、為他們創造機會的教育
  模式。

- 好的教育是一切的基礎。受過教育的人可以擁有自己的思
  維，不會隨便相信任何「救星」或承諾。如果教育對了，
  一切都會跟著對 ──「自動發生的奇蹟」（automagically）！
  （雖然這可能是個拼音錯誤，但我非常喜歡這個字！）

- 生長在像我們這樣窮困的開發中國家，許多孩子都沒有機
  會接受教育 ── 尤其是女孩子。教育可以解決世界上許多
  問題。

- 好的教育是國家繁榮、創造就業機會，以及經濟成長的基
  礎。

- 我們之所以會落入今天這種困境，問題就出在教育。我在
  公立學校教了 10 年書。我們必須趕快改革我們的教育體
  系，否則真的會來不及。

- 教育最重要 ── 有了好的教育，其他一切的努力才能發揮
  功效。

很明顯，當今這個世界最大的挑戰之一，就是幫助孩子學習
並達成未來的夢想。在中國及印度，主要城市的教育水準很高，
但內地卻遠遠落後。芬蘭及韓國的教育品質很高，原因是他們的
文化比較單一，也比較重視教育。但在加拿大、英國及美國，報
紙頭條就常令人怵目驚心：

- 多倫多：「強尼毫無閱讀能力，卻已經是個大學生了。」

- 倫敦:「英國孩子出了校門之後既不能讀、又不能寫,而且人生態度大有問題。」
- 華盛頓:「82%的美國學校面臨失敗的命運。」

每個國家都有各自的挑戰,但全世界每一個國家都得面對同一個問題:我們是否能夠為每一個孩子都提供優秀(甚至只是「像樣」)的教育?

大辯論

這個問題引發了一個全球性的大辯論,各方意見分歧,但基本上分為兩派:一派的人認為教育品質的落後肇因於社會不公 —— 貧窮、種族歧視、家庭失能,以及政治人物不願為學校提供足夠的資源。這種聲音多半出自教育機構。另一派則認為,教育界本身就是問題之所在 —— 他們一向保守、迂腐、平庸、跟不上世界變遷的腳步。這些聲音多半來自企業界。

企業界的領袖無法理解,為何教育界的人完全聽不進他們的忠告。在他們看來,學校簡直是個平庸的大集合。挫折之餘,他們認定學校若不能學習到「長久以來讓美國企業界成為全球繁榮火車頭的重要特質 —— 活力、彈性、創意、誓死追求效率及成果」,教育界是不可能成功的。在他們眼中,教育機構彷彿垂死掙扎的大恐龍,完全缺乏市場的刺激與要求。他們說,學校需要能夠激發創新及改善品質的競爭壓力。許多人甚至倡議「政府與教育應該完全脫勾」,認為教育體系應該全面民營化。

企業領袖非常憤怒。他們認為教育界的心態是:「付我們更多錢,否則倒楣的是你們的孩子。教育成果之所以一直下滑,最主

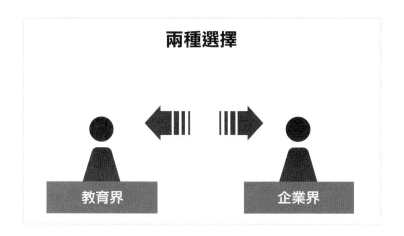

要的原因就是你們太吝嗇。你們顯然一點也不重視自己的孩子，否則你們就應該提供我們更多資源。我們工作時數短、休假時間長用不著你們管，你們管好自己的公司就好了。」許多企業界的人認為，教育界簡直就是個大錢坑，而且投資報酬率愈來愈糟。

　　教育界當然另有一套完全不同的思維。他們認為，企業界與教育界本質上完全不同，因此，企業領袖最好別把手伸進學校裡面來。教育不應該被利益動機所汙染；教育是一份使命感，不是一份工作。私有化的教育制度只會帶來可憎的不公平——有錢人家的孩子可以上最好的學校，窮人家的孩子就只能吃麵包屑，弱勢的少數族裔孩童和有錢人家的小孩之間，有很大的「成就差距」（achievement gap）。私立學校可以挑選自己想要的學生，公立學校則必須接受每一個走進校門的孩子。一個新來的孩子或許有學習障礙，或根本不會說英文。他可能來自一個失能的家庭——甚至剛從監獄出來。然而，公立學校卻有道德義務與責任，必須接納他、有教無類地培育他。「哪像企業，我們可沒辦法隨便裁掉表現不好的人，以便年底的績效表現可以看來稱頭一些。」

　　老師們心中非常不滿，他們認為企業界的看法是：「請利用公
共資源幫我們把未來的員工訓練好 —— 他們必須會製造零件、開
卡車，或跑電腦試算表 —— 但你們竟然連這一點都做不到。我們
只需要會聽指令、可以大量生產的員工。除此之外，這些『隨時
可以替換的零件』只需要有點基本的閱讀能力、懂一點加減乘除
就好了。華而不實的校舍、藝術教育、那些你們洋洋自得的教學
內容 —— 那都是些昂貴而且無用的花樣。」這就難怪許多教育界
的人都將企業界視為只會壓迫人、卑鄙無情的惡勢力。

　　美國商會（U.S. Chamber of Commerce）如是說：

　　　　基本上，我們認為美國教育制度必須全面改造。經過
　　幾十年政治上的無所作為及毫無成效的改革，我們的學校一
　　直提供一些根本不符合現代職場需要的學生。學生們準備不
　　足的情況令人吃驚。大約三分之一的八年級生不具備閱讀能
　　力，而大部分的高中每年更有將近三分之一的學生無法應屆
　　畢業。

　　企業界怒氣沖沖地丟出這些數字，教育界則目瞪口呆、自覺
深受迫害，而且認為自己根本沒有資源。每個人的手指頭都指向
對方。

　　當然，這些說法對另一方都有欠公允。雙方也都沒有真正在
聆聽對方。他們只是反映了自己的兩種選擇思維。他們都將對方
當成敵人來醜化，創造出另一個不真實的敵我關係 —— 不是你
死、就是我活的選擇。無論他們的說法反映了多少真知灼見，都
無法改變這種態勢。

　　被困在這種文化衝突之中，我們的孩子只能自求生路。有些

孩子乾脆放棄；有些學校生涯異常精采，但絕大多數都只能蒙混過關，帶著一些勉強過得去的能力踏出校門。或許我們也都看到了一些成就斐然的孩子，但恐怕沒有幾個人認為，我們的公共教育系統真能讓每個孩子都發揮最大的潛能。

工業時代的教育思維

在我看來，教育機構之所以常會出現貶抑人性的結果，這場大辯論中的兩造似乎都難辭其咎。一個世紀以前，方興未艾的工業發展不斷要求公立學校必須為它們創造出一些有用的「產品」。一篇1927年的文章如此寫道：「一份針對教育系統製造出來的產品所進行的研究結果，讓我們不得不認定，這些產品完全不符合現代產業的要求。」為了回應這種批評聲浪，許多學校竟而成了「工廠」，學生則成了「產品」。

我們永遠可以找到一些令人感動的教育工作者，他們代表了「老師」這個職位最崇高、最尊貴的意義 —— 他們相信自己所負責教導的孩子、全力協助這些孩子釋放潛能。我們必須向他們致上最深的敬意與謝意。然而，也有許多教育工作者默默屈從工業時代的心態，甚至還幫忙鞏固這種心態。工業時代心態最明顯的一點，就是過分強調考試成績、忽略孩子的全人發展。諷刺的是，即使公立學校系統在許多方面都默默接受工廠模式及企業心態，企業界卻還是愈來愈不滿意。1927年以來，他們的抱怨從未停過。

這種將孩子當成貨品的工業時代思維，正是當今所有教育問題的根源。

工業時代裡，人被當成貨品，不可或缺但卻隨時可以更換。你可以不斷壓榨員工，榨乾後也可以立刻替換新血。如果你需要

的只是一個能夠幫你完成工作的強健軀體，你當然不會在意他的想法、感受或心靈需求。操控型的工業時代教育制度只會一味壓抑人類潛能的釋放，這種教育制度在知識經濟時代顯然行不通。

我認識一位女士，她成年後的歲月幾乎都在監獄中度過。後來酗酒、吸毒的她，原先是前途似錦的大學生，父親還是高階教育官員。她掙扎多年，一直想克服那些讓自己墮落的惡習。有一天，她說出了刻骨銘心的感受：監獄其實和學校很像 —— 同樣的課程、同樣的時間規劃、組織體系 —— 還有一直排隊。最讓她回想起學校經驗的，就是那種隨時隨地都受到監控的感覺，也就是知道有人隨時都在監視你。

1785年，英國哲學家邊沁（Jeremy Bentham）提出名為「全景敞視監獄」（panopticon）的概念，那是一種環形的建築，可以讓少數警衛同時監看所有囚犯。近代法國哲學家傅柯（Michel Foucault）則將「全景敞視監獄」視為現代「監視社會」（surveillance society）的象徵 —— 每個人隨時隨地都活在別人的監視之下。想一想學校或大企業裡的「辦公農莊」（cubicle farm，譯註：即隔間低矮的大辦公室），你就會知道傅柯在說什麼了 —— 學校和企業都像極了全景監獄。傅柯認為，監視行動愈多，我們對個體性的尊重就愈減少。獎勵與懲罰則是根據我們有多願意閉嘴、聽命行事來決定，而非根據我們有多願意貢獻出自己獨特的才能。當我們努力教導別人如何**聽命**、而非要求大家勇於**領導**時，整個社會和人類所能擁有的機會都大受斲傷。

工業時代的監獄心態從我們進學校起就開始進行控制，並將影響我們的一生、箝制我們的社會。它會在我們心中建立起一種對人生的錯誤詮釋 —— 人類就像一個藏身超大蟻窩中的小工蟻。太多人小時候只知道必須聽大人的話，長大後則只知道要努力在

職場求生，老了以後則認定自己應該退休、從事一些毫無意義的休閒活動。我們不知不覺被導入一種微妙的受害者情境。在校表現不佳，我們就成了沒有價值的廢人、完全被瞧不起。如果我們失去了工作，也就失去了身分認同。最後，我們會被「依賴」制約——如果可以，我們就找個人當靠山；如果找不到人依靠，那就趕緊找個人當替死鬼。

在這種工業時代的教育架構下，家長也有自己的掙扎——有些人決定接受、有些人選擇退出，有些人則決定留在體制內奮戰。一方面，我們看到孩子被過度制約，以致他們從未學會如何為自己的生命做決定。他們的父母只會逼他們去達成一些目標，卻未幫助他們學習如何去分辨贏得競爭與貢獻己力之間的差別。另一方面，我們看到一些孩子深受「家長注意力不足症」（PADD, parental attention-deficit disorder）之苦。他們對任何事情都毫不在乎，因為他們的父母對他們也毫不在乎，他們因此成了中輟生。最後，這些中輟生的人數竟多達全體學生人數的三分之一。另外，大多數的孩子則盡力苦撐，希望船到橋頭自然直。甚至沒有幾位父母能夠幫孩子做好建立起一個依賴型人生的準備。

只要我們教育的目標是訓練孩子如何依賴別人、如何當個好的跟隨者，我們的社會就不可能享受每個孩子與生俱來的天賦與潛能。就在雙方繼續激辯教育應如何改革、我們應該如何保住工業時代的教育思維時，錯誤教育的毒根卻在不知不覺中繼續殘害著我們的下一代。

真正該做的事

幾年前，當我和美國總統會面時，他問我，當今美國教育最

大的挑戰是什麼？我告訴他，我們必須「建立起老師、家長及社區之間的伙伴關係，攜手合作、共同**釋放所有孩子的天賦潛能，幫助他們選擇自己未來的生活，而非被牽著走。**」

　　這就是教育的一種本質性的改變，而非交易式的改變。在兩種選擇思維的制約下，大辯論的雙方抓著一個交易式的問題 —— 如何才能有效製造出好的產品（也就是學生）—— 進行無休無止的爭論。是該不斷改革公立學校系統，還是引進市場機制？是該加強技術課程，還是堅持人文方面的課程？是該透過線上學習，還是留在傳統的教室中？是該增加考試，還是減少考試？

　　然而，真正的問題根本不該是「製造產品」。孩子不是等著被製成產品上市的材料。每一個孩子都帶著獨特的天賦來到這個世界，也都擁有選擇如何使用這些天賦的能力。教育的責任是去幫助每個孩子成功發揮所有潛能。

　　我的好友、哈佛商學院的克里斯汀生教授一輩子投身教育，他相信學校一直都搞錯了自己真正該做的事。他喜歡把學生想像成獨立自主的顧客，他們雇用學校來為自己提供一項服務。什麼服務呢？

　　　我們必須了解，大家雇用學校究竟希望學校為他們做什麼？為何我們的學生毫無動力？那麼高的輟學率、曠課率，學生面無表情或一臉不屑地坐在教室裡 —— 大家都看過那種場景。他們希望我們幫他們做到的事情究竟是什麼？

　　　學生及老師都希望每天都能覺得很有成就感！那才是他們希望我們幫他們做到的事。他們可以雇用學校幫他們做這件事，但他們也可以找個幫派為他們做這件事。他們甚至可以給自己弄部車子，在街上四處招搖、讓自己看來很拉風。

學校的競爭對手就是這些 —— 所有能夠讓年輕孩子覺得有成
就感的事。

　　我們的學校卻讓大多數的學生覺得自己是笨蛋。一旦我
們看清楚這個問題，就可以開始思考一些不同的方法，來讓
學生覺得自己很有成就感。

　　如果學校不能做到這件事、不能讓孩子們每天感到很有成就
感，他們自會找到其他的成就感來源。如果你硬逼他們順從，他
們就會和所有不滿意的顧客一樣 —— 心有未甘地屈從、接受，或
是找出方法來惡搞你。他們會以其他方式來取代從教育體制中得
不到的成就感，或許就是我們所熟悉的自我壓抑 ——「沒關係，
反正我也不在乎、沒差啦」—— 這就是他們抓住最後一丁點自我認
同的說法、抗拒失敗的最後一招。

第 3 選擇的教育

　　第 3 選擇的教育就是學習當領導人。

　　讓我快速釐清一件事 —— 我所謂的「領導人」並不是指爬上
高位、掛著領導人頭銜的少數人。我們太常將領導人想像成擁有
「執行長」或「總裁」之類頭銜的人。這種領導人的概念是工業
時代的遺毒，但那種階級式的思考早已過時。我說的領導力是：
有能力決定自己的生活、在朋友圈中、自己的家庭中當個領導
人 —— 也就是成為你個人世界中的一股積極而有創意的力量。

　　領導者會經由培養自己的品格、能力、堅持原則來定義並達
成可長可久的成功。他們不會等待別人來為他們定義何謂成功。
由於他們認為自己擁有獨特的天賦，因此不會與別人比較，只會

跟自己比。從經濟學的角度來看，他們是自己獨特天賦的唯一供應商，因此，他們會讓別人來競標自己的才能、將它們提供給出價最高的人。這些領導者的未來是自己創造的。或許因為時機及環境條件，他們不見得每個人都能完全達成自己的目標，但他們絕不可能「失敗」。

　　對於領受這種領導力教育的孩子而言，成功是由內而外的，而非由外而內。外來的成功通常都是世俗性、附屬性的成功，像是考試得高分、成績優異、未來賺大錢，或得到傲人頭銜等。一

般人都會拚命爭取這種只有少數人可以奪得的成功。但來自內在的成功，則是真正的、本質上的成功，也就是對自己感到滿意、發掘出自己的長處、因為尊重別人及尊重自己所獲得的快樂、因為做出獨特貢獻而產生的深刻滿足、因為誠實、為人提供優秀服務而得到的快感。這種更為珍貴的獎賞反而人人可得，大家不必你爭我奪 —— 有趣的是，附屬的、世俗的成功卻也常會跟隨著這種內在成功而找上我們。

有些孩子可以自己找出第3選擇，因為他們天生擁有這種內在能量。身為律師及谷歌主管的歐克蘿（Ory Okolloh）來自非洲肯亞的窮苦家庭，但卻一路將自己送進了哈佛法學院，後來更領導非洲的政治改革。她說明自己如何下定決心要脫離原生文化的教育思維所帶來的心靈禁錮：

> 我父母永遠不可能存到錢，因為他們得照顧自己的兄弟姊妹、親戚、父母。我們家中一向寅吃卯糧。在肯亞，我們必須參加聯考才能進高中……我夢想中的學校。但我只差一分沒過關。我當時非常失望。
>
> 我父親對我說，「讓我們去跟校長說說看。只差一分而已，或許他們還有名額，可以破格錄取你。」我們跑到學校去，但因為我們沒有任何背景、不是特權階級，我父親又沒有一個顯赫的姓氏，校長竟然連正眼也不肯瞧我們一眼。我就坐在那裡聽那位校長對著我父親說，「你以為自己是誰呀？你瘋了嗎？竟然以為你能夠要到一個名額。」
>
> 我和許多其他女孩子一起唸的初中，其中有一些是政治人物的孩子。他們的成績比我差多了，但他們都進了那所學校。而且，世界上再也沒有比眼見自己的父親受到別人羞辱

更令人難過的事了。出了校長辦公室，我對自己發誓，「我
這輩子絕不再為任何事求任何人了。」兩個禮拜之後，他們
打電話來，告訴我說，「喔，現在有名額了。」我直接告訴他
們，「不必了，你們自己享用吧。」

　　歐克蘿大可屈從於肯亞的社會體制。但她卻決定採取主動、
讓環境為她所用。她是一位本質上的領導者，因為她拒絕讓一個
擁有貧乏心態的社會來為她定義成功。為了幫助世界上其他人
也都能逃離心靈的禁錮，她成了「群眾外包新聞採訪」（crowd-
sourced newsgathering）的先驅，積極推動非洲及中東開發中國家的
民主運動。她將衝突地區的資訊上傳許多社交網站及媒體，讓受
傷、受虐的人可以很快得到幫助。

　　在我看來，教育最重要的目的，就是培育出歐克蘿這樣的領
導人 —— 擁有改變自己所處世界的個性與能力。而這個世界可大
可小，無論是一個家庭、一個社區、一個城市、一個國家，或整
個世界。

　　傅雷茲（Mike Fritz）是加拿大亞伯達省紅鹿市威爾許小學
（Joseph Welsh Elementary School）的校長。他告訴我，學校裡的一
位小朋友如何學會當自己生命的主人。他的學校實施了我所提倡
的「7個習慣領導力教育計畫」（The Leader In Me Leadership model，
稍後我會仔細說明），而傅雷茲也一直教導他的學生要成為自己生
命的主人，並在學校中賦予他們許多領導角色、運用共通的領導
語言、舉辦與領導有關的各種活動。每隔一兩年，傅雷茲所在學
區的督察長都會要求學區內所有的學校校長，請他們向教育局所
有委員及資深教育主管提出報告，以說明自己學校的情況。傅雷
茲過去都會邀請學校師長與他一起去做簡報。但他們的學校既然

已經開始實施領導力教育，他決定邀請學生和他一起做這件事。

好幾位小朋友主動表達參加的意願，其中也包括了萊利——一位患有自閉症的三年級學生。萊利剛學會了第8個習慣：找到自己的聲音。他告訴傅雷茲，他想要藉由做這件事來尋找自己的聲音。學校師長全心支持這些孩子準備簡報，並為萊利願意參加而深感驕傲。

做簡報的大日子到了，傅雷茲、萊利，還有其他孩子來到督察長辦公室。萊利製作一張大海報，上面是一個人的大腦，其中有一些藍色、紅色，以及黑色的小點。他一邊拿著海報一邊說明：我有自閉症，因此我的大腦和別人的大腦不太一樣。紅色代表憤怒、黑色代表挫折，藍色則代表平靜。萊利指出，學區裡還有許多和他一樣的小朋友，他希望學區能夠更了解他們以及他們的特殊需求。報告完畢，萊利獲得全體委員起立鼓掌致敬，好幾位委員甚至還紅了眼眶。

第二天，傅雷茲發現萊利穿著一件襯衫、打了領帶到學校來。事實上，接下來的好幾個禮拜，萊利天天都打領帶上學。最後，傅雷茲終於碰到萊利的母親，他好奇地問，「萊利是怎麼啦？他已經好幾個禮拜都打領帶上學了。」萊利的母親說，「在萊利到這個學校之前，他經常一大早起床就說，『媽咪，我今天不想上學。我真的很笨，但我不喜歡覺得自己很笨。』自從他上了這個學校之後，他簡直變了個人。現在每天都有人告訴他，他是個領袖、他很有才華。尤其是向督察長做了簡報之後，萊利真的覺得非常自豪。他當天回家後就告訴我，『媽咪，從明天起，我都要打領帶上學，因為大人物都會打領帶！』」

我寫這本書的時候，事情已經過了一年多，萊利繼續在學校志願擔任許多領導人的工作、計畫未來要上大學，而且每隔幾天

仍然會打領帶去上學。

　　在萊利的生命中，教育最主要的目的已經達成 —— 將萊利培養成為一位領導人。當然，教育還有其他功能，例如培養出一位有獨立思考能力、有知識的公民，以及傳授一個繁榮的經濟社會所需要的技能等。我特別喜歡克里斯汀生教授提出的一個目標：「讓孩子們了解，每個人對事情的看法各有不同，而這些差異都應該受到尊重，而非打壓。」但幫助每位孩子都能成為領導人，仍是教育最具啟發性、最有力的首要目的。它之所以是首要的目的，是因為所有其他附屬目的都得靠領導力才能達成。我們都知道一些專業能力超強、但品格有問題的人，這些人真的會為我們的社會帶來極大的災難。

　　我曾經有一位才華洋溢、外表俊帥的同事。他擁有好幾個大學的學位、有一個美滿的家庭，還曾經當上大學教授、主管一整個州的人文教育。後來，他為了個人的目標進了企業界，而且因為腦筋靈活，為公司賺了不少錢。但他這種附屬性的成功並非源自本質性的成功。傲慢與酒精可以是一種極具毀滅性的組合，而他的婚姻及工作也都因而葬送。

　　我朋友的經驗讓我們看見，如果我們的目標是培養本質性的成功，除了智能教育之外，每個孩子的心理與心靈也都應該受到同等的重視。其實，這一點我們都很明白。大部分的家長也都很清楚。這件事真的非做到不可 —— 有此共識的人應該勇敢挺身、共同促成這件事。

「我們一定辦得到」

　　在教育大辯論中我們常聽到一種論調：一個失能的社會如何

期待能有優秀的學校？當然，身陷犯罪問題猖獗、各種疾病氾濫地區的學校，確實會面臨許多艱難的挑戰。其他的一些學校則表面看來像樣，但學校裡的學生同樣痛苦難耐。於是，許多學生開始沉溺於毒品、電腦、電玩之中 —— 以及所有能夠讓他們逃避這個平庸社會的各種方式。所有的藉口當然都不無道理 —— 但它們仍然是藉口。

再怎麼惡劣的環境都可以出現一些非常優秀的學校。「為美國而教」（Teach for America）的創辦人柯柏（Wendy Kopp）就很清楚這件事，而她也擁有優異的第 3 選擇思維能力。她所成立的非營利組織「為美國而教」，號召了許多最優秀的大學生。他們會進入一些弱勢社區的學校，從事一段時間的教學工作。她很驚訝地發現：「要進行教育改革，根本不必先改革社會或家庭。事實上，這整件事應該倒過來……低收入家庭的父母都搶著爭取子女的教育機會，好讓他們能夠跳脫貧窮的惡性循環。在問題學校中成為一位成功的老師，需要的只是一些願意熱情投入的人、充分發揮自己的領導力。」

艾斯帕薩（Richard Esparza）就是這麼一位熱情投入的領導者。當他接任華盛頓州亞基馬谷（Yakima Valley）格蘭傑高中（Granger High School）的校長時，情況看來真的很糟。學校學生多數是附近農家的孩子，他們的父母大多沒有受過什麼教育。這些學生似乎沒有機會脫離貧窮。他們的學習成績也令人頭皮發麻：

- 只有 20% 的學生閱讀能力符合州政府所訂的標準。
- 只有 11% 的學生寫作能力符合標準。
- 只有 4% 的學生數學能力符合標準。

　　艾斯帕薩和這些孩子出身相同，但他知道自己和其他孩子並不像別人所說的 ——「笨得像一堆石頭」、毫無學習能力。他以成功唸完大學向自己證明了這件事，同時以老師的身分回到故鄉，同時還帶著一份強烈的使命：讓其他孩子也能看清自己的潛力。這位新校長認為自己的任務就是要徹底改變大家的期待：「我期待所有的學生都能成功，我也相信他們一定會。我還期待所有的教職同仁也和我有同樣的信念。我的目標是消滅「鐘型曲線」—— 為什麼一定要有鐘型曲線？我們的學生全部都是可造之材。」

　　當然，達成目標阻力驚人。整整兩年時間，他說，「大家一直在吵架」。10 個學生裡有 9 個是少數族裔。不僅家長和學生認為他們無可救藥 —— 連老師也一樣。幫派橫行、學校裡到處是塗鴉，訪客到學校觀賞籃球賽，還得有警察陪同保護。艾斯帕薩顯然必須扭轉學生對成功的看法。他必須幫助每一位學生發掘出自己心中的那個「領導人」。

　　但他完全不知道該怎麼做，他找不到任何成功的典範。你要如何將一個吊車尾的高中變成一個優秀的學校？「如果我能找到一個可供學習的典範，」艾斯帕薩說，事情就會容易許多。不得已，艾斯帕薩只好自己想辦法，他將格蘭傑高中變成了一個邊做邊學、實驗性的「魔幻劇場」。

　　他的第一招就是讓學校裡的塗鴉消失。它們是幫派勢力的象徵，這些標籤必須除去。除了要求校工必須將 24 小時內出現的塗鴉立刻用油漆蓋掉之外，他也在自己的車內放了許多噴漆罐，而且經常使用它們。過了將近兩年之後，塗鴉藝術家們可能真的累了，學校終於一片潔淨。在此同時，他也嚴格禁止任何與幫派相關的穿著及標籤。

　　對任何學校而言，家長的支持與參與一定是成功的關鍵之

一。但在格蘭傑高中，只有10%的家長願意來參加學校的親師座談會。「如果他們不肯來，」艾斯帕薩宣布說，「那就我們去。」他將學校老師組織起來、分頭拜訪每一位學生的家庭，誠懇地與家長討論孩子的學習進展。他們的目標是要說服家長成為學校教育的一部分，並邀請家長踴躍參加親師座談會。

有些老師並不想做這些家庭訪問，艾斯帕薩會送他們一頓訓話：「你是一位很棒的老師。我們對教育的看法顯然不同。我很願意為你寫推薦函，讓你到別的學校去教書。」他真的因此失去好幾位老師。（這讓我想起日本的老師，他們會騎著單車，穿梭在大街小巷去做家庭訪問。有時他們會工作到很晚，但他們也因此整合了學校與家庭的力量。這是個非常好的典範。）

幾年下來，格蘭傑高中的努力終於開花結果。最後，100%的學生家長都參加了學校的親師座談會。這些座談會不是由老師負責，而是由學生自己來。他們會報告自己的學習進展、畢業門檻、成績、閱讀能力，以及畢業後的計畫。座談會的目標是要確保每一個人 —— 包括學生、家長、老師 —— 都清楚了解每一位學生的狀況。「許多人常問我，我們是如何讓每一位家長都來參加親師座談會的？」艾斯帕薩說。「答案是：一個一個說服。」

艾斯帕薩也深信「個人化」的教育，並確保每一位學生都有專屬於自己的成功計畫及指導老師。他的做法是學生**每天**都必須向自己的指導老師報告他們個人的學習進展。但老師不可能每天同時與150位學生談話。於是，他們將學生分成20人一組，每一組都有一位指導老師。指導老師每週四天、天天了解每位學生的進度。同樣地，也有一位老師說他不願意做這件事 —— 因為他又不是「社工人員」。於是，艾斯帕薩又給了他一頓「訓話」。

結果，「指導老師」的做法發揮了改變的力量。接續艾斯帕薩

272 第 3 選擇 The 3rd Alternative

擔任校長的恰川德（Paul Chartrand）指出：

> 每位學生都有機會表達自己，而且也都有一位成年人在
> 背後挺他。學生們知道，他們永遠可以找到這個人，一個他
> 們可以信任的人，一個會照顧他們、每天跟他們打招呼、給
> 他們溫暖笑容的人⋯⋯個人化就是關鍵。每一位學生都知道
> 他們必須為自己負責。當他們曠課時，指導老師會立刻打電
> 話到家裡，甚至直接找上門，看看到底出了什麼事，或有什
> 麼需要幫忙的地方。

艾斯帕薩想盡一切方法來激勵學生。雖然他知道金錢不是唯
一的激勵手段，但他還是在公事包中塞了一堆假鈔，總計42萬美
元的影印鈔票 —— 也就是一位未能從高中畢業的人，一輩子可能
會損失的工作收入。在常有的表揚大會上，艾斯帕薩會將這些象
徵性的錢放在講台上一張手繪海報的旁邊。那張海報上畫著一幅
「人生三叉路」：成績優異的學生可以走上的高成就道路，以及中
成就、低成就的道路。他逼學生面對現實：「除非你有個億萬富豪
好友，否則教育就是你唯一的機會。」然後他會發給每一位接受
表揚的同學一張獎狀、一件前面印了「沒成績、沒前途」的T恤，
最後，再請他們到學校餐廳去領一份冰淇淋做為獎賞。

曠課曾經是個重大挑戰 —— 格蘭傑高中的學生蹺課問題嚴
重。艾斯帕薩想出一個辦法，他在學校大廳掛了一張大大的「計
分板」，上面顯示每一位蹺課的學生「積欠」學校的時間。學業成
績要及格，他們就必須在課前或課後去找輔導老師「償還」自己
所積欠的時間。兩年之內，曠課率下降整整三分之一。

更重要的是，艾斯帕薩決心確保每一位學生都能夠在學業上

過關，於是他訂定了一條嚴格的「不當條款」。成績不好的學生立刻會被輔導老師盯上，每天幫忙補強表現欠佳的科目。學生必須一再重考，直到拿到C以上的成績。沒有人可以隨便放棄自己。

艾斯帕薩剛接手格蘭傑高中時，學校每年可以順利畢業的學生只有30%。五年之後，順利畢業的學生大幅提升至90%。學生的閱讀成績從20%及格率，上升到60%。數學及寫作能力的進步幅度也一樣。入學時根本沒有閱讀能力的學生，畢業時已做好進入大學的準備。一位名叫佩卓的學生剛進格蘭傑高中九年級時，閱讀能力只達到五年級生的水準。但他說，「學校一直逼我進步。高三時，我開始上大學歷史先修課程，結果我贏得了中央華盛頓大學（Central Washington University）的獎學金。」佩卓的例子在格蘭傑高中所在多有。

柯柏指出，弱勢家庭的父母會「極力爭取」，讓自己的孩子有機會打破貧窮的惡性循環。這項觀察千真萬確。今天，格蘭傑高中每一位學生家長都參加了學校的親師座談會。恰川德校長說，現在他手上有一大堆其他社區的家長所寄來的入學申請。這些家長多半都是低收入戶、自己沒受過太多教育。他們都希望為孩子爭取到進入格蘭傑就讀的機會。格蘭傑高中的轉變還帶來另一個重要的邊際效應 —— 由於他們的社區開始為自己感到自豪，犯罪率竟也大幅降低。

雖然艾斯帕薩對現有的成果頗感欣慰，但他絕不會就此滿足。「對我而言，真正的成功是每一位學生都成功。我知道要達到這個目標得花上一點時間。我的內心是一個理想主義者……但腦袋卻很務實。」他的車牌寫的是Se Puede —— 西班牙文的「我們一定辦得到」。

艾斯帕薩是一位令人敬佩的第3選擇教育家。他原本可以成

為另一個隨波逐流的教育官僚,坐在自己的辦公室裡、抱著否定的態度,用自己的手指指著社會、父母、教師工會、甚至立法機關,為自己的失敗找藉口。或者他也可以辭職不幹、加入批判者的行列,認為整個制度應該報廢掉、全部重來。

但他卻決定尋求第3選擇。他決計從自己做起,而非等待那個有關教育的社會、經濟、政治大辯論來幫他解決問題。他決定視每一位學生為上帝送給這個世界的獨特禮物,而非另一個代表失敗的數字。他全力消除幫派賦予「成功」的扭曲定義,讓孩子重新認識何謂真正的、本質上的成功 —— 認真努力、堅持到底、達成目標所能帶來的快樂與成就。他為原本已放棄希望的家庭重新帶來指望。其結果再明白也不過 —— 格蘭傑高中90%的學生都可以順利畢業、繼續上大學或進入技職體系。

雖然艾斯帕薩和任何人一樣明白教育體制的問題,但他證明了,問題並非制度本身。真正的問題是那種負面、消極的心態:「我做不來;太困難了;制度╱工會╱社區╱整個世界都與我作對。金錢、資源永遠不足。沒有人願意合作,反正根本沒人在乎。」這種被動、不抱指望的思維模式成了一種自我應驗的預言。

儘管如此,艾斯帕薩和他的團隊向這個充滿悲觀主義的世界證明了,在**體制內**努力,成功絕非不可能。如果思維模式錯誤,再好的制度也行不通。真正的問題是,我們是否擁有發揮綜效的思維模式,也就是問自己「我們是否願意共同努力,尋求一種大家從來不覺得可能的解決方案?」**我們當然可以辦得到!**

7個習慣的領導力教育

1999年,北卡羅來納州洛利市的寇姆斯小學(A.B. Combs

Elementary School）正努力掙扎，希望維持自己在韋克郡公立學校體系（Wake County public system）中的「磁性學校」（magnet school）資格。所謂「磁性學校」就是特別專注於某些特殊的教育主題或技能，可以跨區招生的學校。寇姆斯小學可以容納800位學生，但他們當時只有350位學生。學生的學業成績在學區內敬陪末座，小學部學生只有三分之二通過年底的期末考。老師們士氣低落，學校則缺乏一個共同的使命與願景。學校設備破舊、髒亂不堪、家長也非常不滿意。不僅如此，學校的社經背景也極具挑戰性——學生說29種不同的語言、超過50%的學生必須申請貧寒學生的免費午餐或午餐補助。桑莫絲（Muriel Summers）校長正面臨極大的考驗。

那一年，桑莫絲校長參加了一場我在華府舉辦的研討會，我當天上課的內容是《與成功有約》（7 Habits of Highly Effective People），也就是我們在許多屹立不搖、繁榮昌盛的社會、組織、家庭及個人身上都會看到的一套不受時空限制、放諸四海皆準、不證自明的原則。中場休息時間，桑莫絲校長跑來找我，簡單自我介紹之後，她直視我的雙眼，問道，「柯維博士，你認為這些習慣可以用來教導小孩子嗎？」我問說，「多小？」她說，「五歲。」我想了想，跟她說，「我想不出有任何不行的理由。如果你真的決定在學校裡教導這些習慣，請務必讓我知道。」

老實說，她好一陣子沒再去想這件事。然後，壞消息來了：學區辦公室請她過去，告訴她寇姆斯小學的磁性學程必須結束。桑莫絲請求學區再給她一點時間、一次機會。「學區督察長往他那張只有他那種等級的人物才會有的皮製大辦公椅背上一靠。他心一軟，叫我下禮拜帶一個能夠吸引更多學生的新磁性主題回來找他。」桑莫絲校長一路哭著回學校，當她見到同事時，他們突然

意識到，這個危機有可能變成轉機。「我們決定提出一個美國教育界前所未見的偉大提案 —— 創造出一所理想的小學 —— 但我們只有一週的時間。」

桑莫絲立刻去見學校所有的「利害關係人」—— 孩子、家長、老師、社區及企業領袖，向他們提出一個典型的第3選擇問題：「如果你想打造出一所理想的小學，它會長什麼樣子？」在不帶任何既定想法的情況下，她等於是問大家，「我們是否能夠想出一個到目前為止大家都未曾想過的好主意？」

那是火速進行「原型製作」的一週。時間壓力或許反而促成了這個結果，因為各種想法立刻從四面八方湧入。孩子們想要的是「愛我們、了解我們的潛力、和顏悅色、當我們犯錯時能夠原諒我們、了解我們的期望與夢想」的老師。老師則想要懂得尊重別人、立志改變自己的生命、求知若渴、誠以待人的學生。父母重視的則是責任感、解決問題的能力、目標設定、自我導向的孩子。

企業領袖的期待有一點出乎大家的意料之外。大家原本以為他們會希望學校能夠訓練學生具體的工作技能，但他們期待的竟然是「誠實、正直、團隊及人際能力、強烈的工作道德。」運用科技的能力竟然排在很後面。

有趣的是，沒有人提到學生要有優秀的基本能力或更好的考試成績 —— 但桑莫絲校長原本就已將這些列為改善項目。真正讓她感到意外的是，有一個主題不斷在所有的討論中被提出來：**領導力**。所有的「利害關係人」都非常重視成為一位優秀領導人的各項特質，例如自我管理、責任感、解決問題的能力、團隊能力、正直的人格。在這一切的背後，她發現大家強烈期待的，其實是能夠為社會創造改變、為孩子找回希望與前途。大家想要的是領

導力。「這就對了！」她說，「我們要以領導力做為學校的磁性主題。」

桑莫絲校長後來回想，「我們在網上搜尋，發現沒有人以領導力做為學校的教育核心。我們將會是一所獨一無二的學校。下星期一的下午3點，我站在教育局官員的面前宣布，我們希望成為全美第一所以領導力為教育核心的學校。我永遠不會忘記督察長臉上的表情。他很快提醒我說，我們不會因此得到額外的經費或人力協助，但他『個人』非常支持我們、希望我們真能有一番作為。」

重新得力的寇姆斯小學為自己創造出全新的使命：「培養具有世界觀的領導人 —— 一個一個來。」桑莫絲校長知道這個使命非同小可，不是隨便做做可達成的。每個月一次領導力的精神講話是不夠的，這項使命必須滲透學校所做的每一件事。

想出使命是一回事，知道要如何做才能達成這個使命，則是另一回事。桑莫絲及其團隊讀遍所有與領導力相關的資料。他們深深受到「品質管理」的概念所吸引，決定以「持續改善」的概念來評量每位學生的學習進展。每位學生會為自己設定可衡量的學習目標，然後以企業經常用以改善營運品質的責任管理流程「六標準差」的精神，來追蹤自己的成果。

但領導力的基本特質，例如積極主動、建立願景、決策能力、解決問題的能力、建立人際關係的能力 —— 所有這些成功領導者都必須具備的重要特質呢？老師們需要找出一個基本架構，才能將這些特質一一導入孩子的生命中。這時，桑莫絲想起我的7個習慣研討會，並發現7個習慣就是啟發孩子、將高效能領導力特質內化到孩子生命中的一種基本架構。「我們將7個習慣嵌入每一個學習領域，」她說。他們的概念是「由內而外」—— 師長們

發揮綜效 4 步驟　寇姆斯小學必須找到第 3 選擇，否則就會面臨關門大吉的命運。每個人參與定義成功的標準，共同創造新的使命典範，並且歡慶第 3 選擇的出現：領導力學校。

先以身作則，在生活中學習、運用這 7 個習慣，然後再整合進入他們每天所教導的課程內容之中。寇姆斯小學的課程表裡沒有增加任何新的科目。老師們充分發揮創意，將所有原則及習慣融入自己所教導的科目當中，包括閱讀、數學、藝術、歷史、科學，以及社會學等。從每天踏進學校的那一刻，一直到放學鐘聲響起，孩子們隨時隨地都浸淫在校內的成人領袖所實踐的信念之中 —— 孩子們是自己生命的領導者、擁有無可取代的天賦才能、絕對可以大有作為。每個孩子都知道一句箴言：「我的裡面住著一位領導者。」他們學習領導者的特質 —— 領導者主動積極、設定目標、知道事情的優先順序（先做功課再玩耍）。他們學習「雙贏心態」（每個人都能贏 —— 沒有人需要選擇輸！）每一天他們都會學習同理心（先聆聽再開口）及發揮綜效（不必爭吵，大家一起想出更

好的辦法）。他們學習「不斷操練」—— 在工作與玩樂、運動與學習、朋友與家庭中求取平衡。

學校持續強化這些領導特質。它成了一個隨時都在運作的魔幻劇場。如果你去拜訪寇姆斯小學，你會看到牆上掛滿了7個習慣的海報，而大廳裡的標誌則是寫著「積極廳」、「雙贏路」、「綜效街」。你會聽到孩子們聆聽7個習慣的歌曲、進行傑出領導人的角色扮演。到處都可以看到發言權杖、偉大領導人的照片、聽到大家談論他們的故事。寇姆斯小學的小朋友採訪了許多社區領袖 —— 包括北卡羅來納州的州長，請他們分享如何才能成為一位優秀的領導人。

當老師身體力行這些領導力原則時，學生可以很快就學會這些特質。曾經有一位惡名昭彰的學生轉學到寇姆斯來，他一進門就對著老師狂飆髒話，「你們給我他X的滾遠點！」老師們平靜地回答說，「在這裡，我們不這麼說話，我們用的是另一種說話方式，但我們還是非常歡迎你到寇姆斯小學來。」老師們每天不斷告訴這個小男生老師們愛他，但他依然惡言相向。但不久後，這個孩子也開始跟老師說，他也愛他們。他的生命徹底改觀。他甚至還上了學校的榮譽榜。心思細膩的孩子們看到老師選擇以愛心及耐心對待這位同學，於是他們也學會以溫暖的心來包容這位生命碰到難關的同學。

孩子們也努力學習領導人的行為模式：如何握手、主持會議、發表意見。進入教室時，他們必須向老師、同學問好；出校門時，他們必須先向老師表達感謝、謝謝老師們一天的教導。老師發還作業時，他們會說謝謝。「好，謝謝！」、「不用了，謝謝！」經常掛在他們嘴邊。人際關係的建立是學習「雙贏心態」的一部分。

「如果我們真的是一所領導力學校，孩子們不是也應該參與學校的領導工作嗎？」桑莫絲校長自問。有了這個想法，她在學校裡規劃出許多領導的角色。在寇姆斯小學裡，你可以當音樂、藝術或科學的領導人、影音事務領導人、教室裡的禮貌領導人、點心時間領導人、遊戲區領導人等等。孩子們努力爭取這些職務，而且工作起來認真負責。這些職務會不斷輪流，每個人都有機會成為某方面的領導人。桑莫絲校長盡可能讓學生自己來管理學校。因此，學生會負責朝會、晨間報告、接待學校的訪客。當我問她，我們是否可以拍攝學校裡的一些做法時，桑莫絲校長說，「當然可以，讓我把你介紹給我們的影音事務學生領導人。」

最令人欣慰的結果，或許就是為孩子們建立起發揮綜效的心態。他們知道自己可以選擇對所有事情的回應方式。他們知道如何超越衝突。他們知道如何一起尋求更好的解決方案。強生夫婦（Gayle Gonzales and Eric Johnson）的三個孩子都就讀於寇姆斯小學，他們所分享的這個故事，剛好可以說明孩子們的成就：

> 小女兒的班上來了一位新同學，這個孩子顯然有很嚴重的情緒問題。導師的處理方式真的非常有啟發性。一天下午，那位小男生沒來學校，老師把握機會，到班上來與同學懇談。她說，「最近班上所發生的衝突顯然對每一個人都沒有好處。」她請孩子們一起想想看有什麼方法可以解決這個問題。孩子們都曉得，主要的問題是出在這位新同學身上。他們決定自己組成一個同儕支援團體。他們說，他們比老師更能幫助這位同學。這個小男孩對此反應極佳，而且成績開始進步──有史以來第一次。當他後來又搬家時，全班同學都哭了。他們學會了如何去愛自己的同學。

　　這些孩子都是第 3 選擇的思維者。他們沒有選擇直接對抗或極力逃避這位會霸凌別人的同學，他們發明了自己的第 3 選擇 —— 不但能解決問題，而且大家都是贏家。寇姆斯小學的孩子顯然都知道何謂本質性的成功。

　　現在，讓我們談談學生成績上的表現。

　　第一年，寇姆斯小學的學業成績就從學區裡的末段班，一躍變成 97% 都達到或超越同年級標準。紀律問題也立刻大幅改善。老師們都有強烈的參與感，而且努力同心合作。家長意見調查顯示，100% 的家長都極為滿意學校的成果。當孩子們開始學習要為自己負責之後，追求卓越成了他們的第二天性。雖然每一年的成績或有高低，但整體的結果非常令人滿意。

　　寇姆斯小學（或整個教育界）所提出的問題是：如何幫助每一位學生都能盡情發揮所長？關於這個問題，各派學說不同。有人認為，「卓越」根本就是個文化菁英主義的概念。其他人則相信，除非以卓越的標準來要求學生（不論「卓越」究竟是何含義），否則，平庸將主導一切。當然，兩種說法都有道理。

　　但寇姆斯有自己的第 3 選擇，桑莫絲校長稱之為「一個超級的思維移轉」。他們沒有將教育重心放在學業上，但教導學生領導的原則卻大大提升了孩子們的學業成績。老實說，優秀的學業成績只是附屬性的目標，是他們專注本質的成功所帶來的副產品。這件事的基本原則是：「教導孩子們正確的思維模式，他們的行為就會跟著改變」，而其結果令人振奮。桑莫絲校長記得，剛開始時，老師們覺得只要有 90% 的學生成績能夠達到年級標準，那就太棒了。「後來，竟然 95% 的孩子都達到標準。這時，我們又產生一個重要的想法 —— 即使 95% 也不能接受，我們要的是 100%。」

　　寇姆斯小學的驚人事蹟傳開之後，教育界的人開始想要了解

更多細節。每年兩次，好幾百位來自全球各地的教育工作者都會在寇姆斯小學的「領導日」，實地觀摩如何在自己的學校實施這套領導力教育。「得勝者教練網絡」（Championship Coaches Network）的簡森（Jeff Janssen）也是觀摩者之一，他有以下的觀察：

> 當我一踏進校門，我就知道這間學校非常特別，因為一位還在讀幼稚園的小朋友自動走上前來，毫無懼色地看著我的眼睛，給了我一個有力的握手，以充滿熱情的聲音，清楚地對我說，「早安，我的名字是麥可。非常歡迎您到我們學校來參觀。」緊接著這個溫暖、誠懇、專業的接待之後，在我前往老師辦公室的路上，各個年級不同的孩子都給了我同樣熱誠的歡迎。

從招生不足的危機起步，寇姆斯小學如今的問題是學生大爆滿。寇姆斯的學生人數從350人一路躍升至860人，而且候補名單隨時都有超過500位孩子在等候。當地房價大漲，有些家長則得每天開一小時的車送孩子來上學。一有老師的空缺，桑莫絲校長都會收到數以百計的申請函。（順帶一提，五年級的孩子現在剛好正在參與新老師的遴選。）這個小小的「領導力學校」在全美受到許多肯定，贏得了：

- 全美卓越藍帶學校獎（National Blue Ribbon School of Excellence）
- 2006「全美卓越磁性小學獎」（National Magnet School of Excellence, 2006）
- 北卡羅來納州州長創業獎及卓越學校獎

- 全美「頂尖學校」獎（National Title "Best of the Best"）
- 全美磁性學校第一名（#1 National Magnet School of America）
- 2003「國家品格學校」獎（National School of Character, 2003）

　　但最重要的，還是寇姆斯小學裡那些生命徹底被改變的人。
以下是幾個例子：

- 貝克（Nathan Baker），殘障學生：「我學會要努力讓自己有
  最好的表現，而不是只顧著怪別人。」
- 莉莉安娜（Liliana），學生：「去年學期末的時候，我跑去
  找輔導老師，告訴她我已被性侵三年。我現在有了選擇。
  如果我願意繼續被性侵，我可以選擇什麼都不說。但我想
  要改變自己的生命，所以我需要您的幫助。」
- 瑞波（John Rapple），西點軍校新生：「我今天之所以能夠
  坐在這裡，可能就是因為我曾是寇姆斯小學的學生。」
- 歐曼（Pam Allman），老師：「我丈夫是一位警察，他曾腦
  部中槍。因為我在寇姆斯所學到的這一切，我們才能夠一
  起度過人生最困難的這一段時間。
- 錫安克（Preenegoe Shanker），印度裔學生：「我在寇姆斯學
  到的事情，幫助我獲得了一生所需要的信心。我學會要專
  注於自己的「影響範圍」（Circle of Influence），而非「關切
  範圍」（Circle of Concern）＊。

＊譯註：所謂的「影響範圍」就是所有接受我們幫助、指導的人事物。影響範圍中包含了我們人脈網絡
　　　　中的所有成員，以及我們所有的專業知識、工具、資金及可用的資產。「影響範圍」外圍還有一
　　　　個「關切範圍」，其中則包含了各種阻止個人成功的障礙。「關切範圍」範圍愈大、對我們影響
　　　　愈深，我們就愈容易失去信心，讓不必要的憂慮擊垮自己追求卓越的夢想。當我們專心經營自
　　　　己的「影響範圍」時，隨著影響範圍日漸成長茁壯，「關切範圍」的勢力就會自然削弱。

　　寇姆斯小學推動改革好一陣子以後，桑莫絲校長遵守承諾，和我取得了聯絡，以便讓我知道學校推動領導力教育的進展。他們的成果讓我驚喜萬分。我知道這件事一定要讓更多人知道，於是我決定寫一本書，名為《7個習慣教出優秀的孩子》（*The Leader In Me*），詳細說明寇姆斯小學以及許多效法他們的學校推動領導力教育的過程及結果。那本書的主旨就是將孩子視為領導人，而非被動接受教育的小可憐。

　　一天，當我的兒子西恩（Sean）造訪寇姆斯小學時，桑莫絲校長對他提出一項挑戰：「我每天都會接到來自全球各地許多校長的電話，每個人都想推行這套領導力教育。但我真的沒有時間或專業知識去把這套教育計畫推展到全世界。拜託 —— 我還有自己的學校得管理呢。這件事你們得負責！」西恩很嚴肅地看待桑莫絲校長的挑戰、仔細研究了這套教育計畫、整理出其中的做法，然後將它編成一套每所學校都可以實行的流程。自從出版那本書、推出那套流程之後，領導力學校如雨後春筍般出現在全球各國：瓜地馬拉、日本、菲律賓、澳洲、印尼、新加坡、泰國、印度、巴西、英國，以及全美各地。到目前為止，全球的領導力學校已經超過五百所。這些學校創造出驚人的改變。學生的自信提高、老師更加投入、考試成績進步、各種正面的回應從四面八方湧來。家長不斷要求建立更多領導力學校。讀了我的書以後，一位哥倫比亞大學的教授收拾起行囊、舉家從紐約搬到了北卡羅來納州，好讓孩子們能夠上寇姆斯小學。

　　我對這些領導力學校所帶來的改變感到萬分驚奇，因此開始想弄清楚，為什麼這個領導力計畫會如此成功，而其他改革計畫卻沒有同樣的效果。我發現四個主要原因。第一，領導力教育始於一個不同的思維模式。它並不是透過一個所謂的「正常分布曲

線」來看孩子 —— 有些比較聰明、有些比較差。相反地，它視每一位孩子都是可造之材、每一個孩子都是領導人。這個思維模式改變了一切。

第二，它由內而外實行。桑莫絲校長可以證明，她當年得先花功夫說服學校的老師、改變所有教職員的心態，才得以開始在學生之中推動領導力教育。除非老師們先自我改造，否則不可能改變學生。正如傑出教育家巴斯（Roland S. Barth）所說，「學校中成人之間的關係與學校的品質、品格及學生的成就比較相關，而與其他因素比較無關。」所以，領導力教育計畫與成人及孩子的關係其實同等重要。它必須由內而外 —— 從老師開始，然後是學生，再來是家長。

第三，它使用的是一種共通的語言。當每一個人 —— 包括老師、學生、家長，都開始使用同一種語言時，事情就會產生驚人的加乘效果。7個習慣就可以創造出這種共通的語言。舉例來說，當每一個人都了解「要事第一」、「知彼解己」，或「主動積極」是什麼意思時，它會帶來極大的效果！領導力學校常會發現，學生彼此之間或是與家長溝通時，都會使用相同的語言：「我必須要事第一，先做功課、再去玩」；或是「我今天忘了運用雙贏思維」；或是「爸爸，你沒有主動積極哦。」

最後，7個習慣會變得「無所不在」，意思就是隨時隨地都在發生。桑莫絲校長的做法不是「每週二下午一點鐘上領導課程」，而是運用一種整合的策略，將領導力訓練融入學校所做的每一件事情當中。因此，領導力教育影響了每一件事 —— 學校裡的傳統、活動、組織、文化、教學方法，以及課程設計。但寇姆斯小學的老師會告訴你，「領導力教育不是要我們多做一件事，而是換個更好的方法來做我們原本就在做的事。」

當教育大辯論的各方繼續指著對方的鼻子互罵、大聲疾呼各種結構性的改革、為各種事情（從孩子鼻塞到人類文明的崩壞）彼此指控時，桑莫絲及艾斯帕薩這樣的人卻藉由激發孩子心中的領導力，默默地改變孩子的生命。他們正是大辯論互嗆雙方之外的第3選擇。他們不會把所有事情都怪到別人頭上。相反地，他們會努力尋求整個社區的參與及投入。當地企業家會竭盡心力地提供協助。家長會熱情地投入孩子的教養。老師獲得的益處不輸學生。這些致力發揮綜效的人早已將從兩種選擇思維出發的大辯論遠遠拋諸腦後，讓那些大辯論家顯得益發膚淺。

不久前，我受邀到賓州一所大學做一場有關教育的演講，好幾位寇姆斯小學的小朋友也在場。在我上台以前，我邀請他們先上場，向大家介紹一下他們的學校及所學到的東西。孩子們站上講台，面對上千位觀眾 —— 學者、專家、教育工作者 —— 侃侃而談。他們的勇氣與自信讓所有人大為驚豔、讚嘆不已，他們報告自己如何發現藏在自身的領導力。那真是一次奇妙的經驗。那一刻，教育大辯論顯得既空洞又遙遠。

我並不反對改革教育體制，也可以想像為何有些人倡議將整個體制放把火給燒了。但我會比較希望看到大家終結辯論、開始合作，進行真正的教育工作：釋放每個孩子心中的領導力、激發孩子的無限潛能，讓他們得以改變自己的生命、家庭，以及整個世界的未來。

所有的孩子都像擁有無限能量的星星。科學家告訴我們，每一顆原子大約蘊藏相當於本身重量350億倍的能量。每一顆星星中的原子都可以將這種驚人的能量轉化為光與熱。相同地，一個孩子也有改變未來的無限潛能 —— 無論這個潛能將發揮在哪一個舞台上。教育出一位好母親與孕育出一位諾貝爾獎得主同樣重要，

因為他們的貢獻都將永遠存留在這個宇宙之中。真正偉大的教育家會摒棄箝制人類心靈的工業時代思維、建立起一個釋放潛能的新時代。

「壓浪板」大學

高等學府也正經歷一場認同危機，它們一直在問：「大學的目的究竟是什麼？」有些人認為大學的目的是要幫年輕人做好進入職場的準備。他們認為當今的大學是一群沒用的知識分子自我逃避的象牙塔，它們對年輕人一點用處也沒有，只是讓他們在無用的事上白白浪費四年青春，然後給他們一張「百無一用的畢業證書」，將他們推出校門。它們堅信大學真正該提供的是職業訓練，因此也興起了一堆專門培養工作技能的私立大學。

這種狹隘的心態影響了許多大學的老師。教育學者戴蒙（William Damon）說，如果你去參觀一個大學的課堂，問老師為何學生應該來上課，「你會聽到一堆狹隘、工具性十足的理由，例如：學好一門學問、獲得好成績、避免被當，或者（如果學生幸運的話），這位教授會說，學生來上課是因為他們可以學得一項技能。」

難怪專注於次要的、附屬性成功的思維，會對今天的大學生產生如此嚴重的荼毒。傑出教育學者雷文（Arthur Levine）指出，對大多數學生而言，大學只是市場上另一種消耗品：「我問這些新品種的學生，他們希望學校與他們之間是一種什麼樣的關係。他們告訴我，與學校之間的關係應該和與水電公司、超級市場或銀行的關係一樣 —— 他們要的是方便、服務、品質及合理的價格。」

一位創業家告訴雷文，「你知道嗎，你們身在一個價值上千億

美元的產業裡，但你們的名聲卻糟透了 —— 效率低、成本高、管理不良、不擅使用科技。你們可能會成為下一個健保制度：一個管理不善的非營利產業，最後只會落得被營利機構取代的命運。」（但和營利性質的健保機構一樣，私立大專院校顯然也沒有真正解決教育成本及提供公平就學／就醫機會的問題。）這個趨勢讓高等教育界的許多人心生憂慮。那些將大學視為「學術殿堂」的人對這種趨勢極度反感。以下是一個典型的抱怨：

> 短短不到一個世代的時間裡，我們過去所熟悉的學術道德 —— 容我大膽地說，也就是大學教育一向以來的核心使命 —— 提升及傳遞知識 —— 已被市場經濟那套及時享樂、立即滿足的價值觀逼得無處容身。維繫一個學術殿堂的崇高使命，早已蕩然無存。

　　當今市場派與學院派之間的齟齬，與早年「市井與學士袍」之間的衝突遙相呼應〔譯註：這個說法源於早年英國牛津、劍橋等大學所在城鎮，市井（town）與穿學士袍（gown）的知識菁英之間的衝突〕，但卻是另一種虛假的兩難。雖然雙方論點所反映的事實有限，但卻都不無道理。如果不受困於兩種選擇的思維，雙方絕對可以相輔相成。有趣的是，當雙方真的可以發揮綜效時，奇蹟就會發生 —— 否則人類不可能享有今天這種細膩的高科技文明，而且在藝術與科學上也都有如此驚人的成就。

　　然而，我覺得雙方都未能掌握真正該做的事：一方認為市場競爭是一切問題的答案，賺錢第一、不計代價。人類所累積的智慧告訴我們，這種想法實在非常空虛 —— 甚至更糟。2008年全球金融海嘯對人類的傷害，遠非任何恐怖攻擊所能比擬。而它正

是這種思維及教育所帶來的後果。歷史學家布契（Robert Butche）
說：

　　大家都很清楚造成全球性大災難的基本肇因：當一堆
人、組織開始玩弄體制時，體制就會因承受不住欺詐、盜
竊、騙局及貪婪的強大壓力而瓦解。
　　我們的MBA所受的教育、他們所學到的解決問題的方
法、思考問題的方式，以及頭痛醫頭的心態，創造出一群道
德上嚴重殘缺的管理階層。這些MBA的問題不是出在他們是
天生壞蛋或他們原本就心存不良，而是那種不擇手段求勝、
短視近利、不計代價求取利益的心態必然會帶來的結果。

　　然而，大辯論的另一方也不見得能夠提供更好的解決之道。
學術界很早就與自己的理想脫了勾，現在回頭捍衛學術理想恐怕
為時已晚。學術界的人都忙著爭取終身教職、大玩自我推銷的政

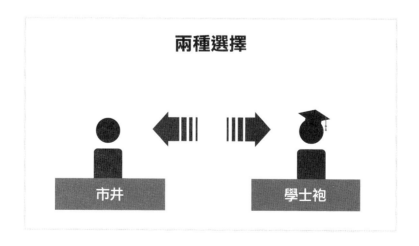

治遊戲，學生對他們而言反而顯得有點礙手礙腳。有人曾說，當今的大學是個「對自己的學生失去了興趣的地方」。一位觀察家也說，今天的大學成了一個「個人心靈怠惰、所有教職人員共同經歷理想與社群意識淪喪的地方」。它是一個充滿「不斷累積的失望與挫折，最後淪為孤獨追尋與破碎生命」的世界。

　　雙方都因過度強調世俗的成就而扭曲高等教育的目的。當然，每個人都應該學會如何討生活，但大學真正的使命是幫助年輕人充分發揮、貢獻所長。事實上，當我們將重心放在本質上的成就時，世俗的、附屬的成就通常也會尾隨而至。

　　在長達三十年的大學教授及行政管理生涯中，我也必須一直與這些壓力奮鬥。我完全了解大學正逐步演化為「畢業證書製造廠」，開始專注於為學生未來的職涯作準備。回到家裡，我努力教導自己的孩子，讓他們明白上大學的目的是為了「學習如何學習」，其次才是獲得一技之長。我的九個兒女都接受了大學教育，他們的主修領域橫跨歷史、英文、國際關係、政治及美國研究。其中六個還進了研究所。我非常感恩，因為他們都非常珍惜自己所受的大學教育。最重要的是，大學教育給了他們**了解自己的思維**這項能力，而這項能力對於尋求生命中的第 3 選擇至為關鍵。

　　在我看來，這才是大學應該扮演的變革角色 —— 打造第 3 選擇。新的知識來自於第 3 選擇。正如二十世紀重要思想家孔恩（Thomas Kuhn）所說，知識的進步「來自一種革命性的改變。有些革命很重大，例如哥白尼、牛頓、達爾文所掀起的革命。」有些則影響範圍沒有那麼大。但所有的知識革命都需要「換一頂思維的帽子」，也就是發揮綜效的心態。

　　所以，高等教育真正「該做的事」和基礎教育並沒有兩樣：培養領導人，因為只有他們才能夠做出自己獨有的貢獻。

　　加拿大一家著名大學曾邀請我去協助他們釐清學校未來的發展方向。他們不知道自己應該朝什麼方向前進。他們當時正在經歷我所描述的那種認同危機：「我們的目的是什麼？我們的責任是為市場提供具有專業技能的人力嗎？還是我們應該致力於純粹的知識，莊嚴地與『真實世界』保持距離？」

　　我建議他們要尋求一個第 3 選擇。我向他們說明一艘巨輪的船長如何控制自己的船。每艘船的主方向舵上都裝有一個小的方向舵，稱為「壓浪板」（trim tab，又稱「小舵板」）。當壓浪板左右擺動時，會在水中創造出一個真空區，這時主方向舵就可輕易滑入真空區。藉由操縱一片小小的壓浪板，船長可以毫不費力地操控一個龐然大物（比方說，一艘重達 50 萬噸的油輪），讓它橫越大江大海。

　　因此，我邀請這群希望為學校找到新目標的主管，將自己的學校想像為一片足以為當地社區以及整個加拿大帶來革命性改變的壓浪板。我也邀請他們重新界定自己的使命，讓他成為一股遠大於自己、遠大於自己所負責的領域、甚至遠大於整所學校的力量。

　　協助這群人找出第 3 選擇，過程真是備極艱辛。他們深陷政治鬥爭及意見對峙，各有各的勢力範圍、內鬥嚴重、部門傾軋，每個人都全力捍衛自己的權益、保護自己的版圖。大家的目標極度分歧。由於彼此之間嫉妒、猜忌極深，我甚至不確定他們是不是可能完成這項偉大的任務。但他們願意讓我強力主導，於是我就不客氣地提出條件。我要求全校的人盡量深入參與這件事，大家必須使用發言權杖、真誠了解彼此的想法。終於，當他們開始跳出自我、部門、科系及派系時，成為一片壓浪板的使命慢慢成型。當他們真正開始接受「在世界上留下重要刻痕」的想法時，

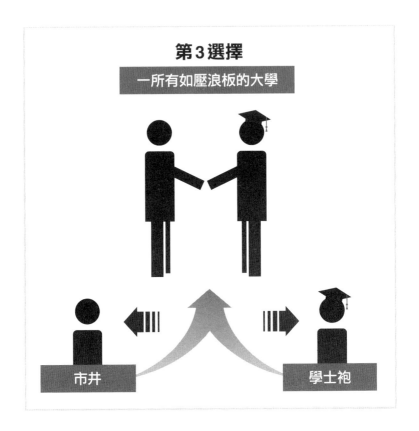

他們靈魂中那些渺小、卑劣的部分逐漸萎縮，高貴的靈魂次第綻
放。今天，他們成了一所極其優秀的大學，擁有清晰、遠大的目
標，同時也影響、帶領著加拿大其他高等學府跟隨他們的步伐前
行。

　　一所大學可以藉由與「真實世界」積極互動、服務社稷而成
為一片壓浪板 —— 在這個過程中，他們也會幫助所有的學生都成
為壓浪板。大學是第3選擇最豐富的來源，它應該有能力改變自己
所處的世界。許多大學也正在扮演這個角色。

讓我們自己來！

　　荷蘭呂伐登市（Leeuwarden）的史坦德大學（Stenden University）就是一所壓浪板大學。史坦德大學的教授與學生沒有浪費時間大搞自我認同的問題。相反地，他們將技職教育、學術及服務相結合。事實上，我們很難分辨這些領域之間的界線。史坦德大學前任董事長文斯特拉（Robert Veenstra）說，「我想要建立的是一所以領導力為核心的大學。對我而言，領導力就是啟發人充分發揮潛力的最好方法。我們需要的是致力成為壓浪板的領導者。我永遠會回到『當一片壓浪板』的概念。我們需要願意勇敢站出來、為改善社會而採取行動的人。」

　　對文斯特拉而言，這就是大學真正該做的事 —— 釋放每個人內心的領導力。史坦德大學在荷蘭有一萬一千名學生，在南亞地區也有許多分校。他們清楚揭諸自己是一所「領導力大學」，並定義「領導人」為「能夠按照普世價值行事、有責任感、重視人與人之間的差異性、能夠發揮綜效、幫助別人進步的人」。

　　這個使命要如何實踐？2003 年，史坦德大學在南非景致優美的艾爾弗雷德港（Port Alfred）設立了一座分校。這所新校的目標是訓練年輕人進入休閒服務產業：飯店、餐飲、觀光等。由於氣候宜人、海岸線迷人，艾爾弗雷德港是許多有錢銀髮族度假及退休的勝地。但艾爾弗雷德港的隔壁就是一個完全不同的世界：曼德拉鎮的尼馬托地區（NeMaTo）依然失業嚴重、文盲氾濫、犯罪猖獗。當地小店幾乎很難存活。更悲哀的是，尼馬托的街上充斥街童，他們無處可去、無所事事，只能隨處乞討、吸食汽油及大麻。

　　文斯特拉及同僚知道，此地是設立第 3 選擇大學最好的地點。

新學校取名為「服務研究教育學院」（Educational Institute for Service Studies, 簡稱EISS）。這個校名有雙重意義：學生在校將接受服務業的教育，但他們同時也將為亟需協助的當地社區提供服務。課堂與社區服務之間沒有任何界線。穆拉巴（Raymond Mhlaba）是南非反種族隔離運動的英雄，也是曼德拉在羅本島（Robben Island）監獄的獄友，由他來擔任EISS的第一任校長，真是再合適也不過了。雖然他只服務一段很短的時間就過世了，但穆拉巴顯然比誰都了解尼馬托所面對的挑戰。

就像任何一個第3選擇實驗，EISS成立之初「就像一場大探險」，文斯特拉說。「每一個參與其中的人都不知道最後的結果會是如何。他們只知道自己想將高等教育及社區發展帶到南非最窮困的一個地區，而他們看到，自己很有機會可以帶領這些孩子邁向一個更好的人生。」他們希望學生學到的，不只是服務這項**工作**，而是服務的**心態**。

當EISS的師生與尼馬托的民眾決定攜手合作、彼此幫助時，神奇的綜效就產生了。由於烘焙是學校課程的一部分，EISS決定在尼馬托開一家烘焙坊，它不僅可以讓學生學習烘焙的技術，同時也為當地居民提供工作機會、幫助他們學習自助人助。這家烘焙坊的口號是「進步是我們的人生態度」（Progress Is Our Lifestyle!）。其他的計畫還包括開闢許多蔬果園、建立一個多功能活動中心、一項愛滋防治計畫，以及擔任當地「殷庫沙斯文尼啟智學校」（Enkuthazweni School for the Disabled）的輔導老師 —— 全部都由學生負責。

EISS同時也成立了一個名為「讓我們自己來！」（Let's Rise and Do It Ourselves!）的創業計畫，而學生則可以跟著計畫裡的小店家一起學習。學生輔導這些小店家學習企業規劃、會計及行

銷，而這些小店家則聘請學生到他們店裡去工作。這種綜效讓每一個人都受益：店家學會了新的經營管理技能，而學生則可以將所學實際運用在工作之中。一位年輕女孩一直希望能夠幫人家做裁縫，但卻不知道如何招攬顧客。EISS 的學生教她如何做預算以及基本行銷方法，因而徹底改造了她的小小裁縫事業。海恩加尼（Simphiwe Hlangane）擁有一個木工店，但對經營管理卻一竅不通。他心腸太好，因此只收顧客付得起的費用，有時甚至分文不取。他的 EISS 伙伴教他會計、行銷，外加一點點的生意頭腦。

　　除此之外，EISS 也將學生組織起來，去幫助許多尼馬托的街童，讓寇拉尼（Xolani）及儂西妮（Noncini）這樣的孩子有機會改變自己的生命。13 歲的寇拉尼小二之後就失學。他的母親成天在鎮上的垃圾堆中過活，以破銅爛鐵來換取廉價酒度日。他的祖母年紀老邁，也無法照顧他的生活。寇拉尼很想上學，但因為失去了一截食指，他認定自己從此無法寫字，也不好意思向人求助。儂西妮也是位只有十幾歲的少女，她有時會去跟祖母同住，但多數時候也是在垃圾堆度日。她曾經回學校上學，但不久就因挫折感而跑回去與垃圾為伍。一天，她因吸食汽油而精神恍惚、神智不清，竟然慘遭一群少年輪姦。

　　這種悲慘的故事每天在尼馬托上演。但 EISS 決定「領養」寇拉尼、儂西妮，以及許多和他們一樣境遇悽慘的孩子。學生們與這些孩子訂定行為契約。寇拉尼同意脫離垃圾堆、每天到活動中心報到。他在那裡加入了一個專門幫助年輕孩子戒毒的計畫。剛開始，他的行為契約很簡短：「這個週末我絕不喝酒」。後來，EISS 的實習同學開始教寇拉尼的母親一些為母之道，並訓練寇拉尼建立自己的清潔衛生習慣。他們密切觀察他上學的出席狀況。相同地，儂西妮也獲得就學協助，同時也有人幫助她面對自己被

296 第 3 選擇 The 3rd Alternative

性侵的慘痛經歷。她的祖母成了她療癒的關鍵。在獲得許多必要的訓練之後,他們重建了自己的家庭。在學生主導之下,EISS救援了許多原本可能永遠淪喪在毒品與挫折之中的孩子。

EISS大幅擴張了自己的影響力,如今它還積極支持「國際大學生企業家聯盟」(Students In Free Enterprise,簡稱SIFE,中文為「賽扶」)的工作。賽扶是一個良性的競賽,有四萬兩千多名學生參與協助全球四十幾個國家的弱勢社區,改善當地民眾的生活。他們所做的事情包括為偏遠的鄉村蓋電腦中心、整建及支持農民學校。這些不是學生的課外活動,而是學校的核心課程。在幫助小店家、農民自立更生;在救援孩童脫離毒品的控制;在為自己培養憐憫、服務價值觀的同時,這些年輕人未來無論去到哪裡,都將能夠發揮驚人的「壓浪板」效應。

如今改名為「南非史坦德大學」(Stenden South Africa)的EISS,不但讓學生擁有服務技巧,同時也建立他們的服務倫理。學業成就因每天的實際應用而益發扎實,而教室與社區間的隔閡和高牆也消失於無形。頭腦與心靈都受到最好的教育,學生更發現奉獻的意義。文斯特拉承認,史坦德大學在高等教育圈中的確是個異數,而他們也不乏質疑者:「我隨時都會碰到反對的意見、抗拒的力量。大家不確定這種社區服務的做法及領導力教育是否行得通,不然就是根本不願意配合。」他說。

但我卻認為,這才是未來的教育典範。如果高等學府繼續將自己隔絕於學生的生活及他們所應該服務的社會之外,將會非常可惜。如果大學生的學習經驗被限縮到只剩下坐在一台電腦前、沒有任何人際互動,接受一大堆全是選擇題的考試,那將是更不幸的悲劇。相反地,史坦德則是一個名符其實的第3選擇,一個純粹的學術研究機構與一個高級職業訓練所之間的一條更好的路,

他們的目標是要將自己的學生培養成為領導者。

　　史坦德的創新教育模式一般通稱為「參與式學習」（engagement learning）或「服務學習」（service learning）。美國前教育總署署長波伊爾博士（Dr. Ernest Boyer）是一位非常有遠見的領導人，也是最先提倡大學與社區應該發揮綜效的教育家。他曾寫道：

> 　　「投身公共服務的學術」（the scholarship of engagement）是指將高等學府的豐富資源與我們最重要的社會、公民、倫理問題連結起來；也與我們的孩子、學校、老師，以及城市連結起來……更深一層來看，我們需要的並不是更多的教育計畫，而是對國家的未來有一個更遠大的目標、更強烈的使命感，以及更清楚的方向。

　　這個遠大的目標現在正鼓勵著其他的高等學府，幫助他們的學生透過服務來學習。每一個學術領域都可以參與其中。舉例來說，有一所大學的會計系認養了美國一個大城市裡的遊民收容所。這些學生為收容所的遊民舉辦研習會，教他們如何與銀行打交道，以及做預算的技巧。除非遊民學會儲蓄，否則他們根本不可能有機會擁有自己的房子。一家銀行也參與這項計畫，並設立一種儲蓄帳戶，只需要1美元就可以開戶。「在別人需要的事情上給予協助」對這些學生產生了莫大的影響。其中一位寫道，「老實說，這裡的人讓我學到的東西遠超過我的想像。過去幾個禮拜以來我所接觸的現實，比大學裡所經歷的任何事情都讓我激動。」學生與遊民之間也出現了典型的角色反轉──當他們努力教導自己的遊民朋友如何儲蓄時，遊民也讓學生學會了同理心，以及尊

重每一個人的生命價值。這就是我所謂的「綜效式學習」。

　　一所知名法學院的學生獲得了在一個社區法律服務中心為低收入客戶提供免費法律諮詢服務的機會。幾位學生負責協助的對象，是一位墨西哥移民拉斐爾（Rafael）。拉斐爾是麵包師傅，但卻受到極不公平的待遇、慘遭老闆開除。除了幫他主持公道、爭取權益之外，法律服務中心也請一些學財務的學生來幫助他開一家自己的麵包房。這些學生不但協助他完成一份營運計畫書，還幫他申請到一筆小額貸款。語文學系的學生志願幫他翻譯。甚至校友都回來幫忙看一些法律及商業合約。很快地，他根本不再需要原有的工作了。他已經準備好要自己站起來。對他而言，先前的法律訴訟已無關緊要 —— 這正是一個好的第3選擇可以為法律訴訟提供的貢獻。不同領域的人共同發揮綜效，可以拆毀各種不同的高牆。

　　這種綜效讓我們開始重新定義教育的意義。教育過去常代表將資訊送進空空如也的腦袋，然後再用考試來要求學生將它吐出來。這就是所謂的「自動販賣機」式的教育，也就是老師丟銅板進販賣機，然後販賣機就會吐出一條巧克力來。這也是另一種工業時代的產物。和綜效式教育比較起來，這種教育模式的效果顯得太有限了。在綜效式教育模式裡，每一個人 —— 老師、學生、社區 —— 都能夠貢獻自己的知識與心力，因而所產生的第3選擇則將改變我們對事情的看法，為我們帶來嶄新而豐富的思維模式。位於加拿大「第一民族」原住民地區的維多利亞大學（University of Victoria）就是一個最好的例子。

老鷹的羽毛

　　加拿大的原住民有六百多個不同的部族，統稱為「第一民族」
（First Nations）。許多第一民族的原住民希望進入社會的主流、
獲得好的就學及就業機會。但他們也希望能夠保有自己古老的傳
統。多年來，當政者一直希望讓他們接受西式教育、逐漸脫離他
們的原住民文化。但第一民族高中以上的受教紀錄卻很不理想。
老師說原住民學生在課堂上很少開口，說話聲音又小，別人幾乎
聽不見。真正擁有大學文憑的原住民寥寥可數。原住民也因而被
冠上了原始、落後、無法應付現代文明的刻板印象。

　　這個情況似乎剛好印證了我們常聽到的所謂「成就落差」
（achievement gap）。然而，少數族裔學生雖然考試成績落後，但他
們的學習能力其實不輸任何人。想像一下，假如外星人占領你的
城市，逼你上他們的學校、接受他們的考試，以便測試你對他們
的文化及知識有多少了解。再想像一下，如果那些外星人根本就
認定，只有他們的文化才有價值，你的文化一文不值呢？換句話
說，缺乏同理心是否也可能是造成成就落差的原因之一？

　　面對這種嚴重的文化衝突但又不願就此投降，草原湖
（Meadow Lake）及沙斯克其萬省（Saskatchewan）部落議會找上了
維多利亞大學的苞爾（Jessica Ball）及彭斯（Alan Pence）兩位教
授，希望能夠幫助他們其中9個部落的年輕家庭規劃出一套兒童發
展課程。第一民族年輕人的失業、酗酒及吸毒問題令人憂心，因
此希望他們能夠幫助年輕父母發展出一套新的兒童教養方式。

　　由於第一民族與加拿大教育體系過去的互動經驗並不好，苞
爾與彭斯這兩位兒童發展專家決定先聆聽原住民自己的想法，而
非自作聰明開一堆藥方。他們邀集部落長老、家長及其他社區領

袖一起開會，仔細傾聽他們的心聲。原住民們終於有機會表達自己的想法 —— 有些人還是生平第一回。所有人都發表了自己的見解（包括兩位教授）。他們藉此共同發展出一套前所未有的兒童及青少年照護學程。這是一套第 3 選擇課程，充分結合了原住民的「長老語言」，以及歐美的「西方語言」。學生們同時學習克里族（Cree）與納瓦霍族（Diné）的傳統兒童照護方式，以及主流的科學照護方法。當學生發現自己的傳統受到尊重時，他們開始帶著嶄新的自信提出許多想法。不僅如此，這套課程並未定型，學生的意見隨時可以融入課程之中。一位教授稱之為「活生生的課程」。為了對源源而來的第一民族文化及意見表示尊重，所有教師同意「絕不預設課程發展的方向及終點」。

在這種教育理念之下，老師所學到的和學生一樣多。舉例來說，碰到小孩鬧情緒、吵鬧不休時，教科書上的標準做法是讓孩子關禁閉、給他一點時間安靜下來。但克里族的做法卻剛好相反。他們會把孩子帶到家人中間，讓他「好好說出」自己心中的挫折。學校決定不否決任何一方的做法，師生一起以絕對尊重的態度，討論所有的可能性。

剛開始時，這種做法確實讓一些習於「掌控自己課程大綱」的老師有點不適應。對大多數教育界的人而言，將決策權交到學生及群體的手中，絕不是一種正常的做法。一位老師就說，「我覺得自己好像背向著自己的辦公桌坐著一樣。」但他們很快就了解，「各類家庭都有強項，絕大多數最有效、最管用的教養知識，都可以在群體之中找到 —— 跨世代、來自不同網絡、種族及文化傳統的群體。」

這些老師找到了一種新的教育思維模式 —— 學生成了他們的伙伴。這種教育思維模式與認為只有少數人擁有重要知識的貧乏

心態不同，它相信的是富足心態，認為每一個人都能貢獻出某些珍貴的東西。教室裡充滿了同理心，而同理心永遠可以帶來豐富的回報、擴充每一個人的知識與心靈。偉大的教育家羅傑斯深諳此理：「與學生易地而處、從他們的眼睛看世界的態度在校園中極為罕見。但若老師能夠以讓學生覺得自己『被了解』──而非『被評斷』或『被評估』──的方式來回應，它就能夠產生極大的影響。」

　　草原湖實驗中所產生的綜效創造出驚人的成果。學生的結業率從20%一口氣竄升到78%。而且，和從前的人才流失困境相比，後來有95%的學生都決定留在部落，因為他們覺得自己與祖先的價值觀產生了緊密的連結。除此之外，五位家長中就有四位認為自己教養孩子的能力大幅提升。由於年輕家庭在教養孩子時更有自信，也更懂得尊重自己的傳統，壓浪板的效應在部落中明顯可見。一位飛塵族（Flying Dust First Nation）的長老感激地說：

　　　　我們在新聞中看到許多悲劇、問題。我們的年輕人自殺、吸毒、族人不懂理財，酗酒及暴力問題嚴重。你會懷疑說，難道我們真的一無是處？但我們知道祖先留下了許多智慧，而第一民族也充滿了愛。我們只是需要一些方法來激發族人的愛心、發揮自己的長處。

　　一位部落議會的成員也說，「因為這個教育計畫，每個人都變得昂首闊步。」談到傳統智慧與主流知識所發揮的綜效時，另一位長老也以老鷹的羽毛來比擬這個教育計畫：「老鷹的羽毛有正反兩面……老鷹飛翔時，兩面都得用上。」

　　我們在這些例子中所見到的，絕對是一種更高明的高等教

育，也就是職業訓練與學術孤立之外的第3選擇 —— 前兩種選擇顯然都極為自我設限。南非史坦德及草原湖的學生都知道，他們不能只用腦袋（知識）來領導，也必須用自己的心（同理）和手（服務）來領導。偉大的天主教教育家高文伯（Peter-Hans Kolvenbach）神父曾說，「當我們的心被真實的經驗所感動時，我們的腦袋就會改變。自己所經歷的苦難或眼見別人受到不公平的待遇，正是知性探索與道德反思的觸媒。」

在我曾經任教過的一所大學入口處，一塊匾額上寫著：「世界是我們的校園」。每當我經過那塊匾額時，我心中常想，「這真是個不錯的概念。」但我現在認為，它不只是個概念想法，而應該成為所有高等教育最真實的內涵。現在，我們有機會改造自己的教育方式，幫助年輕人明白，服務自己身旁的世界才是領導力的關鍵。經由「服務學習」，他們可以成為重視本質性成功而非世俗性成功的「僕人式領導者」（servant leaders）。我們每一個人都能成為培養新世代領導人的壓浪板，而他們則可以成為改變世界的壓浪板。

從教導中學習

從本書中獲益的最好方法，就是將本書的內容再教導給另一個人。大家都知道，教學過程中，老師學到的東西比任何人都多。所以，找一個人 —— 無論是你的同事、朋友或家人 —— 把你所學到的傳授給他。請以下列這些問題來問他，或者你也可以自己想出一些問題來。

- 「教育大辯論」背後的兩種選擇思維為何？跟隨這兩種思維的危險何在？
- 請說明我們的學校如何依然身陷「工業時代心態」之中？
- 為何將孩子視為工業產品正是我們的教育所面對的根本問題？
- 教育的第 3 選擇就是培養孩子成為領導者，然而，並不是每個人都可以成為總統或企業執行長。我們要如何讓每個孩子都成為領導者？
- 我們都希望孩子能夠成功，但我們必須先釐清「成功」的定義。本質性的成功與附屬性的成功有何不同？為何本質性的成功通常也會帶來附屬性的成功？你是否曾經以犧牲本質性的成功來換取附屬性的成功？
- 艾斯帕薩及桑莫絲如何在沒有任何額外資源的情況下，得以在體制內成功改造學校？
- 桑莫絲校長為寇姆斯小學設定的使命，是幫助每一位學生「激發出自己心中的領導人」。這項使命宣言的意義為何？
- 高等學府的目的是成為一片壓浪板。何謂壓浪板？一所學校、學院或大學如何成為周遭社區的壓浪板？你個人如何

成為自己「影響範圍」中的壓浪板？

- 為何草原湖實驗是「正面綜效」的典範？「老鷹羽毛的正反兩面」各代表什麼？
- 如果你剛好是一位學生，第 3 選擇的思維可以如何幫助你面對身為學生的挑戰？
- 如果你有孩子正在就學，你可以如何以第 3 選擇的思維來面對他們在學時所碰到的挑戰？
- 請以加拿大的大學主管所提出的這個問題自問：「我的人生目的為何？我只是為了市場需求所組裝出來的一套技能嗎？在我人生最重要的角色上，我應該有哪些貢獻？」

自己試試看

在你的家庭、學校或社區中選出一個與教育有關的問題或機會，然後開始進行原型製造。邀請其他人一起參與。請使用「發揮綜效 4 步驟」。

第 6 章

第3選擇與法律

史蒂芬·柯維及賴瑞·博伊勒（Larry M. Boyle）[1] 撰文

唯一成功的法律案件，便是警察身上所穿的那一套。
（譯註：「法律案件」之原文 lawsuit 亦可引申有「法律之制服」
的雙關意涵）

───羅伯·佛斯特（Robert Frost）

　　在「山丘上的布瑞登村」（Breedon-on-the-Hill），英國這個小村莊裡，一年一度的童話劇讓全村的村民群聚一堂，享受一整晚荒謬搞笑的歌曲，還有觀賞以奇裝異服盛大演出的精采戲劇。活動需要好幾個星期的準備工作，而每位村民都非常喜歡觀看左鄰右舍在演出時自我嘲弄，讓自己大大出糗。傳統上，童話劇都是在學校的大禮堂演出；數十年前，藉由村民捐款為主所募得的經費，村裡才興建了這棟建築。

　　不過，當新校長接掌學校時，忽然之間，這一項傳統就戛然而止。因為新校長援引了新的安全法條，建議童話劇到別處演出。村民集體斷然拒絕，她便把學校禮堂的使用費提高到800英鎊，這個金額讓所有人都吃驚得倒吸一口氣，因為根本沒有人負擔得起那麼高的價錢。因此，村民要求地方議會允許他們可以免費使用禮堂。可是，議會否決了村民的要求。結果，半個世紀以來，布瑞登村裡首次沒有童話劇上演。

　　過不了多久，雙方兩造就鬧上了法庭。村民不僅對於那筆使用費，同時也針對進入學校建築的任何人，都必須接受犯罪紀錄局安全檢查的新規定，提出了抗議。許多年前，村民已支付3,000英鎊，協助學校禮堂的興建工程，他們覺得在學校上課以外的時間裡，自己應該有權利免費使用禮堂，而不應該像罪犯一樣受到調查。

　　學校官員辯解說，近年來，維護禮堂的費用節節高升，校方早已無能為力再繼續主辦童話劇，他們認為村民的請求「不合

1　賴瑞‧博伊勒曾擔任愛達荷州最高法院法官、美國首席地方法官，以及州地區法官。他是一位極具經驗且德高望重的法學家，擅長締造和平的藝術和技巧。賴瑞視其與律師打交道的工作及客戶為「戰場上的和平帳篷」，在其中，所有的爭論全轉化為聆聽對方以尋求理解。法官博伊勒與我正合作出版的新作，討論的主題關於綜效和法律，名為 *Blessed Are the Peacemakers*。

理，又不可行」。校方無法承受每一位進入學校禮堂的村民所需要完成的「填寫表格的大量練習」。

在歷經七年的纏訟，以及花費了670萬英鎊的訴訟費用之後，這件訴訟案件送到英國最高法院，而最高法院首席大法官也終於做出判決，結果讓布瑞登村民大失所望。大法官同時也判定村民要負擔高得驚人的訴訟費用。到了這個時候，在這場長期的對峙當中，校長以及教區的牧師早就辭職不幹。多年的老友不再跟彼此說話。村鎮和地方議會的關係也早已破裂，無可挽回。而村子裡童話劇中的荒謬愚蠢，原本提供給村民的生活樂趣，也已消逝殆盡。

這個故事是如此稀鬆平常，我們大多數人聽過之後，可能都會聳聳肩不以為意。在人們透過法庭對彼此宣戰，造成浪費與破壞的無數法律戰爭之中，在「山丘上的布瑞登村」所發生的這個案例，只不過是另一個稀鬆平常的小衝突。而相互對抗的司法體系，正是兩種選擇思維的具體展現。

我們的法庭裡充斥著各式各樣的訴訟案件，從無關痛癢、毫無意義的芝麻小事，到注定會撼動並塑造整個國家未來發展的案件都有，不一而足。即便有其意義的訴訟案件無以計數，這些案子都還是所費不貲，而且最後仍然造成彼此關係破裂，雙方沒有任何一方是真正獲勝。美國前總統林肯總是這麼建議，「我們不鼓勵訴訟行為……表面上的勝利者，在考慮訴訟費用、各種開銷，以及時間的浪費之後，通常都是真正的輸家。」

類似的故事不勝枚舉。當一位在「為美國而教」的教育組織工作的年輕志工，要求一個行為不檢的十二歲小孩離開班上時，孩子的雙親便對學校提出告訴，要求索賠2,000萬美元。在另一個案例中，一個男人對乾洗店遺失了他的褲子索賠6,700萬美元。

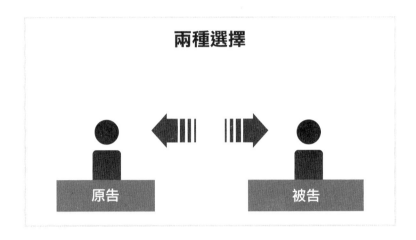

沒有人清楚，每一年法院判決的賠償金額究竟有多少，可想而知一定是個天文數字。不過，單單就美國而言，所有律師收費的金額，加總起來就高達710億美元。而且，目前在美國就有超過100萬名律師，在巴西有50萬名，而英國則有15萬名。

和平締造者無可比擬的角色

對於進入崇高的法律行業的人們，我們給予深切的讚賞與尊重。在一個過度充斥紛爭、論戰，以及難以解決的問題的世界裡，法律這一行業提供極佳的機會，將解脫、具有創意的解答、和平及療癒帶給許多生靈。《新約聖經》曾經教誨說，「帶來和平的人有福了，因為他們將會被稱為上帝的孩子。」如果曾經有任何時候我們需要和平締造者，那就是今天這個當下，而律師們正處在獨特的地位，足以承擔這樣的角色。林肯曾說，「身為締造和平的人，律師擁有優越的機會。」

本章的一個關鍵目的，便是協助跟律師打交道的人們，以及

在法律這一行執業的人們，了解這樣偉大的機會。對法律這一行
的執業人，賴瑞說了以下這段話：

> 首先，我必須承認自己的一項偏見，並且聲明一件事：
> 我喜歡律師，而且這四十多年以來，也喜歡跟他們共事。在
> 我到州立和聯邦的司法體系服務之前，我的合夥人跟我成功
> 經營了律師事務所，我們代表的客戶涵蓋個人及《財星》雜
> 誌前五百大企業。我了解律師所承擔的各種要求，還有他們
> 在職業生涯中所經歷的龐大壓力。許多年來，我對律師以及
> 法律這一門專業的尊敬與日俱增。絕大多數的律師都是誠
> 實、有能力與高尚的人士，以適時的方式和公平的價格提供
> 客戶優質的服務。法律這一行業有許多正面的本質。不過，
> 法律流程本身有一些嚴重的問題，影響到所有牽涉其中者的
> 健康和快樂。這一章會開誠布公地討論某些相關議題。

　　我們兩人都深信，大多數進入法律這一行執業的律師，都擁
有最崇高的理想，熱愛司法以及法治，同時期望謀求優渥生計，
為自己和家人提供擁有良好機會的生活，並且誠摯希望能夠造福
人類。許多人成功創造了植基於這些理想的法律事業，享受卓越
的職業生涯，將解脫和各種創意的解決方案帶給不計其數的受益
人。可是，當年輕的律師身陷在「事務所」的旋風裡、「合夥人的
晉升管道」，以及跟理想對立面的對抗戰爭裡時，許多人便逐漸與
這些理想失去連結。他們把工作生活與私人生活區隔開來，經常
感到情緒上、心智上以及靈性上的空虛感。

　　到了最後，許多律師會覺得，自己跟和平締造者之間實有天
壤之別。曾任法學教授和院長，如今在明尼蘇達州擔任聯邦法院

法官的派垂克‧席爾茲（Patrick J. Schiltz），曾經向法學院畢業生提出警言：「我有好消息，也有壞消息。壞消息是，你們即將要進入的這門專業，是地表上最不快樂和最不健康的職業之一，而且，在許許多多人眼中，也是最不道德的職業之一。至於好消息則是，你們可以加入這一門專業，而仍能過得快樂、健康和合乎道德原則。」

根據席爾茲所言，律師似乎是歸屬於美國最沮喪的一群人。有一項研究發現，法學院學生和律師擁有較高比例的焦慮、敵意和偏執。

席爾茲也指出，律師似乎是酒量極大的酒鬼。他引用了一篇研究，其中提到某一州的律師當中，有三分之一的人受制於不當飲酒和濫用藥物之苦。除此之外，研究也指出，相較於其他專業人士，律師的離婚率可能會高一些，而且比起其他人而言，律師也較常想到自殺。

席爾茲引述了由「蘭德公民正義研究院」（RAND Institute for Civil Justice）針對加州律師所做的一項研究，研究發現「只有半數的人說，如果他們可以再重來一次，他們還是會選擇當律師。」而且，40%的北加州律師表示，他們不會鼓勵自己的孩子或是其他符合資格的人士進入法律這一門專業行業。

席爾茲補充說，「健康情況如此不好的人 —— 因為憂鬱、焦慮、酗酒、嗑藥、離婚和自殺而受苦的人 —— 根據定義來說，幾乎不可能快樂。因此，律師悶悶不樂的事實，應該就不會讓人感到驚訝；而他們之所以不快樂的來源，似乎就是他們的共通點：因為他們都是律師，也就應該不足為奇。」

法律會帶給這麼多執業律師悲慘的結果，究竟原因何在？我

們相信，絕大部分源自於對抗心態的結果，而這樣的心態正是兩種選擇思維的成文化和制度化。然後，在這個體制上再加上做出決策、意志堅強的客戶，律師所感受到的壓力自然相當沉重。

　　法律中的對抗體制擁有相當悠久和聞名的歷史。大多數的國家，尤其是歐洲和美洲各國，都使用這種體制的某些變化型式。毫無疑問，這套體制萌芽於「格鬥審判」的最初時代，不過到了今日，已經演變成一套繁複的體制，原告及被告的責任和權利都謹慎地詳細列出。當妥善運用時，這一套體制能夠良好地伸張正義。不過，正如我們先前所說，第 3 選擇的思維者總是在尋找超越正義和公平，進而達成綜效的方法。如同席爾茲所指出，「律師在玩一種遊戲。而金錢，就是那個遊戲裡記錄分數的方法。」

　　美國最高法院傑出的前任法官歐康諾（Sandra Day O'Connor）針對當前運用法律的趨勢，是讓法律成為升高對立、而非解決對立的手段，表達個人警言：

　　　　常言道，一個國家的法律表現出該國人民的最高理想。令人遺憾的是，美國律師的行徑，有時候卻表現出最卑劣的東西⋯⋯展現出一種專業環境，在其中，充滿敵意、自私自利，以及為求勝利、不擇手段的心態隨處可見。一位最近不再執業的律師，用以下淒涼憂鬱的話語，說明了他離開這項專業的決定：「我對欺騙深感厭倦。我也對哄騙強辯深感厭倦。可是，最主要的是，對於我的工作所帶給其他人的苦難，我已經深感厭倦。」

　　　　當我們談到跟其他律師交涉時，總是「戰爭」兩字不離口，而通常我們的行為也是如此。只要想一想律師用來描述他們日常經驗的語言，便可以了解這個道理：「我『攻擊』了

他們論點中的每一個弱點。」

「她的批評『正中目標』。」

「我『摧毀』了他的立論點。」

「如果我們使用那項策略，她就會把我們『消滅殆盡』。」

「我把他們的論點一一『擊垮』。」

律師之所以對他們的職業不滿意，原因不僅是工作時間長和工作辛勞……而是，到了最後，許多律師會質疑自己，是否對社會貢獻了任何有價值的東西。

　　兩種選擇思維的最後終點，通常都是法庭。然而，似是而非、最大的弔詭就是，我們能夠提供給第3選擇的最佳場所，可能就是在法庭裡，而律師就是促成綜效的最佳執行人選。對立的體制鼓勵人們用「非贏即輸」、「不是我的方法，就是你的方法」的觀點思考事情。不過，能夠真正達成和平的道路 —— 在心中的和平，不僅僅在個人之間，而是在全世界 —— 是「我們的」方法，也就是第3選擇。

法律執業的第3選擇？

　　即便客戶很強勢，又要求嚴格，法律的執業是否有可能因為第3選擇的思維而獲得轉化呢？有可能，而且從某個角度來說，這樣的轉化確實已經發生。一個正面的跡象就是，在許多政府機構及公司行號，「替代爭議調解機制」（alternative dispute resolution，簡稱ADR）有爆炸性的成長。在這個機制之下，紛爭的兩造與調解人或仲裁人開會協商，而不是上法庭。如同卓越的專業調解人阿德勒（Peter Adler）所說，「調解，目前已經完全和法律結合在

一起，而且牢牢嵌入到司法體制之中。」

　　ADR對於減緩上法庭的緊張和壓力，可以發揮神奇的功效。與法律訴訟案件相較之下，透過ADR的方法來解決爭議，能夠產生更為迅速、代價較低，而且好得許多的結果，對雙方兩造的身心磨耗也減少很多。在ADR的各種方法之中（編註：分為公眾諮詢、協商、調解、仲裁四種類型），調解和綜效最為相似。通常來說，相較於誰贏誰輸，對於如何解決問題，調解人有更高的興趣。他們同時也努力維持爭議雙方之間的關係。深具技巧的調解

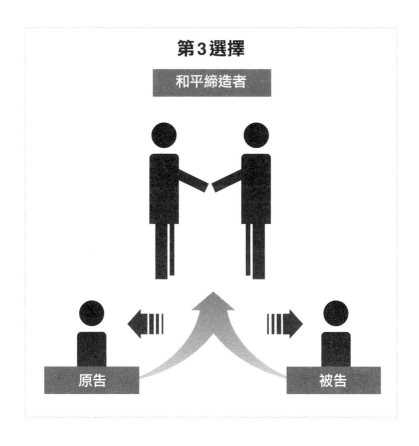

第3選擇

和平締造者

原告　　　　　　　被告

人能夠讓一場充滿苦澀的離婚，變成一個可行的安排，讓男女雙方能夠繼續他們的生活，並且在孩子監護權、財產分享及其他事項上合作。對於調解人的不懈努力，以及無法衡量的正面影響，我們應該表達尊敬和喝采！

身為ADR的早期支持者、律師，同時也身兼調解人的湯瑪斯‧博伊勒（Thomas Boyle）如此描述調解的功能：「調解，就好像戰場上的一頂和平帳篷一樣，讓參與的各方連結在解決紛爭的共同目標之下。」

不過，如果缺少第3選擇思維的三大典範，ADR也時常會變成掩飾下的法律訴訟行為；因為如果僅依賴自身，ADR對於抵抗不尊重以及防衛心態這類根深柢固的模式，可說是無能為力。ADR的主要目的是達成公平、正義和平等的解決方案，但不一定會達成雙方的綜效。阿德勒思考了ADR本身的限制條件，他說：「太多時候，似乎將我們連結在一起的那些共同分享的價值觀和技巧，到頭來只是一些表面的渴望，而非實實在在的共同立場。」

綜效，其真正的本質就是要達到「實實在在的共同立場」，因此需要一種根本的思維移轉。要達成綜效，需要完全脫離競爭和妥協的心態，進而全心接納第3選擇的心態。

甘地的行動深切地啟發了我們。他從心智上打破了第1和第2選擇的限制條件。甘地曾經是在倫敦接受培訓的律師，他非常熟悉對立的體制。在他加入南非一家法律事務所之後，發現自己身處白人的權力結構當中，因為印度人的身分，持續遭受不公平的工作待遇。即便持有頭等艙的車票，他還是被人趕下火車。旅館拒絕接受他入住，而餐廳也拒絕接待他。

甘地並非唯一的受害者。那個時候，南非的川斯瓦（Transvaal）是許多遭受壓迫的少數民族的家園，當時該地區剛通過一項「亞

洲人登記法案」（Asiatic Registration Act），要求非白人族裔的居民跟政府登記，並且要按壓指紋。川斯瓦的印度裔居民對此感到非常憤怒，於是在1906年9月11日舉辦了一場大規模集會，以便決定如何回應。與會的群眾熱烈激辯，究竟是要屈服還是要予以反擊。在集會群眾當中，甘地備受尊敬，他在心裡反覆掙扎應該如何回應。如同任何遭受不當待遇的其他人一樣，他個人也感受到同樣的憤怒。然而，他非常清楚，如果運用暴力，得到的回應就會是暴力。不過，他也不願意生活在暴政之下。他運用某種方式，找到他的答案。在「正義」，以及不對任何生物造成傷害的印度「不殺生」（ahimsa）的傳統，這兩項主要原則的綜效之中，他發現了第3選擇。

甘地在對群眾的一場演說中，提出他的第3選擇：非暴力抵抗（nonviolent resistance）。他不會遵守這一項不公義的法律，因而放棄人權和尊嚴，因為這將會違背原則。不過，他也不會使用武力來抵抗，並且敦促其他人溫順地接受逮捕，不訴諸暴力行為。

印度人以非暴力的行動面對暴力。超過一萬人平和地走進監牢，而未曾放棄他們的權利。如此盛大規模的寧靜示威，讓大家目瞪口呆，引起全世界的注意。最後，甘地自己入監服刑，在牢裡親手做了一雙涼鞋，準備送給川斯瓦的州長楊·克里斯汀安·斯瑪茲（Jan Christiaan Smuts）。這樣的舉動展現了甘地第3選擇的真正獨特性。他不僅抵抗不公不義；同時也企求跟他的對手做朋友。雖然斯瑪茲讓甘地入監服刑了三次，甘地從來沒有對於改變州長想法感到絕望，而他最後也成功達成心願。當時被稱之為「黑色法案」的種族歧視法案，最終遭到廢除。多年之後，斯瑪茲出席甘地的生日慶祝活動，並且說：「我沒有資格穿著這樣一位偉人的鞋子。」

　　回到他的家鄉之後，甘地提倡印度脫離英國統治，獲得解放。他覺得印度脫離英國，對於英國人而言，就如對於印度人一樣，都是件好事。「如果英國人撤走，」他寫道，「如果他們能夠平靜地思索奴役整個民族的意義，他們就能解除一個龐大的負擔。」即便遭受不當待遇和監禁，他堅持將英國人視同親愛的友人一般對待，並且建議其他人也這麼做。「我的弟兄們，」他跟他的國人說，「我們跟英國人已經有了很多進展。他們離開時，我們要他們像朋友般離去。如果我們真的想要做出改變，相較於攻擊火車，或是用劍殺死人，還有許多更好的方法。我想要改變他們的心，而不是殺死他們。」

　　最終導致印度獨立的大規模非暴力抵抗運動，充滿了傳奇色彩。最引人注意的是，領導人甘地從來沒有擔任過任何公職，或是擁有任何正式的權威。身為受過訓練的律師，他選擇擔當和平締造者，而非敵對者的角色。單純憑藉著第 3 選擇的心態力量，他將自由解放帶給數億人民。當英國人在 1947 年離開印度時，他們是在和平與友好的氣氛中離去。

　　這就是擁有第 3 選擇心態，一個強而有力的祕密：有關於把敵人轉變為朋友的祕密。甘地對於這件事情從來未曾喪失信念：「即便是最堅硬如石的人心都有辦法轉變，會因對手展現出真誠的愛的行為而深受感動。」透過這些真誠的愛的行為展現，這位身形不起眼的印度律師改變了全世界。

　　當然，最初的改變是在甘地自己的頭腦和心裡面。「身為人類，我們之所以偉大，主要並不在於能夠改造世界，」他說，「而是在於能夠改造我們自己。」

　　除了林肯之外，對於美國法律也有重大影響的人士之一便是馬歇爾（Thurgood Marshall）。他以個人絕對的誠信與榮譽聞名於

當世。此外，他也是一位第3選擇的思想家。他有充分理由採取攻擊的立場，以牙還牙，以眼還眼。不過，他選擇了高尚之道，了解他的目標是平等，而非衝突和爭吵。在他與一位支持種族隔離主義的敵對律師共進午餐之後，他非裔美籍的同事對他提出批評，馬歇爾只簡單回應說，「我們都是律師，而且也都文明講理。跟你的對手維持一種文明有禮的關係是很重要的。」

在針對「布朗訴教育局案」（Brown v. Board of Education，編註：該案於1954年5月17日由美國最高法院做出決定，判決原告與被告雙方所爭執的「黑人與白人學童不得進入同一所學校就讀」的種族隔離法律必須廢除，學童不得基於種族因素被拒絕入學）這歷史性的訴訟案件準備最終簡報，以便上呈給美國最高法院時，據說「馬歇爾親自編輯了簡報好幾回，移除其中針對主張種族隔離政策、對方的白人律師的不實言論。對馬歇爾來說，將爭執維持在最為專業的層次上，是一件稀鬆平常的事情。」

在爭論性攻擊，以及臣服於現況之間，馬歇爾透過他的第3選擇獲得成功。從歷史的衡量標準來看，他的思維與方法為美國的少數族裔創造了劃時代、全新的法律保護。

把自己當作和平締造者、天生的溝通者，以及後天學習得來、創造和諧的律師，會將每一個案件視為達成第3選擇的機會；相較於試圖把對手徹底擊敗，他們認為達成第3選擇，會是一個更大也更令人心滿意足的挑戰。

訴訟關係人如果願意將自身和對手都視為是帶有缺陷、但仍然值得尊敬的人類，便能對彼此有更深的認識。他們將能面對下列現實：沒有任何一個議題是非黑即白；我們都擁有各自的一片真相；而他們自以為是的憤怒可能遮蔽了他們，讓他們對這場節節高升、捲入每個人（也包括他們自己在內）的災難視而不見。

法律及發言權杖

　　訴訟案件可能會變成一種「搜索，然後摧毀」的戰爭形式：目標是找出弱點所在，然後摧毀敵對者。相反地，和平締造者的第一個要件卻是同理心 —— 這是一種尋找出對手，並且真正理解對手的決心。賴瑞訴說下列這則故事。

　　我記得在某次調解當中，雙方的律師告訴我，「這兩造南轅北轍，我們真的不認為有辦法縮小雙方之間的差距。」我在法律這一行四十年來，從來不曾見過雙方如此不願溝通，或是毫無和顏悅色。唯一比他們的下巴更緊閉的，就是他們的錢包繫繩。

　　這是個似曾相識的悲劇故事：兩位商業上的合夥人，曾經是關係極佳的朋友，現在卻變成跟對方索取驚人賠償、頑固而不肯屈服的敵人。我不禁揣想，當兩造當事人把時間和精力，都耗費在彼此之間的爭執上時，他們究竟喪失多少生意，錯過多少機會，浪費多少金錢。

　　雙方都準備一大堆事實和支持論點，我幾乎從沒見過類似的訴訟案件，任何一方都毫無利益可言。不過，有一件事情我看得很清楚：任何一方都沒有真正了解另一方的立場。雙方專注在敘述各自版本的事實，完全無視於另一方的論點。在某個時間點，我轉向雙方律師，問他們說，「你們兩人理解對方的立論嗎？」

　　「了解啊。」其中一位律師很有自信地回答。

　　可是，另一位律師停頓了一下，然後說，「我知道他們在爭論的事情，可是我真的不了解他們立論的基礎。」就在這個時候，我象徵性地把「發言權杖」交給了他們。

　　我接下來的要求，是他們未曾經歷過的一種手法。我解釋

說，律師會有機會發言，可是在他們可以發表支持自己立場的言論之前，他們必須先陳述另一方的立論，直到對方滿意為止。也就是說，他們各自在為對手力陳案情。

被告律師嘗試了三次，才能將原告的立場陳述的讓原告律師滿意。接著，輪到原告這一方；原告律師則試了兩次，才獲得被告律師的同意。

接下來，便發生非常有趣的一件事。被告不再把他的雙手環抱胸前，而且他堅決嚴肅的表情也消失了。他看著原告，然後說，「布萊德，那是你的立場嗎？」

「是啊，相當接近。」

「我以為你……」

接著，自從一方在兩年前對另一方提出告訴之後，律師們放鬆坐著，觀看著他們的客戶展開從來未曾發生的對話。最後，他們達成了一項對彼此都具吸引力且有利的和解。更重要的是，雙方間的相互尊重在幾乎消失殆盡之後，又重新恢復了。

如果這個案件進入審判的話，我知道其中一方會贏者全拿，而另一方則會空手而歸，而且還需要負擔沉重的訴訟費用。這便是這一套體制如何運作的法則。在訴訟的過程中，雙方都要花費許多開銷，如果把這個因素考慮進來，就意謂著：即便是審判結果的贏家，也會是個大輸家。不過，與其彼此之間爭得你死我活，雙方達成了平和與自發性的和解，而這是兩人之前絕不可能預見到的。這個結果之所以能夠發生，是因為「發言權杖」的精神開啟了通往和解的道路。

在法庭案件審理過程中，同理心的溝通很具革命性。雖然西方的司法體制是對立的，但並不表示我們需要以一種對立的精神來運用這套體制。沒有任何道理可以說，同理心和綜效的心態不

能取代「搜索，然後摧毀」的心態。

許多的司法體制依賴同理心，而非對立的心態。許多國家並不以「輸或贏」的心態來解決紛爭。在日本，「朝廷」（chotei）法庭的目標並非懲罰，而是恢復「和平與平靜」，這讓日本成為地球上訴訟案件可能是最少的社會。

猶太人由於尊敬法律的悠久傳統，同時也相當注重慈悲與和解。猶太教法庭的宗旨並不在於「贏得訴訟案件」。對於猶太裔律師和法官來說，法律制定者摩西（Moses）的哥哥，《聖經》中的人物亞倫（Aaron），便是應該效法的例子。身為以色列的最高祭司和法官，亞倫「熱愛和平、追求和平，並且擔任人們之間的和事佬」，他把人際關係放置在法律的核心位置。偉大的猶太學者拉比拿單（Rabbi Nathan）描述了亞倫如何履行他的角色：

　　兩個人彼此間有了爭執。亞倫前去跟其中一位坐在一起，對他說：我的孩子，瞧一瞧你的朋友做了什麼事，他心煩意亂，把自己的衣服都撕破了（因為爭執而感到悲傷），然後他說：我覺得好悲傷，我要怎麼抬起頭來看著我的朋友呢？只要他在場，我便會覺得很難為情，因為我就是那個誤解了他的人。接下來，亞倫跟這個人一起坐著，直到他把忌妒從心中移除。

　　之後，亞倫去跟另一個人一起坐著，對他說：我的孩子，瞧一瞧你的朋友做了什麼事，他心煩意亂，把自己的衣服都撕破了，然後他說：我覺得好悲傷，我要怎麼抬起頭來看著我的朋友呢？只要他在場，我便會覺得很難為情，因為我就是那個誤解了他的人。接下來，亞倫跟這個人一起坐著，直到他把忌妒從心中移除。後來，當這兩個敵對的雙方

見面時，他們擁抱對方並且親吻彼此。

　　傳統描述說，亞倫會一直追著發生爭執的人們不放，直到他們上法庭之前。他從來不會談論爭執的議題本身，他談論的重點總是關於讓受傷的心放空，以及維持關係。「發生了什麼事情？」他會這麼問。「是什麼事情讓你憤怒？你們兩人都經歷了相同的事情；你們兩人都沒有受到尊重。」互相爭吵的伴侶會聆聽亞倫說話，傾聽彼此說話，然後把他們的孩子也命名為亞倫。對於偉大的最高祭司亞倫而言，最終的產物並不是其中一方獲勝、另一方失敗的法律決定，而是和平的第 3 選擇，以及更為堅實的關係。

　　當對立的心態是「贏家通吃」的時候，在傳統上，猶太法庭的心態則是協助衝突中的每個人都能獲勝。當一位以色列人使用了他公司提供的槍殺害了另一個人時，受害者的家屬對這家公司提起訴訟，因為他們認為公司應該早就知道員工不正常的心理狀態，並且預見到他會如何使用那件武器。這個案件上呈到以色列的最高法院，法官曼那切姆・亞隆（Menachem Elon）的判決對公司有利。不過，當他對審判獲勝者發言時，他說：「法庭裡有一位寡婦和她的孤兒們。雖然法律並沒有規定你要怎麼做，但是你應該竭盡所能為他們付出……每一個猶太法庭都有這樣的慣例，要求富有的一方，在正確和適當之處，履行他們的責任。」換句話說，法院跟公司說，「法律是站在你這邊；可是，除此之外，你需要履行正確和良善的作為。」猶太律師和法官所努力的理想就是雙贏的解決方案，這就是全世界的非猶太人，為何經常會訴請猶太法庭協助解決爭議的原因。

　　伊斯蘭的法律也把和解的價值看的比懲罰更為重要。伊斯蘭法律一項重要的工具是稱為「和平」（sulh）的評議會，會中公開

聆聽爭執雙方的代表發言。首先，代表們會先請求停戰，以表達
對於受害者家人的尊重。然後他們開始交談。「和平」是為了溝通
的目的，讓大家聚集並傾聽彼此。評議會提出疑問，「你對於他所
說有何看法？你要怎麼回答他？」如果過程中產生共同意見，與
會的人們便對結果心滿意足。這樣的過程比起正式法庭的判決，
運作更為有效，後者的決定通常並沒有讓議題終止。伊斯蘭有一
句古老的諺語是這麼說的：「一半的人都是法官的敵人。」相較之
下，「和平」這套制度更為實際、花費較少，而且最後的結果為雙
方所共同接受。

　　在對立的心態之下，不會有真正的贏家。正如同在一場延長
的戰爭之後，沒有任何國家會變得更好；也沒有幾件訴訟案件在
事後讓訴訟當事人變得更好。通常的結果是雙方都疲憊不堪、情
緒上徹底潰敗，而且財務狀況變得更糟。在法庭裡，你把命運交
付給一個獨立、對你個人毫無情感利益可言的論壇。而在案件審
理過程中，瞬息之間可能會發生戲劇性的改變。當訴訟雙方無法
達成第 3 選擇時，就可能發生不好的事情。賴瑞的兒子布萊恩‧博
伊勒（Brian Boyle）是一位技巧高深的成功律師。他如此描述衝突
和法律訴訟對於客戶所產生的影響：

　　　　比起上法院的財務負擔，更為嚴重的是情緒和心理上
　　的緊張負擔。案件的當事人會一心掛念著訴訟案件，進而影
　　響到他們生活中其他面向的生產力。他們會發現在流逝速度
　　上，僅次於地質時間的就是法律時間。而結果就是人們會因
　　此而失眠。等到他們找上律師事務所時，他們的情緒通常已
　　相當不穩，而且覺得憤怒，一心一意想要的就只是獲得平反。
　　　　舉例來說，在離婚訴訟的案件裡，你會接觸到一個相當

痛苦的女人或男人。財務問題通常在優先順序上排在後頭。妻子真正想要的，只是希望法官能夠當面告訴她的丈夫，他不折不扣就是她心裡頭所認為的混蛋，反之亦然。這整個過程會損耗你的精神，讓你分心，無法專注在你生活中的每一個其他層面。

調解這一做法的興起，希望能夠讓當前法律的體制更往綜效那一端移動。目前，調解在許多領域都已經是強制規定，比起法庭審判，不僅花費減少許多，傷害也降低不少。不過，除非對立的心態能夠以同理心來取代，調解的做法並不能引導出第3選擇。

另一位引人注意的卓越和事佬，威廉・謝菲德（William Sheffield）法官，在加州擁有「最後調解人」（the mediator of last resort）的稱謂。當無人能夠突破僵局的時候，大家就會請謝菲德法官參與。他自稱的第一個「打破僵局妙方」，就是具有同理心的傾聽。某些調解人的慣例是搭飛機抵達，花一個早上了解案情，提出解決方案，然後及時搭機離開，好趕上晚餐。謝菲德法官則是好整以暇，投入時間深入了解每一方。他要他們對話，直到每個人都覺得自己的觀點已被充分了解。「你不可能只花十分鐘就完成這類事情，」他說。「在當事人相信你之前，他們必須要知道你了解他們。」如果短期內尚未產生和解，謝菲德法官不像其他調解人沒有耐心，他願意等待。

他的目標是說服案件的當事人面對現實。「如果你們不願意和解，而這個案子上了法庭審理的話，你們會有多少勝算？」通常的情況是，一項法律紛爭的各方都是抱持著「我要把你打得落花流水」的心態。他的任務則是讓當事人從這種錯誤的認知中醒悟過來。「我經常會這麼說，『你最好撥電話給夏威夷茂宜島上的大

樓仲介，告訴他們終止那項交易，因為這個案子不會有你想要的
那一筆錢。』」

　　謝菲德法官的第二個「打破僵局妙方」是什麼呢？就是更具
有同理心的傾聽。

　　　如果沒有任何進展，那我就會試著更了解案件的當事
　　人。我曾有過一位固執的客戶，是位坐輪椅的原告，他在向
　　市政府租來的土地上種植番茄。他聲稱市府沒有適當地照顧
　　他的行動不便，兩方都不願意和解。之後，我去到他的園
　　圃，坐下來，開始跟他一起吃番茄，然後我們品嘗了他種植
　　的所有品種。他告訴我他一生的故事、他的努力不懈，還有
　　他參加奧林匹克輪椅代表隊的時光。我們變得相當親近。他
　　感覺到我愈了解他，我們之間的連結就愈加緊密，而他也愈
　　容易感覺自己並未遭到忽視。那就是重點所在。當事人經常
　　會說，「我想要的就是10萬美元，還有一個道歉。」不過，
　　更多時候，當事人真正想要的，只是希望感受到自己並非無
　　足輕重，感受到他人能了解自己，而不會被認為無關緊要。
　　　你必須讓當事人有足夠時間，真正抒發心中想法，並且
　　感覺到你完全了解他們。然後，你才能夠讓案子達成和解，
　　避免再花上一或兩年所費不貲的訴訟。只要你能夠專心投入
　　一天的時間，好好傾聽，通常就可以讓拖了好幾年的紛爭有
　　圓滿的結果。

　　沒有任何人，無論是律師或是訴訟當事人，需要抱持著一種
對立的心態來面對紛爭。不僅所費不貲，而且究竟能獲得什麼好
處，結果也令人懷疑。我們可以選擇將紛爭看成是一場誤會，然

後抱持著同理心和綜效的精神來面對問題。而且，我們完全不需要法院的允許就可以做到這一點。史蒂芬提供下列一則例子。

　　某一天，我接到一家公司的總裁來電，問我是否能協助他解決一件所費不貲而且又有高度風險的訴訟案件。我跟這位高階主管相當熟悉。這些年來，我們討論過第 3 選擇的心態，我覺得他了解這個道理。他非常具有才幹，不過一旦到了把我們討論過的道理真正付諸實行時，他卻不太有信心。他牽涉其間的這個訴訟案件，對他及其事業構成了相當大的威脅，他想要我居中調解。不過，我告訴他，「你不需要我。你自己就可以辦得到。」

　　所以，他拿起電話撥給訴訟案件中的對手，同時也是一家公司的總裁，問說是否可以見個面，討論一下當前的情況。另一位總裁並不想會面，可是我的朋友解釋他的目的，以及他之所以這麼做的原因。「我不會帶我的律師與會，」他說，「你可以跟你的律師一塊兒來，而且如果你的律師建議你什麼都不要說，那就什麼都別說。」

　　聽到了這樣的安排，另一位總裁同意與會。之後，他跟我描述了會議中發生的事情。

　　另一位總裁出面，旁邊跟著他的律師，他們都在會議桌旁坐下。我的朋友拿出一本筆記本，接著說，「首先，我想要知道，我是否了解你在這件訴訟案裡的論點。」

　　對方起初略有遲疑，後來開始說話。他以自己的觀點把問題攤開來，議題與產品所有權的一項紛爭有關。

　　我的朋友專心聆聽並且做筆記。最後他說，「讓我瞧瞧我是否了解。」接下來，他盡其所能，完整地重述另一位總裁說過的論點，然後問說，「這是你的論點嗎？」

　　另一位總裁查看了筆記說，「是的，沒錯，就是這樣，可是有兩點你不是很清楚。」

　　這時，他的律師插話進來。「你知道，我認為我們不需要在這裡說的這麼詳細。」

　　令人驚訝的是，他轉向他的律師說，「傑佛瑞，我知道我要求你在場，不過為何我們不這麼試試看呢。」律師感受到情勢往第 3 選擇的方向移動。因此，另一位總裁謹慎描述他剩餘的兩個論點。

　　我的朋友把這兩點記下來，重述一次，然後問說，「這是否就是對你的論點完整和公平的理解呢？」

　　「是的，沒錯。」

　　「是否有任何其他事情我需要了解？」

　　「沒有，都包括在內了。」

　　「很好，」我的朋友說，「那現在，你願意像我剛才聆聽你那樣，聽我說嗎？」

　　當下，另一位總裁停頓了一下，然後接著說，「儘管說吧。」

　　接下來，一場雙方面的對話就此展開。從他們新生的理解當中產生了謙卑。彼此之間的圍牆落下。他們開始相信，有可能會出現第 3 選擇。

　　幾個小時之後，兩位總裁從那個會議中產生第 3 選擇，解決他們的問題，不僅挽救彼此間的關係，避免訴訟費用，而且還為未來合作的更佳方式奠定了基礎。整個局面煥然一新。

綜效和法律

　　受到傷害的一種共通反應就是討回公道：「他們不能這樣對我。他們自以為是誰？我要提出告訴！」我們在正義和公平上都

有利害關係，當某人傷害我們時，我們自然會期望他有所彌補。這便是為何我們會有律師、法官和法院的原因。

可是，別忘了，如果我們擁有綜效的心態，便不會僅僅滿足於公平，而是會尋找比公平還要更好的事物。我們會想要更堅實的關係。我們對和解的興趣會高於懲罰。相較於只是要討回公道，我們會尋找一個更好的解答、一個對所有當事人都好的解決方案。

除此之外，身為綜效主義者的我們，對於妥協並沒有太大興趣。妥協是一項過度使用的法律工具，它意謂著：所有當事人都必須放棄某些東西；在我們探索第 3 選擇之前，有必要就先彼此妥協嗎？妥協，也有可能造成道德上的危險，因為妥協通常表示：從我們所珍惜的原則退縮。奈及利亞偉大作家奇諾亞‧阿奇貝（Chinua Achebe）提出深刻洞見：「對於誠信而言，最真實的一項考驗之一，就是直截了當地拒絕接受妥協。」

捲入一場衝突時，我們並不想要「以牙還牙」的報復行為，也不想要勉強接受某些治標不治本、臨時性的妥協方案。我們希望自己會比那些做法更有想像力。史蒂芬提供了下列例子。

在多年的工作和積蓄之後，我的一位朋友終於興建完成他的夢想之屋。他雇用了城裡最好的建築承包商來實踐他的願景，新房子有高聳如教堂般的天花板，還有精心雕琢的造型和木工，的確是一項工藝成就。接下來，油漆工人會來完成最後的一筆工作。

在油漆工人離開的那一晚，當我朋友走進新房子的時候，他幾乎要崩潰了。漆料塗裝把所有東西都毀了。每一道牆、每一間房間，還有每一個木工造型，上頭都被帶有汙點和塗抹不均的漆料損傷了表面。門上和瓷磚上到處可見汙點。漆料從拱型的窗子沾流下來，而其中一些窗子還是特別訂製，本身就是藝術作品。

放眼望去，看起來好像一個小孩帶了一罐噴漆跑進屋裡一樣。

　　我朋友撥了兩個電話號碼，一個是他的建築承包商，另一個是他的律師。幸運的是，承包商先抵達新房子。他結實瘦長，充滿活力，享有為人誠信和注重品質的良好名聲；不然我朋友當初就不會雇用他。承包商一看到塗裝成果，下巴都掉了下來。他立刻撥電話給油漆工人，要求他回到新房子來。

　　接下來所發生的事情讓我朋友大吃一驚。當天晚上時間已經不早，我朋友預期承包商在辛勞了一整天之後，會嚴厲訓斥那個油漆工人，把他當場開除，然後要求他退錢，再加上損害賠償。相反地，承包商在門口迎接油漆工人，並且和他握手。

　　油漆工人是個年輕人，年紀還不到二十歲。他露齒微笑，緊張地詢問承包商他覺得塗裝工作做得如何。承包商把一支手臂靠在他肩膀上，冷靜地帶著他走過新房子一遍，指出各個問題所在，然後三個人坐下來說話。承包商問了幾個問題，事情就真相大白。原來在油漆工人投標時，為了拿到這份工作，他虛報了自己的資格。雖然之前他完成過幾項較小的工作，這次卻是他有史以來第一次塗裝的房子。

　　在知道這些事實之後，承包商並沒有就此打住。他詢問年輕人有關他的家庭背景、他上了哪所學校、他的生活近況如何。我的朋友覺得好奇，這些問題究竟有何相關。不過，他們很快就了解，他之前在學校過的並不順利，中途輟學，年紀輕輕就結了婚，目前要撫養妻子和一個嬰孩。很明顯地，他只是用他能想到的唯一辦法，設法謀生而已。

　　他們站起身來，承包商跟我朋友表達歉意，因為在雇用油漆工人之前，未曾更詳細檢查他的經歷。承包商要求油漆工人把塗裝設備拿回來新房子裡。他平靜地說，「我會教你如何正確完成這

類工作。」

　　我的朋友心裡有些懷疑，他不置可否就回家休息。接下來幾天，他過來新房子瞧瞧事情的進展。承包商跟油漆工人一起，談笑之餘，同時清理窗戶、把汙點刮除乾淨、清除磨砂，以及重新噴塗牆壁。最後，在承包商的監督之下，最終的成品真的非常漂亮。接下來的幾個月，年輕人跟著承包商學習，當他的學徒，技術愈來愈精進，直到他能夠如承包商所指示的，確實地完成工作。他變成了建築承包商的首選漆匠，工作多到他應接不暇。

　　藉由第 3 選擇的思維模式，這位小鎮上的建築承包商證明了一件事：心中懷著綜效的人總是會帶來各式各樣的驚喜。與其在憤怒之下開除油漆工人，甚或更糟的是，要求賠償而讓他一敗塗地，承包商選擇了協助年輕人建立生活，而在過程中讓他變成了自己事業上深具價值的資產。這位建築承包商超越了字面上的意義，是一位真正的建造者。

　　當律師現身的時候，她跟我的朋友確認說，承包商把事情處理的很好。沒有法律訴訟，沒有法庭爭執，也沒有摧毀一個脆弱的年輕家庭。沒有第 1 選擇和第 2 選擇苦苦纏鬥的現象，也沒有對於公平、正義或是平等權益的要求。

　　在司法體制中，是有可能達成這樣的綜效，以及締造如此的和平；不過，會需要有如板塊移動一般的思維移轉。某些體制已經做了那樣的移轉。某些文化在他們的司法體制內建構了第 3 選擇的未來願景。舉例來說，在猶太教「匹布拉」（zabla）法庭裡，每一方選擇一位法官，然後會有第三位獨立的法官出席，特地尋求第 3 選擇。不過，沒有任何人需要改變西方法理學的體制；需要改變的是背後的心態。當心態改變了之後，實務就會跟著改變。賴瑞描述以下過程。

在我聯邦法院同事的請求下，我在他們的訴訟案件裡執行司法監督下的調解活動。在我們的聯邦管轄區域內，我們經常為彼此舉行和解協商會議。在協商會議和司法會議裡，我試圖盡可能地介紹「發言權杖」的議程。要讓原本對立的當事人，從相互為敵的一端，移動到同理心及彼此了解的另一端，是一個需要方法、按部就班的過程。

一旦一項紛爭中的各方，都感覺自己的意見確實被傾聽之後，我會要求當事人列出他們成功及失敗的標準。我在一張紙上畫了一條垂直線，然後說，「如果你會感到滿意的話，左邊一欄將是陪審團可能會發現，對你有利的一些因素。」以及「如果你會覺得失望的話，右邊一欄可能是陪審團發現，對你不利的一些因素。」我沒有使用確實的專有名詞，我要求當事人草擬第3選擇的一些原型初稿。在頁面的頂端，我寫下幾個字：「計畫和解」，然後就讓當事人不受打擾、各自寫下他們的計畫。偶爾，會需要三到四次的草稿。在我運用這個技巧的大部分案例中，因為當事人及其律師已經深入分析案件的正反面，接著便會以創新的方式，提出合理的計畫來達成和解。我運用這個第3選擇的過程，已解決我所遭遇過最為複雜的法庭案件之一：黑鳥礦區案。

愛達荷州山區裡的老黑鳥礦區，是美國本土內生產鈷的唯一來源。在冷戰時期，鈷這種金屬具有極高的戰略重要性，從1950直到1960年代，礦工們瘋狂開採鈷礦。當礦區在1970年代末期廢棄不用時，開採作業遺留下可怕的酸液和金屬毒物，對風景優美的鮭魚河野地的土地、水文及野生生物，造成毀滅性的傷害。接下來，就如同一排傾倒的骨牌一樣，州政府、私人環保團體，還有十幾個聯邦機構，都對礦區所有人以及彼此提出了訴訟，以強迫清理行動。如暴風雪般的索賠主張和反索賠主張四處飛舞。

　　等到我介入調解的時候，這個案件已經在法庭裡拖了超過十年。訴訟的核心是超過6,000萬美元的清理費用，沒有任何一方願意負起責任。之前試圖讓案子和解的努力都未能成功，因為所有相關當事人的立場都過於分歧。相關檔案已經厚達數千頁，再加上太多等待決定的提議。訴訟審理會花上好幾個月的時間，審閱數百件物證，傳訊數十位專家證人，之後，上訴行動還會長達好幾年。整個混亂的案件就卡在司法的僵局裡。

　　面對這個複雜的案件，我的同事建議我別煩惱要怎麼解決它。「不可能的。我希望你能夠讓一些邊緣的議題得到和解，如此一來，這個審理過程將會較容易管理。」我決定要採取第3選擇的方式。

　　在一間爆滿的法庭 —— 甚至連陪審團座位區都擠滿了人 —— 跟所有當事人都見了面之後，我決定先關閉法庭，把每一個利益團體安置在一間會議室裡，然後邀請各個主要律師到我個人的司法會議室中。「你們每一位都了解這個案件的事實，同時也清楚你們各自立論的強項和弱點。」我跟每一個人說。「兩個小時之後，我會讓我的部屬來找你們，屆時你們將要報告，要如何讓案子達成和解的計畫。」

　　律師們對這個請求感到驚訝，他們回到各自的會議室裡，開始草擬提案。我四處走動，查看會議進行的情況，不是因為我想看到計畫，而是因為我在尋找一位領袖 —— 一個擁有第3選擇心態的人。我在約翰・科普蘭・內格（John Copeland Nagle）身上找到這樣的特質，他之後成為聖母大學法學院的研究副院長。這位傑出的律師暨法學教授親自撰寫關於美國環境法的著作。不過，對我而言更重要的是，內格不會讓人感到具威脅性，而且他很有才幹又不冷漠，是位天生的領導人。當各方當事人絞盡腦汁擬出

他們的計畫時，我請他擔任我的聯絡人。不過，其實我是要倚賴他與生俱來的領導能力，以便產出一項解決方案。他會來到我身邊說，「這是立論 A。」然後我們會尋求綜效，提出一個比 A 更好的解決方案。正如我先前所知，當各個團體逐漸將各自的解決方案擬訂成形時，他們開始覺得這是他們自己的方案。人們對於一個外在強加的解決方案，絕對不會像他們自己所產生的第 3 選擇那樣的具有承諾。

在接下來的幾個月當中，我要各方當事人和他們的律師再回來開兩次會。每一回，他們都愈來愈接近完全的決議，而不只是縮短議題之間的差距，這都是因為他們一起工作時的氣氛，瀰漫著第 3 選擇的思維。

沒有戲劇性的案件審理，沒有擠滿人群的法庭，也沒有讓人喘不過氣的媒體鬧劇，因為幾個月之後，拖了長達十年、讓人幾乎崩潰的訴訟案件完全結束。各方當事人負起各自責任，著手修復損失。黑鳥礦區訴訟案變成一個成功的故事。這是個迅速的共同協議，第一個重大的環境和解案件，主要專注在達成迅速和有效率的恢復行動上。接下來便展開環境清理，這是在艾克森‧瓦爾迪茲（Exxon Valdez）油輪漏油災難發生之前，有史以來最大的一次清理行動之一。而過了不久之後，鮭魚便回到了之前還被黑鳥礦區汙染過的溪流之中。

如果沒有達成這個和解的話，下一位聯邦法官便會在同樣的一間法庭裡，再花上一年或更長的時間，審理這件案子，聆聽動議，解決程序和法律上的議題，觀看各方互相指責，然後聽著滔滔不絕的辯論，訴說另一方的惡行。可能會花費數百萬美元的成本和費用。審理的法官一定會需要辛勤地指導案件，而一旦做了判決，整個過程在上訴法庭裡就會再重複一次，至於礦區造成的

發揮綜效4步驟 決心要在法律紛爭中（1）尋求第3選擇，博伊勒法官要求當事人（2）定義他們的成功標準，繼而（3）草擬第3選擇的原型，直到他們（4）達成一個具有綜效的解決方案。

汙染則仍將乏人處理。我選擇運用各種可能方法，以預防那樣的事情發生，同時啟動了原則的力量，以及創造第3選擇的過程。達成最終結果的力量並不是來自於我個人，而是原本就存在於過程之中，再加上這些聰明律師心中尚未釋放的創意天才。

對於具有第3選擇思維的人而言，目標並不是懲罰報應，而是更新重生。直到事情確實發生在個人身上之前，這麼說都很容易。可是，萬一某人傷害了我們，而且真的造成很嚴重的傷害時，我們會怎麼做？如果攻擊行為造成毀滅性的結果呢？如果是不適任、疏忽或是惡意的行為，造成了嚴重傷害呢？難道他們不應該負責嗎？難道他們不應該為他們的行為付出代價嗎？

當然，他們應該要負責。我們擁有各項權利，以保護我們的

社會不受到邪惡的人，或是參與犯罪活動的人的影響。不過，在美國的法庭裡，只有大約五分之一的訴訟案件屬於刑事犯罪；其他都是民事訴訟。人與人之間最常發生紛爭和衝突的地方，都是在法律的民事領域內，而這裡正是第 3 選擇，其歷久彌新的原則能夠最有成效和最有助益之處。

在這類案件中，具有綜效思維的人會提出下列問題：「我們真正想完成的工作是什麼？我們真正想要追求的結果是什麼？」每個案子的情況都不一樣。面對那位不是太誠實、工作成果拙劣的油漆工人，建築承包商原本就有充分理由可以把他送上法庭，徹底摧毀他，確認他今後沒法繼續工作。愛達荷州州民以及美國政府也擁有各式各樣的理由，因為黑鳥礦區營運者所造成的傷害，而對他們提起告訴。然而，對礦區業者施加了那麼多的壓力，要求他們盡快開採出鈷礦的政府呢？那原本應該預防環境傷害，可是很明顯卻怠忽職守的環境保護機關呢？還有，那原本相當高興，因為礦區給他們的家鄉帶來了金錢的愛達荷州州民呢？在這些案件之中，毫無疑問地，第 3 選擇都是最好的選擇方案，而且一向都是。

讓我們看看南非人民採取第 3 選擇的方法，著手解決國內棘手的種族衝突的例子。在曼德拉於 1994 年獲人民普選為總統，廢除種族隔離政策之後，數個世紀以來的種族隔離、壓迫和虐待，理論上應該都已告一段落。不過，對於那段種族隔離歲月中，人們被粗魯地集中在貧民窟裡，遭受虐待，未經審判便囚禁在監牢中，甚至在執政當局的主導下就從「人間蒸發消失」，這一切經歷所積累的所有情緒上的傷害，具有重大象徵意義的這些事件，並沒有產生完全的療癒效果。

一場大規模的法律風暴正蠢蠢欲動，蓄勢待發。某些新近獲

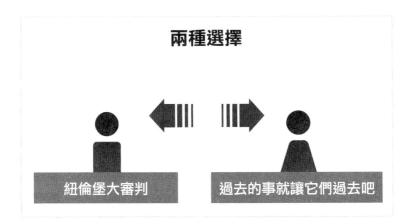

得執政權力的人，希望那些應該為之前事件負責的人接受「紐倫堡大審判」（Nuremberg Trials），亦即第二次世界大戰之後，納粹戰犯的審判案例。其他人則提議舉辦一場特赦，過去的事就讓它們過去吧。

對於明智且認真思考的南非人來說，這兩種方案都無法接受。「我們很有可能早就伸張了正義，」大主教圖圖（Desmond Tutu）說，「不過，那只是報復形式的司法正義，會讓整個南非摧毀在一片灰燼之中。」如果採用「紐倫堡大審判」式的方法，很可能意謂著爆發內戰。「但是，受害者無法單純地寬恕和遺忘……一場特赦，真的就只是強迫喪失記憶而已。」大主教圖圖認為，特赦的方案同樣無法讓人接受。「我們當中沒有任何人擁有某種權力，可以下令說『過去的事就讓它們過去吧。』」……過去發生的事情，除非實質上有充分適當地處理，否則非但不會消失不見，或是沉寂無聲，反而會以一種令人難堪與持續不懈的方式，反覆回來，不斷困擾我們。」

為了突破兩種選擇的思考模式，較為明智的南非領袖們捫心

336 第3選擇 The 3rd Alternative

自問，他們究竟想要何種結果，他們希望未來看到的是怎麼樣的一個國家。在深度的內心探索之後，他們選擇了圖圖大主教所謂的「第三條道路……給予個人特赦，以換取跟尋求特赦的犯罪行為有關事實的完全揭露。」換句話說，如果加害者能夠公開揭露他們所犯下罪行的全部事實，他們便不會受到刑事起訴。

　　因此，南非便成立了一個名為「真相與和解委員會」（Truth and Reconciliation Commission，以下簡稱 TRC）的新機構。所有想要為他們所犯下的罪行尋求特赦的人，都要到委員會敘述他們的故事。同時，受害者也有機會聆聽及敘述他們的故事。接下來，在所有當事人都覺得每個人的真相都已經被述說和傾聽之後，委員會便給予特赦。

　　對於南非人以外的人來說，TRC可能會讓人覺得奇怪，不過，這項做法其實深深根植在非洲「吾幫托」的傳統中。圖圖大主教解釋，「這個第三種特赦的方法，跟非洲世界觀的核心特質，以我們的語言稱之為『吾幫托』的概念，其實是一致的。」「吾幫托」的意義是說，除非我完全看到，同時也看重你身而為人的價值，否則我不可能展現真正的人性。我不能把你視為惡魔，如此便是將你視為一個非人性的惡魔，卻又同時堅持自己具有人性。

　　不可否認的是，TRC受到廣泛的批評。如果人們不需要為其罪行付出代價，還有什麼正義可言呢？這究竟是哪門子的第3選擇？

　　依我們的觀點來看，TRC的確符合第3選擇的標準。這是個創新巧妙的發明，超越了妥協。不過，最重要的是，這個設計對人們發揮了成效。如同馬克‧葛平（Marc Gopin，編註：世界宗教、外交及解決衝突專家）所指出，「大家只是希望自己的聲音能夠被他人聽見，他們並不是一定要看到自己的對手上絞刑台。每一個人都必須被聽到，而TRC便是一套能夠讓人們的聲音被聆聽的法律程序。這並不是公然違抗法律，而是法律考量遭受苦難的人們。」值得留意的是，受到種族隔離政策傷害最深的人，尤其是科薩族人（The Xhosa。譯註：居住在南非東南部，說班圖語的民族）以及其他民族，對於TRC程序的結果卻最為滿意。一項主要的研究發現，「對於TRC結果的接受程度，在非洲後裔的南非人當中，相較於歐洲後裔的南非人，要高出許多……科薩族人有更高的可能性接受TRC，因其能揭露事實真相，帶來和解。」

　　面對TRC的批評，圖圖大主教的回應如下：

　　　　只有當我們對於正義的概念是「報復式正義」（retributive justice），主要的目標是為了懲罰時，正義才無法伸張……有

> 另外一種正義 ——「修復式正義」（restorative justice）存在……
> 在「吾幫托」的精神之下，其核心的關懷是療癒罪行，修正失
> 去的平衡，恢復破裂的關係，協助受害者和加害者恢復正常生
> 活，而且應該給予加害者機會，使其重新融入因為他的攻擊行
> 為而受害的社群之中……當我們努力以便獲得療癒、寬恕及和
> 解時，正義 —— 修復式正義 —— 便獲得伸張。

　　一個受到如此虐待的民族，還能跟曾經對自己犯下嚴重暴行
的人們達成和解，當然會讓我們良心發現，且更深刻地思考，我
們平日為了微不足道的小事就想把對方揪進法院裡的傾向。

伸出和平之手

　　曾在 1924 年競選美國總統的傑出律師約翰・戴維斯（John W.
Davis）認為，法律是一項締造和平的專業。他曾經說：「沒錯，
我們沒有建造任何橋梁。我們沒有建築任何高樓。我們沒有打造
任何引擎。我們沒有描繪任何圖像……在我們所完成的事情當
中，人類肉眼可見的只有微乎其微的事物。不過，我們把困難變
得容易一些；我們讓緊張的態勢舒緩；我們更正錯誤；我們承擔
了其他人的重擔，透過我們的努力，讓人們在和平的所在能夠過
著和平的生活。」

　　許多執業律師或許不太願意公開承認，不過他們心知肚明，
在哲理上，自己內心深處渴望能夠過著和平締造者的生活。可
是，那個困擾人的問題依舊存在：「這麼做，我可以謀生嗎？」
經驗和信念告訴我們，這麼做的律師能夠成為世界上最成功的律
師。不僅在財務上獲得成功（口碑很容易就會傳開，說某位律師

正派老實，而且能夠迅速和有創意地解決問題），跟同事與客戶建立且維持有意義的關係，提供極佳的服務和貢獻，同時也能夠在健康和快樂上，在家庭和生活上，都獲得成功。因為真正的、首要的成功，總是能夠持之以恆，並且涵蓋生活的各個面向。

至於不是律師的其他人，大家身處在有史以來最愛興訟的社會之中，就算只是為了自身利益，我們也應該在所有的衝突裡，努力尋求第 3 選擇，而非提出法律訴訟。對於「山丘上的布瑞登村」的村民而言，絕對沒有理由說他們不能坐下來喝杯茶，大家一同思考如何突破僵局。他們原本可以聆聽，真正地相互傾聽，了解彼此的顧慮。他們原本可以達成綜效，產生各式各樣的第 3 選擇：比方說，為學校提供服務，以替代費用？或是說，某些村民志願來處理安全檢查事宜？將童話劇轉變成村裡和學校一項共同的學習體驗，讓學生描繪布景、演奏音樂，或是打造舞台道具？原本，他們可以選擇正面、而非負面的綜效。他們本來可以打造一個更堅實與更良善的社區；不過，相反地，他們卻選擇讓自己更貧乏，並且將原本珍惜的友誼和傳統棄之不顧。

如果你涉入一項嚴重的爭議，你也擁有相同的選擇力量。你可以選擇正面或負面的綜效，但無論如何，你都必須做出選擇。如果你拒絕第 3 選擇，很有可能你便選擇了悲劇。你可能會發現自己身處在法庭上，有如搭乘一列失控的火車，等待軌道盡頭即將發生的意外事故。我們並非建議你不應該運用司法體制 —— 在某些情境下，絕對需要司法體制 —— 而是將司法視為最後、而非首先的手段。一旦你採用司法的方式，你便對解決爭議的方法失去控制，除非最後你找到第 3 選擇。

你可能會問，「當其他人攻擊我的時候，我要怎麼選擇正面的綜效呢？」雖然你無法控制其他人的模式，即便當你身處在非常

敵對的環境裡時，你仍然可以在自己內心維持綜效。你可以選擇不受到冒犯。你可以與對手共同尋求解決方式，並且帶著同理心傾聽；如此一來，你便能擴大自己的觀點，而且你可能會發現，單單只是同理心就能化解爭議和衝突。你可以持續提出第3選擇的問題：「你是否願意與我一起尋求一種到目前為止你我都未曾想過的更好的解決方案？」

我們知道，有太多人對彼此感到憤怒，鬧上法庭之後便防衛各自的論點，在他們經歷法律程序的過程中，結果問題只是更加惡化。而我們拿第3選擇的問題詢問他們，幾乎在每一個案例中的結果都令人驚訝。在法律上或者心理上糾纏了他們好幾個月甚或好幾年的問題，在短短幾小時或幾天之內，便獲得解決。創造能量所釋放出的力量真是讓人覺得不可思議。

除此之外，我們也學習到，當我們超越天性中「報復」的那個面向，轉而尋求第3選擇時，將會增強我們的自尊。這聽起來或許與直覺相反，不過，我們內心的平和狀態，跟我們能否對他人伸出和平之手息息相關。正如同馬丁·路德·金恩牧師所說，「那一項以眼還眼的舊時法律，讓每個人都變成了眼盲。任何時候都可以做正確的事。」

從兩種選擇的心態轉變成第3選擇的思維，可以一次發生在一個人、一位律師，以及一個法庭上。這個過程應該何時展開？約翰·甘迺迪說過的話表明我們的觀點，現在，就是應該開始的時候：「我們的思考和行動，不應該只是為了當下這個時刻，更應該為了我們這個時代。我想起了偉大的法國洛提總督（Marshal Lyautey）曾經要他的園丁種植一棵樹。園丁反對，說這種樹木生長緩慢，過了一百年，都還不會成年。結果，總督回答說，『若是如此，就更沒有時間浪費；今天下午就把樹種下去！』」

從教導中學習

- 你要如何解釋,在當今法律體制中,升高衝突、而非解決衝突的趨勢?這樣的趨勢對於律師及其客戶會產生什麼樣的影響後果?

- 林肯總統曾說,「身為一位和平締造者,律師擁有一個絕佳的機會。」那個機會是什麼?為何沒有更多律師把握住那個機會?

- 法律的執業是否有可能被第3選擇思維所轉化?法律的實務在哪些方面會被轉化?

- 在甘地轉變為和平締造者的過程中,他個人理智上及內心的巨大改變為何?在他以及其他人的生命裡,那個改變帶來什麼樣的果實?

- 請描述博伊勒法官用以達成第3選擇的綜效流程。與平常的法律訴訟程序相較,這個流程是個怎麼樣的正面例證?

- 在公司總裁試圖成功應對一個災難性訴訟案件的故事中,他採取了哪些步驟以解決衝突?他的方法實際可用嗎?原因何在?

- 建築承包商和油漆工人的故事是一個正面綜效的例子,這個故事原本可能會如何轉變成負面的綜效?

- 當種族隔離制度瓦解時,南非的領導人所面臨的兩項無法想像的選擇方案為何?對於他們提出的第3選擇,你有什麼看法?關於那項第3選擇,你所相信的優點及缺點各是為何?

- 當其他人攻擊你的時候,你要如何選擇正面的綜效?

自己試試看

　　你目前涉入一項可能會帶來法律後果的爭議嗎？你可以嘗試開始發展第3選擇的原型。邀請其他人貢獻意見。請使用「發揮綜效4步驟」這項工具。

第 7 章

社會中的第3選擇

在許多個案當中,解決之道在於明瞭事實上缺乏選擇,
個人面前實際上並沒有任何真正的選擇方案。
如果要產生真正的改變,
個人就必須要踏出既有的框架本身之外,尋求第3選擇。
—— 保羅・沃茲拉威克(Paul Watzlawick)

344 第3選擇 The 3rd Alternative

　　我們的社會所面臨的艱難挑戰：犯罪、疾病、貧窮、戰爭，以及孕育這些挑戰的心靈和環境的汙染，跟社會本身一樣歷史悠久。我們對抗這些古老病症的進展，目前看來令人欣慰，可是並不均衡。

　　身為個體，我們可能會忽視社會的問題，認為它們遠遠超過我們職責所及。我們會想，自己能夠幫得上忙的地方真的不多，不過這些問題還是會影響我們，而且影響深遠。科學目前相信，其他人的痛苦，無論他們距離我們有多麼遙遠，事實上仍然能夠對我們造成傷害。企業顧問大衛‧洛克（David Rock）在其著作《Your Brain at Work》曾提及，「社會上的痛苦（social pain）跟肉體上的痛苦一樣，在大腦內所激化的是相同的痛苦區域！大腦是深度社會性的。我們都擁有大量的社會連結迴路。」為了自身的幸福，我們並沒有做縮頭烏龜，忽視全世界正受苦受難的奢侈權利。大文豪狄更斯（Charles Dickens）曾說：「全人類都是我關切的事業。大眾的福祉是我關注之事；慈善、憐憫、忍耐寬容，以及樂善好施，都是我心之所繫。」

　　同樣地，藉由觀察第3選擇的思維如何應用到社會問題上，你可以學習到如何將第3選擇的思維運用到自己的問題上。曾經在全世界最為棘手的地點，為了和平奔走的馬克‧葛平拉比相信，在社會衝突和個人衝突之間，唯一的差異只是在於尺度上的不同：

　　　　在敵對國家之間引發世界上這麼多難以解決的世仇和長期鬥爭，以及影響我們個人如此深遠、極具破壞性的個人和家庭爭鬥之間，我發現了一個根本上的相似點。雖然尺度大小和風險影響顯然相當不一樣，不過，兩者的基本過程和其中的戲碼都是相同的。

　　雖然大家都認為，我們最困難的問題都是屬於個人的，但其實它們通常同時是個人、也是全球性的問題。

　　僅次於戰爭的禍害，對我們「重大挑戰調查」的受訪者選擇了「消除貧窮和失業」以及「管理環境 —— 土地、水、空氣」，認為這兩者是我們所面對最重要的社會挑戰。他們同時也關切犯罪和健康照護。下列是某些受訪者的肺腑之言：

- 亞洲中階經理人：「我們大多數的人口生活在貧困之中。缺乏就業機會，教育制度破碎，幾乎毫無基礎設施，極高的國家負債，政府治理效能差勁，而且到處可見貪污。」

- 北美洲企業高階主管：「貧窮，往往都是戰爭、恐怖和失業背後，引發憤怒、仇恨、貪婪以及忌妒的催化劑。解決貧窮問題，一定能夠發揮最大的槓桿力量。」

- 拉丁美洲財務經理：「消除世界上的貧窮是非常重要的。有時候，為了謀生，飢餓會讓你做出醜陋的事情來。」

- 歐洲資訊科技經理：「在一個擁有如此多財富的世界裡，貧窮應該要沒有立足之地。」

- 亞洲生意人：「看起來人們不再彼此關切了。社會愈來愈現實無情。所有的一切都是我，我，我，而其他的一切都要被遺忘了。」

- 南亞企業經理人：「貪污，就是此地的一種生活方式。這個國家之所以無法發揮其全部潛力，一直以來，最嚴重的瓶頸就是貪污。」

- 歐洲生意人：「我們只擁有有限的自然資源。自然資源是有其限度的，而我們太貪婪了。不會有任何東西留下來給未來的世代了，而對於一個依靠擁有美麗風景為其認同的國

家，眼前的這一切不會持續太久。」

- 北美洲律師：「如果我們沒有健康，其他的一切都不重要。」
- 歐洲經理人：「要預防網際網路上的兒童色情……事實上，這是歐洲所要面對的最嚴重的問題。」
- 東南亞中階經理人：「從全球的角度來看，沒有健康的環境，就完全不會有生命存在。因為我們毒害了環境，這顆行星就沒有了明天。」

　　每個人都想要消除暴力、飢餓、疾病、無家可歸，以及汙染。每個人都想要他們的小孩繼承一個和平、繁榮和健康的世界。應該要完成的工作，大家都再清楚不過，可是，我們的社會對於如何完成這項工作，卻毫無希望地四分五裂。從根本上互相對立的兩種哲學：左派的哲學以及右派的哲學，在全世界各地爭取各自的選票。大部分的已開發國家，在這兩派之間不確定地左右搖擺，就像是一隻不知道究竟該往哪一個方向飛行的鳥一樣。而且，兩者之間的分裂並沒有縮減，反而是在擴大之中。

巨大的分裂

　　套用美國前聯準會主席葛林斯潘（Alan Greenspan）的話，許多思緒周密的人警覺到「這個社會裡，愈來愈具有破壞力的普遍分裂。」

　　如同下列這些真實例子所顯示的，每一天，這些煽動性的浮泛空言都變得更加惡毒。從右派人士，我們會聽到：

- 自由派啊！沒辦法跟他們共存，可是也不能開槍殺他們。
- 就像是寵壞了的憤怒小孩，他們反抗成年人的正常責任，並且要求政府如同雙親一樣，滿足他們從出生到死亡的所有需求。自由主義是一種心理疾病。
- 自由派人士的確是慈善寬容的 —— 只是，他們是對其他人的金錢慈善寬容！
- 自由主義完全是毀滅性的，用徵稅和規範讓我們生意倒閉，然後用懶惰、一無是處的福利措施來欺騙買票。

至於，從左派人士那裡，我們則會聽到：

- 保守派也是人 —— 卑劣、自私、貪婪的人。
- 只要有一個因為無恥剝削其員工、而變得滿身銅臭的貪婪老闆存在的地方，你就會找到一群嘰嘰喳喳的保守派人士，崇拜著他，還有他如神一般的自由市場的天才。
- 保守派人士想要我們繼續生病、承受壓力，還有無助地不

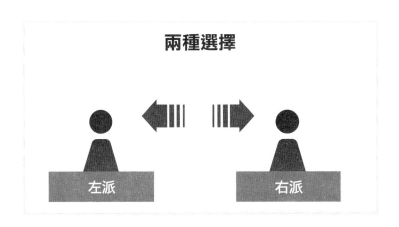

抱任何希望，唯有如此，他們在大型藥廠和大型保險公司
的巨額投資，才能夠持續不道德的殺戮。

* 對人類來說，保守派人士是沒有社會責任、思想偏執、虛
偽到令人驚訝、讓人悲傷的藉口。

而當右派和左派人士對彼此咆哮辱罵，分貝聲浪節節高升的
同時，他們所爭吵的社會問題持續惡化。犯罪和貪腐四處橫行，
健康照護的成本竄升，失業狀況愈來愈惡化，而環境汙染則抹黑
了天際。龐大的中間民眾，不確定應該相信誰，同時也不抱太多
希望，每幾年就往其中一邊倚靠，心裡想著或許這一回，終究會
是不一樣。不過，不切實際的空想家似乎更專注在獲得和保有權
力，而不是面對艱難的挑戰。他們最首要的目標，是要創造出一
個在市場上能夠暢銷的形象，以便獲得選票，即使這樣的形象既
膚淺又缺乏實質內容。因此，他們所使用來鼓動熱情的意識型
態，聽起來就充滿了諷刺。

當然，大多數人踏入政治，是真心希望能夠帶來改變，而且
也做了許多善事。可是，太多政治人物為了要留在權位的高峰，
把他們的對手妖魔化，已到極致境界。（幾乎）任何人都能夠看
穿他們使用了修辭伎倆，把複雜的議題降格為簡單、不花心思的
「我們對抗他們」的簡短話術。

不過，只要我們超越了表面上的愚蠢，就會發現在這兩方之
間，確實存在著一種根本上的哲理差異。

右派的一項基本原則就是「個人自由」。他們強調個人責任，
不信任會限制個人行動自由的任何措施。因此，右派人士對於
社會行動，甚至於「社會」本身這個概念，都感到懷疑，他們相
信自由市場會自動消除社會的病症。英國備受崇敬的保守黨前領

袖，前首相柴契爾夫人（Margaret Thatcher）曾經這麼描述：

> 太多人們以為，如果他們有問題，解決問題便是政府的
> 工作。「我有問題，我要申請補貼。」「我無家可歸，政府必
> 須要給我房子住。」他們把自己的問題丟給社會。並沒有社
> 會這樣東西。只有個別的男人和女人，還有家庭。

　　相對之下，左派的一項基本原則就是「社會責任」。他們強調
如同社群般一起工作，以減緩社會的病症，分享生活的重擔。左
派人士懷疑經濟狀況通常比較好的保守派人士的動機，相較於保
衛自由，他們似乎對於護衛自己的特權擁有更高的興趣。美國國
務卿希拉蕊・柯林頓（Hillary Clinton）是一位卓越的自由派人士：

> 我們必須要停止只想到個人，開始思考對社會來說，什
> 麼才是最好……我們都是一個家庭的一部分。要養育一個快
> 樂、健康和充滿希望的小孩，需要我們每一個人。沒錯，需
> 要一整個村子的參與。

　　這些都是煽動性、引起爭議的言論，而且當這兩位女士發
言時，都引來敵對陣營狼嚎般的抗議。毫無疑問地，就如同你一
樣，我對她們兩位都很崇敬，對保守和自由兩派的哲學也都多所
同意。在我的教學生涯裡，我花了大部分的時間提醒大家，我們
都是擁有力量的個人，與生俱來許多資源和主動積極的能力，能
夠做出偉大的貢獻。同時，我也擔憂不受拘束的自我，只追求個
人的目標，極少顧及到社會的福祉。
　　有時候，雖然我同意其中一方，比起另一方多一些，但我

認為，左右兩派都有錯誤之處。自由派對於社群行動的理想，攜帶了依賴的種子；當其他人介入來照顧你的時候，你就喪失了力量，就個人而言，你便停止成長，而你能夠有所貢獻的潛力便因此減少。另一方面，保守派對於個人主義的理想，則是帶著獨立自主的種子，本身是很有價值。不過，獨立並不是最高的價值。人們依靠自己並不會達到綜效；如果一起工作的話，他們會比起各自獨立時，還能夠完成更多的事情。

　　相對於左右兩派的第3選擇，便是「相互依賴」

（interdependence）。相互依賴的人們完全自給自足，但同時又對彼此負責。當保守派和自由派以彼此為代價，強力推銷自己的一套價值時，第3選擇的思維者則尋求一條相互依賴的途徑來解決社會的病症。當某些人面臨兩種選擇思維的僵局，彼此之間無意義地叫囂時，其他人則朝著綜效的方向往前邁進。

相互依賴的帝王

　　兩千多年前，當印度的阿育王（Emperor Ashoka）攻擊並且摧毀了卡林嘉（Kalinga）的和平樂土時，他發現自己身處於一片殺戮血腥和斷垣殘壁之中，對自己的行為感到震驚不已。因此，他的餘生都在試圖贖罪，彌補之前所犯下的罪行。他宣布摒棄自己對於尚待征服土地的貪婪，致力消除與根絕經濟上與心靈上的暴力和貧窮。他在帝國的各地頒布了雕刻在石頭上的數百份詔令，敦促他的子民，力行和平與慷慨的行為，懇求他們要做個尊重他人、有責任感以及純潔的人。

　　阿育王放棄了他帝王身分的標誌，微服出巡。在統治期間剩餘的二十八年裡，從波斯到泰國，他的足跡遍及整個帝國。阿育王跟人民見面，了解他們的問題，並且盡其所能教導他們自給自足，彼此之間以慈悲相待。據說，阿育王的黃金時代是那片土地有史以來，最為繁榮與和平的時候。英國科幻小說家暨社會歷史學家威爾斯（H.G. Wells）在《世界史綱》（*The Outline of History*）一書中談到阿育王：「在上古下今、歷史長河中的數萬個帝王裡，在這些偉大優雅、平靜和尊貴的皇室中，阿育王的大名閃閃發光，而且幾乎是獨自閃耀，就如同一顆恆星一樣。」阿育王可能是有史以來第一位試圖解決社會問題，而非藉由貪婪和殘酷，讓

問題更為嚴重的偉大帝王。他努力教導「法」（dharma）—— 愛自己和他人的責任 —— 並且身體力行。

　　阿育王的「法」的理念，接近我所提出的「相互依賴」的概念。「法」的兩個主要面向是自律和慈悲，而這兩者正是「相互依賴」心態的基礎。如果你擁有「法」的自律，你便成為了解決之道，而非問題本身。你會覺得自己無所不能，擁有主動積極的力量和內在資源，能夠給予社會，而非從社會獲得。如果你擁有「法」的慈悲，你便能夠了解他人內心感受，對於他們的病痛與快樂感同身受。遍布全印度、雕刻在石柱上的偉大阿育王的信條，其中有一條是這麼說的：

　　　　我為自己的孩子所渴求的 —— 而我渴求他們，在這一世與下一世的福祉與快樂 —— 我同時也為所有人渴求。你們不會了解我渴求到什麼程度；就算你們當中某些人真的了解，你們也不會了解我所渴求的全部程度。

　　藉由這些原則，這位卓越出色的個人將自己徹底轉化，從攻擊與屠殺任何反對他的人、一個最糟糕的躁鬱兩極思考者，搖身一變成為綜效的具體象徵。他設計道路和房舍、大學院校、灌溉系統、寺廟，以及一件稱為「醫院」的新奇事物，變成了他的人民身邊一位充滿活力的社會創新者。他頒令禁止對於犯罪的暴力懲罰。他從此不再參加任何戰役，因為他依循「法」的精神解決了衝突。他是第一位立法保護少數民族，並且倡導對於所有宗教皆寬容相待的帝王。他甚至想像了一種綜效式的宗教，據他所說，會涵蓋所有信仰的真理。某些證據顯示，他派遣了外交官員前往拜會當時希臘和波斯的國王們，邀請他們加入他所倡議的世

界大同的理想。

　　「要行善的人，首先要從一件困難的事情著手。」阿育王曾經這麼說。想要逃脫「我們和他們對立」兩種選擇的思維，進而尋求根本改變，就需要像阿育王那般的英雄作為。首先，你並沒有第 3 選擇的擁護支持者，因為每個人都參與了自由派與保守派的激烈鬥爭。其次，這場遊戲中的雙方團隊，都把信念錯置在不值得他們信念的巨大力量上 —— 其中一方是政府，另一方則是市場 —— 兩者的可靠程度就跟天氣差不多。不過，你不能等待龐大、無法預測、與個人無關的力量來影響你的方向。身為綜效的推行者，你參與這場遊戲是為了改變它，而非照著規則玩。你相信，只要跟其他資源充沛的聰明人達成綜效，你便可以開始創造一個全新的未來，而這是那些說著令人厭煩的浮泛空言、不切實際的空想家們，所未曾夢想過的。

　　一個健康社會的關鍵，是要將社會意志、價值體系，以及綜效的原則連結在一起。這就是為何我對於自由派與保守派的爭論沒有太大興趣的原因。對於真正需要完成的工作，我較有興趣：那就是透過第 3 選擇綜效的神奇力量，發現各式各樣的創新，能夠真正協助治療我們社會所面臨的病症。在本章裡，我們會跟目前正在從事這項工作的卓越人士相會。他們剷除犯罪，療癒身心靈，扭轉了原本荒蕪的環境。他們解決了健康照護的長期危機。他們在貧民身上灌注自尊和自給自足。

　　我們不是國王，可是在我們各自的影響範圍之內，我們同樣也有力量做善事。當阿育王踏上穿越他廣闊帝國的長途之旅時，就是秉持綜效的精神。沿途上，他態度堅定，面對不公不義、貧窮、病痛和心靈的黑暗。他輔導他的人民，並且給予忠告。他可能並不清楚應該要怎麼做。不過，無論他到哪裡，離開時都留下

了之前從來沒有人想過的問題解決之道，這說明了為何歷史學者會把他的統治時期稱為「人類問題重重的歷史當中，最為燦爛奪目的一段插曲之一。」兩千多年之後，另一位偉大的綜效推行者聖雄甘地，再一次為印度創造了全新的未來，而新印度的國旗中央便是「法輪」──阿育王的象徵。

城市的復興

紐約市百老匯大道和四十二街的交叉口，據稱是全世界的中心，而且當之無愧。勝利遊行、展示著最新消息的龐大電子看板、除夕夜人山人海的群眾──時代廣場是美國最偉大城市的脈動心臟。一個世紀以前，這裡就是娛樂地區的核心，鄰近地帶曾經擠滿了昔日著名的百老匯劇院。彷彿城市裡的一顆明珠，由花崗岩打造的堅實城堡，美麗的亞士都飯店（Hotel Astor）管轄著這個區域。這條「偉大的白色大道」（Great White Way）吸引了全世界各地的民眾前來觀賞。

可是，到了 1970 年代時，套用哥倫比亞大學商學院教授薩加林（Lynne Sagalyn）的話來說，曾經輝煌的劇院地區，其「娛樂」本質已經墮落為「社會腐敗的極致景觀」，充滿著「與社會格格不入的人們、性變態、酗酒者、嗑藥者、離家出走的人、乞丐、皮條客……不再是偉大的白色大道，而是一條汙穢骯髒的大道。」大部分的老劇院都歇業了；還繼續營業的則主打播放日夜不停的色情片。都會區的衰退，同時也是擴散到全美國的問題，讓紐約市從心臟地帶開始腐敗。「城裡最糟糕的街區」變成了從內部逐漸死亡、財務上和道德上都已破產的大都會的象徵。許多人擔心，這座艱困都市裡最危險的陷坑，會把整個文明都一起拉著陷入深

淵。

　　現在，情況完完全全地改觀了。曾經是最惡化社會病症象徵的時代廣場，再一次以非常不同的象徵，閃閃發光。今天，時代廣場代表了藉由綜效的力量，令人讚嘆的人們同心協力所能共同達成的成就。誠如一位作家給予的稱呼，「時代廣場其心靈和實體的復興」的故事，教導了我們，如果下定決心打破兩種選擇思維的循環，進而尋求第 3 選擇，我們可以如何轉變社會。

　　對於時代廣場復興的貢獻，雖然許多人可以名正言順、以自己參與其中引以為傲，真正的原動力其實是來自於一位幾乎無人知曉的第 3 選擇思維者 —— 謙沖為懷的社區運動者賀伯‧斯特茲（Herb Sturz）。斯特茲是個成長於紐澤西州、充滿理想的男孩，幼時計畫成為作家，不過成年後卻參與許許多多的社會議題運動。他很喜愛童子軍，大學一畢業後就找到了幫童子軍雜誌《男孩生活》（*Boy's Life*）寫作的工作。在那裡工作時，斯特茲寫了封信給當時的總統候選人約翰‧甘迺迪，建議他設立一個全國性的青年服務團隊。

　　那時是1960年代初期，身為年輕記者，斯特茲知道在紐約市監牢裡，好幾百位的不良青少年因為太貧窮，沒錢支付保釋費用，而在裡頭關了好幾個月，身心憔悴。他讀到美國憲法中提及，任何人的保釋金都不應該過高，於是便開始推展幫助這些男孩的運動。很快地，他便發覺自己身陷在兩種意識型態之間：一方是「採取強硬立場」的人們，他們認為他的努力就像是「心腸過於柔軟的自由主義」；而另一方則是熱情的理想主義者，可是卻沒有時間或金錢可以貢獻。

　　因此，斯特茲默默地推動，他實驗了各種原型，試圖找出一套系統，協助青少年犯履行他們的權利。他聘請紐約地區法學院

的學生當顧問。他們蒐集了男孩們的資料，然後使用當時尚屬新奇的電腦打孔卡片，來處理每一個人的資料。他們遞交給法官們一份有四十個要點的報告，指出只有極少數的被告會有真正棄保逃亡的風險。他向反對的人展示，相較於計畫的開銷，「曼哈頓保釋專案」（Manhattan Bail Project）將會幫助納稅人省下更多金錢。結果，他大獲成功。

對於斯特茲來說，保釋專案只是個開端。在他長期尋求第 3 選擇，以協助染上藥癮者、失業年輕人，以及參與課後輔導方案的孩童們的生涯裡，他展現了一種定義出真正的工作，然後打造出創新的系統來完成工作的天賦才能。他最大的長處是在一個二元對立的世界裡，總是能夠看到第 3 選擇。根據他的傳記作者，斯特茲對自由派與保守派心態的「膚淺與反射性的現成回應，比方說：分散權力或是加強管制，增加開銷或是節制開銷等，都會躊躇不前」，相反地，他比較喜歡以可行的策略來解決社會問題。他曾經這麼描述反政府的保守派人士，「某些人一開始的立場就是認為政府毫無用處，因為他們不想讓政府發揮效用。」不過，他同時也認為，單單只有政府，不能帶來真正的社會變革。

斯特茲在 1979 年首次以紐約市副市長的身分加入政府。那個時候，時代廣場已經是個相當嚇人的地方，而城裡歷史最悠久的笑話就是「需要完成某件事情」。因此，他著手「定義」了應該需要完成的工作：「我們要把夢幻重新帶回到時代廣場，取代悲慘醜陋的現況。」

一團難以解決的棘手混亂

當紐約市宣布重建時代廣場的計畫時，許多人對計畫藍圖感

到震驚。整個區域會完全拆掉，好挪出空間來興建四座新的摩天大樓，而在這些人眼中，新的高樓「龐大、單調無趣……體積過大、笨拙、乏味、枯燥呆板、麻木、死氣沉沉，對時代廣場而言異常陌生……巨大灰色的建築幽靈……把時代廣場變成了一口井的底部。」同一時間，這個原型設計產生了優良原型所應該擁有的效果：它刺激了行動。

房地產的所有權人立即對市政府提出了數十起的法律訴訟。那些即將面臨大眾譴責的不入流的企業提出了抗議。這些生意獲利豐厚，為何它們要被迫停業呢？另一方面，環境保護人士和城市的社會運動人士也都反對這項計畫：因為它只會把時代廣場變成另一個缺乏個性、千篇一律的商業區。斯特茲個人也不喜歡這個計畫；他想要的復興計畫要能夠讓「時代廣場的光芒和能量繼續維持下去。」

在這場多方爭吵中的關鍵反對者是西摩・杜斯特（Seymour Durst）家族，他們擁有圍繞著時代廣場的許多房地產。原則上，杜斯特家族反對政府補貼民間私人的建設。西摩・杜斯特本人對於政府的開銷厭惡至極，他在他位於第六大道的一棟建築物上，豎立起一座巨大的電子鐘，每一秒鐘發出滴答聲，記錄著美國國債的增加。紐約市政府提供了數百萬美元的納稅人稅款，協助願意投資那個區域的建商。雖然許多房地產所有權人堅持要求他們所能獲得的最佳協商結果，杜斯特家族因為原則的問題卻完全拒絕參與重建的工作。

在這一場難以解決的棘手混亂中，出現了一位經驗豐富的城市規畫者瑞貝嘉・羅伯森（Rebecca Robertson）。斯特茲招募了她，而紐約市任命她為重建專案的負責人。羅伯森了解時代廣場已經變成了「紐約市裡最骯髒的角落」。不過，她同時也喜歡這個

具有極大吸引力、需要凝聚綜效的挑戰：究竟要如何讓數十位相互爭論的城市領袖們，以及各自的支持擁護者都團結起來，為未來的紐約市創造出一個嶄新的核心呢？

羅伯森把城市的計畫公諸於世，然後詢問所有議題相關人。基本上，她直截了當地問說，「有誰願意增加投資，打造比任何人之前曾經想過還要更好的東西？」這個問題便是第3選擇的絕對前提。

她召開了一場邀請全市參與的討論，一場「魔幻劇場」的議程，以紐約市奇幻的新劇院區應該如何規畫為主題。各式各樣的多元意見都受到歡迎，其中包括環境保護人士、歷史學家、藝術家，以及城市規畫者和私人開發商，從著名傑出的建商卡爾・衛思博德（Carl Weisbrod）到四十二街上充滿異國風情的卻絲・約瑟芬餐廳的老闆強克勞德・貝克（Jean-Claude Baker）；從難以對付的杜斯特家族到一位決心要在四十二街上成立一家孩童專屬劇院的劇院經理人柯拉・卡翰（Cora Cahan），都是這一場「魔幻劇場」論壇的座上賓。

最後，從這些多元分歧的觀點中，浮現出一個眾人都同意的願景，一套每個人都共同分享的標準。「讓一座偉大的城市之所以偉大的原因就是其神話，」羅伯森說。對於時代廣場來說，那個神話便來自於「不守規矩、俗麗、黃色搞笑和花俏瀟灑的四十二街」，以及宏偉的百老匯劇院，還有像是《百老匯之歌》（*Broadway Melody*）和《花團錦簇》（*The Ziegfeld Follies*）等大部頭的經典老片。「我並不想終結那一條街上的混亂和平民主義，」她堅持說。「一條乾乾淨淨的街道，完全沒有任何犯罪，這是肯定的。不過，我覺得這個區域的神話就是來自於它的混亂，還有持續不斷的鏗鏘聲浪。」對於羅伯森來說，「美學應該是第一優

先……人們之所以來時代廣場，是為了欣賞事物。」因此，計畫便是要保存自然的「人行道上的嘈雜聲、興奮和民主氣息，每個人都可以接觸到……這個地區應該像個動物園……不過，必須是個維護良好的動物園，而不是個令人沮喪、失業，以及各處裂縫裡冒著煙霧的那種動物園。」

羅伯森的願景給重建專案帶來了嶄新的能量。一個不同的思維模式，一個第 3 選擇，開始在人們的心中逐漸成型。他們慢慢了解到，如同作家詹姆斯・卓伯（James Traub）所說的，「四十二街不僅僅是都會病理學的一則個案，它更是一個嚴重失修的偉大娛樂聖地。」現在，成功的標準一清二楚，而且為眾人廣泛共享。現在，是往前推進到原型階段的時候了。

一個新的原型計畫浮現，充分運用時代廣場娛樂產業的歷史，取代了原先提議的四座摩天大樓。最早的計畫「對娛樂公司而言並沒有太好的賣相，因為它向大家所傳遞的訊息不外乎法律訴訟、延遲完工，還有辦公大樓。」而新的原型計畫則會「向迪士尼和維康媒體（Viacom）等集團推銷適當的形象。」新計畫的「核心涵蓋了極佳的行人流量、紐約市最棒的觀光客市場……每一年兩千萬的遊客、39 間百老匯劇院，以及蜂擁而至的 750 萬名觀眾……一天就有 20 萬名的通勤者經過這裡。」而這個原型計畫中最創新的特點就是：如果時代廣場的重建開發商在他們興建的建築物裡，也重建一間劇院的話，他們就能獲得很大的賦稅減免。第一間劇院便是「新勝利劇院」，「重新恢復它最早在十九世紀初時的榮耀景況。」接下來，福特汽車公司財務贊助「抒情詩劇院」和「阿波羅劇院」的重建，重新打造成一間全新的表演藝術中心。而或許最重要的是，迪士尼同意翻新百老匯眾多劇院裡最出名的一家「新阿姆斯特丹劇院」，做為演出以賣座的迪士尼電影

為本的真人實況表演劇。

重生的時代廣場

　　然而，杜斯特家族企業仍然堅持，拒絕參與任何政府補貼的專案。不過，公司的經理人道格拉斯・杜斯特開始突破意識型態，嘗試新的思考。身為羅伯森的「主要對手」，藉由他所提出的訴訟案件，杜斯特早已對重建專案相當了解。不用多久時間，他便明瞭紐約市所提議的賦稅減免，能夠讓市政府從重建開發案中獲得極大的收益，因此他便不再反對，轉而提議在其擁有的土地上興建一棟革命性的全新辦公大樓「時代廣場四號」。他如此描述瑞貝嘉・羅伯森，「我們跟她打了好幾年的官司，那真是一段艱困的歲月。不過，現在跟她一起工作，感覺很棒。」

　　今天，全新的時代廣場到處充滿了興奮和活力。每一天，這裡都人潮滾滾。巨大的數位看板照亮了夜晚。重新復建之後閃閃發光的劇院，以全世界最佳的現場表演招攬觀眾。1980年時的新年前夕，只有五萬人在廣場聚集；現在則是多達一百萬人擠在時代廣場上，觀看裝載了五百個水晶燈和旋轉金字塔反射鏡的大球掉落，標示出新的一年確實開始的時刻。甚至，你可以買到由樂高積木所製造的時代廣場模型。瑞貝嘉・羅伯森說，「時代廣場重生了！感覺上，這裡就是你朝思暮想，一直想要拜訪的地方。只要來到這裡，死而無憾！」

　　讓我們回想這個綜效過程，以及從時代廣場的復興個案中能夠學習到的課程。

　　時代廣場重建開發專案的許多成功，都要歸功於賀伯・斯特茲對於超越複雜爭論的默默堅持。「如果缺少了他的領導和熱誠，

重建專案絕對不可能展開。」紐約市市長說。他對於各種第3選擇
的開放態度富有感染力。沒錯，市政府的各級領導人能夠超越他
們原本讓時代廣場變成一個商業中心的龐大規劃，坦白說，的確
需要放棄許多既得利益。瑞貝嘉‧羅伯森和道格拉斯‧杜斯特曾
經彼此對抗了那麼久，後來要讓雙方一同尋求彼此曾經想過的更
好的解決之道，兩人都需要相當強大的情緒力量。幸運的是，雙
方都願意把偏見及受傷的感覺放到一旁，然後為了雙方一開始皆
未擁有的新願景，感到興奮與受到激勵。

　　在時代廣場的重建復興當中，分享成功的標準能協助所有參
與各方，表達他們對於未來最深刻的期望和願景。下列便是某些
成功的標準：

- 新的時代廣場，必須要能夠將昔日時代廣場的劇院神話，
以「俗麗及黃色搞笑」為特色的都會娛樂核心，成功地延
續到今日。因此，才會有三十九間劇院的重建，其中又以
柯拉‧卡翰在勝利劇院所興建的開創性的孩童專屬劇院為
首。

- 城市蓬勃的媒體中樞必須復興。如此，時代廣場上的巨
型影像看板，才會日夜閃爍著新聞和廣告，而美國廣電
公司也在時代廣場設立新聞製作中心。時代廣場同時也
是音樂電視台（MTV）和康泰納仕公司（Condé-Nast）的
總部所在，而後者正是燦爛奪目的出版集團，出版了《時
尚》（*Vogue*）、《紐約客》、《瀟灑》（*GQ*）和《浮華世界》
（*Vanity Fair*）等流光溢彩的眾多雜誌。

- 時代廣場必須開放且免費，好容納數以百萬的訪客。因
此，才會有充滿活力的全新地鐵站和行人公園。

- 雖然座落在商業中心裡，時代廣場的建築必須要走在時代的尖端、擁有前衛設計，而同時仍然被眾人審慎看待。

來到全新時代廣場的眾多訪客都能夠見證，這些希望完全實現，而且還超越了原先的期望程度。

一棟第 3 選擇的建築

當道格拉斯・杜斯特計畫在時代廣場四號的地址上，興建四十八層的摩天大樓時，他所提出的建案在社區內引起了相當大的震驚。會不會又是另一棟毫無個性、千篇一律，在紐約市隨處可見的巨型盒子？這棟建築會不會摧毀了時代廣場大膽脫俗的不羈氛圍？

身為權勢強大的房地產巨擘，杜斯特原本大可以對這些關切之聲充耳不聞。不過，他並沒有這麼做。他所聘請的福斯富爾建築師事務所（Fox and Fowle）在具有創意和對環境友善的設計上，原本就頗負盛名。在仔細聆聽過時代廣場許多利害相關人的意見之後，設計師匯總了他們自己深具挑戰性的成功標準。新的大樓必須把看起來相互衝突的文化需求加以結合起來，產生綜效：這裡頭涵蓋了商業社群的需求，還有對於美國娛樂核心偶像般的崇拜期待。為了成功，這一棟建築必須要達到下列要求：

- 呈現出優雅有致的性格，以便跟曼哈頓中城的商業區，以及布萊恩公園等四周環境協調一致。
- 連帶著欣欣向榮的劇院、充滿活力的廣告招牌，以及人山人海的觀光人潮，反映出時代廣場的閃耀和刺激。

- 必須具有環境敏感度，包含一種新的社會責任道德，必須要盡可能地「對環境友善」。
- 吸引零售業進駐到低樓層空間，以便跟全新時代廣場對顧客友善的氣氛協調一致。

　　每一組利害相關人，各人心中都擁有不同的目的，而每一個目的都有其價值。至於要如何真正創造出價值來，那就是設計師的責任了。他們要如何滿足上述所有標準呢？難道是一棟既刺激又莊重的摩天大樓嗎？

　　建築師的答案是一座結合了各方意見的綜效紀念建築，一項多元風格、搭配優美的拼貼藝術品。面對花俏絢麗的時代廣場，這棟建築表面閃爍著銀色光芒和曲面玻璃，建物表面掛著巨幅的影像螢幕。零售商場的入口設計呼應紐約著名的裝飾藝術風格。在面對曼哈頓中城，與各大企業比鄰的那一面，建築表面鑲嵌著灰色磚石，展現銀行的風格。這棟建築物本身就是一項第 3 選擇。

　　不過，這一棟建築最有趣的特點，卻不是肉眼可見的：這是有史以來興建的第一棟「綠色」摩天大樓。整棟大樓四十八個樓層當中，部分電力來自於巨型的燃料電池，電力的產生完全沒有使用內燃機。燃料電池所產生的熱能足以加熱大樓裡的用水。特殊設計的通道和導管過濾空氣，讓無塵率高達85%，而非一般辦公大樓的35%。天然氣的冷卻器維持整棟大樓的涼爽，比起一般密集用電的空調機具節省了20%的電力。更多的電能來自於環繞著上層十九個樓層的太陽能電板。

　　相較於原先所希望的，雖然時代廣場四號大樓消耗了更多的電力，然而整棟建築的耗能跟紐約市平均的辦公大樓相比起來，還是減少了三分之一。考慮到大樓正面那些耗費能源的電

發揮綜效4步驟　為了要在忽視時代廣場，以及把它變成另一個千篇一律的商業區之間，尋找到第3選擇，一群立場各異的紐約市市民定義他們的成功標準，發展出替代方案的原型，然後達成綜效的解決之道，讓每一位訪客都賞心悅目。

子看板，實際上照亮了夜晚，大樓節能的這一點就更顯得成就非凡。這些標誌看板中最為明亮的就是「那斯達克場館」（NASDAQ MarketSite），一個圓柱狀、七層樓高的影像螢幕，就位在今日時代廣場上一片楔型光體的頂端。

在數十年的翻新之後，目前在美國吸引觀光客到訪的排行榜上，時代廣場持續名列前茅。廣場四周的各行各業繁榮興盛，為紐約市帶來了兩萬四千個新的就業機會，以及4億美元的新營收。紐約市「最糟糕街區」的嚴重犯罪率直直下滑；現在，這裡成為幾個最佳街區之一。重度犯罪的案件數量，從1984年的2,300件（每天超過6件），下降到1995年的低於60件。從2000年到2010年，整體犯罪率減少了50%。

事實上，時代廣場的復興，敘述了擁有轉變社會所需的意志、紀律和品格的人們的故事。需要完成的工作是要把「最糟糕的搖身變為第一名」，而這些人辦到了。這一群人多元的程度，還真是令人難以置信，其中包括超級保守的生意人、自由派的社群

運動者、環境保護人士、銀行家、劇院經理人、餐廳業者，以及
跟私人創業家合作的公務人員。某些人支持政府，另一些則是反
政府人士。不過，到了最後，枯燥乏味的自由派與保守派的空泛
理論家，倒是什麼都沒貢獻。綜效的精神感染了每一個人，讓大
家原本多元分歧的觀點，最後凝聚成一個強大堅實的願景。

犯罪之終結

　　犯罪是一項令人震驚、原始的痛苦現實，當前正加強了對
我們世界的控制。犯罪的影響相當直接、有形、個人化，而且真
實，同時為警方領導人所熟知。近來的統計數字反映了下列發人
深省及令人鬱悶的景象：

- 每一年，全世界有超過160萬的人因為暴力犯罪而喪失性
  命。對於全球年紀介於15歲到44歲的人而言，暴力是死亡
  的主要原因之一，占了男性死因的14%，女性死因的7%。
  對每一個因為暴力而喪命的人來說，就有更多的人受到傷
  害，遭受一連串身體和心理的問題。除此之外，暴力也在
  國家經濟方面造成沉重負擔，讓各國每一年在健康照護、
  執法行動和降低的生產力上，耗費了數十億美元。
- 全世界各地，每一年發生超過1萬起的政治暴力事件，包括
  綁架、傷害和謀殺。每一年有將近6萬人被恐怖分子殺害。
- 根據聯邦調查局的統計，每一年在美國估計有130萬起暴力
  犯罪的報案，加上900萬起的財產犯罪案件，總共高達150
  億美元的損失。「犯罪時鐘」的數據顯示：每32分鐘發生
  一件謀殺案，每2分鐘發生一件性攻擊案，每55秒鐘發生

一件搶案，每7秒鐘發生一件嚴重攻擊案，而每2秒鐘則發生一件偷竊案件。

- 聯合國的報告指出，全世界15歲到64歲的所有人當中，大約5%的人濫用某種毒品藥物，大約相當於2億人口。目前，全世界染上毒癮的人數可能高達3800萬人。

- 在拉丁美洲，目前暴力名列前五大死因之一。在巴西、哥倫比亞、委內瑞拉、薩爾瓦多和墨西哥等國家，暴力是主要的死亡原因。

- 網路安全防毒軟體公司邁阿非（McAfee）執行長大衛·迪瓦特（David DeWalt）報告說，目前網路犯罪已經變成了一項1,050億美元的生意，超越了全世界非法毒品貿易的總值。

- 以財務觀點而言，白領階級的犯罪讓其他類型的犯罪行為都相形見絀。沒人知道真正的成本，不過美國聯邦調查局估計，每年白領階級犯罪大約在3,000億到6,000億美元之間。

- 到了二十世紀末時，美國的犯罪負擔淨值（the net burden of crime），每一年超過了1兆7千億美元。有誰會知道這個數字現在是多少？

　　毫無疑問地，這些統計數字的背後，都是無法衡量的深刻情緒傷痛。每年之間，這些數字上下些微起伏，可是數字本身夾帶了一種令人氣餒、不可避免的感受。無數破裂的心、生命和關係的成本其實是難以理解的。這是種強烈的劇痛，同時也是種長期的悲痛。我們在統計學上加以測量，我們逐漸習慣了它，我們學習與它共存。我們跟自己說，犯罪，總是會和我們如影相隨。

　　過去以來我們大多採取強硬的方法，一種「迅速解決之道」（quick fix），不多費工夫。在美國，因為全國性的打擊犯罪行動，以及長期、強制性的監牢刑期，監牢囚禁的人數，從1980年大約33萬人，一路衝高到現在超過200萬人。目前，刑事體制的成本開始讓整個國家難以負擔，然而根本的問題仍然存在，一如往昔。

　　實際上，強硬的方法確實能降低犯罪嗎？根據美國大學詹姆斯‧林區（James P. Lynch）及威廉‧薩柏（William J. Sabol）的研究，「監牢囚禁人數的顯著增加，跟暴力犯罪顯著大幅減少的估計，並不相關。」許多專家認為，採取強硬的做法，事實上反而會導致攻擊者犯下更多的犯罪行為；因為這樣的做法羞辱和蔑視他們，讓他們覺得自己完全與社會隔絕，而且摧毀了他們洗心革面的潛能，讓他們感到毫無希望。

　　跟強硬做法相對的是柔性方法（soft approach）。雖然沒人想要被貼上「對犯罪軟弱」的標籤，目標是透過攻擊孕育犯罪的情境，以預防犯罪的發生。當然，這一點聽起來很有道理，但是支持這項做法的人所採取的方法，並沒有破壞那些情境。他們不是做得不夠，就是做過了頭。他們推行像是買回槍枝的活動，而研究顯示此舉對於犯罪率並沒有影響。或者，他們抱怨，除非社會的整個結構能夠改變，消除貧窮、文盲以及經濟上的不公不義，否則對於犯罪只能束手無策。可是，問題是犯罪當下就在發生，而生命也在當下遭受毀壞。

　　強硬的做法大多數都跟保守派關係緊密，而柔性的做法則是和自由派相關，不過，這些意識型態的方法都不恰當。大多數的傳統思維，一旦碰觸到這個相關議題，便停滯不前，我們必須要突破兩種選擇的心態。偉大的犯罪學者勞倫斯‧雪曼（Lawrence W. Sherman）解釋說：「有關犯罪的爭辯，通常把『預防』和『懲罰』

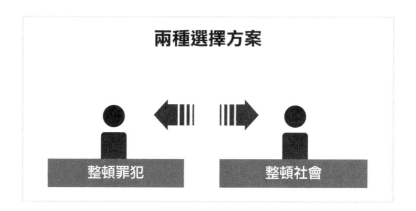

視為互相排斥的概念，看成是犯罪反應連續體上『柔性』相對於『強硬』的兩個極端；其實並沒有這樣的二分法……結果，便是所做的政策決定，較傾向根據情緒的吸引力，而非實效的堅實證據。」

　　犯罪為患的社會，其劇痛並不會因為這類兩種選擇的思考而獲得紓解，反而會長久持續下去。除非我們改變自己的思維，否則只會得到適得其反的結果。一定需要有第3選擇的其他方案。

第3選擇的警務

　　1985年6月23日，從多倫多飛往新德里的印度航空182航班在愛爾蘭海域的上空爆炸，超過300人喪命。經過追蹤之後，發現機上的炸彈是夾帶在從溫哥華機場托運的某件行李當中。從這條線索開始，調查單位把重心放在居住在溫哥華郊區瑞奇蒙一帶的一群錫克教分離主義分子。這起爆炸事件是印度政府和錫克教極端分子持續戰爭中的一次攻擊行動，後者主張旁遮省（Punjabi）的家

鄉獲得獨立。

　　這一件駭人聽聞的犯罪行為，其根源竟然是來自於半個地球以外的一場內戰，這個事實震驚了太平洋畔、這個有如珠寶般美麗城市的行政當局。溫哥華居住了超過 10 萬名錫克教徒。分析家稍後做出結論，表示如果溫哥華警方之前就跟錫克教徒的社群培養互信關係，他們或許早就獲得阻止這項攻擊行動所需的情報。

　　不僅僅是在加拿大，任何地方都是一樣，要徹底解決犯罪問題，不能夠只依靠執法行動，在事後逮捕罪犯而已。打造一個公民社會，一個植基於尊重和同理心、擁有堅實關係的社會，才是真正需要完成的工作。而這件任務需要富有創意、具備第 3 選擇的思維，如同華德‧克萊普翰（Ward Clapham）所做的思考。克萊普翰曾經在加拿大皇家騎警服務三十年，目前已經退休。穿戴上紅色羊毛外套和整潔帽子，顯得氣宇軒昂的克萊普翰以騎警隊為傲。他的確應該如此覺得 —— 因為這是在組織的願景宣言中，我唯一知道擁有「主動積極」（proactive）這個字眼的警察單位。加拿大皇家騎警的使命主要是「維護和平」（preserve the peace），相較於單純地執法，這個觀念要來的更為寬廣。

　　在華德的職業生涯才剛起步、還是位派駐在加拿大北部的年輕低階警察的時候，有一天，他跟某些原住民孩子說話。他問這些孩童，他們認為警察的工作是在做些什麼。孩子們回答說，「你是個獵人。你在灌木叢中等待，然後把我們的媽媽和爸爸捉到牢裡。」華德了解到這些孩子怕他，這件事情一直在他心中縈繞不去。

　　他有部分的工作是要維護更新妨害公共利益、會惹麻煩的青少年的檔案。他逐一閱讀檔案，感到很氣餒。他清楚這些青少年當中，有許多人最後的下場都會是被關在監牢裡，甚或更糟；對

於沒有人知道該怎麼做才能防止這些事情發生，他覺得很困擾。這是個非常龐大的挑戰。採取強硬的做法並非解決之道。而當學校、教堂以及政府爭論著究竟應該怎麼辦的同時，他也不能袖手旁觀。「那就好像在一個瀑布的上游，看著人們在水中苦苦掙扎。你知道待會兒就要發生什麼事情，可是你覺得孤立無助。」

當克萊普翰派駐到亞伯達省的一個城鎮時，他發現市民們對於失控的年輕人忿忿不平。某天，他接到一通憤怒的電話，抱怨一群孩子在街道正中央玩曲棍球，堵塞交通。他開著體積龐大的警車轟隆地趕到現場，走出車來，注意到孩子們全都低著頭看地面。之前他們就被警告過了。他清楚孩子們感到非常害怕。

就在這個當下，在他心中迴響著「維護和平」的使命。在當前這個情境裡，他能夠做些什麼事情，好維護和平呢？不要只是暫時性的和平，不是把這些不守規矩的小孩關起來的那種看不見的假象和平，而是真正持久的和平？

所以，他跟孩子們說，「我要給你們一個選擇。我可以給你們每個人都開一張罰單，或者我可以跟你們一起玩曲棍球。」

那些年輕人大吃一驚。居然會有警察先生拿著一根棍子，追著一個橡皮圓盤，就在他們身旁，在路中央大笑著。他令人印象深刻的帽子還被風吹跑了。然而，困在交通堵塞中的人們可一點兒都不高興，接下來幾天，他從當天受到短暫不便影響的市民那裡接到許多抱怨。不過，在這件事情過後，克萊普翰跟那個城鎮的年輕人之間的關係，就和之前完全不一樣了。

華德・克萊普翰在他的職業生涯中，以其深富主動積極風格的第3選擇思維，持續將驚喜帶給市民和他的上司。在另一個城鎮裡，商家總是因為將香菸出售給未成年人，而被傳喚到法庭，而且罰則相當重。華德向地方法庭的治安法官請求機會，嘗試一項

新的做法：如果商店負責人能夠在他們的店裡舉辦反吸菸課程，法官就暫緩執行處罰。這個主意聽起來有些瘋狂，可是店家很希望能執行，因此，過了不久，商店店員和鄰里社區的年輕人便學習到吸菸的危險。銷售給未成年人的香菸顯著減少。而對於克萊普翰更重要的是，許多年輕人絕對不會染上菸癮。

　　克萊普翰把注意焦點放在問題的根源，而不只是症狀。他說，「我們可以繼續在瀑布底部收集破碎的身軀，或者是一開始就在上游防止他們掉下來。」而那樣的做法便需要第 3 選擇的思維。「我們可以 —— 我們應該覺得羞恥 —— 接受這個事實，犯罪和暴力會是我們以及孩子生活的方式。可是，我說，『不，不，還有一個更好的辦法。』」

　　就在這個時候，克萊普翰正好成為加拿大皇家騎警在英屬哥倫比亞瑞奇蒙市分遣隊的隊長，那時瑞奇蒙市的人口已達 17 萬 5 千人。在瑞奇蒙和擁有多元文化龐大人口的溫哥華之間，你找不到城市的界線。瑞奇蒙有超過一半以上的人來自南亞或是東印度，而尖銳的種族和經濟的壓力讓環境變得更艱困，尤其是對於年輕人而言。他在這裡發現了一個典型的都會警察局，「警務的安排設置是在事件發生之後、民眾報案的被動式風格。」警察的工作就是逮捕壞蛋，讓孩子們不要在街頭遊蕩鬧事。能夠預先阻止犯罪發生的關係營造完全付之闕如。克萊普翰決心要改變這樣的心態，加上其他警察同仁的協助，他要創造一個全新的文化：

　　　　警察在新兵訓練營裡受訓，而在你的成套工具裡，唯一的工具就是執法行動。「我們執行法律。」不過，我開始要求他們拓展心智。我問說當個「和平警員」（peace officer）是什麼意思。我們談論到羅伯・皮爾爵士（Sir Robert Peel），他在

150年前在倫敦成立了第一個警察隊。他提到這麼做是為了和平。後來不知道是什麼原因,我們從和平變成了執法行動。可是,我們有機會把警務帶回到和平的完整世界,讓公民社會能夠永續長存,讓犯罪完全終結。

「終結犯罪」(end of crime)的概念是個真正的第3選擇。與其對犯罪展開一場永無止盡的戰鬥,不如終結犯罪!我們預防犯罪。這有可能做的到嗎?或許,我們能夠如同華德‧克萊普翰所做的,突破「犯罪預防」只是個無關緊要的想法,進而了解到這就是整個工作的重點。

「預防」總是受到不公正的對待。對大多數人來說,「預防」意謂著制止犯罪發生的所有前端和上游的事情。這需要龐大的社會變革、消除貧窮、更好的家庭教育,以及興辦優秀的學校。沒有任何孩子被忽略而落在後頭。能夠做到所有這些事情,不是很棒嗎?這個工作太龐大了,因此警察根據預設情況逮捕滋事分子。讓這些人不要捲入麻煩,並不是我們的工作。

不過,這就是問題的關鍵了。並不只是你在瀑布的上游做了什麼,雖然那一點也很重要。我們所要建議的是,對警察工作來說,預防涉及了整個連續的過程,從上游、中游,一直到下游。

這個非凡的第 3 選擇的洞見,讓所有事情都因此改變。在麻煩到來之前、中間,以及之後,你都有事情可做。克萊普翰的思維把瑞奇蒙市執法行動的觀念完全轉化。在不忽略調查和執法的同時,他鍥而不捨地推動具有綜效的新觀念:在犯罪發生之前預防犯罪,以及在犯罪發生之後預防更多的犯罪發生。

要改變他所領導的警察隊是一項巨大的挑戰。他接手瑞奇蒙分遣隊的時間,正好是在2001年911恐怖攻擊事件過後幾天。地方上浮現了當年印度航空182航班的苦澀回憶。「這個危機讓我們比起以往,更加回復到專業的警務模式。」他說。「憤怒的人們正在尋找一種快速的解決之道,強硬的執法行動、積極挑釁的戰術計謀,甚至到了要放棄我們某些公民權利的地步。911事件讓我們重新回到了那種『我們對抗他們』的戰士心態。」

不過,克萊普翰意志堅定,下定決心。他迅速成立一個「發言權杖」論壇,邀請警方、城鎮領袖和瑞奇蒙多元的社群:伊斯

蘭教徒、錫克教徒、東南亞移民和加拿大原住民等所有人參加。
麥克風打開後，瑞奇蒙社區發言了：「警方在做什麼？人們叫我
們恐怖分子。我們都被錯誤地混為一談。我們受到不公的種族描
述。大家都很憤怒，也都很害怕。怎麼可以只是因為膚色，就把
我們當成恐怖分子。」溫哥華國際機場的亞裔計程車司機抱怨
說，大家都不搭他們的車。商店老闆害怕他們的顧客。克萊普翰
回憶說，「我們就是讓大家自由談論這些事情，讓他們有機會發洩
出來，感受到有人了解他們的想法。這個大規模的論壇是打破大
眾看法的第一次機會。我所學習到的最重要課程就是讓『發言權
杖』發揮作用。然後接下來我們著手改變事情。」

　　「發言權杖」的溝通，在讓克萊普翰團隊的思維重新找到正確
方向上，是一項關鍵性的工具。就像大部分的警察部門一樣，瑞

發言權杖

發言者　　　聆聽者

奇蒙分遣隊也有他們的「例行事務」：晨間簡報，老闆坐在前頭，警員先報告，然後等待老闆的決定。克萊普翰把這個流程倒轉過來。每天的例行簡報變成了「魔幻劇場」。「我們有什麼事情可以做的不一樣？我們有哪些事還沒嘗試過？」他這麼問。「說到這樣的轉變，花了六個月的時間，才讓他們覺得習慣，每天提出自己的想法。我們堅持聽到每個人都說完想說的話，並且確定每個人都覺得有被聆聽。」

「每天我會坐在房間裡不同的地方，有時在角落裡，然後讓警員帶頭。我們總是會回歸到一個原則：先尋求了解。我總是相信，正確的答案不只一個，而且只要情況許可，我都喜歡談到這一點，因為這會讓溝通和心智維持開放。」

這種對於不同想法的追求，從警察局擴展到社區裡。加拿大皇家騎警的一個重要目標，就是要在社區警務工作上，與公民團體建立起伙伴關係。某一天，一位加拿大皇家騎警的督導來到瑞奇蒙市，然後說，「你沒有任何有關你跟社區之間伙伴關係的書面紀錄。」克萊普翰笑著說，「好吧，那就像是要求我記錄下我每一次的呼吸，還有每一回的眨眼一樣。同時也包括我的每一位警員，因為那就是我們所做的工作。每一件事都是伙伴關係。」所以，他們開始做記錄，結果發現他們每一天所做的伙伴關係接觸多達 30 次、40 次，甚至高達了 80 次之多。

因為他的第 3 選擇心態，總是尋求之前沒人想過的更好辦法，克萊普翰遭遇到來自於兩種選擇思維者的強烈抵抗。一直以來，他必須要面對的訊息便是「如果你對犯罪不夠強硬，那你就是軟弱無能」。

我跟現況發生直接衝突。當前現況再清楚不過。我們被

期望以一種事後改正以及命令和控制的模式來運作，而且也依此獲得獎勵。因此，當你開始把部屬訓練成領導人，引進共同分享的領導方式，同時把預防變成一項主要目標時，你就讓自己變成了反對者的目標。

　　我每天有四分之一到一半的時間都在為自己辯護。他們持續不斷地想要證明我是錯的，阻止我，要我遵循現況。他們會打開規則手冊，告訴我哪裡違反了規定。

　　不過，「強硬和柔軟對立」的進退兩難困境，對於華德・克萊普翰並沒有意義。他要尋求的是能夠真正產生改變的第3選擇。「我把一年18,000起犯罪事件看成是18,000件失敗。無論我做什麼，只要能降低那個數字，就是一項成功。」

正面的開單

　　克萊普翰對於第3選擇的追求，最後獲得了前所未料的豐厚成果。有一回他在參加某研討會時，忽然間有了一個想法。主持人問：「如果我們發現孩子們正在做正確的事情，應該怎麼回應？」克萊普翰自從當了警察之後，已花了不少時間開罰單給負面行為的年輕人。如果事情是反過來呢？如果他們做了正確的事而獲得注意呢？「我們給他們開單，是因為他們違法，」他說。「如果我們給他們開單，是因為他們支持法律呢？是因為做了有益的事情呢？」由此，便誕生了「正面開單」的想法，一個真正反其道而行的做法。為了推行「正面開單」，克萊普翰與社區裡無數的伙伴們接洽，數十家當地的商家贊助了速食餐券、免費的冰淇淋、舞蹈俱樂部和運動比賽活動的折扣券。瑞奇蒙市提供了社區中心的游泳和溜冰通行證。正面單的上頭印著，「給被看到做善事的

＿＿＿＿＿＿＿＿」。單子可以拿來兌換許多東西，從一片披薩到一個隨身音樂播放器不等。

一天傍晚，一位我們姑且稱之為約翰的瑞奇蒙青少年正在走路回家的路上，他看到一個小孩即將跑到車水馬龍的大街上。約翰直覺的當下反應就是把他抓住，然後把他安全地放置在人行道上。加拿大皇家騎警的一位警員剛好巡邏路過，看到整件事情發生的經過，於是暫停下來。約翰肯定沒有聽過「正面開單」，因為當那位警員朝他走過來時，他的反應就跟大部分青少年一樣。他的胃糾結成一團，皮膚感到濕冷，同時心跳開始加速；他以為自己有麻煩了。

稍後，約翰的養母說，「我的養子後來跟我說，他被警察攔了下來，拿了張單子。你可以想像到我立即的負面反應。然後他說，『不是，媽，我拿到了一張正面的單子。』我說，『你在說些什麼啊？』約翰解釋說，「一個小孩忽然衝到馬路上，我在後面追他，把他拉回到人行道上。一位警察停下車，走出來，問我叫什麼名字。我很害怕。我以為他對我生氣，因為他認為我傷害了那個小孩。警員說，他為我感到驕傲，我做了件好事，然後他給了我一張單子，可以免費去游泳、溜冰和打高爾夫。」

那位養母眼中帶著淚水，接著說，現在這張「正面單子」釘在他臥室的牆上。她最近問約翰為何他還沒使用。他告訴她說，「媽，我永遠都不會使用那張單子。警察說我是個好孩子，那我就可以成為任何我想要當的人。媽，我永遠都不會使用那張單子。」

每一年，平均有四萬張像這樣的「正面單子」開給了做善事的年輕人。「我們就好像是獵人，」華德笑著說，「我們因為年輕人做的正面事情而追捕他們。」警察可能會把一個騎腳踏車的男孩攔下來，開給他一張「正面單子」，因為他騎車時戴了安全帽。

女警員可能會在街上給一群女孩「正面單子」，如果她們沒在吸菸或者罵髒話。這些都是生活在邊緣的年輕人，即使只是獎勵小的善事，比方說：走斑馬線過馬路，到圖書館借書閱讀，或是把垃圾丟到垃圾桶內而不是街上，也能夠強化較大的善事。

除了「正面單子」之外，警員也會發出他們個人的卡片。不過，這些並不是一般的名片，上頭除了警員的相片之外，還印有他們個人的興趣，像是「溜冰、滑翔翼、曲棍球和音樂」，以及每位警員有關生命的一個最喜愛的想法。克萊普翰自己的卡片上是這樣說的，「要獲得生命的高潮，你並不需要嗑藥。」這個技巧幫助了年輕人認識他們，不只是把他們當作條子而已。

社區看到了改變。英屬哥倫比亞男女孩俱樂部總監齊斯・派丁森（Keith Pattinson）說：「當警方把焦點放在年輕人的長處時，他們便會發現彼此之間的關係改變了。當警員開車經過時，孩子們不會再跟他們比出中指，反而會叫他們過來，跟他們說，「哦，今晚有事情會發生。有人會受傷，或許你們該去查一查。」

克萊普翰看到相同的事情。「大多數年輕人看到警察時，都是能躲就躲，不想要拿到罰單。我們用『正面單子』獎勵年輕人做好事，所以當他們看到我們的時候，他們不再逃走，而是過來找我們。」雙方之間的關係逐漸往好的方向發展。年輕人不再害怕警方，而是會來找他們。警方變成了他們生活中一個正面的部分；警察不再是沒有人情味、冷漠的法律執行者，他們變成了朋友，協助年輕人順利度過長大成人階段中危險重重的激流。

　　克萊普翰同時也給了他自己團隊類似正面單子的東西：小額禮券，以表彰他的警員對於改變瑞奇蒙市的貢獻。無庸置疑地，他很快就因為這麼做而違反規定：「你不應該使用納

稅人的錢，購買禮券給員工，表彰他們的優良行為。」上級
拿走了我的政府信用卡，要我去上4小時的課程，而我拒絕去
上。不過，有趣的部分在這裡：當我跟瑞奇蒙市的領袖們提
到這件事，他們問我說，「如果要繼續你目前在做的事情，你
需要多少錢？」接下來，他們就給了我一張信用卡，因為他
們看到了我正在做的事情的價值，是他們所花費金錢的百分
之一千的回收效益。手冊裡的規定事項顯然已與現實脫節。
我受到信任，被賦予了使用槍枝、子彈和催淚瓦斯的權力，
可是卻沒有轉變文化所需要的工具。

　　不過，社區相當喜愛這樣的做法。當他們開始看到成功
之後，他們便想要更多的成功。社區是我持續下去、鍥而不
捨的原因，因為驅動我的力量是來自於達成我的目的 —— 終
結我們城市裡的犯罪 —— 的一股熱情。

　　在華德・克萊普翰及其單位，為了打造阻止衝突發生的個人
關係，所實施的諸多達成綜效的想法中，「正面開單」只是其中之
一。當他想要旗下每一位警員都「認養一所學校」並且在那裡認
識朋友時，他知道自己申請不到經費補助。可是，他所擁有龐大
的伙伴關係網絡，寄了支票資助，讓這件事順利推動。他們也開
展了「陪伴」專案，提供經費讓警員帶孩子去看職業運動比賽。
有位警員一整個夏天都跟一些高中的中輟生一起攀岩，最後成功
說服他們重回學校。

　　我們接到了許多關於孩子們在公立公園和商店區域騎腳
踏車的抱怨。與其只是開給他們傳訊單，我們組織起來，提
出了一項第3選擇。城市捐贈了一些空地，我們跟孩子們一起

把所有工作完成，今天我們可以在自己的單車公園裡跟他們騎車和競賽。我們跟他們建立起來的連結關係是無價的。湊巧的是，也不再聽到任何人抱怨。

對於瑞奇蒙市警方而言，高速街頭賽車是一項禍害。當一位低階警員因為試圖阻止一場街頭賽車而喪失性命時，甚至華德都想要縮減柔性做法，重回強硬的執法行動。「可是，這麼做又會帶來什麼好處呢？這些年來，我們一直奮戰，可是每一年還是有四個年輕的生命喪生於街頭賽車，然後現在又加上我們一位成員。」因此，瑞奇蒙分遣隊召開一場綜效會議，討論要如何才能突破困難，接觸到年輕的街頭賽車手。一位低階警員提出一個真正反其道而行的創新做法：「如果我們沒辦法讓他們明白我們的觀點，那就讓我們去接近他們。我們可以找一輛迷你（MINI Cooper），把所有合法的改裝品都加到車上，然後把車子開去展示。我們把這輛車也標識為警車。這會是他們所看過最酷的事情之一。」

在街頭賽車的年輕人很喜歡改裝他們的車子。他們會非法加大汽缸頭，改裝油門踏板、排氣管，任何可以增加馬力的東西，還有他們喜歡在車展炫耀。因此，警方把一輛捐贈的迷你改裝成警車，裝飾好，變成了車展裡最吸引目光的焦點。他們周圍立即擠滿了街頭賽車手，開始發展關係，跟他們建立互信，彼此談論在公路上賽車的危險。

當然，克萊普翰不會就此逃過上級的干涉：「我的老闆們聽到這件事，來到車展，命令我們把車子處理掉。當然，我們不是得違抗上級命令，就是得放棄我們所擁有得以接觸到街頭賽車手的唯一工具。」正如讀者期望的，他們提出了第3選擇。他們把迷你重新噴漆，可是他們也配置了磁性的警徽和可攜式的警告閃燈，

好讓這輛車在任何時候都能搖身一變成為警車。同時，他們繼續參加各地聚集的車展。「自從2003年之後，我們再也沒發生過任何街頭賽車的死亡意外。」他報告說。

伊札特團隊（Team Izzat）

　　讀到了媒體對於溫哥華地區錫克教年輕人的報導充斥著刻板印象，克萊普翰麾下的二十多位警員感到困擾，決定組織一支稱為「伊札特團隊」的籃球聯盟。在旁遮語中，「伊札特」是「尊敬」的意思。任何人都可以加入這個球盟，組成球員大多是年輕的南亞族裔。身為亞裔巡佐，同時也是籃球團隊的創辦人傑特‧孫納（Jet Sunner）說，「當許多人對於南亞裔、組織犯罪，以及毒品都帶著負面看法時，我們想要讓大家知道，那並不是我們真正的形象。社區裡，99%都是好人。」

　　對於籃球能夠如何影響一個小孩的生命，孫納感到非常驚訝。在短短的三年之內，「伊札特團隊」成長為三十支隊伍，大部分的教練都是由加拿大皇家騎警和大學生志工所擔任。他找了一些大學生來擔任教練，因為他希望球員視他們為好榜樣。他擁有的一個目標是要找到五十位頂尖的學生，來跟他的球隊談論，真正的成功是由哪些事物所構成的。

　　「伊札特團隊」不只是打籃球而已；他們同時也為整個社區，針對毒品、性虐待，以及在學業上獲得成功等主題，贊助青年論壇。加拿大公共安全部長正式表彰過這個聯盟：「我表揚『伊札特團隊』，他們給予年輕人所需的工具，讓他們在社區裡有所改變，完成了非凡的工作。藉由像是『伊札特團隊青年論壇』等活動，青年領袖針對當前的社會議題，比方說：剝削童工以及濫用毒品，增加了洞見，同時也接受挑戰，協助創造堅實和健康的鄰

里社群，以便抵抗犯罪。」很自然地，你會開始思考，如同「伊札特團隊」的良善事物，是否能夠把造成了像是印度航空 182 航班悲劇的那些隔離和憤怒，予以緩和或是平息。

看到部屬對於幫助年輕人的這股熱誠，華德・克萊普翰印象深刻，他對單位做了結構性的改變以便獎勵工作傑出的警員：「我到任時，可以看得出，或許我們並沒有把最優秀的人才放在青少年的單位。但這樣不行，我們要讓最聰明和最優秀的人跟年輕人一起工作。我們要讚揚青少年的單位。」因此，他把晉升計畫重新調整。今天，能夠被挑選進入青少年單位是一項具有榮耀的獎勵，需要許多的訓練以及艱難的申請流程。

克萊普翰並沒有遺忘那些已經陷入麻煩的年輕人，亦即他所說的，那些身處在「下游」的人。其工作重點集中在讓罪犯重新整合到社會中，以及預防更多的犯罪。加拿大皇家騎警協助創辦了「瑞奇蒙市恢復正義方案」，幫助年輕的犯罪人面對他們所造成的傷害，不過並不是以懲罰的方式。他們不需要坐牢，而是跟他們的受害人、證人、警員以及一位協調人見面，協調人會協助所有人針對如何解決傷害達成協議。這是個洋溢著同理心傾聽的論壇，協助年輕人理解自己對他人的所作所為，同時也讓其他人了解他們。

一位來自印度的年輕移民謊稱遭到一群年輕白人幫派分子的攻擊，被剃掉毛髮。當真相大白，證明這些指控全非事實之後，這個年輕人被送進「恢復正義方案」。他聆聽他之前所控訴的人說，他的謊言是如何深刻地傷害了他們。不過，他也能夠訴說長久以來他對於自己的寂寞，還有從周遭人群當中所感受到的不理不睬，以及冷漠偏見的沮喪。整個過程一點兒都不輕鬆，可是每個人都獲得了「心理上的新鮮空氣」。之後，移民男孩則是從事社

區服務工作，以洗刷他的犯罪紀錄。

這麼做會有什麼不同嗎？

即便推行了各式各樣的創新事項，大家對於警察長華德・克萊普翰並非全無批評。人們看到瑞奇蒙市警員跟孩子們「閒晃瞎混」、玩球、開出正面單子。「你們為什麼沒有去逮捕壞人呢？弄這些玩意兒會有什麼用？」他們會這麼問。克萊普翰對這樣的說法火冒三丈。

> 我們的所作所為可是產生了大大的不同。跟年輕人建立的這些連結，他們所獲得的正面訊息，都影響了他們的決定，預防他們步上犯罪和悲劇之途。我們對於好孩子和走在邊緣地帶的孩子都予以表揚，強調做好人、行善事的重要。我們親眼目睹，原本給警方惹了許多麻煩的孩子們，後來都改變了他們的生命。十年之後，這些年輕人就會成為成年人。他們會支持我們想要為他們和他們的孩子所做的事情。

而且，有許多證據確鑿的資料顯示，瑞奇蒙皇家騎警分遣隊的確產出優異的結果：

- 在華德・克萊普翰任職的前三年裡，青少年犯罪率降低了 41%。
- 參與一位青少年罪犯的成本，十年間從 2,200 元加幣降低為 250 元加幣，減少了幾乎 90%。
- 經過「恢復正義方案」的青少年犯罪人，其再犯率降低到 12%，相較之下，未曾參加這個方案的青少年罪犯，其再犯

率則是高達61%。

- 在加拿大皇家騎警當中，瑞奇蒙分遣隊持續維持最高的團隊士氣。

最為戲劇性的是，在2010年冬季奧運開幕前的幾個月，溫哥華地區到處發生暴力事件。警方對於毒品運輸的壓制行動造成毒品價格飆升，結果導致幫派在街頭火拼。不過，瑞奇蒙市大體上治安良好。城市平靜無事。加拿大皇家騎警的瑞奇蒙分遣隊帶來了為期十年的全面轉變。

這些年來，各方都要求華德‧克萊普翰分享他的故事。他在53個國家談論過正面開單。書籍和雜誌都對他做過專題報導。很榮幸地，我曾經跟他一同出差，參加他的演講，正如我們為倫敦大都會警方的高階領導人，以及英國其他執法單位，所一起做的演講說明。

在此與大家分享我從華德‧克萊普翰身上所學習到的事情。

他具體呈現了「我看見自己」的思維模式。在他職業生涯早期，他便了解到自己並不是一件接受命令的機器，只能依照一直以來的方式來完成警察的工作。在內心深處，他感受到一股熱切的創造力量，想要完成偉大的貢獻。他把自己視為一位「和平維護者」，而不只是「獵人」或是「執法者」。他深刻地傾聽自己的良心；對於一個包含著犯罪以及破碎人生的未來，他並不滿意。

他依循著「我看見你」的思維模式生活。對他來說，他所面對處理的年輕犯人，並不只是每日逮捕名單上的統計數字；他們都是他想要認識，並且當做朋友的個人；同時，他也想要他們認識他，把他當做朋友。他的同事並不是下屬，而是帶來了特殊才能、可以善加運用的人才。對華德‧克萊普翰來說，犯罪的解決

之道，是在人類之間建立起深刻的信任連結。

　　他實踐了「我努力了解你」的思維模式。我從來未曾認識過任何人，比他還要求知若渴，搜尋著來自各式各樣來源的許多想法。他從來不會只是坐在辦公桌的一頭管理著他的分遣隊，他把自己視為團體中的成員。每一天，他都坐在不同的椅子上。他懇求、提出質疑，想盡辦法從團隊成員中擠出各種想法。他到更廣闊的社區裡做巡迴演說，了解大家的看法。他持續不斷地閱讀和旅行，以便從最優秀的人們身上學習。如果他沒有持續學習的習

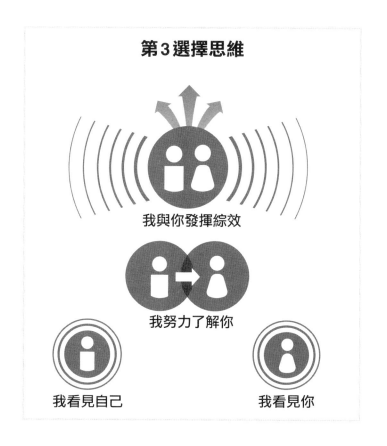

第 3 選擇思維

我與你發揮綜效

我努力了解你

我看見自己　　　　　　我看見你

慣，便永遠不可能想到正面開單這類點子。

　　他熱誠地相信「我與你發揮綜效」的箴言。藉由跟他的團隊和城市一起發揮綜效，針對維護和平的問題，他發展了前所未聞的解決之道。他的「魔幻劇場」會議充滿了各式各樣的第3選擇，某些有點兒古怪，某些則是讓人恍然大悟地充滿了洞識，比方說正面開單，或是街頭賽車版的「迷你」警車，還有「伊札特團隊」。在一個原本四分五裂、看不到和平未來的社區裡，他的努力很有可能已經產生了一整個世代的和平。從他跟年輕人的工作之中，他是否已經創造了一個暴力犯罪最終或許會成為過往雲煙的局面呢？克萊普翰說，「我是警察長（the chief of police）。不過，我喜歡被稱呼為『希望長』（the Chief of Hope）。」

　　克萊普翰承認自己是個「打破規定的人」，他尊重有道理的規定 —— 可是當規定沒那麼合理時，他就會奮力抵抗。有時候，獲勝的還是規定。但他不會被傳統智慧擊敗，他會繼續奮戰下去。

　　我很喜歡亨利・大衛・梭羅（Henry David Thoreau）說過的這句諺語：「相對於每一個攻擊邪惡的根源的人，就會有一千個人，砍著邪惡的枝椏。」梭羅這句話的洞察力，捕捉了兩種選擇思維的影響後果。那些「對於犯罪抱持著強硬態度」的人，只要砍著枝椏就感到心滿意足。那些「對於犯罪抱持著柔性態度」的人，通常都會因為忽略了枝椏而覺得愧疚。他們堅持說，除非我們能夠除掉根源，解決創造犯罪的龐大社會問題，否則什麼事都無法完成。可是，如果梭羅受到他人極力敦促的話，我想他或許會同意那些枝椏也需要處理。

　　這就是為何我會對華德・克萊普翰感到如此印象深刻的原因了。他對於犯罪是由社會病症所滋生的事實，了解的一清二楚；可是，對於直到那些病症消失為止才處理的做法，他並不滿意。

他也不需要透過把陷入麻煩的年輕人視同塵土般地對待，來證明他對犯罪的強硬立場。他是個第3選擇的思維者，同時攻擊問題的根源和枝椏。

預防犯罪的第3選擇：愛的連結

露瓦納‧瑪茲（Luwana Marts）就是個有效攻擊犯罪根源的人。這位傑出非凡的女人稱呼自己為「專業滋養者」（professional nurturer），她風塵僕僕地穿越路易斯安納州的沼澤地帶，幫忙貧窮的年輕媽媽生產及養育健康的嬰兒；她預防犯罪，不讓其有生根的機會。

犯罪的根源萌生於生命的最初端。目前，研究人員針對懷孕婦女的健康情形，以及她的孩子未來會變成罪犯的可能性，證實了兩者之間具有明確和相當大的相關性。相較於健康的母親，吸菸、飲酒與濫用毒品的母親，會有高出許多的機會生下未來的罪犯。瑪茲是護理師，她工作的地區裡有三分之一的嬰孩生母都有這些問題，因此她或許可以稱為終極的犯罪預防者。身為到府服務的護理師，她穿梭在病人家中，對於例行習慣的養成、哺育母乳，以及把獵槍收藏好以免小孩接觸到等議題，給予建議。她知道，如果一個嬰孩能夠在生命的頭兩年裡茁壯成長，之後歲月中坐牢的機率就會減少一半。

瑪茲跟其他許多位護理師在一個由路易斯安納州所管理、稱之為「護理師與家庭伙伴關係」（Nurse-Family Partnership, NFP）的專案中一同工作。「護理師與家庭伙伴關係」是由大衛‧歐茲（David Olds）教授，一位真正的第3選擇思維者所創立的。1970年大學畢業之後，歐茲找到了第一份工作，在一間巴爾地摩的日

間照護中心教導低收入家庭的孩子。他發現這份工作非常令人沮喪。許多小孩都受到了虐待、胚胎酒精症候群，以及其他的雙親不良行為的傷害。他記得一個4歲的孩子，是個「帶有甜美性格的脆弱男孩」，因為當他母親懷他的時候，服用了毒品和酒精，結果他只能發出犬吠聲和咕嚕聲。另一個小男孩則因為晚上在家裡尿床而被打，結果午睡時間嚇得不敢睡。

雖然日間照護中心提供良好的早期孩童教育，歐茲感覺他大部分的工作都只是徒勞無功。他了解功能殘缺的雙親，其小孩的未來並不樂觀。問題似乎無從解決。在那個時候，整個國家對這項議題的爭論卡在法律與秩序的強硬派，以及那些認為只有全面性的社會改革，才能夠解決犯罪問題的一派人之間。大量的資源都投入了教育和貧窮方案，但是對於歐茲苦苦掙扎的孩子們來說，這些努力都只是緩不濟急。他開始尋求一項第3選擇。

歐茲卓越的洞識力便是把焦點從出生的孩子，轉移到尚未出生的孩子身上。他了解到，犯罪和毫無希望的根源是來自於子宮之內。超過三分之一的監牢囚犯的母親都是毒品或酒精的濫用者，同時困於貧苦，又缺乏醫藥照護。懷孕母親對於酒精和其他毒品的上癮，以及包括胚胎酒精症候群等影響後果，會大幅增加其孩子生活不健全的機會。正確的產前照護，很可能會是阻止犯罪的主要因素。針對低收入的懷孕婦女已經有特定方案，可是面臨最大風險的母親們卻是最不可能尋求協助的一群。如果她們不願意來跟他求助的話，大衛‧歐茲決定，他要主動去找這群需要幫助的母親們。

在紐約州一個經濟蕭條的鄉村地區，歐茲開始從事他所謂的「模式」（model）實驗。護理師會到第一次懷孕的年輕婦女家中拜訪。護理師將協助媽媽戒除吸菸、酒精和毒品；教導她們對抗毒

品的技巧；並且一直到嬰孩長到21個月大時，持續到府拜訪。雖然初期的結果看起來樂觀，歐茲想要確定他的模式真的有效。15年以來，他追蹤了參加以及未參加實驗的母親和孩童們。最後，他對於結果感到信心滿滿：「護理師到訪的孩子們在15歲時，犯罪紀錄要低了72%。」歐茲的模式大幅預防犯罪的發生。

　　由此，便誕生了「護理師與家庭伙伴關係」運動。自從第一個實驗之後，許多隨機挑選、審慎控制的實驗都持續顯示這個模式的非凡威力。全世界有超過十萬個家庭的母親和孩子都因而受益，茁壯成長。把健康照護以及執法行動的成本加總起來，這個模式的財務投資報酬大約是500%！

　　無庸置疑地，成功絕對得來不易。參與「護理師與家庭伙伴關係」方案的婦女們跟貧窮、疾病、缺乏教育、毒品和酒精上癮，以及虐待搏鬥，而且她們早就學會了不信任他人。每一天，她們的到訪護理師，都面對了我們大多數人甚至無從想像的麻煩與困擾。邦妮是典型的年輕客戶，不輕易相信他人，她住在蟑螂肆虐、鋪著泥土地板的地下室裡。邦妮的護理師在她身上幾乎毫無進展。當護理師建議邦妮戒菸時，她威脅說要給護理師一巴掌。邦妮不僅菸癮重而且又嗜酒，她幼年時曾被虐待，年長後曾因虐待她看護的孩童而被起訴。不過，在護理師拜訪了她幾次之後，邦妮承認，「我擔心我會對自己的嬰兒做出同樣的事情。」

　　護理師傾聽她說出自己的心聲。「護理師與家庭伙伴關係」的一個重要方法是「反省式」，或者稱為同理傾聽；事實上，帶著同理心的傾聽，正是護理師教導新手媽媽的一項技能。「母親是她自己生活的專家。」一位研究者觀察說。「護理師並不告訴她應該要做什麼，而是反過來尊重和鼓勵她自己做決定。」等到「護理師與家庭伙伴關係」的護理師贏得了邦妮的信賴之後，她們便一起

規劃。護理師教導她，當孩子失控大哭時，應該要怎麼辦。他們為她安排了新的居住地。當嬰兒早產時，邦妮和她的護理師處理了孩子特殊的需求。在成長的過程裡，小孩避免了母親邦妮年輕時所經歷的困難與陷阱，最後順利地從高中畢業。

最重要的是，在「護理師與家庭伙伴關係」方案裡，像是露瓦納・瑪茲這樣到府訪視，完成英雄行誼的護理師們，幫助年輕的母親對她們的嬰孩付出愛心，而許多母親在她們生命中從來未曾嘗過愛的滋味。她們學習到愛不僅只是關心；愛是餵養、著衣、教育以及提供孩子生活所需。從生命的最初起點，愛帶來了犯罪的終結。「愛的連結，」瑪茲這麼稱呼，「是個循環。當嬰兒沒有安全的基礎時，當你沒有滿足他的基本需求，餵飽他，保護他不受到傷害時，就不會有信任，不會有愛的基礎。而那個時候，你就有可能養出了一個斧頭殺人犯來。」

大部分的犯罪都起源於，沒有受到尊重、沒有感受到愛的人的絕望之中。這並不是替違法者找理由求情，不過，這仍然是不可否認的事實。解決之道就是真正地看見彼此，尋求相互了解，然後針對毫無希望的情況，創造出第3選擇的解決之道。這是個全新的思維模式，不僅只是逮捕和懲罰罪犯，而是在警方、健康照護體制、雙親、學校，以及年輕人，特別是生活在邊緣地帶的年輕人之間，創造出一種伙伴關係，徹底轉變文化。

華德・克萊普翰、大衛・歐茲，還有「護理師與家庭伙伴關係」方案裡的露瓦納・瑪茲，跟想要把犯罪的人關起來，把鑰匙丟掉的那些人相較之下，有著多大的天壤之別啊！跟那些知道，我們的社會處理犯罪的方法並沒有效，但是並無法突破兩種選擇思維的那些人相比，他們是多麼地大相逕庭。我們說，犯罪，總是會和我們常相左右。可是，上述這些人會問道，要不要考慮一

下第3選擇？讓犯罪終結，你覺得如何？

全人的健康狀態

　　已開發世界當前正面臨一個惡夢般的情境：不斷爆漲的健康成本。我們的健康照護體制變得技術上日益複雜，而且高度專業分工，結果成本持續上揚。在北美、歐洲和日本，當老年國民的數量逐日增加時，仍然在職且資助健康保險的人數正在迅速滑落。到了2050年時，40%的日本人以及35%的歐洲人和美國人將會超過65歲。當老年人花費更多而且貢獻更少時，要為他們支付健康照護的社會負擔就會變得愈來愈沉重。

　　我的好友史考特・帕可（Scott Parker），國際醫院聯盟的前任總裁，開玩笑地引用了健康照護的一句老格言：「你可以擁有廣泛的涵蓋率、高品質，或者是低成本 —— 只是，都不能同時擁有。」矛盾的是，當我們的醫學知識變得更進步，我們可能會發現自己比起以往，更沒有能力把知識運用到每一個需要的人身上。

　　應該怎麼辦呢？如同往常一樣，大家分成對立的兩派選邊站。自由派認為，每個人都擁有天賦的權利，獲得最好的健康照護，而無論如何，社會都應該負擔這項成本。不過，這樣的思維會導致毀滅性的經費支出，扼殺了成長。許多人相信這樣的做法會讓我們自己陷入破產。保守派則認為，健康照護就如同其他服務項目；因為並不是每個人都能夠負擔得起最好的服務，人們應該獲得他們付得起的服務。照理來說，一個自由市場最終應該都能回應每個人的需求。不過，這樣的思維可能會讓老年人、窮人，以及容易受到傷害的人，他們的社會安全網變得更小，這些人通常都承受最多的健康問題。

　　我承認我對於兩方的描述有些誇張，但那說明了他們的傾向。整個世界都捲入了這樣的衝突之中。在美國，相互對抗的意識型態，彼此之間苦苦鏖戰。雙方都擁有聰明、依循原則的人支持，而且雙方都有很好的論點。然而，他們都並未詢問對方這個關鍵的第 3 選擇問題：「你願意尋求一個，比我們任何人已經想出來的，還要更好的解決方案嗎？」如果他們捫心自問，便會引導出其他問題：萬一我們的假設是錯誤的呢？我們如何知道，要給予每個人最好的，而且還要降低成本是不可能的呢？我們真正想要的結果是什麼？我們正在打造一個能夠達成這些結果的體制嗎？

　　讓我們想像一下，這場激烈辯論的雙方不再繼續爭論，而是一起達成綜效。想像一下，如果他們把花在試圖勝過對方的相同時間，都投注在深思熟慮真正應該要完成的工作上，那會發生什麼事情？他們便會了解，健康照護的危機並不是因為缺乏解決之道，而是因為缺乏了綜效。

　　真正應該要完成的工作，並不是治療疾病，而是要預防疾

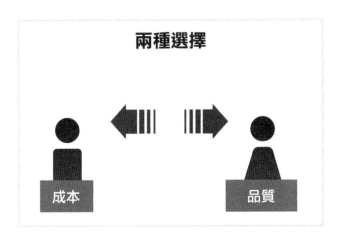

病。所有的國家都一樣，龐大的健康產業實際上是個「疾病產業」。將其一生都奉獻給健康，而非疾病的法蘭克‧揚諾維茲醫師（Dr. Frank Yanowitz）喜歡說一個老故事。故事裡，一位醫學院的學生沿著河畔，跟他的教授一起散步。忽然間，他們看到了一個溺水的人往下游漂去。學生跳入河中，把那個人拉上岸，對他施行心肺復甦術，拯救那個人的性命。當然，學生希望教授對於他的所作所為感到印象深刻。接下來，無法解釋原因，他們又看到另一個溺水的人，而學生又再一次重複他的義行。過沒多久，整條

河裡竟然滿是溺水的人，而喘不過氣來的學生已經無法招架。「我知道我是個致力於幫助人們的醫生，可是我沒辦法堅持下去了！」他對著教授喊叫。而教授則回覆他說，「那麼，你為何不去阻止，把這些不幸的人從橋上推下去的那個人呢？」

對於像是揚諾維茲醫師這樣的第 3 選擇思維者來說，這個故事就是健康產業的寫照。我們已經打造了標準嚴格的科學，能夠把病人從河裡拉上岸來，但是卻忽略了從一開頭就別讓他們掉進河裡。一位傑出的醫師及健康照護高階主管喬丹・亞須爾（Jordan Asher）這樣描述：

> 美國的健康照護是完完全全地落後。我們在某些壞事發生之後，才予以鬆散不連貫的照護。如果你想治療心臟病，全世界沒有一個地方會比美國更好；可是，如果你想要預防心臟病，美國是最糟糕的地方。我們把水流停下來的方法是擠壓水管，卻不弄清楚水流究竟來自何處。

坦白說，美國的情況跟其他各地並沒有什麼不同。當各國都缺乏資源，無法管理老化人口所帶來節節高升的健康問題時，每個人都在爭論處理洪水的最佳辦法，而不是轉移焦點到停止，或者至少減緩洪水上漲的第 3 選擇。

一百年前，醫生專注在病人身上是有道理的。大多數人的死因都是目前早已克服的傳染性疾病。在本世紀裡，我們當中只有 2% 的人會死於那些疾病。當今在已開發世界中的問題是所謂的「生活型態的疾病」，比方說：心臟病、糖尿病和癌症，這些疾病在拯救生命和經費上都非常昂貴，但大部分只要透過生活型態的簡單改變，就可以加以預防。

　　世界衛生組織對於「健康」（health）的定義是：「完全的身體、心理和社會的健全幸福（well-being）的狀態，而不只是沒有疾病或虛弱的狀況。」這正是健康的真正定義：全人（整個人）的健全幸福。我們當前健康照護危機的第 3 選擇，便是將「疾病產業」（sickness industry）的模式轉變成「健全幸福產業」（wellness industry）的模式。

　　因此，「主治健全幸福的醫師」在哪裡呢？「健全幸福」在課程中不僅只是個註腳的醫學院在哪裡呢？能夠提出跟整個產業不同的型態，並且把產業轉變為合理方向的第 3 選擇思維者在哪裡呢？

　　我可以聽到醫學產業的聲音在抗議，「可是，大多數人都等到生了病之後，才會關心自己的健康。他們才不會進來做健康檢查。他們拒絕投入時間和努力做運動。他們才不會停止吸菸。他們吃得過量，給自己太多壓力。」這些都沒錯。我們每個人對於自己的健康，的確是有責無旁貸的責任。諷刺的是，明智的飲食習慣，加上適度的運動，就能夠預防大部分的生活型態疾病。所以，為什麼我們不更慎重地負起這項責任呢？

　　我們大多數人都怪罪缺乏紀律。不過，其實真正的原因要更深層。我認為，大部分的原因應該歸咎於，我們拿來看待自己的那片厚實的工業時代鏡片。如果事情出了什麼問題，我們把自己的身體視為可以「被修復」的機器。我們把自己當作是必須不停運轉的生產者，而不是需要更新、友誼和心靈成長，才能茁壯成長的貢獻者。在公園裡快步行走，對心靈的好處，並不亞於對心臟系統的好處。我們相信我們需要自己的那些上癮習慣，如此我們才能繼續生產。可是，我們真正需要的，其實是對於自己的純真看法：我們具備了深厚的天賦才能，而且誠如《聖經》所說

的，「充滿畏懼以及神奇地被上天造成。」我們需要把自己視為一個整體，包括了身體、心智、情緒，以及心靈，並且滋養和培育所有這些無價的天賦。

設定好運動、正確飲食和減重等目標，之後又放棄的這個循環，很容易讓人感到氣餒。我們因為懶惰和缺乏紀律而責怪自己。我個人的經驗是，最大的問題並不是紀律；最大的問題其實是，我們還不了解自己究竟是個怎麼樣的人。

不過，人們不關心自己的另一個主要原因，坦白說，就是照護產業本身。目前整個醫學體制的結構、訓練、認證及薪酬設

全人模式　要徹底轉變當前的健康照護，我們必須從一個「疾病模式」，改變為確保整個人，涵蓋了心靈、情緒、心智以及身體，各方面的健康模式。

計，都是以治療疾病為考量，而非預防疾病。沒有足夠的時間或金錢能夠專注在預防上，因為全部資源都被急性照護，這項更急迫的需求所吸乾了。對於這樣的情況有過深思熟慮的一位分析師說，「健康照護有一項危機，是源自於資源稀少，還有稀少的資源不公平地分配給最有能力支付的人……人與人之間，必須相互競爭稀少資源的這種模式，支配了西方世界的健康照護，同時傳達和支持了那一項危機。」

　　換句話說，是因為我們的「模式」，才讓健康照護變成一項稀有且因此昂貴的商品。擁有資源稀少心態的人們認為，每一樣事物都只有少數的量足以分配給眾人，而對於醫生來說，那便是時間。大家都知道，比起治療疾病，更好的方法是預防疾病發生，可是醫師並沒有時間專注在預防工作上。他們無法對病人進行詳細的年度健康檢查，因為那麼做會耗費太多時間，當同樣一群病人生病時，便無法得到適當治療。醫生太忙著拍蒼蠅，而沒有時間修理紗門上的破洞。

　　由於資源稀少的心態，我們強調治療，更甚於相對被忽略的預防，結果便造成了成本上升 —— 更不用提人類的痛苦和生命的喪失了。醫生「更習慣於運用在出現了徵兆的（亦即發病的）病人的思考過程，而不是運用在預防照護的思考過程。」結果便是在醫院急診室內排隊等候，而原本就不應該生病的許多人。

　　「那就是高成本的根源所在。」在那須維爾市（Nashville）的健康照護高階主管雄・莫利斯（Shawn Morris）說：

　　　　急診室和醫院。沒有人想去那裡，可是到了最後，無論如何，大多數的人都還是到了那裡。只有當你生病時才會去看醫生，如果他在你身上花了六分鐘的話，算你幸運。而醫

生其實也覺得沮喪。這都要怪那套叫做「按服務收費」（fee for service）的制度，這便是醫生得到薪酬的方式。醫生並不會因為做了許多實際上對病人有幫助的事情，而獲得費用償還，所以他們就有如在跑步機上一樣。他們沒辦法停下來檢查，看你是否做了大腸鏡或乳房 X 光攝影。如果你感冒了，他們才不會脫掉你的鞋子，檢查你的腳，好看一看你的糖尿病是否惡化。

　　莫利斯不僅僅了解問題所在，他和同事們還針對是緊急導向照護的一方，以及忽略的另一方，這種二元對立的現況，設計了第 3 選擇，稱為「健康生活中心」（Living Well Health Center）。

一種全新的「健康俱樂部」

　　位於田納西州加樂丁市（Gallartin）的「健康生活中心」，裡頭陳列著搖椅、石頭火爐和西洋跳棋的黑白棋盤，洋溢著一股美國南方連鎖鄉村餐廳的氣氛。事實上，某些在火爐前消磨時間的人之所以在那裡，只是為了玩跳棋。「健康生活中心」的擁有人稱它為「以病人為中心的醫療診所」，可是這裡感覺起來比較像是加樂丁市的老年市民聚集場所。有一位隨和親切的「服務大使」會指引人們使用服務項目，或者只是跟他們閒聊。中心裡有正在進行的運動團體，還有繪畫課、插花課和烹調課。

　　然而，在這些表象的背後，「健康生活中心」的設立宗旨是為了顧客的健康。年長者任何時候都可以進來，不過，依照一套健康照護的維護時程表（一張包含了 32 項風險因子的檢查單），他們會接受詳細的追蹤與紀錄。單單檢查單上的一個項目，對於年

長男性的一般「前列腺特定抗原」測試（regular PSA test），便能夠檢測出前列腺癌，如果早期診斷出來的話，就有高達99.7%的機會治癒。檢查單同時也提醒醫生注意，像是糖尿病和心臟病等無形殺手的發作。醫師診斷病人的時間並非只有六分鐘（這是美國全國的平均看診時間！），而是完成整張檢查單，根據一項程序完成後續行動，或者只是談話所需要的完整時間。這些醫師都是執行他們稱為（諷刺地）「以病人為中心的醫學」的初診治療醫師。他們很能夠了解每一位病人，並且發展出彼此間的信任連結。

「健康生活中心」的一項關鍵目標，是讓病人有需要時才到醫院去看病。每一件工作都是以慢性疾病的預防和管理為目標。由於審慎協調的監督和追蹤，他們的緊急事件發生率持續降低，這代表了較少的心臟病、癌症、中風、糖尿病以及慢性疾病。所產生的成本節省，則以健康和品質獎金的形式由醫生共同分享。莫利斯醫師說，「我們所試圖達成的，是要改變醫生賺錢的模式，如此他們便可以多投入時間在病人身上。治療慢性疾病要花很多時間，預防照護也是。醫院的設立是為了緊急與嚴重的情況。人們不應該因為沒辦法管理例行性、可以控制的情況，比方說氣喘或是糖尿病，就跑到醫院去，這兩者在門診的環境中都會獲得更好的管理。」當出現嚴重的健康議題時，「健康生活中心」會把病人送到其他地方，接受特別科目診療。不過，中心的移轉團隊會把病人帶回家，實施居家健康檢查，並且加強居家環境，所有的這些工作都是為了讓病人不會再次入院。

根據美國國家品質標準，「健康生活中心」的績效水準，比起「老年醫療照護」（Medicare）的平均水準，要高出55%。「我們的品質績效在90%，跟全國平均的45%到50%相比，要高出很多。」莫利斯醫師報告說。那樣的績效差距意謂著：顧客要健康許多，

以及顯著的成本節省，不論是在醫療上和社會上。

「健康生活中心」是由擁有綜效思維模式的人們所創立的。它不僅是醫師和護理師的產出，同時也是貢獻給全人健康，滿足了身體、心理、心靈和社會需求的廚師、個人運動教練、插花老師、教師、牧師和社會工作者的共同產物。這個地方的存在，不僅僅為了照顧身體，同時也是為了幫助人們學習、認識朋友和享受樂趣。

因此，「健康生活中心」賦予了「健康俱樂部」這個名詞一個全新的意義。這裡是聚會場所，而非急診室。這裡是休閒中心，而非掛了名牌，上頭寫滿了醫師的大名，加上他們琳瑯滿目、讓人忐忑不安的各種頭銜縮寫的辦公大樓。這裡是庇護所，而非「機構」。中心裡提供隨意選擇的自助餐飲、遊戲棋盤，還有大尺寸的電視，周遭環境帶有渡假郵輪的氣氛。事實上，人們還挺喜歡沒事時在這裡閒晃。所有的這一切，都要歸功於「健康生活中心」工作人員的高明之舉：與其勸導病人進來做健康檢查，他們把這裡變成了滿足整個人需求的目的地，以便吸引病人。

對於健康照護的一個關鍵議題：醫生獲得薪酬的方式，「健康生活中心」同時也有巧妙的解決之道。一般而言，有兩種方式。第一種方式稱為「按服務收費」，亦即醫生會依據他們所施行的每一項手續而獲得報酬，如此他們便有誘因在看診時盡量多安排病人，並且施行許多手續。另一種方式則是「按人收費」（capitation），醫師的報酬都一樣，所以他們的誘因就是一個病人都不看，一項手續都不做，因為不論他們是否有看診，都會有薪水。當然，在這個連續變化光譜的上下各處，都可以找到不同做法的個別醫師。不過，無獨有偶地，我們又面對了兩種選擇的思維模式，而沒有哪一種方案能夠提供健康的誘因。

可是，在「健康生活中心」裡，醫生的薪酬是根據把需要完成的工作做好：協助人們在生活的各個層面維持健康。這套制度稱為「協調照護」（coordinated care）。初診的醫師協調所有的照護，確認病人能夠持續他們的療程和檢驗測試；醫師的薪酬是依據他們是否達到病人的品質標準，再加上讓病人維持健康而不再入院的健康獎金。相較於兩種傳統的方式，這項給予醫師薪酬的第 3 選擇同時提升照護品質，而且降低成本。

毫無疑問地，「健康生活中心」是超越了針對體制的意識型態辯論的第 3 選擇。從應該完成的工作著手，「健康生活中心」的所有員工，顯然為健康照護創造了一種更崇高也更好的方式，而不只是等待激烈辯論的決議結果。

諾曼診所：一種第 3 選擇的心態

而同一時間，辯論繼續沒完沒了，歹戲拖棚，結果徒勞無功。

「難道每個人不應該有權利獲得目前提供的最好的健康照護嗎？」

「可是，那節節高升的成本怎麼辦？要讓大家都獲得最好的照護，會讓全世界的每個家庭和國家都破產。」

「所以，我們就讓負擔不起的人生病然後死亡嗎？」

「那誰要來買單？是我，還是你？」

只要稍作思考，你就會發現，這些進退兩難的困境都是錯誤的。正如同「健康生活中心」所展現的，要讓每個人都獲得真正的健康照護，同時又能把成本維持在可以控制的範圍以內，其實

是完全有可能做到的事情。事實上，當品質提升時，成本為什麼不能下降呢？問題的關鍵，就在於要找到一項第 3 選擇。

真正的問題並不是成本，也不是品質。真正的問題在於薄弱的模式。健康照護的體制陷在兩種選擇的思考模式裡，那種堅持你必須在品質和成本效益兩者當中做出選擇，不合邏輯的奇怪心態之中。人們會說，沒有其他的選擇了。

不過，諾曼診所令人驚奇的故事，證明了那樣的說法並不正確。

星期二早晨五點整，佛羅里達州坦帕市（Tampa）總醫院的「諾曼副甲狀腺診所」的大門打開，13 位來自加拿大、印度、拉丁美洲，還有幾位美國國內各州的病人走進來，由微笑的工作人員幫他們辦理掛號。每一位病人都進入到一個小診間裡，由一位醫師教導他們個別的情況，以及手術後應該要做的事項。他解釋說，他們會需要服用一陣子的鈣片。接下來，病人們便個別接受手術前的準備工作。

到了中午時分，全部 13 位病人都接受成功的治療；他們全患有一種少有人知、但卻非不尋常的疾病 ——「副甲狀腺機能亢進症」。我們每個人與生俱來都有四個小巧的副甲狀腺體，每一個腺體的大小約略跟一粒米同樣大。這些腺體分布在體積大得多的甲狀腺體的周圍，控制了血液中的鈣質水準。偶爾，四個腺體當中的一個會失去控制，導致身體把愈來愈多的鈣質釋放到血液裡。結果便會造成骨質流失、全身上下疼痛增加、憂鬱和筋疲力竭 —— 如同醫療人員所說的「呻吟、骨頭痠疼、更多的呻吟，再加上幻想。」如果不加以治療，這個疾病會讓人完全虛弱無力，甚至造成中風或是癌症。

每一千人當中，大約有一個人會得到這種疾病。原因目前尚

不清楚，不過治療方法相當簡單：只要把引發問題的腺體移除就行了。一旦割除不正常的腺體之後，幾個小時以內，當沒有受到影響的腺體發揮補償作用之後，病人的荷爾蒙水準就會回復正常。

　　雖說治療方法簡單，可是手術本身卻不容易。由於副甲狀腺體位在脖子部位，外科醫師動刀時必須要特別留意，不能傷害到頸動脈、喉嚨發聲部位、喉上神經，以及其他複雜和精密的構造。這就是為何「副甲狀腺切除術」通常被認為是一項重要手術的原因。醫師會把病人雙耳之間的喉部切開，平均需要將近三個小時才能完成手術。手術結束之後，病人得住院幾天，然後再過幾個星期的時間才能康復。典型的手術流程自從 1920 年代之後就沒有太大的改變。治癒率介於 88% 到 94% 之間，據報有 5% 的病人會發生術後併發症。而且，這項手術所費不貲；在美國的開刀費用大約需要 3 萬美元。

　　相較之下，到諾曼診所看診的病人，平均在手術房裡只待 16 分鐘，而且幾個小時後就可以出院。手術過後唯一留下的痕跡，就是在喉部底端一個微小的 1 英吋切痕。坦帕總醫院的治癒率高達 99.4%，幾乎沒有任何術後併發症，而且手術費用只有一般手術成本的三分之一。

　　吉姆・諾曼醫師（Jim Norman）是個直言直語的冷面笑匠。「我們不治療這種疾病。我們讓病人痊癒。」他說話的語調頗為急促。他近乎 100% 完美的治癒率給予他所需要的信心。身為「諾曼副甲狀腺診所」的創辦人，他已經完成了超過一萬四千起副甲狀腺切除術，這讓他成為有史以來完成這項手術次數最多的外科醫師，也讓他把手術變成了科學。每一個星期，他大約施行 42 次手術；而在美國，手術施行次數排名全國第二的內分泌科醫師，一年的手術次數也不過約略如此。

　　當諾曼還是一位年輕外科醫師的時候，他專攻內分泌系統，施行過所有正常的手術。某一天，他跟他擔任汽車業務員的父親抱怨說，副甲狀腺切除術非常困難：「我們試圖要從一個6到8英吋長的洞口，把一個小小的腺體拿出來。風險很高，需要做許多的組織引流，還有人的頸部裡有許多組織，再加上術後併發症、頸動脈、神經等玩意。」他的父親回答說，「那你為什麼不開個比較小的洞呢？」

　　這個回答埋下了想法的最初種子。接下來的幾年間，諾曼實驗著愈來愈小的手術切口，發明他原本沒有的工具，比方說輻射探針，一直到他發展出一套稱之為「迷你副甲狀腺手術」的全新方法。透過完全的專注、反覆練習以及數千個小時的經驗，吉姆‧諾曼成為全世界最好、最快，而且手術侵入性最低的副甲狀腺外科醫師。

　　同一時間，他也在設計一套卓越的全新商業模式。他周遭的同事都是術業各有專攻的專家。他雇用了幾位同事，他們的技術愈來愈好，幾乎已跟他不相上下。放射科醫師因為一年要完成超過兩千次手續，掃描結果就變得愈來愈精準。護理師每天都做同樣的事情，對於病人已經發展出一種第六感；他們能夠立即判斷某位病人是否再過一個小時，或者是半個小時，病情就會好轉。醫師極少需要要求任何事情。他們總是不斷思考，「我們要如何讓病人的整體經驗更好？」

　　在諾曼診所裡，綜效的例子比比皆是。隨著診所的名聲愈來愈好，來自全世界的病人蜂擁而至，而他們都需要住宿休息的地方。大部分的病人在第一天抵達坦帕，第二天施行手術，之後第三天回家。因此，診所跟鄰近旅館和車輛服務公司安排了高額的折扣方案。病人到了機場時會有人歡迎，接著接送到旅館裡，而

那裡的工作人員對於這些客人的特殊需求都相當清楚。

　　診所的營業經理馬克‧列善（Mark Latham）說，「我們試圖控制從病人家中開始，到他手術結束回到家中的整個體驗。我們介紹許多生意給旅館，而這些旅館會捐款到我們的基金會裡。我們提供旅館工作人員診所的導覽。他們了解病人需要什麼，所以他們會預先準備好像是冰淇淋和果汁冰棒等食物。你在旅館就可以買到鈣片。」

　　諾曼診所和坦帕總醫院兩者，都獲得了非凡卓越的綜效。高度的營運活動對於醫院來說是一項勝利，不僅僅是由於營收增加，同時也因為諾曼的極高效率。診所只運用了兩間手術房，因此那兩間手術室的報酬率高的驚人。診所並不需要術後復原室；大約每四千名病人當中，只有一人需要住院過夜。醫院同時也受益於可預測性。放射科醫師和麻醉科醫師對於手術過程中應該完成的工作以及可能發生的狀況都一清二楚。診所裡所有的病人在進行手術之前都已繳清費用，而且資料都在系統裡。「沒有錯，我們大部分的病人都必須負擔到坦帕的旅行費用，」馬克‧列善說，「可是，如果把耗費時間的侵入性手術、併發症，還有住院時日等這些節省下來的全部費用加總起來的話，病人到一個提供真正專業技能的地方還是便宜多了。比起我們病人所要支付的全部成本，一般手術的平均花費還是高了許多。」

　　諾曼診所節省成本的部分策略，是確定所有病人在來到坦帕之前，都清楚整個流程。他們使用高流量的網頁，網站維護經濟實惠，跟病人溝通並予以訓練，推行全球性的醫療服務。網頁本身的設計並不炫目，以簡單易懂的英文說明。你可以觀看到手術的影像，閱讀之前病人所寫的故事和詩句，甚至在一幅世界地圖上看到病人來自何方。運用網際網路來教育病人以及處理紀錄，

節省診所許多時間和金錢。

　　總而言之，吉姆‧諾曼醫師將世界級的服務提供給他的病人，同時價格比起他們在別處支付的還要低廉許多。「如果整個健康照護產業注意到我們，那麼事情就會好轉許多。」列善說。「我們的可見度如此高，實在讓我難以置信。一直以來，已經有好多篇論文、好多場演講，所有以結果為導向的資訊提到我們，可是，卻沒有任何人起而仿效。」

　　之所以「沒有任何人起而仿效」的原因，其實顯而易見。因為二元對立、兩個方案選擇其一的意識型態，主導了有關健康照護的激烈辯論，理論空想家們完全沒想到可能會有第 3 選擇，一種讓人們獲得愈來愈優良的照護，而所需支付的代價卻大幅降低的方式。而且，目前正迫切地需要第 3 選擇。讓我們再回想一下：由諾曼診所、坦帕總醫院、旅館，以及病人他們自己所達成的許多綜效，綜合起來降低了成本，同時也提升了品質。

　　不過，難以對付的各種力量匯聚起來，**對抗**像是諾曼醫師這樣的第 3 選擇思維者。「我們大約只占有全國市場的 12%。其他醫生並不會把病人轉介到我們這裡。業界運作的方式通常是醫生、外科醫師以及保險公司，他們都群聚在一起，隸屬於不同的團體。然後他們把病人轉介給彼此。至於業界中所謂的「管理照護」（managed care）就像是中古世紀的同業公會。他們並不希望我們搶走他們的生意。」大多數的病人對於健康照護並不會貨比三家，到處比較；大家傾向於根據自己的醫師和保險公司的意見來做決定，而醫師和保險公司不可能要他們的病人脫離目前的體系，轉診到佛州去。

　　類似的議題，同樣也不鼓勵全世界的病人，來到諾曼診所尋求解決之道。在大部分的國家，由於實施國民健康保險，人民可

以免費接受這樣的手術，花了一大筆錢去美國佛州接受手術便不太合理。雖然如此，對於手術本身和結果有所了解、同時也有足夠經濟能力的人，仍然還是聞風而至。

這便讓我們回到了成本相對品質，這個錯誤的進退兩難困境。就健康照護的激烈辯論而言，自由派人士會認為，每個人都應該能夠運用諾曼醫師的服務，因此各州政府應該增加課稅以支付這些費用。而保守派人士則會主張，每個負擔得起的人都應該能夠運用諾曼醫師的服務，可是各州政府並沒有權力對我們大家加稅，好讓部分需要的人能夠去佛州接受手術。不過，兩種立場都是錯誤的，他們的假設並不正確，原因將在下文「山際健康照護聯盟」的實例中揭曉。

全世界的典範

「你可以擁有廣泛的涵蓋率、高品質，或者是低成本，只是都不能同時擁有。」這是當史考特‧帕可（Scott Parker）在明尼蘇達大學研讀醫院管理時，所學到的那句流傳已久的鐵律。每個人都朗朗上口，大家都一致同意，而且所有人都知道這是個千真萬確的道理。不過，當帕可在1970年代成為美國最大型非營利連鎖醫院其中一家的領導人時，他開始思考這三個限制條件的悠久定律。

「山際健康照護聯盟」（Intermountain Healthcare, IHC），一家由15間醫院所組成的連鎖體系，其信託人要求帕可領導一個團隊，把他們的體系轉變為「全世界健康照護服務的典範」。這一項挑戰讓團隊成員既興奮又害怕；這意謂著「山際健康照護聯盟」必須要變成真正地傑出，而且這個使命將會永不終止。

無庸置疑地，大多數的醫院都絞盡腦汁，努力解決這個兩

難情境：如何才能在照護的品質及價格之間求取平衡。許多醫院提供了一套狹隘的標準服務，而只要院方能夠維持他們的評鑑水準，營收有獲利，他們便覺得滿意。他們缺乏信心，迴避創新；他們在死亡率及感染率的標準上，只保持在可以接受的常態範圍裡；而且他們試圖避免風險。一旦某項手續成為標準，他們就會不假思索地加以使用。

因此，「山際健康照護聯盟」的領導團隊捫心自問，「我們要怎麼做才能出類拔萃？我們在哪些方面可以做的更好？如果說，我們要變成一家『典範』的體系，有哪些事情需要改變？」他們對於「成本與品質」的問題並不感到樂觀，因此決定一開始先把焦點放在三個限制條件的第三點，涵蓋率上。

一般而言，醫院會試圖治療任何進入到醫院的人。這就是為何急診室總是擠滿了病人，不論他們是否有能力負擔，而「山際健康照護聯盟」尤其覺得有特別責任，服務那些來到醫院的人。不過，帕可的團隊想到那些沒有來到醫院門口的人，那些因為過於貧窮或是距離太遠，而無法來求助的人。「山際健康照護聯盟」服務的範圍涵蓋了美國西部的遼闊區域，超過 10 萬平方英哩的面積，在許多較小偏遠的城鎮裡完全沒有任何醫師。因此，「山際健康照護聯盟」決定要主動下鄉去。雖然當時這樣的決定，在經濟上毫無道理可言，許多全新的小型「山際健康照護聯盟」醫院以及診所，開始在西部地區逐間出現。當醫院和診所成立之後，病人就來了。這些設施花了很長一段時間才能自給自足，可是數千位居民終於能夠使用醫療服務。

接下來，到了 1980 年代末期，一位從哈佛大學畢業，名為布蘭特‧詹姆斯（Brent James）的生物統計學家暨外科醫師來拜訪史考特‧帕可。他宣稱，大幅度增加病人的照護品質，而同時又

能徹底降低成本，是有可能同時達成的。帕可不相信詹姆斯的說法，畢竟這跟他的認知大相逕庭。他認為，要投入大額的投資，才能在病人的醫療成果上達成小幅度的改變。90%的病人出院時健康情況都不錯，可是就算要把那個數字提高一些些，都要付出極高的代價。

不過，布蘭特‧詹姆斯說服了「山際健康照護聯盟」的領導團隊，跟他花幾天時間學習如何以科學方法改善流程。帕可開始思考，「相對於昔日『成本與品質』的對抗，『山際健康照護聯盟』是否有可能成為一項第 3 選擇呢？」我們是否有可能達到，沒有任何醫院曾經做到的優異成果呢？因此，他們允許詹姆斯從事一項實驗。「山際健康照護聯盟」的一個外科小組會當實驗的白老鼠。詹姆斯運用了他的統計背景，測量該小組所照護的一位病人身上發生的所有事情：從診斷、入院、術前準備、麻醉、手術本身、護理、復原、飲食、醫藥、出院，一直到後續追蹤。接下來，他跟涉及的相關部門開會，展示蒐集的資料，詢問他們說，「你在這裡的角色是什麼？有哪些事情是我們之前從沒做過，但是可以改善目前這個流程？」

會議室變成了魔幻劇場。各式各樣的想法如雪片般從每個部門飛來。護理師們看到了他們可以改善術前準備程序的地方。外科醫師看到了把他們的工作重新編排，提升效率的機會。他們發現手術後給予病人的抗生素缺乏計畫。甚至營養師也建議方法，讓病人能夠獲得正確的食物。大家把這些想法凝聚起來，進一步實行在工作上。

每一週，布蘭特‧詹姆斯會跟小組開會，把這週的結果呈現在分布曲線上。各個部門開始相互較量，看哪個單位能夠讓曲線變得最緩和，因而在他們的程序上達到更高的一致性。帕可看到

這些變化覺得相當滿意，改變了心意，要求詹姆斯把他的「科學專案」轉變為一套管理照護的完整體系。最後，超過50項重要的臨床程序都經歷相同的徹底檢查。

運作的方式如下：各個團隊首先評估他們目前在做的事情，然後發展出像是檢查表或工作指引之類的原型工具，以便增加一致性、節省時間，或是更有效率地使用一項資源。接下來，他們會反覆測試發展中的原型，一直到可以觀察到能夠測量的改善結果為止。

最後的結果不證自明。醫院內的感染案件，現代醫院的麻煩禍根，顯著地下降。藥物不良事件（藥量超量和不足、過敏反應）的數量掉了一半。每一年，超過170萬的美國人因為肺炎而必須住院，其中14%的病人會死亡；可是，「山際健康照護聯盟」把那個比率減少了40%。相對於3%的全國平均值，心臟手術病人的死亡率降低到1.5%。跟其他醫院比較起來，重複住院的情況極少。這相當於每一年拯救了好幾千人的性命。

比較沒那麼重要，不過影響重大的是，這也相當於節省了好幾億美元。「我們剛開始把成本的結果加到臨床實驗上，幾個月之後證明了這一點。」布蘭特・詹姆斯回憶說。不過，諷刺的是，由於保險公司給付醫院的方式，他們施行了比較少的手續反而讓他們付出了代價。詹姆斯對這一點覺得不好意思，便向「山際健康照護聯盟」的領導團隊抱歉，可是出乎意料之外，他卻因為抱歉的舉動而受到責備。「你不需要因為更好的病人醫療成果而抱歉。」財務長比爾・納爾森（Bill Nelson）說。「想辦法讓財務平衡是我們主管的工作。」不過，到了最後，「山際健康照護聯盟」的醫院向病人的收費，相較於美國一般的醫院，平均來說要減少30%。

　　財務問題只是眾多複雜情況當中的一項。最困難的事情是要改變醫療人員的心態。布蘭特・詹姆斯解釋箇中原因：

　　　身為一位醫師，當我的醫療品質遭到挑戰時，從某個角度來說，就如同我的能耐、專業能力，還有我個人本身受到挑戰一樣……如此的做法對許多醫師和護理師而言，感覺會相當具有威脅性。

　　　想要成功改變，醫師需要改變他們看待自己的方式。事實上，從過去以來，我一直是個擁有自主能力的個人，只對上帝和自己負責。當我回想起自己幫忙病人做了哪些好事時，我便會告訴你，我是一位多麼優秀的醫師。然而，現在不同的地方是，我們會實際測量到底有多好。而且我們會發現，相對於我們為病人所帶來的成果，我們並不像自己過去所認為的那麼優秀。這麼做，無疑地開啟了推動大幅改善的機會。

　　這個問題並沒有持續很久，因為醫師本性上充滿競爭心態。在品質結果的競賽當中，他們並不想落在其他人的後頭。

　　目前已經退休的史考特・帕可很珍惜當年參與了追求品質的努力活動。因為他非常看重創新的想法，便盡其所能拜訪各地跟各家醫院學習。他跟許多家醫院的高階主管都變成朋友，也從中吸收一個很有創意的點子 —— 組織共同合作社，以高額的折扣採購醫療補給用品和保險，這個方法又進一步節省了數億美元。同業們為了表彰他的貢獻，推舉他擔任美國醫院協會的總裁，最後成為國際醫院聯盟總裁。

　　帕可認為，「你無法同時擁有高品質和低成本」這一句古老

箴言，在觀念上根本就是錯誤的。依據所有的標準來判定，「山際健康照護聯盟」的醫療照護品質都超越了美國全國的平均值，而且成本比起全國平均值還要降低了將近三分之一。很明顯地，這一項成就讓「山際健康照護聯盟」達成了要成為健康照護服務典範的使命。研究健康照護體制多年的約翰‧溫柏格博士（John Wennberg）說，「在美國國內，這是你實際改變健康照護的最佳典範。」《華爾街日報》寫道，「如果本國的其他地方，都能有『山際健康照護聯盟』所提供的那種高品質、低成本的醫療照護的話，美國的健康照護問題便可以獲得解決。」

吉姆‧諾曼在小規模上所達成的成就，「山際健康照護聯盟」團隊則試圖在更大的規模上完成。「山際健康照護聯盟」目前已經成長到23間醫院，為50萬名顧客提供服務；相對於必須要配額供給健康照護，否則成本就會一飛衝天的老舊假設來說，「山際健康照護聯盟」是一項欣欣向榮的第3選擇。不論是諾曼或是帕可，兩人對於跟健康照護有關的激烈辯論，都沒有任何興趣。雙方都早已遠遠超越了理論空想家的階段，因為他們了解到應該要完成的工作其實就是：以更低的價格，為病人提升健康照護的優質成果。

不過，現代醫學絕對不是一項失敗。相反地，現代醫學是一項奇蹟。而且，當病人和健康照護專業人員之間，有愈來愈多的綜效產生時，未來便充滿了令人興奮的各種機會。

地球的健康

黎巴嫩賽達市（Saida）的海邊，昔日素以風景秀麗著稱。不過，當來自鄰近城鎮的垃圾愈積愈多時，隨著時間流逝，這一片龐大的有毒廢棄物堆積場就變得愈來愈大。這座垃圾山高達四層

樓，體積多達50萬立方公尺。如同冰河會分裂出巨型冰塊一樣，垃圾山會規律地裂解出一塊又一塊的垃圾，掉入海中，汙染地中海，讓當地原生的海龜無法呼吸，汙染影響甚至遠及敘利亞和土耳其的海灘。

從附近鄰居到鄰近國家的每個人，都希望這堆混亂能夠盡快清除乾淨。

賽達市認為，這是國家政府的問題。不過，黎巴嫩政府則說，這是賽達市的責任。雙方都各擁合理的論點，而要解決政治問題並不容易。可是，當雙方爭論不休時，垃圾山持續增高變大，而且從中流出的有毒物質進入到水中和空氣中，殺死了魚群，讓當地人感到呼吸困難，尤其是苦於氣喘惡化的孩童們。

賽達市的垃圾山，只是兩種選擇思維的一個地方上的例子；正是這樣的思考模式，造成了我們當前環境惡化的全球性問題。地球上沒有任何地方能夠免疫。這並不是一項「自由派對抗保守派」的議題，可是大家仍然激烈地相互爭論。對於每一個社會來說，地球的健康，是我們當前所面臨最困難的一項挑戰。我們「重大挑戰」調查的受訪者選擇了「管理環境」，做為他們前三大全球關切議題之一：

- 智利：「大部分的世界問題，根源於人類沒有過著能夠永續的生活。」
- 印度：「我們需要照顧我們的環境。我們用難以想像的方式濫用了環境。」
- 荷蘭：「因為我們對於環境的失衡影響，低海拔國家可能會受到嚴重的傷害。」
- 美國：「除非我們對於生活方式做出極大的改變，否則不可

414 第 3 選擇 The 3rd Alternative

能如此持續下去。我們的自然資源是有限的。大自然的各
項資源都有極限，而我們卻過度貪婪。不會有任何東西留
下來給未來的世代了。」

　　確實，這些陳述都有討論的空間，可是它們正反映了各地人
民的恐懼。對於這項議題，大家都熱情洋溢，正如同對於「地球
一小時」（Earth Hour）的廣大回應所顯現的。像是巴黎艾菲爾鐵塔
以及雪梨歌劇院等符號性的象徵建築，還有數百萬的家戶都把燈
光熄滅，以節省一個小時的電力。相當諷刺的是，許多城市慶祝
「地球一小時」的方式，竟然是大批人群持著火把當街遊行，如此
一來，當然就排放黑煤煙，還汙染空氣。這顯示即便是憑藉著最
良善的意圖，想要對我們共同分享的自然環境做出正確的事情，
都會是非常地複雜。

　　針對環境議題的相關辯論，在社會的每一個層面上，從全屬
個人一直到最為全球性的，都可能會激烈地兩極化；也可能迅速
地直接影響到左鄰右舍。就在我寫作這本書的同時，在我居住的
風景秀麗的猶他州，數以千計的州民對於州政府感到憤怒，因為
政府決定拆毀人民的家屋，好讓出空間來興建一條公路，卻不願
往西邊開路，而是讓公路穿越野生動植物生機盎然、生態環境容
易受到影響的一片濕地。「誰比較重要？」他們發出怒吼，「究竟
是我的家庭，還是某些稀有的青蛙？」其他人則反駁說，「你總是
可以找到另一間房子，可是青蛙辦不到！」

　　橫亙在我們面前的議題，可以用作家大衛‧派柏（David
Pepper）所提出的這個爭議性問題，總結如下：「對於『發展與環
境』的諸多衝突，我們可以達成『雙贏』，而非『零和』的解決
之道嗎？⋯⋯做為一個全球科技的社會，當我們讓自己富裕的同

時，可以成功地讓環境也更加豐富多元嗎？」

在全球的層次上，對於來自於科學團體的各種跡象，指出人類活動可能正在導致氣候變得更壞，大家都感到焦慮緊張。大多數的科學家都很努力，盡可能客觀地發表他們的發現，而且對於研究結論，通常都顯得不是全然地果斷明確，這一點值得肯定。因為科學理應如此。不過，這對於必須要做決定的人來說，卻造成問題。

大部分的科學家似乎都傾向於這個觀點：我們的工業科技正在以非自然的方式，讓地球變得愈來愈溫暖，而且某些科學家對此非常確定。「我們的孫兒輩肯定會面對一趟艱困的旅程，」美國太空總署太空研究院的物理學家詹姆斯・韓森（James Hansen）指出，「地球這顆行星正面臨著即將發生的巨大危險。」他預測，大量燃燒化石燃料所產生的溫度上升會導致「北極海的海冰消失，冰層以及冰河溶化」，接下來就會產生氣候災難，「不僅會威脅到地球上其他數百萬種的物種，同時也會威脅到人類自身的存活。」

另一方面，某些傑出的科學家認為，威脅之說被過度誇大了。麻省理工學院的氣象學家理查・霖增（Richard Lindzen）下結論說，「並沒有實質的基礎，因為觀察到的少數溫室氣體的增加，比方說二氧化碳、甲烷以及氟氯碳化合物等，就可以預測說，會有大規模的全球暖化現象。」

如果對我們的社會來說，面臨的風險不是那麼地影響廣泛，這就僅僅是一個還算有趣的學術討論。如果氣候變遷的方式會導致我們無法在這個行星上生存，有人就必須決定應該要怎麼辦，或是什麼也不做。不幸的是，這個議題已經變得相當政治化，而且以兩種選擇方式來思考的人，正忙於分散我們的注意力，同時把對方妖魔化。一方否認說，需要對氣候變遷做出任何回應：

　　（環境保護主義者）想要你們以一種比較小、更不方便、更不舒服、更昂貴、不那麼享受，而且比較沒有希望的規模過生活。而綠色人士的道德威嚇只是剛開始而已，（透過他們）缺乏耐心的熱誠，開始藉由法律的力量強制規定，你的遷徙移動、飲食、家庭能源使用、你房子的大小、你可以旅行到多遠的地方，還有甚至你可以生幾個孩子⋯⋯過著環保的綠色生活，其實就是讓別人鉅細靡遺地規範你——縮小你的夢想，把我們每一個人全都安插在一套全新的社會秩序裡⋯⋯然後你便完全生活在環保人士的控制之下。

　　至於另一方，也同樣堅持說，抱持著懷疑態度的人是錯的：

　　否認氣候變遷，就像是傳染病一樣到處擴散。它存在於一個無法以證據或理性的辯論所觸及的領域裡；任何試圖把注意力集中到科學發現的努力，都只面臨了激烈的咒罵。這個領域正在以驚人的速度擴張⋯⋯這類型的書籍以及網站

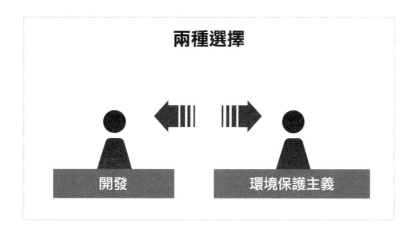

兩種選擇

開發　　　　環境保護主義

迎合了一個新的文學市場：那些智商水準就像室溫程度的人
們……我總是覺得，那些宣稱自己是懷疑論者的人，會相信
滿足他們觀點的任何老掉牙的無知廢話。

無庸置疑地，這些都是以兩種選擇方式來思考、非黑即白的
人的心聲，他們很清楚，彼此反覆地交相辱罵會獲得許多注意。
把對方貼上心裡有病、陰險邪惡，或者愚蠢的標籤，只是輕而易
舉的行為。根據蓋洛普的調查，在這些問題上，目前全球的意見
傾向於一分為二。

我們究竟是哪一種生物？

顯而易見地，對於許多擁有非常強烈感覺的人來說，關於
環境的辯論是個一觸即痛的區域。在光譜的左右兩端都有極端分
子，可是大多數人只是希望擁有乾淨的空氣、水和豐饒的土地，
而不要犧牲了我們文明的利益。這些都是相互競爭、甚或彼此牴
觸的目標，不過，做為提倡與推動綜效的人，只要每當我們聽到
只有兩種選擇時，我們便會察覺出一個錯誤的進退兩難困境，然
後受到鼓舞往第3選擇的方向前進。我們同時也了解，要達成第3
選擇需要些什麼東西。

我們必須把自己看成，不僅只是某一種觀點的代表，而更
是學習者，以及解決問題的人。我們必須以尊重和同理心看待他
人。我們尋找出他們的意圖是為了理解，而不是要捲入讓人筋疲
力竭、再三循環的辯論。最後，我們共同分享，達成綜效的目
標，創造出讓整個世界：涵蓋了土地、空氣、水、野生生物、我
們自己以及我們的家庭都獲勝的第3選擇的目標。

　　當我在教導這些綜效原則時，我經常會提出下列問題：「現場在座的人當中，有多少位強烈地認同以純粹主義者的方式，來保護和保存我們的環境、水和空氣？」一般來說，大約會有一半的人舉起手來。接下來，我會問道：「有多少人感覺說，純粹主義者的方式走過頭了，並沒有充分尊重到我們對於進步和開發的需求？」通常，另外一半的人會舉起手來。接下來，我會要求每一個團體當中選出一位代表。我會問他們兩位：「你們是否準備好，尋求一個比你們當下腦袋中，還要更好的解決之道？」

　　如果他們回答說是，我便會強調，目前，他們的共同目的是「綜效」，也就是找到一個比任何一方開始時，都還要更好的解決之道。他們必須把綜效想像成是他們討論的成果。如果他們自己內心並沒有堅實的基礎支撐，如果他們並不怎麼正直誠信，而且相互尊重，我便會質疑他們是否可能達成綜效。他們必須抗拒自己堅定的信念而去評斷對方。既然他們已經同意尋求第3選擇，他們兩人便會暫時擁有雙贏的態度，不過他們並不清楚會發生哪些事情。必須要創造出第三種心智觀點。

　　接下來，我便請他們開始隨意交談。下列紀錄便是我主持的一次會議中，一位女士和一位男士之間的討論：

　　她：他們正在把我們的地球弄得一塌糊塗。我們會受到無法彌補的傷害。看一看雨林，他們幹了什麼好事。你應該瞧一瞧我們的峽谷。森林，山谷，都應該要保持原始的狀態，如此我們才能欣賞它們最純粹的一面。我不認為我們需要所有的進步。

　　他：我能夠了解那個觀點，不過，我們的確需要產生某種數量的科技和進步。

　　她：可是，為什麼呢？那正是一開始他們說過的話，現在看

看他們做了什麼！

　　他說：我了解，可是，讓我們試試看，我是否能夠幫助釐清觀點。你不是穿了化學纖維的衣服嗎？

　　她說：沒有，這是來自於蠶寶寶。

　　他說：鞋子呢？沒用到死的動物？沒用到皮革？

　　她說：我不清楚……

　　他說：我喜歡我的皮鞋。

　　她說：是啊，可是牛也喜歡。

　　他說：這些不是科技產品，來自於石油嗎？

　　她說：不是，它們是棉花。只是縫線。

　　他說：難道你不認為，除了保育之外，我們也需要合理數量的進步嗎？

　　她說：可是，難道你不認為進步已經走過頭了嗎？

　　他說：顯然你是這麼認為。我們的確需要某些數量的生產。某些人說，生產的機器已經走過頭了，我們正在破壞環境。我們一定得要小心謹慎。我們一定得要合情合理。難道你不同意嗎？

　　她說：他們總是這麼說。

　　顯而易見地，這裡並沒有相互之間的理解。不需要多久，雙方的討論就變得不耐煩，而且一直在繞圈子。因此，我教導了他們「發言權杖」溝通法，以及同理心的心態和技能。基本規定如下：除非你陳述另一個人的觀點，一直到對方滿意為止，否則你就不能敘述你的論點。對方必須**感覺**有被了解。

　　接下來，那位女士試了這個方法。她猶豫不決，看著她的伙伴說，「你認為說，只要小心謹慎，進步可以持續下去，而且仍然可以保育環境。當生產的需求高漲，而環境的管制低落時，就很

容易讓盈虧主導控制所有事情。所以，你的意思是說，如果我們運用了適當的平衡，我們便可以明智地做到，而不會影響環境那麼多，造成我的小生物死掉。」

這並不意謂著說，這位女士同意了。她並沒有接受男士的立場。她只是在尋求理解。不過，男士並不感覺滿意，他不覺得她已經有所了解。他感覺她在模仿他。她必須要進入他的參考架構，了解他是如何看待事情。不過，雙方之間的精神已經開始有所改變了。變得比較沒那麼對立了。

接下來我問那位男士，「從一到十的尺度上，她理解你的程度有多少？」在滿分十分的情況下，他給了她五分。她則給自己打了一分。我倒不覺得驚訝。即使還沒有真正的理解，單單只是

嘗試使用「發言權杖」溝通法，就可以協助人們感覺有被了解。
當你試著了解其他人的時候，其實你是在對自己下工夫。你跟自
己說，「我不會去評斷。我會堅持下去。我真的會為那個人設身處
地，去感受他所感受到的事情。」

　　現在，輪到男士要試著去理解女士的想法。我要求他努力達
成八分、九分，甚至滿分，陳述她的觀點就如同她本人一樣好，
同時表達出相同深度的信仰。他說：「環境的品質正在降低。動物
受苦，大地景觀蒙難，因為環境變得愈來愈糟，遲早大家的生活
品質就會降低。孩子們未來所繼承的事物，跟我們今天所擁有的
相比，品質還會更差。因為我們的垃圾，我們正在摧毀動植物的
生活品質。」

　　她給了他七分。他則給自己評了個稍低一些的分數。至於
我，我認為他的聲調和表達的感情，對她的態度相當慷慨大方。
我們正在逐漸發展同理心。

　　我對他們兩人提出問題：「輪到你的時候，你發現自己是在準
備回答？還是你真正設身處地去理解？或者是你們完全開放，真
正想要了解？」

　　他們同意，兩人正往正確的方向移動。可是，接下來男士問
我說，「所以，這樣下去我們會往哪裡去？這麼做有什麼目的？」

　　顯然，他已經遺忘了我們的目標。我回答說，「你一開始的目
的是什麼？是綜效。一個比你之前所想過，還要更崇高的解決之
道。你、你的家人、整個人類，所有擁有生命的東西都是互相依
賴的。」他點了點頭，彷彿第一次了解到我們試圖一起達成的目
標。

　　當時受限於時間，我們只能談這麼多，不過，他們開始展現
出來的同理心鼓舞了我，因為這對於達成綜效極為重要。最後，

雙方似乎對於彼此產生了更多崇敬和尊重。或許，再經過一段時間之後，他們終究能夠解決全世界的問題。

　　最終，自然環境並非和我們毫無相關。當討論到我們跟環境的關係時，在我們自己的內心搜尋最深層的動機，是非常重要的。我們是否浪費物質？還是覺得無所謂？我們會輕蔑鄙視而且心胸封閉嗎？我們是狹隘的嗎？還是貪婪？或者是狂熱？正如同某些思慮縝密的學者所說的，「在回答『要完成什麼事情？』之前，我們必須要先自問，『我們究竟是哪一類型的生物（存在）呢？』」

應該完成的環境工作

　　理想上，綜效的起頭根源於，對於應該完成的工作，擁有共同分享的一份理解。缺乏了成功標準，你就無法真正知道成功的模樣，而且你的解決之道就不會那麼堅強穩固。這就是為什麼對於各式各樣的觀點，必須要有同理心的重要原因；彼此間相互嘲諷和侮辱，就不可能達成第3選擇。從各個觀點，透過審慎與思慮周詳地了解應該完成的工作，會比較有可能達成第3選擇。

　　當人山人海、熱情洋溢的民眾把電燈關掉，以便減少發電廠的汙染，然後手裡緊握冒著煙霧的火把遊行街頭時，思慮比較周詳的人們驚訝地袖手旁觀：有任何人真的了解應該要完成的工作嗎？缺少了那一份理解，我們便無法有效地行動，只能產生微弱、甚至適得其反的解決方案。

　　舉例來說，數十年以前，在美國的西北部，工程師把堆積在流入普吉特峽灣（Puget Sound）的河流中那些大量、沉積已久的淤積木材都疏浚乾淨。他們之所以這麼做，不僅僅是為了幫助

行舟，同時也希望讓大量產卵的鮭魚更容易溯流而上。數百年以來，美洲原住民都在這一片水域捕魚，可是卻被認為無知愚昧和不科學，因而工程師沒有尋求他們的意見便著手清淤。然而，過了沒多久，原本在這一帶水域裡到處可見、美麗壯觀的帝王鮭魚（Chinook）便開始神祕消失。

　　事實上，並沒有什麼神祕可言；美洲原住民史卡基特族人（Skagit），或是斯諾跨米族人（Snoqualmie），原本可以告訴工程師說，帝王鮭魚最喜歡的棲息地，便是長久以來，河流裡堆積的木材周遭所形成的深水潭。缺少了這些深水潭，帝王鮭魚便失去生存之處。不過，對於普吉特峽灣的鮭魚來說，這只是邁向衰亡的開端而已。過去數十年來，西雅圖地區的大規模開發汙染了峽灣區域，毒害了魚群，也剝奪了牠們的氧氣。各處的水壩以及過度的捕撈，更進一步限制了牠們的數量。今天，西北太平洋的鮭魚面臨了族群滅絕的高度危機。過去的一個半世紀以來，鮭魚的數量已經下降了40%，而且這個趨勢還在加速當中。在鮭魚過去棲息地三分之一的區域裡，已經完全看不到牠們的蹤影。現在，科學家們發現，環繞著普吉特峽灣的森林以及野生生物，因為每一年流失的50萬噸營養物質，正面臨嚴重的饑荒。對於整個區域而言，最後的結果可能會是個大災難。誠如居住在西雅圖的科學家約翰・蘭巴德（John Lombard）對於風景秀麗的普吉特峽灣區的觀察：「如果我們袖手旁觀，坐視這片美地沉淪，讓這裡變成一個孤寂、貧瘠不毛、鬼魂繚繞的地方，我們就喪失了自己的靈魂。」

　　無庸置疑地，沒有人樂見這個現象發生，大家交相指責：漁夫怪罪伐木工人，伐木工人譴責開發業者，而每個人都指稱政府的不是。某些人聳聳肩說，失去鮭魚便是進步的代價。因為這個觀點而感到震驚的其他人，依照各自的偏見與立場的不同，要求

停止砍伐森林，或者禁止捕魚，或是不再興建新的建築物。無論是鮭魚，還是人類，任何一方都會是輸家。不過，對於環境抱持著一種「你贏我輸」或是「你輸我贏」的心態，大多數人理應都不會滿足。我們需要「雙贏」，否則到了最後，大家可能都會是輸家。

　　而這就是真正應該需要完成的工作。「生態學」（Ecology）這個詞彙，基本上描述了自然界之中的綜效主義：每一件事物，都跟其他所有事物有所關聯。我們生活在一顆彼此相互倚靠的行星上，整體比起部分的總和還要多得多，因此我們不能單獨處理單一部分，或是認為他們不重要。就好像一個工作團隊，如果個別的成員沒有獲勝，團隊就不可能獲勝。生物學家彼得‧康寧（Peter Corning）博士提出警告，我們必須開始透過綜效的模式，來看待這個世界：

　　　　我們總是持續面臨挑戰，要拓展我們對於系統之中，所有的「部分」究竟為何的理解，並且去處理這些系統所創造出來的相互依賴的模式。一個永遠存在的危險就是，我們的短視會產生令人不悅、厭煩（或甚至致命）的意外。基於同樣的原因，我們必須學習以發展出更為先進的方法，了解我們行為所產生的更廣大，以及系統性的影響後果。

　　我們這個世界的綜效奇蹟，仰賴整體的健康情況。通常，只有當環境生病時，我們才會被迫採取某些行動。我們也以相同的方式對待自己的身體。我們透過工業時代的鏡片，把自己看成是可以修復的機器。我們也透過同樣的鏡片看待環境，把大自然當成機器一般。就是這樣的心態，把健康照護變成了疾病產業，而

非健康產業。

　　不過，正如同康寧博士所說的，「命定式（deterministic）與機械式的生物流程模型，根本上就是錯誤的。」我們生活其間的這個世界，是個活生生的系統，而不是毫無生命的機器；這個世界是每一個部分的健康與幸福，都跟整體的全面健康與幸福息息相關、相互倚靠的一個實體。這樣的例子不勝枚舉，而「非洲蜂蜜引導鳥」（African honey guide）就是一個例證——這是一種必須依賴蜂蠟才能存活，可是卻無法突破蜂巢獲得蜂蠟的鳥類。當蜂蜜引導鳥找到了蜂巢時，牠會發出信號給一種長得像是獾，稱為「非洲蜜獾」（ratel）的動物。等到蜜獾抓刨進去蜂巢吃起蜂蜜之後，這種鳥就大快朵頤享受蜂蠟。蜂蜜引導鳥之所以只能消化蜂蠟，是因為肚子裡的細菌可以把蜂蠟分解為營養素。更有趣的是，肯亞的波拉納族人（Borana）也會跟隨著蜂蜜引導鳥參與這一席蜂蜜大餐。波拉納族人是四處遊牧的民族，他們帶領著放牧的牛群啃食草原，牛群一邊翻攪草地，一邊也幫忙施肥。相應地，蜜蜂則蒐集了草原的花粉和花蜜來製造蜂蜜。

　　在這個互相依賴的共生循環裡，從細菌到波拉納族人，如果把其中一個部分拿走的話，我們便會面臨整個系統崩潰的風險。多加入一個部分的話，比方說不同啃食習慣的歐洲牛群，我們也會面臨把草地轉變成沙漠的風險。整體系統的健康極端敏感，需要一個整體的觀點，而這只能夠源自對於現實廣泛而且深刻的理解。

　　我需要聽到每一個人對於現實的那一份了解。讓我們回想綜效的那句真言：**盡早從盡可能的最多人之中，獲得最多的想法**。在除去普吉特峽灣裡那些堆積的木材時，我最好聽一聽史卡基特族人的意見。如果我想要東非能保有健康的草原，我便需要跟波拉

納族人一起生活、工作,同時請教他們。發展對人類的同理心,
就是發展對土地的同理心。

　　除此之外,我需要了解所有生命都是相互依賴。如果我是個
喜歡爭論的環境保護人士,我就會冒著讓自己跟其他人 —— 比方
說:種植作物的農夫,試圖謀生的家庭等這些人的內心 —— 疏離
的風險。我可能會一意孤行,結果毫無成效,或者更糟的是,像
是點燃了一把冒著煙霧的火把,好讓我可以把電燈關掉。一項單
單專注在拯救帝王鮭魚的對抗性質的運動,展現了「如果壞了,
就把它修好」(fix-it)的單方面心態,而非整體全面性的心態。

　　換另一個角度來說,如果我不尊重環境保護人士,我便把擁
有最多知識和活力的一群人,其所能貢獻的解決之道杜絕在外。
我可以致力於經濟成長和財產權,同時仍然跟那類稀有品種的青
蛙以及關心他們的人們,擁有同樣深切的感受。對於一個以第3選
擇的模式來思考的人來說,事情永遠不會只有「不是這樣,就是
那樣」如此簡單。

　　普吉特峽灣區的健康,以及任何其他脆弱的環境,就如同
約翰‧蘭巴德所說的,都需要「對於整體景觀的一個願景,不只
是海洋,或者是鮭魚,而是流入灣區的整個地區,完整的自然遺
產……普吉特峽灣區河流的復育工作,並不是個空想的白日夢。」
舉例來說,蘭巴德正在極力提倡一項稱為「低度衝擊開發」的第3
選擇,在接近源頭的地方,回收受到汙染的暴風雨水,而非直接
排放到海洋裡。人們可以開發建設,同時鮭魚也可以茁壯成長;
不過,要做到這一點,至少需要一個人相信第3選擇,不會斷然拒
絕達成綜效的可能,而且能夠協助創造出一個真正需要完成工作
的願景。

　　因此,成功是什麼模樣?我們已經見識過,關於那個問題

會有多少不同的意見；不過，對於普吉特峽灣區以及整個世界而言，顯而易見地，成功必須要是全面整體性的。對於人們，還有他們的自然家屋來說，都必須是個雙贏。

讓我們想像一片松林茂盛的美麗山地，其間生活著狼群以及鹿群。如果我們居中介入，拯救了鹿群，而把整群的野狼都殺光，那麼這片山林便要擔憂，之後鹿群會繁殖失控。牠們會把這片山林啃食殆盡，變成一片沙漠，然後在風和水的作用下逐漸風化侵蝕。誠如偉大的生態學家阿爾多・李奧帕德（Aldo Leopold）所說的，「（我們）尚未學會，如同山一般地思考。因此，我們會有乾旱塵暴的地區，以及把未來沖刷到海洋裡的河流。」

應該需要完成的工作是要「如同山一般地思考」，提倡推動人

類與自然的綜效。李奧帕德使用了「生態保護」（conservation）這
個字眼來描述這樣的綜效；在厚顏無恥的開發，以及拯救自然免
於「遭人類毒手破壞」這兩個極端之間，這是一項「真正的第3選
擇」。

第3選擇的大地景觀

如果我擁有那樣的綜效心態，我就會突破膚淺、二元對立的
兩種選擇來思考。同時我也知道，要達成綜效，就會需要如同彼
得·康寧所說的，「精確縝密、紀律十足，甚至枯燥冗長的工作投
入。這違反了快速輕率、只求應急方法的文化本質，這樣的文化
對科技創新上了癮，不管事情是否準備好了。」要達成第3選擇，
我必須要付出代價。

行事風格快速但卻輕率魯莽的人，總是忙著相互攻擊彼此。
紐約市激進的環境保護人士對於「耗費巨資的資本主義」怒不可
遏，他們認為，因為貪婪所導致瘋狂的都會擴張，已經把紐約港
變成了一片海洋沙漠。而麻木不仁的商人則瞠目結舌地瞪著他
們，問道：「那你希望我們怎麼做？把整個曼哈頓島拆掉嗎？把曼
哈頓還給印地安人嗎？」沒有任何一個團體對於其他人，擁有達
成綜效所需的尊重、同理心，或者是紀律。

可是，如果他們能夠把對於環境的熱誠，跟創業的知識技術
結合起來，他們便有可能提出某些讓人驚豔的第3選擇。娜塔麗·
傑瑞米珍可（Natalie Jeremijenko）就是這麼一位身體力行、實踐綜
效的典範人物。身為來自澳洲的環境運動人士，她想要把紐約市
轉變為一座都會的生態樂園，而且不需要拆毀城市。娜塔麗研究
過航太工程、生物化學、神經科學以及物理學，她把所有這些學

科的真知灼見都整合起來,融合進小型專案裡,專案規模雖然不大,但期望產生改變。

這麼多年以來,紐約港已經遭受這個偉大城市汙染的嚴重破壞。為了將港口跟下水道系統隔離開來,紐約市已經進行了多項工程。可是,下雨的時候,城市街道就把大量的鎘、滴灑在地面上的汽油和柴油燃料等神經性毒物,以及數百萬輛汽車的煞車粉塵,都沖刷到水中。除非將紐約市的柏油路面都清除得一乾二淨,否則沒有任何辦法可以終止當前的汙染;除非你就是娜塔麗‧傑瑞米珍可本人。

她的想法是在市區裡每一個消防栓的四周,種植一個小型的花園。植物能夠將排水溝裡的暴風雨水過濾掉毒性物質,同時也讓城市中到處都點綴著美麗的小天地。不常出現的緊急車輛,就算停在那裡,也只會壓扁幾株植物,之後便會復原。這麼做又會有什麼影響呢?當你了解到紐約市大約有25萬個消防栓,你就會同意,每一個街頭的小巧花園,一旦加總起來,便可以產生不少的過濾作用。

不幸的是,河流入海口的海洋生物,因為排放自許多工廠的多氯聯苯,而遭受毒害。因此,傑瑞米珍可在岸邊安置了精巧、發出螢光的浮標,當魚群游過周圍時便會閃爍。然後人們便可以餵食魚群特製的飼料,可以排除魚體內的毒物。

傑瑞米珍可同時也設計了太陽能的煙囪,排除建築物裡的熱氣,讓空氣通過一個過濾器,移除二氧化碳中的碳。她的煙囪能夠捕捉紐約市數以萬計的建築物所大量排放的二氧化碳其中的80%到90%。而且捕捉到的碳素,還能用來製造鉛筆!

不過,傑瑞米珍可影響最為深遠的專案則是「都會農耕」(urban farming)。如果可以在城市裡栽培食物,我們就能夠避免營

養成分的流失，以及從農場運送食物的成本。對於供應廚房的園圃來說，建築物的樓頂便是理想所在，可是大多數的屋頂無法承受上噸土壤的重量。因此，傑瑞米珍可用輕量的鋼鐵和聚合物的表層，設計了一個精巧的容艙，安置在建物的屋頂上，有如長了四肢的太空船一樣。每一個容艙裡便是水耕栽培的園圃，讓作物在霧氣與自然光之下生長，而支撐容艙的支柱則把重量轉移到建築物的結構骨架上。一套精巧的水管系統協助底下的建築保持溫暖和涼爽，而灰色廢水則用來灌溉植物。未來，這些形狀有如毛毛蟲的銀色結構，可能會蜂擁成群地布滿了紐約市的天空，提供城市新鮮的蔬果，同時又可節約大量能源。

身為「另類藝術世界裡的最佳表現者」，同時又是充滿創造力的工程師，傑瑞米珍可輕而易舉地跨越了藝術與科技，自然創造的成果與人類創造物之間的傳統疆界。她認為她的工作，並非環境問題的解答，而是會引起爭論的疑問：「在水裡的那些管子是做什麼用的？每一棟樓屋頂上亮晶晶的容艙有什麼用？為什麼城裡的每一個消防栓四周都長滿了天竺葵？」她想要讓人們感到困惑，然後讓他們捫心自問，自己可以創造出什麼東西。傑瑞米珍可運用了第3選擇，點綴了都會的景觀，成就非凡的她確實是一位罕見專業的綜效實踐者。

距離紐約市有半個世界之遙的印度德里，城市裡的空氣汙染，每一年讓1萬人喪命。雖然政府試圖解決這個問題，德里仍然擁有全球最不健康的空氣品質。當德里一處辦公園區的所有人卡謀‧彌亞圖（Kamal Meattle）發現，單單只是呼吸就幾乎要了他的性命時，他無法再袖手旁觀，坐等這場戰役獲勝。他獨力進行研究之後，發現某些植物可以提供任何人所需要的新鮮室內空氣。因此，他在自己所有的辦公大樓裡，都種植了能夠產生大量

氧氣的黃椰子（areca palm），以及可以清除空氣中毒素的黃金葛（money plants）。為了讓建築物的空氣在夜間能夠更新，他引進了金邊虎尾蘭〔因其尖銳的葉子，又俗稱「丈母娘舌」（mother-in-law's tongue）〕，這種植物不需要日光，便能把二氧化碳轉變為氧氣。

卡謀說，只要有數量足夠的這三種常見植物，「你便可以待在一個上頭加了蓋子的瓶子裡，而完全不需要其他新鮮空氣。」他追蹤實驗結果，發現這些植物減少了一半的眼睛不適狀況，降低呼吸過敏症狀達三分之一，而且減少了四分之一的頭痛情形。「我們的經驗指出，人們的生產力提升了驚人的20%，同時建築物的能源需求則降低了15%。」全世界將近一半的能源都是消耗在建築物的通風、取暖和冷卻上，使用這些植物所產生的能源節約將會讓人大吃一驚。

西印度一位名為曼蘇克‧普拉札帕提（Mansukh Prajapati）的製陶工人發明了一種低成本的冰箱。他精巧地設計了稱之為「米提酷」（the Mitti Cool）的陶罐，可以讓水、水果、蔬菜，甚至牛奶都能維持涼爽好幾天。花費不到60美元，而且不需要用電，窮人也能買得起，米提酷陶罐冰箱銷售了好幾千個。全世界的電冰箱消耗了由燃燒化石燃料所產生的大量電力，因此類似這樣的解決之道可以節省數百萬噸的煤、天然氣以及一桶桶的石油。

土地的健康

對於這個行星上的生命而言，一項令人警醒的威脅便是土地的流失。根據一位學者的研究，「我們正緩慢地流失土壤……每一年，美國農場所流失的土壤，足夠填滿全國每一個家庭一輛小

貨車的載貨量。這是數量相當驚人的土壤……據估計，全世界每一年流失掉240億噸的土壤，相當於地球上每一個人好幾噸的垃圾量。密西西比河每一秒鐘就把一輛卡車份量的表土倒進加勒比海當中。」

由於現代的農業科技、人口壓力以及過度啃食的結果，全世界許多的可耕地正逐漸轉變成為沙漠。我們大約40%的土地是乾旱的，沙漠逐漸擴展，而生物多樣性正逐漸減少。由於要產生1英吋的表土需要大約500年的時間，要讓這片土地重新復活是一項艱鉅的挑戰。「單單依靠科技，並無法解決我們消耗一項資源，比產生同樣資源還要更快的問題：未來的某一天，我們就會把這項資源完全耗盡。」因此，我們是要宣布放棄餵食全世界的農業革命，還是要讓未來世代注定在一個貧瘠不毛、挨餓受饑的行星上滅絕呢？

辛巴威的生物學家亞倫・塞佛瑞（Allan Savory）是個以第3選擇模式思考的人，他拒絕那種錯誤的進退兩難困境，贏得了「巴克敏斯特・傅勒挑戰獎」（Buckminster Fuller Challenge Award）。這一座嘉勉偉大綜效捍衛者的年度獎項，頒發給「對於似乎難以解決的問題，提出影響巨大、徹底的解決之道」的受獎人。塞佛瑞重新產生土地的成功方案其實相當簡單：他讓高度密集的家畜群啃食草地，放牧時動物的蹄會將土壤踩碎，排泄物則產生施肥效果。最後，在短短的幾年之內，而不是好幾個世紀，便大量增生新的表土和植被分布。在政府禁止放牧啃食，試圖拯救土壤的地方，塞佛瑞做了相反的事情，創造了數萬英畝的全新土壤。

塞佛瑞把這種相反的模式稱之為土地的「整體性管理」（holistic management）。當你看到牛群把所有草都吃光時，直覺的反應就是希望讓土地休息，所以你便把牛群移開。可是，這樣是

「修理」，而非「健康」的心態在運作。真正應該需要完成的工作，塞佛瑞說，其實是違反直覺的，是要管理整個自然系統，如此你才不會在試圖拯救它的時候，反而採用反應式的治標方法把自然破壞了：

> 以毒害性植物的入侵為例，如果你把這些植物視為單獨存在的問題來處理，你便會面臨失敗。蒙大拿州的領導人花了超過5000萬美元的經費，想要除掉矢車菊（knapweed）。他們還不如把它宣布為州花，或許還恰當一些，因為與從前相較，現在矢車菊的數量反而更多。原因是這種植物從來都不是個問題；它只是「生物多樣性」（biodiversity）流失之後的症狀。德州人花費了超過2億美元，把牧豆樹（mesquite）栓在一起、毒害且連根拔起，結果現在的數量也比從前更多。它從來都不是個問題；它只是生物多樣性流失之後的症狀。

生物多樣性是土壤健康與否的指標。當你拿起一把鏟子，挖進優良的土壤時，你可以看到和聞到細菌、黴菌、蚯蚓、豐富的植物，以及出生、生命和腐爛三者平衡的活力。死去的土地則是貧瘠不毛，這是個嚴重的事實，當你了解到我們人類的未來繫於土地的健康。缺乏了通風和施肥，土壤便會死亡，而生物多樣性也會隨之而去。在觀察了非洲草原30年之後，亞倫·塞佛瑞工作時會順應、而非違反那些原則。

雖然塞佛瑞也遭受批評，而且他的方法可能在某些地方，比起其他地方會更有效果，但是他擁有綜效推行者的直覺，以及能夠提出反向模式的心智，當他尋求單純、激勵人心的第3選擇時，不會接受傳統的兩種選擇的解決方案。在人類文化和他們豢養的

434　第3選擇　The 3rd Alternative

動物、野生生物、土地、水，以及整個地球的健康之間，他看到
廣泛的各種連結：

> 對於牛群和其他啃食動物的全面整體性管理，能夠促
> 進表土極為快速地重新形成，在人類的農業把事情搞砸的地
> 方，許多的表土都已經流失。這一片新的表土將需要包含來
> 自大氣中龐大數量的碳，同時再加上降低從燃燒化石燃料所
> 產生的溫室氣體排放，便足夠將大氣層回復到工業革命之前
> 的平衡水準。

　　我不清楚塞佛瑞的第3選擇最後是否成功。不過，我尊敬如同
他一樣的人們，他們脫離了兩種選擇的思考模式以及激烈辯論的
平庸陳腐。一方面，引用一位思慮周詳的觀察家的話來說，他們
脫離了一種「尋求限制人類的企圖心、期望和力量，而非釋放、
並且加以引導」的環境保護主義。而在另一方面，他們脫離了那
些認為他們損人利己、掠奪式的商業利益，對於我們行星家園並
沒有任何威脅的一群人，其無所顧忌的盲目。他們也沒有陷溺在
廣大的中間群眾裡，不認為從激烈的辯論中，可以期待有什麼希
望出現。

　　我們在毀滅地球，或是徹底放棄我們的生活方式之外，產生
第3選擇的能力，其唯一的限制就是我們的心態。相對於我們貪婪
地攫取能源的方式，還有許多相反的模式。正如我們已經觀察到
的，即便是乍看之下微不足道的第3選擇，都可能會對我們的環境
產生極大的影響。透過釋放綜效的力量，我們便能夠恢復我們所
共享世界的榮耀和美麗。

沒有貧窮的世界

我們社會所面臨最為艱鉅的問題，或許便是貧窮，同時也是這麼多的犯罪、暴力、虐待、濫用，以及大多數其他社會病症的根源。我們極度痛苦，對窮人袖手旁觀，但卻又時常無可奈何。無庸置疑地，貧窮與文化有關，在某些國家被認為是貧窮的人，在其他地方可能會被認為是富裕到讓人吃驚的程度。無論如何，貧窮的人在任何地方都受著苦難，而心地善良的人則跟他們一起受苦。接受我們「重大挑戰調查」，來自全世界的受訪者都非常關切，在難以置信的經濟不平等中，貧窮的影響力：

- 「通常，貧窮都是導致戰爭、恐怖和失業其後的憤怒、仇恨、貪婪和忌妒的催化劑 —— 解決貧窮問題一定可以產生最大的槓桿效果。」
- 「仍然還有這麼多人，尚未獲得我們多數人所習以為常的基本事物。」
- 「沒有人應該一輩子都生活在貧困之中。貧窮，是其他像是不良教育和環境議題等全球性問題的根源。」
- 「貧窮遍及了全世界，它就是恐怖主義的嚴重問題之所以會發生影響的主要因素……貧窮且未受教育的人們非常容易受到（洗腦）。」
- 「就最近花費在所有事情上的經費來看，顯而易見地，對於貧窮、毒品和失業的宣戰，其實根本就不是戰爭。我們從過去到現在，一直都被欺騙，為了少數人的利益持續地支付費用，某些人還因此付出了他們的性命。」
- 「我們國家的失業率已經一飛衝天，失去控制……對於為數

眾多的失業者來說，幾乎沒有任何希望。」

- 「我們國家隸屬於亞洲最為貧窮的國家之列。這是政治口號……我們大多數的人口都過著貧窮階級的生活。缺乏就業機會，教育制度不良，幾乎沒有什麼基礎建設，國家債台高築，政府治理不善，貪污到處猖獗。」
- 「依我的意見來看，一個更好的世界，正意謂著沒有貧窮的世界。」

我們的左派及右派人士宣稱，一個看不到貧窮的世界，會是一件輕而易舉就可以達成的事情，只要我們採用他們開立的處方。

某些研究者聲稱，每年冬天，英國大約有介於2萬5千人到3萬人之間死於寒冷，其中大多數都是老年人和弱勢族群，而英國還是全世界最為發達的國家之一。左派人士聽到了這個消息無不感到憤怒，他們思考為什麼比起西伯利亞，氣候溫和的英國會有更多的人死於冬季的寒冷，並且譴責「經濟上的菁英分子，對於帶給其他人痛苦的疾病，視若無睹且無動於衷」。他們振振有詞

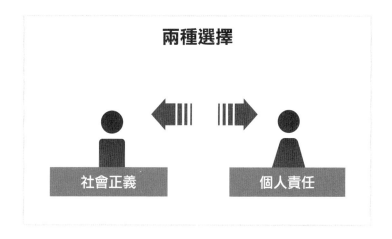

地說，高昂的燃料價格懲罰了窮人，卻讓能源公司賺翻天。這根本上就不符合公平正義。因此，解決之道便是：價格控制，以及「把金錢從較富有的消費者身上，轉移到較貧窮的消費者身上。」

而另一方面，右派人士要求窮人停止依賴政府提供他們的需要。當失業家戶中的就業年齡人口朝著 500 萬大關逼近時，英國的保守派人士指出，一套「最初設計來協助支持社會中最貧窮的一群人的社會福利制度，現在正把他們套牢在原本它應該減緩的情況之中。」而且，提供更多的溫暖、食物或是健康照護的救濟品給予窮人，只是讓他們更加陷入依賴的深淵之中。

針對需要更多個人責任的呼籲，沒有任何人能夠不予同意；可是，在另一方面，當社會中的其他人，生活都過得這麼舒適，而貧窮和弱勢的人們卻受苦受難時，每個人都感到憂慮煩惱。對於以兩種選擇模式來思考的人來說，這便是兩難的情境，所以他們會感覺被迫要選邊站。而同一時間，位於廣大中間地帶的人們則毫無解答，實際上也毫無期待。他們只會嘆著氣說：「窮人，總是會和我們如影相隨。」

我並不想從左派及右派陣營當中，製造出不值一駁的虛擬對手來。雙方皆遵守個人責任及社會責任的原則；而且，通常只要透過彼此間的相互制衡，雙方便為我們的經濟繁榮做出重大貢獻。不過，意識型態之間過度簡化的激烈鬥爭，對於打破貧窮的循環，實際上毫無幫助。失業救濟金會讓某些人養成依賴的習慣，然而「振作起來，找份工作」的敦促也不會有太大的幫助。身為綜效的追求者，我們厭倦了以兩種選擇模式思考的人們彼此之間的討價還價；我們希望他們能夠加入我們，提升到比起兩極化思維所能提供，還要更崇高和更良善的目標。我們更為崇高的偉大目標，便是一個看不到貧窮的世界。

「主要財富」相對於「次要財富」

這個更崇高與更良善的方法，從個人開始。我會用自以為是的態度來看待窮人嗎？如果他們跟我同樣品行端正、足智多謀，我相信他們就不會貧窮嗎？另一方面，如果我不是如我希望的那麼富裕，我會把自己視為受害者嗎？我會覺得自己有資格從更幸運的人們那裡獲得東西嗎？當我戴上了意識型態的眼鏡時，我左邊鏡片的度數比我右邊的鏡片還要更深嗎？或者是反過來呢？我的身分認同被一個政黨偷走了嗎？

不論是加害者，或者是受害者，都沒有能力對解決之道做出貢獻。

只要還有像是身體、心理或者情緒上的失能狀態，無論是自己造成、繼承而來，或者單純只是運氣不好，社會裡的某些人便會依賴其他人。我認識一位名叫法蘭克的年輕人，他罹患了肌肉萎縮症，什麼事都不能做，只能虛弱地在鍵盤上打字，按件計酬，每個星期賺個幾塊錢。他需要有人幫他餵食以及照顧他，就如同新生兒一樣。他沒有家庭，除了身上穿的衣服以外，完全沒有任何資產；即便是他坐的輪椅都是屬於州政府的。然而，我並不會說他貧窮，因為他擁有許多朋友，智力出眾，而且性格溫文儒雅。當我提到一個看不到貧窮的世界時，我的意思是指一個擁有像是法蘭克所享有的那種豐饒財富的世界。一種不一樣的財富。

金錢只是一種財富，次要成功的一種指標。如同我之前所提過的，主要的成功根源於我們的品格，而且是依據我們的貢獻來加以衡量。誠信正直、誠實無欺、工作努力、對他人慈悲憐憫，如果我們依循這些原則生活，我們在主要的財富上就永遠不會貧窮。在由這樣的人們所組成的世界中，沒有任何人會是窮人，即

便是弱勢和失能的人都不會。這種心靈上的財富便是主要的財富。通常（並沒有一定保證），次要的財富會自然隨之而來。一般來說，會導致物質繁榮的資產，比方說：品格、教育、技能，以及與時俱進的關係，還有耐心，從來就未曾改變過。自然法則會在這些地方運作，而身體力行、遵守法則的人能夠同時既謙虛又充滿自信。沒錯，某些人並不擁有這些資產，可是藉由出身、運氣，或者密謀串通，還是變得富裕，而人們對此常會輕而易舉就覺得忿忿不平。可是，如果我把自己視為受害者，我便會等待社會哪一天會變得「公平」，而不是去發展那些會導致繁榮的主要資產。相對來說，如果我把窮人視為懶惰的寄生蟲，我便會認為給予他們救濟品，對於他們和社會來說，都是對道德有所傷害。除此之外，他們沒有任何付出便平白地獲得東西，對我來說也並不公平。

不過，身為綜效的倡導人與追求者，我們並不是很關切是否公平，我們想要超越公平，找到第 3 選擇。我們同意，主要的成功應該優先於物質財富，而且首先要完成的工作是要在我們自己身上，以及我們的社會中，提倡主要成功的品質。同時，我們並不同意下列說法：窮人是比正常人還要低下的反常者，迫切地想要坐享其成，讓我們其他人付出代價。相較於世界上的所有人，貧窮的人更需要我們的尊重和同理心。我們以「吾幫托」的精神看待窮人，他們是無可取代、擁有獨特天賦的個人，缺少了他們，我們便喪失了人性。我們協助他們提升視野，如此一來，他們便也能夠看到自己的價值和潛力。一旦他們捕捉到那個願景，他們便會開始獲得心靈上的財富，而最終引導到物質上的財富。

如同我們社會中許許多多社經地位低下的人們，年輕的衛爾登‧隆（Weldon Long）身無分文，而且無家可歸。他 15 歲時便從

高中退學，中輟學習，身無一技之長，索討到一些錢時，他便從啤酒和毒品之中尋求些許慰藉。對於自己的個人價值所在，他完全沒有任何概念。到他32歲時，因為屢犯強盜罪，已經進出監牢3次。他身無分文，毫無希望，也看不到未來。「他是個平凡無奇的失敗者。他從來沒有過一份穩定的正職工作。他拋棄了自己3歲的兒子。他從來未曾擁有過一個家。成年以後，他一直處在毫無希望的絕望狀態。」衛爾登‧隆是窮人裡頭最為貧窮的人。

衛爾登困在監牢裡無處可去，他開始在圖書館中隨意閱讀，然後發現了愛默生（Ralph Waldo Emerson）的著作。這位偉大哲學家的一句洞見，在他心頭縈繞不去：「我們一整天想些什麼，就會變成那樣的人。」根據他自己所說，他把注意力集中在那些字眼上頭，當他待在自己的牢房裡，狠狠地盯著鏡中自己的影像時，他在心裡面再三重複著這句話。

　　當他凝視著自己悲慘的現實情況時，他專注地思考那些字眼。他一邊盯著，一邊揣想。生命還有些別的嗎？要付出什麼才能知道？透過改變他「一整天」所思考的事情，他會有能力，即便只是微乎其微的機會，改變自己似乎已經成形的命運軌跡嗎？

　　雖然可能性看似渺茫，困難看似無法克服，他決定要放手一搏。

　　他展開了一趟在個人生命裡，創造出徹底轉化的改變之旅。他已經走投無路，而當人絕望時，便會孤注一擲。他下定決心，要改變他命運的軌跡。

他開始思考著一個「全新的」衛爾登‧隆，一位愛家的父

441 第 7 章 社會中的第 3 選擇

親和丈夫,一個受過良好教育的人,一位誠實的生意人,還有一個對社會有所貢獻的人。他跟自己述說想像的故事,而他即是故事中的主角。每一天,他在心中填滿了這些主要成功的願景。這個思維的轉變引導到他行為上的改變。他讀遍所有他能夠找到的讓人振奮的書籍:從愛默生的著作、《聖經》,到勵志書籍。每個星期,他都寫信給他的小兒子。監牢裡提供的所有課程,他都去上,最後拿到了學士學位,而且還以最優異的成績獲得企管碩士學位。他開玩笑說,「我是從監牢研究所畢業,而不是耶魯大學!」(譯註:監牢 Jail 跟耶魯大學 Yale 英文押韻。)

> 我開始相信,我必須為改變自己的過程,完全負起責任。我無法控制我周遭的人事物,因此,負起責任意謂著:不再抱怨,沒有藉口。我是否會成功地實現我的想像,沒有任何保證。無論如何,我必須要承擔起責任……盡我所能,成為一個正派的人。
>
> 等到 2003 年,我從第三次的監牢巡迴之旅釋放出來時,事情有所改變了。我已經徹底改變。我不再從事之前一直在幹的勾當,像是飲酒、嗑藥還有作奸犯科,我洗心革面,菸毒不沾。我致力於達到成功,以及打造植基於努力工作、誠信正直和個人責任的生活。

出獄後回復自由之身,衛爾登面對了他個人最大的試煉。他會重蹈覆轍過著昔日作奸犯科的生活,還是他會克服自己的恐懼,打造一個全新的生活?幸運的是,現在的他已經養成了習慣,想像自己身處在全新、富有成效的角色當中。不過,要找到一份工作相當艱難,因為沒有幾位雇主願意讓重刑犯有嘗試的機

會。最後，他終於找到一份銷售加熱與通風設備的工作，而且第一個月就打破了公司的銷售紀錄。這是他有生以來，第一次清清白白地賺取正當錢。過了不久，他成立了自己的設備公司，由於他辛勤工作，業務蒸蒸日上。現在，他跟妻兒在科羅拉多州及夏威夷州擁有漂亮的房子。

　　我認識衛爾登本人而且敬佩他。如果他當時沒有發現，其實自己充滿了力量，潛力無窮，唯一的限制就是他自己的選擇，今天所有的這一切都不可能發生。心靈的意圖驅動了認知，認知驅動行為，而行為則驅動了結果。當你提升了窮人的心靈，當你協助他們把自己視為擁有無限價值的存在，他們便會踏上脫離貧窮的旅程。這便是應該需要完成的工作。

　　任何人都可以做到衛爾登‧隆所完成的事情，不過，從「平凡無奇的失敗者」搖身一變，成為富有天賦才能、足智多謀，成功貢獻給社會的人，如此的思維移轉，對他來說的確是令人望之卻步、心驚膽顫的巨大飛躍。衛爾登坦承，要做出那個巨大飛躍的最大阻礙就是恐懼：「我了解到，我所有失敗的主要原因，一直都是恐懼……我心裡擔憂害怕的思想，變成了自我實現的預言。」窮人面臨了一種讓人灰心沮喪、進退兩難的困境。許多人的生命一開始就是健康不良和家庭功能不健全。他們的教育落後，也因此找不到好工作。隨著歲月流逝，窮人眼前會看到一個愈來愈寬，需要非比尋常的力量和勇氣，才能夠橫越的差距。這就是為什麼有這麼多人，對於嘗試感到如此害怕的原因。對於他們來說，面對的選擇便是跳躍，然後失敗，一而再，再而三，或者是徘徊在每下愈況的貧困之中。

他們為什麼不去找一份工作呢？

　　無庸置疑地，就如同大多數的兩難困境，這個說法也是謬誤的。衛爾登‧隆的故事證明了第 3 選擇的確存在。不過，令人難以承受、沉重的文化力量會把試圖突破現狀的窮人推回到原點。社會充斥著兩股力量，一邊是質問道：「他們為什麼不去找一份工作呢？」的人們，另一邊則是透過讓人意志消沉的救濟品，雖出於仁慈，但卻弄巧成拙讓貧窮延續下去的人們。在當今這個時代，「去找份工作」對於一個無論在健康、教育或是關係上都微薄不足的人來說，可能會是一項巨大而難以承受的挑戰。至於藉由提供窮人生計，毋須他們自己出力，因而表達出仁慈的做法，偉大的道德教育家路易士（C.S. Lewis）曾經明智地評論說，「跟單純的仁慈相比，愛，更為嚴格和輝煌。」相較於單單只是發給窮人食物券和給予規勸，我們的社會其實還有一個要求更高的工作需要完成。

　　在一家會計師事務所工作了 32 年之後，大衛‧菲利浦（David Phillips）並不希望在高爾夫球場上消磨退休生活。這些年來，他跟妻子黎安，一直都運用他們的空閒時間，擔任各個非營利組織的志工，並且渴望能夠幫助這些組織，在俄亥俄州辛辛那提市的社區做出更多貢獻。後來，他們驚訝地發現，就在過去的十年之間，辛辛那提的貧窮率已經從以往的 12%，急速上升到 24%，於是菲利浦夫婦決定在有生之年，致力於協助窮人脫離貧困。

　　他們完全不知道該如何進行，不過大衛擁有堅實的商業背景，而且夫婦兩人天生擁有充沛的同理心，因此他們著手開始，盡可能地了解各種問題，以及他們可以如何幫忙。在詳細研究全國許許多多的就業方案之後。他們把想法匯聚起來，創立了非營

利組織「辛辛那提就業沒問題」（Cincinnati Works）。這個「由會員組成的協會」，目前享有「為窮人以及需要合格基礎員工的企業，創造了雙贏解答的最佳實務」的卓越聲望。同樣的模式正擴散到全美各個城市。

對於窮人來說，「辛辛那提就業沒問題」是一項貨真價實的第3選擇方案。因為窮人缺乏強而有力的支援網絡，他們通常求助於公立的就業機構；大多數這類公營機構都會盡力幫忙求職者與工作機會連結，教導他們如何準備履歷，並且約定好面談機會。一旦客戶找到工作，他們便認為大功告成。可是，這樣的方式實在過於狹隘。長期失業的人一旦找到工作之後，極少能夠繼續待在那個工作上；通常，到職三個月之後的「留職率」（retention rate）只有低到谷底的15%到20%。真正需要完成的工作，依照黎安‧菲利浦的說法，其實是要採取「一種整體性的（holistic）方法來協助求職者」。她以「全人」（a whole person）的觀點來看待需要支持的窮人，不僅是在物質上，同時也包括情緒、心智以及心靈上。

在「辛辛那提就業沒問題」裡，長期失業的人並不是「客戶」，而是「會員」，大家都隸屬於以透過終生關係而獲得職涯進展為目標，彼此之間相互支持的俱樂部。大多數的會員都是非裔美國婦女，同時既要努力工作又要照顧小孩的單親媽媽。「她們得面對許許多多的挑戰。」「辛辛那提就業沒問題」的一位專員雪莉‧史密斯說。「送孩子到不同的保母家裡、搭公共汽車、試圖把一塊錢當兩塊錢用……她們需要一而再、再而三地聽到其他人對她們說，『沒問題，你可以辦得到的。』，因為其他任何人都不會這麼告訴她們。我們的會員必須感覺到，他們是身在一個洋溢著關懷和承諾的地方，在這裡我們會伴隨他們踏上旅程，一步步走出貧困。」

　　這種可靠的情緒支持極為重要。菲利浦夫婦研究之後，發現60%的會員長期飽受憂鬱之苦，這不僅僅發生在辛辛那提的窮人身上，其他地方的窮人也是如此。憂鬱症的症狀通常都被視為懶惰。黎安・菲利浦說：

> 　　我們發現那樣的認知其實是大錯特錯。大多數我們見過的窮人一點兒都不懶惰。每一天都是苦苦掙扎，需要不停解決問題。對我們來說似乎不假思索和簡單不過的事情，對他們而言都需要耗費許多精力，比方說：沒有車而必須通勤上下班；尋找日用雜貨並且付錢購買；沒在銀行開戶，但要兌現薪水支票（前提是：如果你有工作的話）……最讓人吃驚的是，我們開始了解，他們在屢次試圖求職，卻總是一無所得之後，所感受到的深刻絕望與沮喪。

　　藉由醫藥與安撫情緒，駐地的心理健康專家協助會員們處理貧困的傷疤。一輩子遭受到的失敗與拒絕，讓他們心中充滿了恐懼。「找工作讓人非常害怕，」一位會員說，「被他人拒絕，讓我對自己感到失望。我會想，自己是如何以及哪裡出了錯。」另一位會員則說，「就是害怕離家、出門、找工作；害怕吃閉門羹，或是被人拒絕；害怕他們不會再跟你聯絡。」困於窮苦的人因為自己的孤立無援，以及社會認為他們出了問題、令人難以招架的龐大壓力，而感到憂愁苦惱。對許多窮人而言，不論他們的生活目前有多麼糟糕，要再冒著承受更多失敗的風險，實在是太痛苦了。

　　由於這些敏感的情緒傷口，他們真正的問題通常並非是「找到」工作，而是「保有」工作。對於菲利浦夫婦來說，這是個重要的洞識。一旦就業之後，如果某個同事沒有尊重他們，或者他

們沒搭上某班公車，還是說小孩生了病，許多人就會放棄工作。一而再、再而三的放棄會讓他們洩氣，並且讓他們更不容易找到工作。「在深感憤怒而不假思索的當下，或者是在面對無論是真實、還是想像的問題的時候，他們當場就放棄，沒有了解到保有這份工作，對於他們的未來是多麼地重要。」大衛以他的會計頭腦研究了這個問題，發現平均而言，會員需要一年的時間才能找到一份工作，而最可能丟掉工作的時間是在最初的三個月。因此，「辛辛那提就業沒問題」設計了一套為期三個月、嚴謹的規律計畫，涵蓋了頻繁的溝通和後續追蹤。他們所遵循的真言便是「在你放棄之前，先撥電話。」當他們遇到問題時，緊張焦慮的會員會撥打「辛辛那提就業沒問題」的熱線電話尋求協助。

在工作上待了一年之後，通常代表物質和情緒穩定的重要指標。一位會員說，「我想，沒有工作擴大了我的沮喪，還有孤立隔離……事情出了問題的感覺。不過，當我有了工作，而且依循著軌道前進時，我會覺得很棒。我的人生有了目的。我便覺得沒問題。我會感覺有所歸屬，好像跟其他人有所聯繫。」

「辛辛那提就業沒問題」同時也努力讓會員的心理生活更加充實與豐富。各式各樣的工作坊教導會員們工作場所的「潛規則」，如何建立堅實的關係，如何面對難以取悅的老闆，還有絕對不要在沒先打電話之前，就辭掉工作等技巧。會員們學習到把焦點專注在採取踏出貧困的「下一步」：獲得一技之長、證照、學位，或者是駕駛執照。

對於雇用並且指導了「辛辛那提就業沒問題」會員的當地企業來說，最明顯的利益就是「留職率」大幅提升：透過讓四千名貧窮和長期失業的人就業，然後提供讓他們持續在職的服務，「辛辛那提就業沒問題」「大大地降低了許多公司的流動率，在某些個

案當中，降幅超過一半……在某家銀行，藉由這個方案所聘用的90%的員工，在職務上至少都待了　年。相較之下，公司原本的一年留職率則只有50%。」就「辛辛那提就業沒問題」整體而言，一年留職率是80%。

　　非營利組織「辛辛那提就業沒問題」所產生的影響，的確充滿了革命性。政府機構提供服務給辛辛那提的每一戶窮困家庭，通常一年要花費3萬美元，「辛辛那提就業沒問題」則只需要一次性的1,200美元，就可以協助一位窮人找到並且保有一份工作。十年之後，「辛辛那提就業沒問題」就能夠幫助社區省下超過1億美元。「他們為什麼不去找一份工作呢？對於長期失業的人來說，這就是個困難而沒有答案的問題。」黎安・菲利浦說，「那個高得驚人的金額，剛好就是美國每一個窮困家庭，一輩子的時間給社會所帶來的最低成本。」

　　對於長期失業的人來說，選擇往往不是放棄，就是重回到公立就業服務其操勞過度的機制。「辛辛那提就業沒問題」所採取的整體性做法是真正的第3選擇。只有極少數的人，能夠像衛爾登・隆那樣思考，讓自己脫離貧困；不過，對於美國3千7百萬貧窮民眾當中的許多人來說，如同菲利浦夫婦那樣以第3選擇模式思考的人，他們「嚴格和輝煌」的愛，便意謂著開始自給自足，終結貧苦歲月。

徹底終結貧困

　　對於我們大多數人來說，一個看不到貧窮的世界是無法想像的。全世界有8億7千8百萬人負擔不起生活的基本需要，比方說：水、食物和庇護棲身之所。其中有數千萬名流浪街頭的孩

子。超過 1 千 1 百萬名的貧窮小孩活不到五歲生日的那一天。對於善心人士來說，想要減輕緩和這些苦難，著實是件艱鉅的挑戰。

不過，好消息是，從 2005 年到 2010 年之間，由於新興國家的經濟成長，窮人的人口數量減少了將近 5 億人。布魯金斯研究院（Brookings Institution）的勞倫斯·虔迪（Laurence Chandy）評論說，「有史以來，從來沒有發生過如此規模的貧窮減少現象：在如此短暫的一段時間之內，未曾有這麼多人脫貧。」看起來，似乎發展中的世界終於正在發展當中，或許絕對貧窮的終結已經遙遙在望了。

數千萬人跟隨了衛爾登·隆，同樣採取行動，讓自己脫離貧困，進入到市場之中。無庸置疑地，造成這些轉變的催化劑是橫跨亞洲、非洲和拉丁美洲的全球市場的成長；不過，當機會出現時，有這麼多人主動積極地把握，真令人感到欣慰。

世界各地，曾經貧窮的人們正在困於貧苦、或是苦等某人來拯救他們，這兩個選擇之間尋找第 3 選擇。政府和慈善團體已經貢獻良多，不過，最終來說，減緩貧困之苦最有效的方法，還是源自於個人內心深處。除非接受援助的人的內在有所改變，否則來自外在世界，本著良善意圖，以金錢和資源來資助人們的做法，並不會有太多的成效。

外界的人**可以**幫忙促進那樣的改變。多年前，傑瑞和莫妮克·史特寧（Jerry and Monique Sternin）擔任一家試圖改善越南孩童營養的慈善基金會的代表。生活在數千個村莊裡的健康嬰兒，由於缺乏適當的營養而逐漸變得瘦弱，因此越南政府邀請了史特寧夫婦實地了解他們能夠做些什麼。他們並不是第一批受邀的團體。許多團體來了又走，隨團帶來了牛奶和高蛋白的餅乾，可是當食物供應和協助的意願都耗盡時，這些團體便放棄了。傑瑞·

史特寧說明過去的情況：「他們到來，他們餵食，他們離去，然後所有事情一如往昔。」

「失敗的原因並不難理解，」根據史特寧夫婦的解釋：「村民是被動的援助方案受益者，既未受到鼓勵，也沒受到要求，去改變任何導致他們孩子營養不良的根本做法。」雖然他們帶了一些營養補充品來到村落裡，史特寧夫婦決定不要輕而易舉地隨意分發營養品；相反地，他們開始在村民身上，運用同理心尋找答案。

他們首先跟四個村落的領袖會面，結果發現一直以來，有關他們孩童的健康到底出了什麼問題，從來未曾有任何人詢問過村民們的意見。這回，第一次有人提問之後，村民充滿了熱誠投入這項行動。志工幫每個小孩量體重，然後對照家庭收入繪製圖表。當村民發現某些營養情況最好的孩子，竟然是來自最貧窮的家庭時，他們大吃一驚。大家覺得很困惑，每個人都想要知道，到底這些家庭做了哪些不一樣的事情，於是就此展開一個充滿了同理心、認真投入的聆聽過程。村民吸收了他們鄰居必須告訴他們的所有事情，即便這些敘述者隸屬於社會階層的最底端。

過不了多久，真相就水落石出。原來，最貧窮的村民在家裡食用的米飯當中，添加了大量的小蝦米，還有從水稻田裡撿拾其他人不要的野生番薯葉。這些被大多數村民視為不適合小孩食用的「垃圾食物」，其實提供了豐富的蛋白質和礦物質，突然之間變得極其珍貴。最終拯救了數千名孩童，讓他們免於營養不良的這項結果以及其他的發現，一直以來，其實在社區裡都是正確的，可是父母親因為缺乏自尊，因而對於自己的優勢視若無睹。「我們村子很窮困，」他們一向都是這麼說，「我們不知道答案。除非富人及受過教育的人伸出援手，不然我們就會繼續受苦下去。」

身為以第3選擇模式思考的人，史特寧夫婦了解，缺乏了思維

的移轉，村落的孩童便會淪為「其他人不會幫忙我們，而我們也幫不了自己」，這類兩種選擇思維的受害者，就如同許多不斷遭受折磨的窮人一樣。史特寧夫婦在越南學到了「社會和組織變革的傳統模式，並沒有太多成效。從來就未曾有效過。你無法從外在世界帶來永久的解決之道。」不過，一旦被授與權能，讓他們在自己內心裡尋求脫貧的方案，讓他們見識到自己的天賦才能，窮人就可以變成優異的問題解決者。

史特寧夫婦同時也展現了如何做「反向思考」（countertype thinking）──藉由扭轉傳統的智慧，進而尋找到綜效的藝術。因為他們是來自西方，受過高等教育，擁有先進尖端科技的專家，史特寧夫婦被邀請來到越南，好拯救那些「原始的」村民。不過，史特寧夫婦讓所有事情都改變了。他們是來學習，而非教導。他們聆聽，而非將自己的想法強加在他人身上。他們跟當地人一起創造綜效，而非對當地人發號施令。在最貧窮的村民身上，他們尋找到最富足的答案。

就對治貧窮的第3選擇方案而言，「魔幻劇場」完全沒有任何階級或是教育的限制。在窮人之間，到處可以看到各式各樣的創新，因為他們時常必須以最有創意的方式來解決問題，以便生存下去。當我們談到創新時，就會想到蘋果電腦、Google，以及擁有龐大預算和研究實驗室的先進企業；可是，今天世界上某些最引人注目的創新，正是從充滿了創造能力的窮人所開設的商店與田野裡，如野花般蓬勃地綻放。

一年兩回，就讀於位在艾哈邁達巴德（Ahmedabad）印度管理學院的學生們，會展開一趟進入鄉村地區、為期八到十天的朝聖之旅。在這趟「探索之旅」（印度語：shodhyatra）的徒步旅程中，身為學生的朝聖者深入印度偏遠的村落裡，尋找第3選擇方

案 —— 基於生活需求所產生的不尋常的想法、奇怪或是全新的
創意。這些長途跋涉的朝聖學生，會被最微不足道的創意而深深
吸引。如果他們發現了某些由農人或者商店員工所發明的非比尋
常的做法或是設備，便會把創意帶回學校，再透過「蜜蜂網絡」
（Honey Bee Network，致力於充分運用新知識的全國組織）而分享
出去。

　　雅尼爾‧古普塔教授（Anil K. Gupta）創立了「蜜蜂網絡」，
之所以這麼命名的理由，是因為蜜蜂、花朵和蜂蜜三者之間形成
了一種「共生關係」（symbiosis），而「蜜蜂網絡」的目的便是為
了在草根性的創新者、風險資本家，以及學者之間，促進綜效的
達成。「蜜蜂網絡」是個典型的反向模式，運作的前提是認為：
印度最大的知識來源不是在大學裡，而是在廣大的鄉村地區。「當
我們以知識經濟的角度談論印度時，我們假設鄉村地區的人民只
會受雇於附加價值程度最低的活動，絕對不可能成為知識的提供
者。這種想法真是荒謬愚蠢。」古普塔教授對這項研究發現有一
份堅持。

　　　　至少有長達半個世紀的時間，發展模式一直都被這樣的
　　思想所主導：國家或者是公民社會的角色，就只是提供窮人
　　所缺乏的東西，比方說：物質資源、能夠增加技能、資源或
　　是就業的機會。這樣的模式完全無法建立在窮人通常擁有相
　　當多的一項資源之上 —— 他們自身的知識。
　　　　經濟上的貧窮並不意謂著知識上就貧乏欠缺。不過，處
　　在經濟金字塔最底層的窮人，通常也都被認為處於知識金字
　　塔的底端。沒有任何一件事比起這一點還要更加偏離事實。

「蜜蜂們」把長途跋涉所獲得的數據，輸入到「全國創新基金會」，而這個基金會把從全印度所蒐集到，超過5萬個創新都一一編錄，分發傳播給投資人以及鄉間地區的人民，任何能夠善加運用這些創意想法的人。身為學生的朝聖者充滿責任感地記錄下草藥治療藥方、小型馬達的古怪用法（舉例來說，一個老舊的索尼牌隨身聽被運用來驅動一座電風扇），甚至是當地咖哩的食譜。他們也遇到小型的奇蹟，比方說能夠詳細列舉出超過300種當地植物的名稱及用途的一個孩子。而通常他們會尋找到真正創新的想法，能夠改變窮人的生活。其中一項成功的發現便是製陶工人曼蘇克・普拉札帕提運用了一個巧妙的長方體陶罐所發明的「米提酷」低成本冰箱，完全不需要用電；目前已經有數千個在使用當中。同時，他也發明了一個由摩托車推動的犁，以及一種不會沾粘的陶製平底鍋，據說使用起來跟鐵氟龍不沾鍋一樣好，而且成本只需要1美元。

在穀物磨粉廠不接受小規模經營農民訂單的地方，一位發明者把一架可攜式的小麥研磨機放在腳踏車上，騎到小農居住地協助處理收成；而且，如果農民想要順便把衣服洗乾淨的話，也沒有問題，因為研磨機旁還附加了一台洗衣機。另外，還有人發明了一個能夠攀爬椰子樹的器具，目前已經把他的攀爬器銷售到海外。一種源自於農村，專治濕疹的草藥乳液，現在已經聞名全世界。另一個人發明了一輛水陸兩用的腳踏車，好讓他能夠橫渡過河去拜訪他的女朋友。「我可沒法等船來，」他說，「我非得跟我的愛人碰面不可。我心中的熱切渴望讓我成為了一個創新者。即便是愛，都需要科技的幫忙。」他發明的水陸兩用腳踏車可不只是好玩而已；投資人把這項新發明視為水患地區的救命器材。

對於古普塔教授以及他的「蜜蜂網絡」來說，印度整個國家

便是一座魔幻劇場，提供了傳統之外的第3選擇。這個網絡本身就是一個龐大的反向模式，充分運用了來自鄉村的貧苦民眾心智裡具有轉化力量、同時可以帶來豐厚收益的各種想法。感謝古普塔教授的功勞，他努力維護「蜜蜂網絡」裡數以千計發明創造者的智慧財產權。「當我們從人們那裡學習到某些事物時，必須要跟他們一起分享。」他這麼說。因此，經濟的收益也應該是如此。

不過，古普塔教授的工作，除了經濟上的收益之外，更為重要的是心靈上的價值。當窮人的知識受到尊重，當人們重視他們所能提供的貢獻時，他們會全心全意地回應。住在鄉下、好久都沒人留意的祖母，忽然之間變成草藥知識的珍貴聖水盆，整個社區都聚集在她腳邊。鄉村裡的孩童們競相展現他們的發明創新，而他們對於各自成就的驕傲，則益發鼓舞了他們的創新精神。

偉大的綜效

「在人類的文明社會裡，貧窮不應該有任何立足之地。適合貧窮的地方應該在博物館裡；那裡才是貧窮未來的適當所在。」諾貝爾獎得主穆罕默德・尤努斯（Mohammad Yunus）如此預測。身為「微型貸款」（microcredit）—— 這個想法本身就是個聰明絕頂的第3選擇 ——的產業之父，尤努斯了解到，貧窮，就其根本而言，是一項心靈上的挑戰。貧窮牽涉到整個人。你不能夠把實體上的貧窮跟心智、心理和心靈區分開來。要拯救貧窮，便需要我們本質的每一個部分都擁有正向的內在綜效。衰敗和飢渴的身體，抑鬱和未受到重視的心理，未受良好教育的心智，以及絕望的心靈；所有的這一切，都構成了我們稱之為「貧窮」的負面綜效。

　　尤努斯相信，只要釋放出窮人與生俱來的人類能力，便能讓他們向上提升。1970 年代，當尤努斯在孟加拉擔任經濟學教授時得到一個結論：物質上的貧窮，多半是因為兩種選擇思維的結果。窮人們需要信用，以便建立起自己的小型生意，可是因為他們貧窮，銀行便不願意把錢借給他們；窮人的借款金額很小，不值得麻煩，而且還有呆帳的風險。結果，窮人被迫依賴那些為了稀有物資，而索取毀滅性利率的高利貸業者。窮人因而無法逃離這樣的惡性循環：所有他們賺取的利潤都給了高利貸吸血鬼。

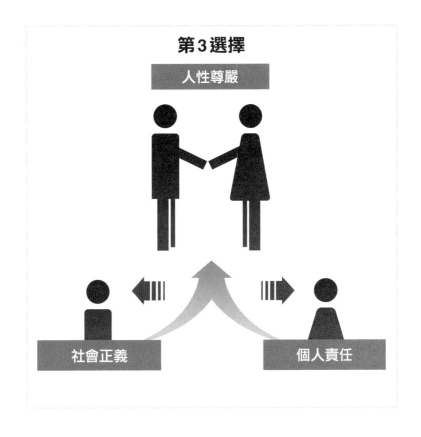

　　因此，尤努斯提出一項第3選擇：一家「微型貸款」銀行，把小額貸款借給貧窮的手工藝家和農人，好讓他們可以慢慢改善經濟情況，避免那些剝削他們的高利貸業者。他對於他的顧客知之甚深，信任他們正直與誠實的主要特質；這些顧客的還款率，比大多數大型銀行的顧客還要更好。今天，超過1億人透過「微型貸款」運動從貧窮中翻身。雖然有某些不誠實的人曾經試圖敗壞尤努斯「微型貸款」的概念，這個主張仍然為數以百萬計的窮人帶來莫大的希望。我跟尤努斯博士一起晚餐時，他告訴我說，他一生的目標便是看到貧窮的終結。

　　尤努斯認為，關於貧窮議題的激烈政治辯論，基本上幾乎都沒有觸及到議題表面，因為這些辯論都是跟政治經濟學相關，而「缺少了人性的一面，就跟石頭一樣，既堅硬又枯燥。」針對想要藉由單純移轉財富，以解決貧窮問題的強硬左派人士，尤努斯認為他們給予窮人的訊息會讓人軟弱無力：「你什麼事都辦不到，政府必須要照顧你。結果，你就變成依賴成性。」同時，他提醒強硬的右派人士，自由放任、完全依賴自由市場，「不受約束的市場，並不是用來解決社會問題，相反地可能還會讓貧窮、疾病、汙染、腐敗、犯罪和不平等的問題，更加地惡化。」對於諾貝爾獎得主穆罕默德・尤努斯而言，左右兩派都沒有清楚了解真正需要完成的工作，其實就是要提升窮人的人性尊嚴。

　　在企業世界和窮人之間，尤努斯夢想著一個偉大的綜效：在其中，資本的力量跟窮人的企圖心連結在一起，創造出他所謂「社會企業」（social business）的第3選擇。他說，「社會企業」的目的是要解決一項社會的問題，而不是替股東們創造利潤。法國食品業巨擘「達能集團」（GroupeDanone）跟尤努斯一起合作，建立了非營利的「鄉村達能公司」（Grameen-Danone Company），在

孟加拉雇用了數千名貧窮的工人，生產一種營養強化的優酪乳，價格低廉，讓該國貧窮的孩童們都能購買。透過增進孩子們的健康，大量購買當地生產的牛奶，同時提供能夠建立自我價值的工作，這個社會企業模式的範例加總起來，比起各個部分都還要更多。這是一個能夠轉變整個國家的綜效主義。

尤努斯相信，社會企業的第 3 選擇擁有力量，可以在短時間內帶給我們一個沒有貧窮的世界。要預測事情未來會如何是不可能的。達能集團的投資人清楚，他們會獲得的唯一收益是「幫助世界另一端的窮人，所得到的心理上和心靈上的收穫。」或許，主要財富的應允，會吸引到足夠的資本以便產生那樣的改變。尤努斯這麼認為：「商人並不總是只想要讓利潤極大化。企業同時也能夠擁有另一項目標：也就是提供服務，以滿足一項社會目的。我們需要的商人是，不會因為金錢，而是因為他們想要貢獻給社會的慾望，進而受到驅動。」

不論尤努斯的願景是否實踐，我對他的第 3 選擇心態深深景仰，他的想法已經鼓舞了數以百萬計的窮人，透過他們自己的足智多謀和主動積極，為更好的未來而努力奮鬥。他同時也觀察到企業和政府所具備的一項關鍵性的角色。把個人的責任和提倡社會正義的組織連結在一起，便可以提升窮人的人性尊嚴，終結他們的困境。在本書中，我試圖當個徒步的旅行者，在我們的社會裡追尋第 3 選擇的求道者。到處都可以見到這樣的求道者，如同點綴了黑暗的營火一般。每一束的光芒，都是某一地方的某個人，放棄了防衛與攻擊的姿態，進而採用綜效思維的結果。

我看見自己。窮人中的窮人，衛爾頓・隆深深地注視著鏡中自己的形象，了解到無論是道德上、物質上和情緒上的貧窮，都是一項選擇，而他擁有做出不同選擇的力量。

我看見你。教授城市管理的雅尼爾‧古普塔教授，在貧窮的南亞村民眼中觀察到的，並不是無助的無知，而是能夠讓世界變得更富裕的知識寶藏。他說，「這些人或許經濟上貧窮，不過他們心智上並不貧窮。生活在邊緣上的心智，並不是邊緣心智。」

我努力了解你。加拿大皇家騎警隊警察長華德‧克萊普翰作風強悍，他追查青少年，不是為了逮捕他們，而是因為他們的善行義舉要予以獎勵，同時向他們學習，跟他們一起合作。

我與你發揮綜效。娜塔麗‧傑瑞米珍可跟藝術家、工程師、園丁及海洋生物學家，任何擁有「魔幻劇場」心態的人一起合作，透過綜效的小規模奇蹟，讓一座偉大城市的生態徹底轉變。

如果我跟這些令人讚嘆的人士一樣是個綜效倡導者，我會觀察我們的社會，把社會的疾病視為轉變的機會，一項可以改變局勢、創造出比起我自己的夢想還要更好的未來的邀請。如果我們兩人都是綜效的倡導推行者，我們之間的巨大分歧便會消失殆盡。不論我們影響範圍的大小究竟如何，只是侷限於一個小家庭，或者是廣及整個社會，那都無關緊要，因為我們行動的影響力會與時俱進。我們不必因為錯誤的兩難困境而受到癱瘓。我們不必等待社會來做改變。我們可以有意識地創造我們自己的改變。

從教導中學習

　　從本書中獲益的最好方法，就是將本書的內容再教導給另一個人。大家都知道，教學過程中，老師學到的東西比任何人都多。所以，找一個人 —— 無論是你的同事、朋友或家人 —— 把你所學到的傳授給他。請以下列這些問題來問他，或者你也可以自己想出一些問題來。

- 美國聯準會前任主席葛林斯潘提及「我們社會變得愈來愈具有破壞力量的廣泛分裂。」在這個裂縫的兩邊，有關於社會的假設有哪些？雙方的限制有哪些？
- 「相互依賴」是什麼意思？在解決社會問題時，為什麼以第 3 選擇模式思考的人會看重「相互依賴」呢？身為面對環繞著我們的問題的個人，「法」的觀念可能會以什麼樣的方式對我們有所幫助？
- 有關於處理鄰里和社區裡的衝突，我們從時代廣場復興的故事中學習到什麼？有關牽涉到多元團體的價值，我們學到什麼？他們如何運用發展原型的過程，而達成第 3 選擇？
- 對於犯罪的「強悍」和「溫和」心態的限制有哪些？警察長克萊普翰打造了一支擁有綜效的警力團隊，其原因及方法為何？「正向開單」和「迷你」街道版賽車以怎麼樣的方式呈現了「反向模式」？「反向模式」的價值為何？
- 有關於健康照護激烈辯論的雙方為何？為何這場爭論會圍繞著一項錯誤的兩難困境？
- 在照顧自己的健康上，我們個人的責任為何？

- 「偉大的健康產業事實上是個『疾病產業』」。這句話是什麼意思？從「健康生活中心」、諾曼診所，到「山際健康照護聯盟」的故事中，我們可以學到有關健康照護第 3 選擇的哪些事情？
- 兩個人討論環境的敘述，教導了我們有關同理心聆聽的哪些事情？
- 從娜塔麗‧傑瑞米珍可和亞倫‧塞佛瑞身上，有關小規模的第 3 選擇能夠產生大規模影響力的潛力上，我們學到了哪些事情？
- 主要財富和次要財富之間的區別有哪些？為什麼對於我們的幸福而言，主要財富比起次要財富更為重要？
- 衛爾頓‧隆說，當人們試圖突破貧窮的困境時，最主要的阻礙便是恐懼。那份恐懼源自哪些地方？衛爾頓‧隆的故事教導了我們哪些有關克服那份恐懼的事情？
- 當我們說貧窮的終結將會「來自內心深處」，那是什麼意思？從傑瑞和莫妮克‧史特寧以及「蜜蜂網絡」的故事裡，你觀察到哪些具體例證？

自己試試看

　　當你環視自己的社群時，你觀察到哪些社會問題或是機會？開始發展第 3 選擇的原型。邀請其他人一起參與。請使用「發揮綜效 4 步驟」。

第 8 章

全世界的第3選擇

你若拳頭緊握，便無法跟他人握手。

——英迪拉・甘地（Indira Gandhi）

　　一回難得的假日，在前往鄰近特拉維夫（Tel Aviv）的海灘途中，莫罕默德·達加尼（Mohammed Dajani）和他的家人坐在車內，等待著通過以色列國防軍檢查站的一長列汽車。達加尼年邁的母親患有氣喘病，因為焦慮而感到呼吸困難。出門時，她忘了隨身帶著氣喘吸入藥劑。忽然之間，她昏倒了，顯然是心臟病發作。達加尼試圖不要驚慌，他沉住氣跟以色列士兵求情，好讓他們迅速通過檢查站，盡快送他母親到醫院去。

　　就在這個當下，達加尼的生命面臨了一項危機。多年以來，他都被迫必須在檢查站接受這些盤查。身為在這片土地上擁有悠久根源的巴勒斯坦人，他覺得在自己的國土上，被他視為外國人的武裝士兵屢次暫停、進行搜查，是一件令他蒙羞的事情。達加尼家族在巴勒斯坦這塊土地上，已經生活了數百年之久。好幾個世紀以前，當時統治的蘇丹就把位於耶路撒冷的大衛王陵寢的監護保管權交給達加尼家族，一代接著一代的後人維護著這項榮耀與交付的責任。不過，後來以色列於1948年建國，許多像是達加尼家族的巴勒斯坦阿拉伯家族，都把違反了正義原則，強行實施外來政府和外來文化的這一件事情，視為一個大災難。達加尼家族從故土中被連根拔起。

　　「在以色列建國之後的許多年間，」他說，「我的大夢，就是要把以色列人從這片土地上驅逐出去。」在貝魯特（Beirut）就讀大學時，他發現自己可以清晰明確地宣揚他的理想。今天，他辦公室的牆上到處掛滿了從1970年代起，他自己跟大批群眾公開發言，談論巴勒斯坦解放的新聞相片。不需要多久時間，他便成為對抗猶太國家的領袖，亞瑟·阿拉法特（Yasser Arafat）身邊的得力副手。「有很長一段時間，我認為只有武力可以解決問題。」

　　對我們大多數人來說，以色列和巴勒斯坦的衝突是再熟悉

不過的事情。最初的起源是十九世紀時「錫安主義」（Zionism）的興起，這是一項在猶太人稱之為「伊瑞茲・以色列」（eretz Israel）—— 他們位於巴勒斯坦的祖先故土 —— 創建一個猶太國家的運動。歐洲的反猶太主義，最終以第二次世界大戰時，納粹德國慘絕人寰的大屠殺劃下句點。這個悲劇讓眾多的世界領袖支持以色列，終於在 1948 年 5 月 14 日，由聯合國的一項宣言，讓以色列建國。不過，居住在巴勒斯坦的阿拉伯人，絕大多數都是穆斯林，認為錫安主義是嚴重缺乏正義；對於他們來說，這不啻於偷竊他們祖先的故土。他們立即起而抵抗新成立的以色列政權。在接下來的歲月裡，雙方都痛苦地承受了一波又一波的自殺炸彈、火箭攻擊、暴動以及暗殺。

長久以來，以色列和巴勒斯坦的衝突早已經蔓延開來，成為伊斯蘭世界和西方爭議的一項來源。龐大的聯盟威脅要採取戰爭行為解決衝突。為了解決衝突的各種外交努力一而再、再而三地失敗。讓人感到沮喪的是，和平似乎難以實現。

這一項沾滿了血腥的爭論，即便錯綜複雜又歷史悠久，就如同許多其他的爭論一樣，根本上就是兩種選擇思維模式的產物。基本上，每一方都跟另一方說，「我對於土地的所有權主張，比起你的更勝一籌。我的宗教比起你的更勝一籌。你必須要退讓。」稀少的心態主宰了一切。這是個零和的遊戲，其中的一方必須要輸，否則另一方不可能會獲勝。

在本章裡，我們擴充觀點，以便將第 3 選擇的思維運用到我們生活的世界當中。這是個充滿各項爭議的世界，發生毀滅性戰爭的危險是千真萬確，絕非虛言。我們「重大挑戰」調查的受訪者把「停止戰爭和恐怖主義」列為當今我們世界所面臨的最重要挑戰。下列是某些受訪者的想法：

- 「恐怖活動，仍然是全世界所面臨的最重要挑戰。它威脅要奪走民主國家想要提供給全球公民的自由和進步。」
- 「戰爭和恐怖主義對於平民所造成的重大傷亡是殘酷無情的。建築物遭到摧毀、許多人喪失了性命，無以計數的金錢花費支持了這些摧毀破壞，到底是為了什麼？」
- 「整個世界遭受戰爭的嚴重破壞，大規模摧毀的各項軍備與日俱增。」
- 「如果不需要戰爭，也不必處理恐怖主義，我們便能夠更專注改善我們的經濟，減少貧窮。」
- 「戰爭和恐怖主義摧毀了人們擁有安全生活，為他們自己和孩童們提供生活所需，以及獲得良好教育的能力。」

　　以色列和巴勒斯坦的議題，只是一個令人苦惱的課題。在第3選擇的思維模式，能夠為我們本地的社群、各州和各國，都帶來和平與富有創意的解決方案之中，我們都有一份個人的責任。在我們辯論和推動外交的方式上，我們需要革命性的做法。在中東議題上，有許多人試圖達成第3選擇，足為表率。而他們的努力付出能夠教導我們，許多有關於我們自己影響範圍內，有可能達成的綜效。

建立和平：內部外交的革命性做法

　　足為楷模的人士之一便是莫罕默德‧達加尼。就在那個令人絕望的日子裡，當他的母親在檢查站前奄奄一息的時候，他發現某件改變了他生命的事情。直到那個時候為止，他跟以色列人的唯一接觸，就是在檢查站裡拿著機關槍的年輕士兵。不過，就

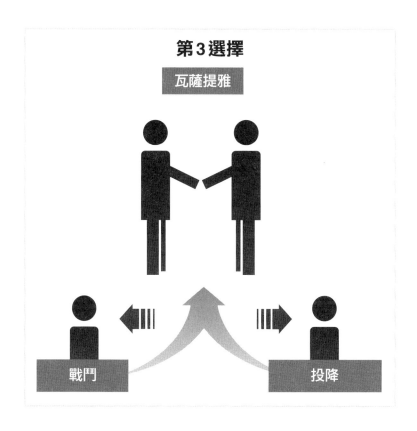

在這個當下，同一批士兵想盡辦法幫助他病危的母親。幾分鐘之內，他們就準備了兩輛救護車。他們把他母親運送到一家以色列陸軍醫院，因為那間醫院最近。「那天下午，我看著我的敵人試圖拯救我的母親。在我的生命裡，這是個極其重要的事件。對我來說，這是從『我們或是他們』轉變為『我們和他們』，許許多多轉捩點當中的一個重要里程碑。」

聖城大學（al-Quds University）的莫罕默德・達加尼教授目前是巴勒斯坦第3選擇，「我們和他們」模式的領導倡議者。他創

立了一個稱為「瓦薩提雅」（Wasatia）的組織，專門教育巴勒斯坦年輕人跳脫兩種選擇的思維模式。這個組織的名稱來自於《可蘭經》當中的一節：「我們為你們創造了一個瓦薩坦（wasatan）的社群。」翻譯的意思各有差異，不過，「瓦薩提雅」意指「兩個極端之間的中點」。因此，「瓦薩提雅」組織致力於超越極端，為所有生命達到一個更崇高、更為平衡的方法。

達加尼教授說，「問題的根源在於一項事實，巴勒斯坦的年輕人在成長過程中學習到兩件事情：解決衝突或差異的唯一方法，就是透過贏輸的公式；而穆斯林、基督徒和猶太人並無法共同生存，更不用說一起共榮、蓬勃發展。」無庸置疑地，這是典型的兩種選擇的思維模式。

我對於伊斯蘭教「瓦薩提雅」概念的印象是，它非常接近第3選擇的想法。它駁斥了兩種選擇的思維模式，這種思維把人們囚禁在，達加尼稱之為「狂熱的黨派主義、部落聯盟、盲信狂熱、種族主義、偏執信念與行為，以及缺乏容忍……驅動人類，讓彼此變成自身不共戴天的死敵。」擁抱「瓦薩提雅」的人追尋一條更崇高與更良善的道路，他們超越了僅僅只是共同存在的妥協，朝著在同一塊土地上，一同繁榮興盛的第3選擇邁進。

是什麼原因引導達加尼教授，在他巴勒斯坦的同胞之間，開始這項深具影響力的運動呢？很大的一部分原因，是以色列士兵展現的同理心所造成的改變。這個印象，在達加尼的父親於一家以色列醫院接受癌症治療時，又獲得進一步的加強。「員工們笑著跟他開玩笑，並沒有把他視為阿拉伯人一般對待。這讓我大開眼界。」達加尼說。

「以色列宗教各界協調委員會」（Interreligious Coordinating Council in Israel, ICCI）的隆‧克隆尼須（Ron Kronish）拉比，將

其一生都致力於提供機會，讓以色列人和巴勒斯坦人能夠以同理心彼此聆聽對方。在那一片麻煩不斷的土地上，或是任何其他地方，如果想要達成和平的第 3 選擇，這是一項絕對必要的前提。

「在日常生活中，巴勒斯坦人跟以色列人絕少彼此會面，」克隆尼須拉比說，「我們被可怕媒體對彼此所報導的刻板印象完全淹沒。巴勒斯坦人大多在檢查站才會遇到猶太人。他們在那裡看到的猶太人是士兵，視同為占領軍的一部分。對於猶太人而言，巴勒斯坦人被視為恐怖分子，而伊斯蘭教則被視為死亡的宗教，鼓勵自殺炸彈客。」然而，這些都是他一同定期開會的人們。「我們在『以色列宗教各界協調委員會』裡從事什麼工作呢？我們把人們帶進對話之中，以便改變他們有關於和平共存的可能性和利益的心意與心智，不只是為了現在，同時也為了長遠的未來。」

　　對於跟其他人 —— 同時也是敵人 —— 展開嚴肅對話的人們而言，當他們發現其他人其實跟自己同樣也生而為人，每一個人都有各自獨特的故事，通常也都跟更廣大的宗教和政治的衝突有所關連時，會感到非常驚奇。除此之外，當他們稍微研究一下彼此的宗教時，他們便會發現各自的宗教，在核心之處共享著相似的人性價值。團體之中的猶太人從來未曾翻開過《可蘭經》，反之亦然；巴勒斯坦的穆斯林和基督徒對於猶太教的了解也很少。一位穆斯林的宗教領袖，有生以來第一次聽到猶太教《塔木德經》的經文：「如果你拯救了一條人命，那就有如你拯救了全世界。」他讚嘆道，「我們在《可蘭經》裡也有同一句經文！」透過研究彼此的神聖典籍，生活在以色列和該區域的猶太人、基督徒和穆斯林，在跟彼此學習的過程中發展了相互之間的信任。

　　「以色列宗教各界協調委員會」為深陷在這個衝突之中的個人
創造了環境，讓他們能夠慎重地尋找到彼此，並且相互傾聽。克
隆尼須博士報告說，「他們分享了彼此對於這些議題的感受。有的
時候，事情會愈演愈烈，我們會考慮或許應該暫停下來，不過與
會者堅持要繼續下去。」雖然「以色列宗教各界協調委員會」的
對話通常都極為困難，大多數的參與者仍然堅持下去，因為同理
心傾聽的深度需求主導了一切。這些人想要了解彼此，並且了解
他們如何能學習一起生活。一位猶太裔的與會者最近說，「我在新
聞裡讀到某些讓人困擾的消息，而在我的對話團體裡，我想要聽
聽我的朋友和同事，不論是巴勒斯坦的穆斯林，或者是基督徒，
有些什麼感覺和想法。他**真正**的想法是什麼？」他們把龐大的國家
議題，以**個人**的方式，帶到檯面上來討論。

　　為了接觸到年輕人，「以色列宗教各界協調委員會」是跟紐
約奧本神學院（Auburn Theological Seminary of New York）一同合作
的國際伙伴之一，這些組織參與為期一年的對話過程，其中涵蓋
了巴勒斯坦和以色列的學生，跟來自南非、北愛爾蘭及美國某些
地方的高中生，一起參加的夏令營。在每一年夏天於紐約州上州
所舉辦的「面對面／信仰對信仰」的營隊中，學生們品嘗依循猶
太教規和伊斯蘭教規所準備的食物以及素食；他們一起睡在宿舍
裡；他們一起爭論；而且離開彼此相擁而泣，就如同任何其他營
隊一樣。

　　在「以色列宗教各界協調委員會」跟克隆尼須拉比一同工作
的是巴勒斯坦的阿拉伯人瑪格麗特・卡倫（Margaret Karram）。
她說，「我的身分相當複雜。我是一位以色列天主教基督徒阿拉
伯裔的巴勒斯坦人。」在她還是個小孩子，當她必須在她家附近
卡謀山的斜坡上，面對猶太孩子時，她承受過一些苦痛。彷彿是

反映成人的作為一樣，孩子們對彼此投擲石塊，並且咒罵名字。
「我總是一直在哭泣。」她回憶說。某一天，在這般打鬥之後，她
跛著腳回家。她非比尋常的母親正在烘培，要她去邀請猶太小孩
們進來廚房，她母親給了每個孩子阿拉伯麵包，讓他們帶回家給
家人。猶太人會來感謝她，不用多久，他們便參加彼此的慶典餐
會。就在海法市（Haifa）那個微不足道的鄰里社區，一個深厚的
關係開始逐漸成長。

　　在她15歲時，卡倫接觸到「普世博愛運動」（Focolare
Movement），這是一項由天主教所發起的全世界運動，目標是在
所有階層以及不同民族和宗教之間，努力促進彼此對話。卡倫追
隨著她母親的典範，並且接受了「普世博愛運動」精神價值的滋
養，她開始學習去愛她的猶太朋友們，而且，身為基督徒，她想
要更加了解他們。她到洛杉磯就讀猶太教大學，主修猶太研究。
「長達六個月的時間，我都沒有開口說話。」她說。其他學生都以
為她是猶太人，不過後來他們終於發現了她的身分。他們覺得很
驚訝，原來自己一直以來，就在一個巴勒斯坦的阿拉伯人身旁，
研讀猶太聖經律法以及《塔木德經》。她向他們解釋，她之所以來
這裡的原因，是為了要協助把他們和她的人民之間的巨大深淵關
閉起來。「為了達成這個目的，我必須要認識你們。」她說。在為
期5年、以同理心傾聽之後，她完成學業回到家鄉，現在她是一位
擁有大學學位、了解猶太人民的阿拉伯人。

　　目前瑪格麗特‧卡倫講授有關猶太人、基督徒及阿拉伯人關
係的議題，盡她全力打造各方之間的橋梁。她把生命投入在創造
對話以及提倡同理心。「我沒有辦法造成許多改變，」她說，「只
能夠一塊石頭接著一塊石頭。」

　　我認為瑪格麗特低估了她的影響力。當他們一同對話的時

候，像是瑪格麗特這樣的人，還有像是「以色列宗教各界協調委員會」以及「瓦薩提雅」這些團體的成員，便會開始對於彼此產生信任，同時感受到真正的感情。他們知道單單只有對話並不足夠，不過，這是邁向創造全新可能性的第一步，同時也是極為重要的一步。而在我看來，這解釋了為何這麼多正式外交上的努力，都沒有辦法解決像是中東地區的衝突。標準化的外交活動忽略了創造人們彼此之間所需要的同理連結的機會，也不允許「心理上的新鮮空氣」存在。

建立與維持和平的傳統方法，偉大的政治學家薩繆爾‧杭廷頓（Samuel P. Huntington）稱之為「達佛斯文化」（the Davos culture）──人與人之間的理性協商。每年，全世界頂尖的政府和商業菁英，在瑞士達佛斯豪華的環境中召開一場高峰會議。他們對於彼此知之甚詳，並且組成了一種「由時髦有閒的富裕階層所達成的跨越國際的共識。這群人基本上控制了所有的國際機構、全世界許許多多的政府，以及全球經濟和軍事能力的主要核心。」不過，達佛斯這一小撮人曲高和寡的氣氛，並無法提供「心理上的新鮮空氣」給予事實上正在遭受苦難的數百萬人民。

舉例來說，1993年的「奧斯陸協定」（the Oslo Accords）被譽為是將會改變所有事情的「達佛斯形式」的突破。以色列和巴勒斯坦的代表同意承認彼此的「自決權利」，並且分享領土疆域。當與會代表談到終結衝突，每件事情都依循原則推動，而細節會留給律師們處理時，每個人都眉開眼笑。

究竟他們是如何達成這般突破呢？因為事實上，協商並不是外交官之間典型的正式接觸，而是「祕密管道」（back channel）的討論，維持安靜並且遠離媒體。好幾個星期以來，雙方的代表們一起生活在奧斯陸附近的同一棟房子裡，在同一張餐桌用餐，並

且在挪威的森林裡一同長時間地散步。在這段時間裡，他們逐漸深入了解彼此，同時也進行了許多「發言權杖」形式的溝通。讓官方的外交官員驚訝的是，雙方發展出一項他們都能支持的工作協議。

不幸的是，在實際執行這項協定時，並沒有遵循相同的同理心的過程。實地必須執行協議的人們沒有獲得「心理上的新鮮空氣」。即使在官方文書上有著官方的簽名，「奧斯陸協定」在實行上毫無進展，許多歲月便徒然流逝。

馬克‧葛平（Marc Gopin）博士是一位傑出學者暨中東和平的推動者。他了解，如果要達成一項有創意的解決方案，重要的是必須先要產生情緒和個人的連結。正式的協議並不足夠。「解決衝突這一項領域，目前仍在原始發展的階段。」他說。「理論家在面對他們自己的感覺以及缺乏之處，似乎還不是很熟練。對於未來會發生的痛苦經歷及心理創傷，外交官員完全沒有概念。他們只能逃避現實。」協商者的理性主義並沒有預留空間，好讓他們能夠真實地看到彼此。

在奧斯陸會議上所達成的許多良善的結果，在以色列領導人與令人敬畏的巴勒斯坦領袖亞瑟‧阿拉法特（Yasser Arafat）於1999年的大衛營會議上，都被推翻了。雖然阿拉法特深受自己人民的愛戴，許多以色列人都把他視為邪惡的恐怖分子。以色列代表團以令人難以置信的輕蔑態度對待阿拉法特。他們讓他空等了好幾個小時，然後帶著一項都已經協商好的書面計畫進入會議室。代表團把書面計畫丟到桌上，告訴他應該要說些什麼，他們會如何回應。因此，阿拉法特從座椅站起身來，離開會議室，再也沒有跟以色列人協商。大衛營的會議以失敗收場。在這件事情之後，阿拉法特否認猶太人在巴勒斯坦曾經有過任何的歷史，對

於他們「所謂的聖地」擁有任何的所有權。

　　諷刺的是，二十年前在大衛營，以色列總理比金（Menachem Begin）跟埃及總統沙達特（Anwar Sadat）曾經在同一張會議桌上彼此面對，同樣也因為和平協議而陷入僵局。身為第三方的美國總統卡特（Jimmy Carter）不斷努力跟雙方建立溫暖的關係，而沙達特已經準備要簽署協議。可是，卡特發現比金不願意在最終的協議上讓步。到了第13天，當會議似乎就要宣告失敗時，卡特要求他的秘書找出比金所有孫兒女的名字。接下來他準備好三位領導人的相片，然後在一張相片上親筆簽名，並且給每一位孫兒女寫下一段個人留言。與會的其他人說，「看到相片上每一位孫兒女的名字，很明顯地，比金深深受到感動。過了一會兒，比金同意把和平協議的最後一項阻礙移除。」

　　卡特具有同理心的姿態，是導致以色列與埃及之間和平的轉捩點嗎？當比金總理看著他孫兒女的名字時，是否看到他們的面容，揣想他為他們創造了什麼樣的世界？沒有人知道。不過，我們知道卡特為了這個關係付出許多努力。雙方領導人舉行長時間的個人會談。卡特總統與夫人跟比金與其夫人有過私人晚宴，聽到了比金在納粹大屠殺時，如何失去他的雙親與兄弟。比金知道卡特給予他「心理上的新鮮空氣」。有任何人可以懷疑，當比金總理看著他孫兒女的名字而微微顫抖，當他注視著那些相片，默念著每一個名字時，他的心裡沒有發生某些變化嗎？

　　馬克・葛平認為，像是卡特總統那般深具同理心的行為，對於尋求第3選擇是不可或缺的基本條件。在以色列與巴勒斯坦的衝突處於最惡劣狀態的某個時刻，葛平教授曾經有機會跟阿拉法特面對面地會談，並且做出這般表示。

彌合無法彌合的差距

2002 年春天，在約旦河西岸的巷弄裡，以色列陸軍和巴勒斯坦人正激烈地戰鬥。無辜的平民百姓成為死亡的目標。以色列將阿拉法特隔離開來，把他囚禁在他的圍牆建築物裡。馬克‧葛平因為這場持續中的殺戮而深感震驚，他自己決定試圖穿越封鎖，跟阿拉法特來場個人會談。這是個令人害怕的時刻，葛平內心充滿了騷動混亂，他揣想著，「我應該擁抱他嗎？要帶給他一個禮物嗎？」葛平教授必須要決定，是否他能夠超越自己的偏見和恐懼，跟他同胞不共戴天的敵人平起平坐。

　　當我坐在他身旁時，那是我第一次接觸到一個殺害了許多猶太人的人，而他仍然還在下令殺死猶太人。不過，我想說，「如果這麼做可以拯救一條性命，那就值得。」這就是我們所面對的情境。每一天，殺戮持續發生，而在這個無止盡暴力的循環裡，他扮演了主要的角色。只要他能夠說幾個字眼，就能讓情勢平靜下來。

　　因此，我注視著他的雙眼，彷彿他就是一位和善的老人，並且為所有喪生的巴勒斯坦孩童表達出誠摯的歉意。我跟他說，在猶太教裡有一條誡律，可以撫慰哀傷的人。我告訴他，在猶太人以及伊斯蘭教的傳統中，跟其他人分享典籍是一項神聖的行為。這是一種神聖的連結。現在，在《塔木德經》裡，有一條經文說，世界是依靠著三樣東西支撐：真理、和平及正義。穆那拉比說，沒有正義的地方，便永遠不會有和平。

　　阿拉法特知道，我承認他的同胞對於和平的需求，不

過，同時我也在批評他獲得正義的方法。大多數時間，他都很沉默。接下來，他深深注視著我然後說，「你知道，當我還是個小孩時，我在哭牆那裡祈禱。你知道的……哭牆。跟老年人在一起。他們說出他們的禱詞，我說我的。」

我驚訝地說不出話來。他周圍的人也同感震驚。你必須要了解這個地方的微妙所在。他在跟我說什麼啊？他是在承認，耶路撒冷的西牆的確是猶太人的聖地，而猶太人跟穆斯林可以肩併肩一起祈禱。這是在大衛營時否認說猶太人曾經在耶路撒冷存在過的同一個人。因為那件事情，他讓大衛營會議整個告吹。

在葛平拜訪阿拉法特之後的第二天，阿拉法特發布一份正式公告給他的軍隊，停止攻擊以色列平民。

葛平說，「現在，阿拉法特展露了黑暗的一面。他貪汙、藏匿數百萬美元，並且贊助恐怖活動。可是，我故事的重點是要具體呈現出，表達尊重的姿態所擁有的威力。有些時候，它們比起任何其他事物都更為重要。在卡特、比金及沙達特之間開會的那個時刻，當卡特向比金訴求他的孫兒女時，國際關係的理論哪裡會談論到這樣的時刻啊？

外交的理性主義者和協商者，絕對無法做出這樣的姿態。不過，這是永續解決任何衝突所需要的第一步。

在巴勒斯坦2003年的抗暴活動，耶路撒冷的街道宛如空城。沒有觀光客，寥寥可數的商人。葛平描述自己是耶路撒冷一家主要旅館裡少數的房客。傍晚時，他走出旅館準備搭計程車。在他所站的街道這一邊有五輛空的計程車，而在街道的另一邊，則單獨停著一輛計程車。五位司機當中的一位走向他並說，「別搭那

邊的計程車。駕駛是阿拉伯人。」身為彌合雙方差距的橋梁建造者，葛平走過街道，搭了阿拉伯人的計程車。

　　他孤單地坐在那裡，面容發熱。他知道我是猶太人。他知道我是故意過來搭他的車子。他很沉默。我跟他說了十個字：「這對你和家人一定很苦。」無庸置疑地，所有的計程車司機都在挨餓，因為一點兒生意都沒有。令人驚訝的是，他開始滔滔不絕，談論的事情如果讓他巴勒斯坦的愛國同胞聽到，可能會給他自己帶來嚴重麻煩。「阿拉法特那個人，他摧毀了所有事情。在他上台之前，我們相處得很好。他造成了現在這一切問題。」就在這個當下，他卸下了心中重擔這一件事，對我來說是一件不尋常的禮物；不過，它之所以會出現，都是因為我先向他展現了同理心。他知道，當我搭上他的車時，我已經違背了我自己的同胞。

　　那便是當你願意跨出那一步時，所會發生的事情。這些尊重及同理的姿態示意具有感染性，就如同憤怒一樣，非常容易傳播開來。那一晚，我從他那裡聽到的誠實對話，比起我在每個人都扮演著特定角色，浮泛空言，所有愚蠢的外交對話中所聽到的，還要更多。真正的衝突解決是從單一的個人關係開始。

綜效交響樂

　　某一天，在倫敦的一家旅館裡，以色列和巴勒斯坦一起進入了葛平所提的那些單一的個人關係裡。偉大的以色列鋼琴家暨指揮家丹尼爾・巴倫波因（Daniel Barenboim）坐在旅館大廳內，跟

他身旁一位坐在輪椅裡的男人打招呼。這個人自我介紹說他名叫愛德華‧薩依德（Edward Said），是巴勒斯坦阿拉伯人，同時也是美國哥倫比亞大學著名的文學教授。那天晚上，原本各自的政治立場應該是兩極化的兩個人，開展了之後延續多年的對話。

巴倫波因跟薩依德變成了最親密的朋友。在薩依德於2003年去世之後，巴倫波因談到他，「愛德華‧薩依德並不歸屬於任何單一的類別。他代表了人性本質的最根本元素，因為他了解其矛盾之處⋯⋯他為了巴勒斯坦人的權利而奮戰，同時他也了解猶太人的苦難，並且不把這樣的立場視為自相矛盾的情況。」用我們的術語來說，薩依德是一位第3選擇的思維者：「他總是在觀念中尋求『超越』，在眼中尋求『未曾見到的』，在耳中尋求『未曾聽過的』。」

而薩依德如此描述巴倫波因：「他是個複雜的人⋯⋯對於通常溫順的大多數人來說，會是一項挑戰，甚至是個冒犯。」巴倫波因可說是有史以來最偉大的音樂家之一，他指揮過芝加哥交響樂團以及柏林歌劇院，錄製過的古典音樂比任何其他個人演奏家還多，並且公開大力支持中東和平。他是曾經受邀到巴勒斯坦西岸演出的第一位，同時也是最卓越的以色列音樂家（薩依德安排演出邀請），而且他對於兩個民族的同理心傳為佳話。

在他們針對中東地區發生危機的長年對話之中，不論是薩依德或者是巴倫波因，對於政府層級僵化、正式的接觸是否會產生和平，都不抱持太大的信心。他們做出結論，問題的根源是以色列人和巴勒斯坦人對於彼此完全不了解：「對於一個民族而言，無知，並不是一項充分的政治策略，而每一個民族都必須以自己的方式，理解並且認識禁忌的『另一方』。」薩依德寫道。

當人們不願意認識彼此時，就會把對方過度簡化，這是我稱

之為「我只看到我這一邊」模式的後果。當我朝著鏡子觀看時，如果我只以我所歸屬的團體 —— 我的政黨、我的國家、我的性別、我的宗教以及我的種族 —— 來看待我自己，我就永遠不能夠清楚地看到自己複雜與豐富的身分，也無法看清另一方人民複雜與豐富的身分。薩依德以阿拉伯人的身分發言，做出結論：

> 對於阿拉伯人來說，這麼多年來，這一直是一項愚蠢而且白白耗費的政策……拒絕去理解和分析以色列，因為他們造成了巴勒斯坦人大災難，因此以色列的存在必須要被否定。歷史是動態的，如果我們期望以色列的猶太人不要利用納粹大屠殺，為巴勒斯坦人民所遭受的駭人聽聞的人權摧殘而辯護的話，我們同時也必須超越，像是宣稱納粹大屠殺從來沒有發生過，以及所有以色列人，無論男女老少，都注定是我們永遠的仇恨和敵意，那樣極端愚蠢的行為。

在他們對於和平過程逐漸放棄希望時，巴倫波因跟薩依德思考著，他們能夠提出什麼樣的第3選擇，以便協助雙方人民了解彼此。他們提出了一個由年輕的巴勒斯坦音樂家和以色列音樂家，共同組成一支交響樂團的想法。薩依德回憶說，「我們的想法是要觀察，如果你把這些人找來，讓他們在交響樂團裡一同演奏，究竟會發生什麼事情。」一開始，他們向一個即將在德國威瑪（Weimar）舉辦的工作坊發出邀請函，揣想是否會有任何人回應。結果，出乎意料之外，他們收到如潮水般湧來的申請函。就如同大多數第3選擇的實驗一樣，整個過程讓人既興奮、充滿風險，而且又難以預測。很快地，這個專案就成為巴倫波因跟薩依德兩人生命裡「最重要的事情」。

　　每一天，巴倫波因領導著樂團排練，而到了晚間，薩依德主持一項「有關音樂、文化、政治……的討論。任何話題都可以談，沒有任何人感覺到有什麼壓力。」在場的有來自以色列、俄羅斯及阿爾巴尼亞的猶太學生，還有從敘利亞、黎巴嫩及巴勒斯坦來的阿拉伯學生。薩依德以下列這個問題為討論會開場：「所以，大家對於這整件事有什麼感想？」立刻就有一名猶太裔音樂家抱怨說他受到歧視，因為在排練結束之後的即興彈奏時間裡，阿拉伯學生不讓他學習彈奏阿拉伯音樂。「他們跟我說，『你不可以彈奏阿拉伯音樂。只有阿拉伯人可以彈奏阿拉伯音樂。』」

　　巴倫波因堅持，他們來這裡的目的不是為了壓抑他們的感覺，而是要跟彼此表達感覺。他告訴演奏者，「這是一個專案，每個人都可以，也都有權利，而且事實上都有責任，確實地表達他的意見。」

　　經過幾個星期的緊張，還有讓委屈不平的情緒逐漸抒發之後，情況開始有所改變。「之前聲稱過，只有阿拉伯人可以彈奏阿拉伯音樂的同一個孩子，正在教導馬友友如何調整他的大提琴，以對應阿拉伯音樂的音階。因此，很明顯地，他認為華人可以彈奏阿拉伯音樂。慢慢地這個圈子逐漸擴大，所有人都在彈奏貝多芬第七交響曲。這真的是一件相當不尋常的事情。」

　　從這個工作坊之中，誕生了一個全面發展的年輕交響樂團「東西和平會議管弦樂團」（West-Eastern Divan），團裡的音樂家來自埃及、伊朗、以色列、約旦、巴勒斯坦，以及敘利亞。交響樂團的名稱出自歌德詩集的書名，文學家在詩中讚美歌頌東方和西方文化的美麗連結。自從 1999 年開始，中東地區數百位最有天賦的年輕人，已藉由這樣的方式跟彼此發生連結。這個獲得獎項的交響樂團已經在數十個國家以及以色列和巴勒斯坦占領區演出

過，不過並非毫無危險。當東西和平會議管弦樂團在紐約卡內基廳演奏時，出席音樂會的來賓必須要先通過金屬探測器檢查才能進入。丹尼爾‧巴倫波因說：

> 東西和平會議管弦樂團被視為是一項對抗無知的專案……對於人們來說，認識其他人、了解其他人的想法和感覺，而不一定要同意對方，這是絕對重要的。我並不是要把東西和平會議管弦樂團裡阿拉伯團員的想法改變成以色列的觀點；我也不是試圖要說服以色列人，去接受阿拉伯人的觀點。不過，我想要創造一個平台，讓雙方可以在不同意對方的觀點之下，也不需要訴諸武力。
>
> 仍然還有數以千計的以色列人，在夜晚睡覺時夢想著，當他們早晨醒來時，巴勒斯坦人不會還在那裡；反過來，另一方也是……他們以全然的無知注視彼此，彷彿對方是怪物一般。可是，在他們一起演奏過貝多芬交響樂，好幾天、好幾個星期試著彈奏同樣的樂譜，達成同樣的演出表現之後，政治問題並不會得到解決；不過，我想這個過程會影響他們看待彼此的方式。

東西和平會議管弦樂團影響了參加的音樂家嗎？一位以色列演奏者談到這一項體驗：

> 主要的問題是，每個人都是被他自己的世界所環繞和包圍。我們對他們一無所知，他們對我們也一無所知；而且，不論我們喜歡與否，我們都要跟彼此相鄰，永遠在一起生活……我們應該開始學習如何一同生活，我們必須打破心中

的那一堵牆，我們必須開始互相了解。

　　以色列的大提琴演奏家諾雅・裘琳（Noa Chorin）說，「當我坐在來自敘利亞的戴娜身旁演奏時，我並不認為『她是從敘利亞來的。』我只想到『這是我的朋友。』」在他們到巴勒斯坦一個城鎮演出之後，裘琳回憶道，「一位女孩說，我們是她曾經見過的第一批不是士兵的以色列人。而當離別的時刻來臨，我們各自要分道揚鑣的時候，大家都在哭泣。」

　　在東西和平會議管弦樂團演奏的兩位才華洋溢的鋼琴家，來自以色列的晒伊・沃斯納（Shai Wosner），跟來自巴勒斯坦的撒林姆・阿博德・阿旭卡（Saleem Abboud Ashkar），很快就成為親密的朋友。巴倫波因回憶說，「他們想要一同彈奏，而不是單獨接受我的指導。接下來，他們開始準備莫札特雙鋼琴協奏曲。當他們一起演奏的時候，樂聲精緻地讓人難以置信。他們彈奏的音樂，滿滿流溢著對彼此演奏及風格的了解和感情……這同時也是一項非常具有象徵性的舉動，對我們大家來說，真是個令人讚嘆的時刻。」巴倫波因對於這樣的象徵喜愛極了：「當我看到坐在鋼琴前彈奏的小卡林，他是來自約旦的巴勒斯坦人，還有來自以色列的茵博爾，演奏著她的大提琴，對我來說就是令人難以置信的愉悅來源。」

　　巴倫波因對於自己在這個小奇蹟中所扮演的角色輕描淡寫。透過東西和平會議管弦樂團的途徑，他把中東地區許多擁有才華的年輕人，成功地帶領到第 3 選擇思維的起始點。

　　如同其他第 3 選擇的勇敢追尋者，也有人對巴倫波因提出批評。對巴勒斯坦友善的社會運動人士控訴他，幫以色列的攻擊行動創造了一項「烏托邦式、不在犯罪現場的證明」，並且維持了不

公不義的現狀。同時，許多他的以色列同胞因為他對於阿拉伯人展現了同理心，而且結交「以色列的敵人」——阿拉伯人，對他不信任。

不過，對於東西和平會議管弦樂團，巴倫波因並沒有不切實際的幻想。他知道單是樂團本身，並無法給這個區域帶來和平，他也不認為以色列和巴勒斯坦，以某種角度來說，應該同樣為當前的情況負起責任。他公開批評自己的政府。然而，交響樂團給予雙方人民一個機會，認識對方，並且至少開始了解彼此。

2004年，丹尼爾·巴倫波因獲得了沃爾夫獎（Wolf Prize），表彰他在藝術上的傑出成就。在以色列國會前的受獎典禮上，他描述了他在祖國提倡和平的第3選擇做法：

> 我們必須要找到解決方案。我捫心自問：為什麼我應該要等待這樣一個解決之道實現呢？這就是為什麼我跟我令人惋惜的已逝友人愛德華·薩依德，一同為來自中東地區所有國家的年輕音樂家，包括猶太人及阿拉伯人，設立了一個音樂工作坊的原因。透過音樂的根本內涵，以色列人和巴勒斯坦人的感情以及想像，都能提升到無法想像的全新境界。

接下來，在2008年於拉馬拉（Ramallah）為慈善演出一場鋼琴獨奏會之後，巴倫波因獲得了一本巴勒斯坦護照。這讓他成為全世界第一位、或許也是唯一的一位，同時持有以色列和巴勒斯坦護照的人。心情愉悅的他說，這本護照「象徵了以色列和巴勒斯坦人民之間的永恆連結。」

雙重護照讓丹尼爾·巴倫波因成為了第3選擇活生生的見證。就這個觀點來看，他跟世界上的任何其他人都不一樣。在一個充

滿兩種選擇思維、人民失去人性的地方，巴倫波因不允許任何一方對他加以定義。由於他深刻感受到道德上的當務之急，他超越了雙方，看到了一個豐饒的第3選擇，成為了**兩個偉大文化的公民**。

建立和平的典範

在這些足堪楷模人士的工作之中，我們是否看到了將會超越中東地區的死結，帶來和平的第3選擇的前景呢？沒有人能確定。我們所確切知道的是，綜效能發揮作用；它是正確的原則。雖然我描述過的第3選擇思維者並無法控制其他人的模式，他們在自己的影響範圍內已經找到了創造綜效的方法。

或許，由莫罕默德・達加尼這樣的穆斯林，以及像是瑪格麗特・卡倫這樣的基督徒，還有像是丹尼爾・巴倫波因這般猶太人，所產生的強烈正向的綜效，將貢獻出一項宏大的解決之道。如果真是如此，會發生的理由是因為他們奠定了同理心的基礎。他們在許多人的頭腦與內心之中，灌注了「我看見自己」以及「我看見你」的根本模式。他們協助敵對的另一方採取了「我努力了解你」的模式，以尋求了解。如同歷史所揭露的，世界上所有的外交會議以及停火協定，如果缺少這些模式，便將無法產生改變。

從我們審視中東地區這些和平先驅者的過程裡，我們學習到哪些心得？從他們的經驗裡，我們能夠把哪些道理運用到生活上？

首先，我們學習到，絕對必要的「我看見自己」的模式。這些楷模人士中的每一位，都經歷了自我審視。他們並不接受別人強加

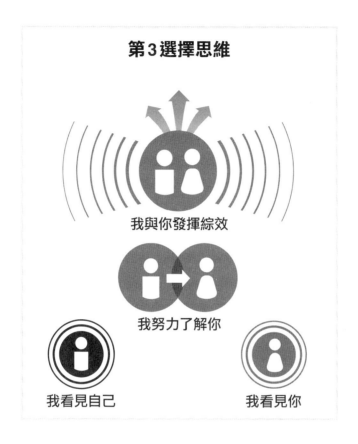

於他們身上的狹隘自我定義,他們質疑那些定義。他們拒絕被那些威脅到他們宗教中慷慨和慈愛部分的極端及邊緣的聲音所定義。

馬克‧葛平反省他的和平工作同仁跟其他人有哪些不同,他說,「我們深刻地專注在內在工作上。在我跟和平使者一同工作的過程裡,我發現他們是這顆行星上非常特別的一群人。毫無例外地,他們都在對自己下工夫。他們總是會自問,「我為什麼要這麼做?我接下來要做什麼?」

如同葛平指出的,在任何宗教的歷史中,最缺乏固定形狀的

東西 —— 比方說：愛、慈悲及正義 —— 總會是最重要的事物，但因為這些東西是如此尋常，因此常被忽略。特別的東西 —— 像是儀式、有關衣服的規定，或是食物、年曆 —— 相較之下，其實都很容易遵循。愛我的敵人？那麼做，我應該要如何生活呢？依照我的慣例行事，對自我感覺良好要容易多了。

「愛你的鄰居，如同愛你自己。」這是猶太聖經律法的核心教誨，而對於基督徒，這句話是偉大的戒律。不過，我要如何愛我的鄰居呢？即使他手裡拿著斧頭，朝著我衝過來，我也要愛他嗎？普遍法則很有力量，可是要遵循它便需要認真的內省。

事實上，對於每一個偉大的宗教來說，自省是基本功，也包括在中東地區相互衝突的那些宗教。對於猶太人來說，這稱為「切須甯‧哈內費須」（cheshbon ha-nefesh），意指對於靈魂的審視檢查。「切須甯」這個字的意思是「盤算」。當不耐煩、恐懼，或者是憤怒，威脅著要讓我窮於應付時，我必須暫停下來，並且盤算：發生了什麼事情？我應該如何回應？影響後果會是什麼？我目前處理的如何？我現在有哪些事情做對或是做錯了？

在伊斯蘭教裡，這個字是「穆薩巴巴」（musababah），意指評估及宣判我們自己：這是以全然的誠實，來評估我們自己的行為，這需要我們真誠且時常靜默沉思。

葛平說，「在你盤算的當下，便拯救了你的心智。如果你因為憤怒而震驚到不知所措，你說『我要坐在這裡，想一想我的憤怒。』的當下，頭腦就改變了。對於偉大的穆斯林與猶太人的思想家或達賴喇嘛，這都是很基本的。」

存在於任何刺激和我們反應之間的，是心智的空間。這是我們之所以生而為人的原因。我們並非由本能驅動的動物；我們擁有力量，能夠選擇我們對於任何既定情況、個人、思想或事件的

反應。我們擁有一個我們可以啟動的、內建的暫停按鈕，好讓我們思考自己究竟是誰，以及在我們行動之前，我們的良知要跟自己說些什麼。我總是認為，這是高效能人士第一個且最根本的習慣。這也是建立和平的基礎。

當你能夠超越簡單、思想單純的刻板印象，去跟另一個剛好跟你不一樣的真實人類互相連結的時候，**我們學習到的第二個教誨，是絕對必要的「我看見你」的模式。**

1990年春天，某一天清晨五點時，有五位阿拉伯裔的兄弟在

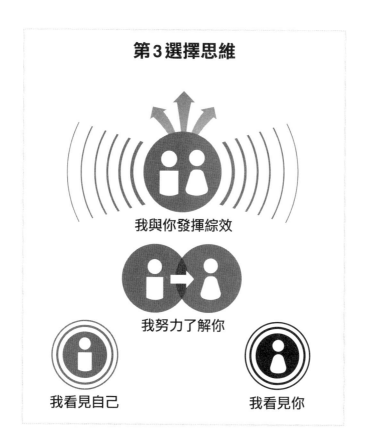

第3選擇思維

我與你發揮綜效

我努力了解你

我看見自己　　　　我看見你

他們位於東耶路撒冷的家中睡覺。以色列士兵忽然破門而入，拿槍指著他們，叫喊著，「你們一直都在丟石頭，是嗎？」他們把最年長的哥哥，18歲的塔系亞（Tayseer），從床上拉下來。這個時候，母親醒了，跟士兵們求情，但他們還是把塔系亞帶走。他被毆打了兩個星期，直到他最後終於承認他拿石頭丟以色列車輛。在這件事情發生之後的將近一年時間，塔系亞未受審判便被囚禁起來。最後他終於被釋放，可是病得極為嚴重且吐出血來。三個星期之後，他便撒手人寰。

　　這是根據他當時10歲的弟弟阿濟茲（Aziz）所敘述的故事。阿濟茲回憶說，「我變得非常痛苦和憤怒……我帶著心中燃燒的怒火長大。我想要正義。我想要復仇。」後來，阿濟茲成為記者，寫了許多篇文章「散播仇恨」。「不過，」他說，「我寫得愈多，我就愈加感到空虛和憤怒。」阿濟茲知道，想要在耶路撒冷找到一份好工作，他就必須要學會希伯來文。之前，他一直拒絕學習「敵人的語言」，不過，現在他就讀於一所希伯來學校。

　　　　這是生平第一次我坐在一間房間裡，周圍的猶太人沒有比我優越。這是我第一次看到跟檢查站的士兵不同的面孔。那些士兵把我的哥哥帶走了；這些學生則跟我一樣。我發現自己感到混淆，心裡想著「他們怎麼可能是正常的人類，就跟我一樣？」我覺得很驚訝，自己可以跟這些學生建立友誼，分享他們的掙扎。我們一起外出喝咖啡。我們一起研讀。對我來說，這是我生命裡的一個轉捩點。

　　　　我開始了解，我們的生命中所發生的不幸事情，是超乎我們的控制。一個10歲的男孩並無法控制把他哥哥帶走的士兵們。不過，現在我是個成年人，我可以控制我對於這些

傷害的反應。他們過去的行為不公不義，謀殺了塔系亞。不過，我擁有選擇，而且我仍然還有選擇，是否要跟隨相同的方向。

今天，阿濟茲・阿布・撒拉（Aziz Abu Sarah）是一位備受尊敬的記者，同時也是美國喬治梅森大學中東專案的總監。就以色列和巴勒斯坦和解的議題，他在歐洲議會以及聯合國發言過，並且在「衝突分析及解決學院」擔任馬克・葛平教授的同事。

當阿濟茲跟他的「敵人」發生連結，也包括了跟「另一方」的常態、掙扎及希望連結時，他開始以「我看見你」的模式運作。在日常生活的例行公事中遵循這樣的模式，對我們來說就已經夠艱難的了。不過，當我們考慮到，像是阿濟茲和莫罕默德・達加尼這樣的人，如何面對令他們極其痛苦的挑戰，我們便明瞭，我們必須要做出明智的決定，以便真正看到他人，而非將其視為某一派人士。

我再如何強調這些個人連結的重要性都不為過。馬克・葛平說，「對於是否有一個國家、兩個國家，或是三個國家，我都不在意。阿濟茲跟我現在對這件事都不再感興趣了。對我們來說，每一件事都是關係。理性的討論可以稍後再談。沒有人對於政治情勢擁有任何控制權；只有在個人關係之中，我們擁有控制權。」

當某些人拿宗教當成敵對的藉口時，像是葛平和阿濟茲這類人，則在他們相異的信仰中，尋找到人類愛、慷慨及包容的堅實基礎，全都是「我看見你」模式的特點。

對於葛平而言，猶太教最重要的訊息便是「愛你們之中的陌生人。」如同他所說的，雖然這條戒律在《聖經》裡重複了37次之多，外在世界的仇恨與敵意讓許多猶太人重新定義「陌生人」

這個詞，僅包括他們的猶太人同胞。這是一項悲劇性的思維移
轉，不過，重要的是要了解，戰爭以及許多世代的傷害導致如此
的轉變。

　　同樣的道理，關於巴勒斯坦的阿拉伯人針對以色列的反射
性憤怒，也有充分的歷史因素。然而，根據另一位深受愛戴、居
住在耶路撒冷的和平倡導人士謝克・阿布杜・阿濟茲・布卡瑞
（Sheikh Abdul Aziz Bukhari）的意見，「心中缺少了對所有人類的愛
的人，不能當一位穆斯林。」布卡瑞的盛名來自於將伊斯蘭「聖
戰」（jihad）的概念，詮釋為人類每一天克服憤怒的努力。他向猶
太人及他的穆斯林同胞請求，停止為了「經文當中相異的3%爭戰
不已，而忽略了他們共同擁有的另外97%。」

　　轉述謝克・布卡瑞的話，當前的任務，便是要將我們除去人
性的部分，重新賦予人性。

　　對於耶路撒冷的和平倡議人士來說，宗教並不是人們之間的
一堵牆，而是互相了解的一座橋梁。完全沒有反抗違背，或是拒
絕他們自己的宗教傳統，他們在那些傳統之中發現了主宰的「我
看見你」的模式：我尊重你，我包容你，我看重你跟我之間的差
異。

　　**我們學習到的第三個教誨，是絕對必要的「我努力了解你」的模
式**，這種心態會說，「你不同意我嗎？我需要聽你的想法。」而且
說到做到。

　　我們在上文中所遇到和平先驅者的大部分努力，都是以創造
這樣的心態為目標。超過三百個各式各樣的團體，試圖在以色列
人和巴勒斯坦人之間，倡導宗教之間的對話。雖然他們的工作零
碎，很少受到重視，而且經費短缺，他們積極地讓學生、社群領
導人、猶太教的拉比、伊斯蘭教的伊瑪目，以及母親們，簡而言

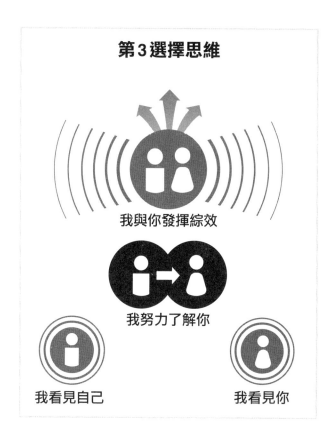

之，任何有意願的人，都一同對話。

　　你無法低估這些對話在情緒上有多麼困難，不過他們在改變人們的思維模式上具有難以置信的效力。馬克・葛平說：

　　　　如果你想要某個人的感覺產生思維移轉，你必須要藉由實際上傾聽他們，而讓他們覺得混淆。我會全盤接受他們想要談的所有事情。我會傾聽駭人聽聞、極不公平的事情，某些是真實的，某些則是荒謬的，把我跟我的同胞完全妖魔

化，好讓他們逃脫自己的罪行。聆聽的當時，我會非常想駁
回他們的論點。

　　不過，他並沒有這麼做。他訓練自己，首先要尋求了解。而
且他學到了，這麼做會有極大的投資報酬率。「讓人驚訝的是，中
東地區的人民，心地非常溫暖，他們熱情洋溢。在適當時刻所展
現的尊重和關懷，在中東地區能夠徹底改變事情，**而且特別是在中
東地區。**」

　　在伊斯蘭教的那一方，謝克・布卡瑞同時也學習到，了解其
他人的熱情和能量的價值。「能夠從其他人那裡吸收暴力和憤怒，
然後轉變成愛和理解的人，才是比較強壯的一方。這麼做並不容
易；需要許多的工夫……不過，這才是真正的聖戰。」

　　**我們學習到的第四個教誨，是絕對必要的「我與你發揮綜效」的
模式。**這是提問「你願意尋求第3選擇嗎？」的模式。然而，一直
要等到有足夠數量的以色列人和阿拉伯人，把彼此的需求讓步給
尊重和同理心，才有可能產生第3選擇。

　　這便是為什麼莫罕默德・達加尼、隆・克隆尼須拉比，以及
其他人，不再談論「和平調解」的原因。他們受夠了中東地區讓
人窒息的政治，現在他們談論的是「建立和平」，這是針對兩種選
擇思維的頑固循環，遲遲沒有任何進展的一項第3選擇。他們說，
傳統的「和平調解」是協商出一項協議。相較之下，「建立和平」
與協商無涉，而是與綜效有關。透過個人關係的急速擴增，讓一
個欣欣向榮的社群有機地成長。這就是為何他們自稱為「和平使
者」的原因了。

　　「建立和平」的心態思維，超越了僅止於「締造條約」，後者
通常會掩蓋衝突發生的激情。「過去27年來，我已經看過所有條

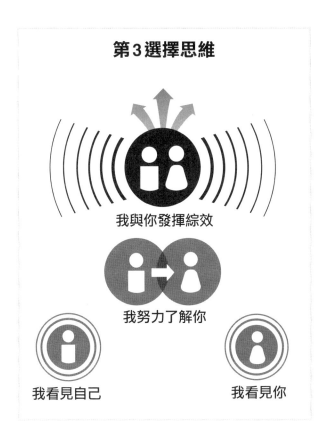

約完全失敗，因為都沒有涉及到榮譽和尊重，而這些正是人們擁有深刻感受的議題。」馬克‧葛平說。

　　暴力的姿態存在著一個盲點，舉例來說，以色列的檢查站。你設置了由青少年士兵拿著機關槍，守衛著檢查站的武裝預防行動。他們在巴勒斯坦人的心裡留下了可怕的回憶。為什麼不能換成一列歡迎的隊伍，來展現大量的尊重呢？為什麼他們不能說，「歡迎，我們只需要檢查你的袋子」呢？藉

由持續強化協商式的手勢和行為，便足以平息許多爭端。

「歡迎隊伍」的想法，具體展現了以色列和巴勒斯坦的領導人所需要採取的第3選擇的思維模式。相反地，由於他們深陷兩種選擇的思維，便註定讓各自的同胞陷入戰爭負面的綜效之中。

負面綜效是以下列方式運作。首先，我以毫無人性的方式對待你，把你變成我的敵人。如同歷史學家薩繆爾‧杭廷頓所指出，「人們總是易於把人區分為我們和他們，我們這個團體及其他團體，我們的文明以及那些野蠻人。學者採用東方及西方的觀點來分析這個世界……傳統上，穆斯林把世界區分成伊斯蘭的疆域以及戰爭的疆域，意指和平的居所及戰爭的居所。」身為一個野蠻人，你就必須要受到控制。如果我的團體無法控制你的團體，那麼我就必須攻擊你，希望此舉可以導致新的綜效，這是一種不合情理、負面的第3選擇，把你的人性完全抹煞，否定了你跟你的故事有任何尊嚴存在。因此，許多的阿拉伯人和以色列人都夢想著，哪一天他們醒來，「另外一邊的人」就會消失不見。他們哄騙自己，這樣具有摧毀性的第3選擇會比現況還要更好。

這便是導致所有大小戰爭的反應循環。遠古希臘的歷史學家修昔底德（Thucydides）描述了他所在年代的希臘發生的伯羅奔尼撒戰爭（Peloponnesian wars），就像是一種循環式的疾病，一場戰役的回應便是另一場戰役，最後終結了希臘榮耀的黃金時代。同樣地，對於後果未加思量的循環，從維也納、柏林、倫敦到聖彼得堡，一連串反應式的決策，導致第一次世界大戰的嚴重破壞。而因為施加在被征服者身上的屈辱和報復性的條款，引發被征服者最後喪心病狂地反擊，第一次世界大戰無可避免地導致第二次世界大戰。你攻擊我，我就反過來攻擊你。如果我能夠讓你徹底

潰敗，情況就會更好。戰爭是零和心態的終極表現。

　　相反地，正向綜效是戰爭的相反面。它是主動積極，而非被動反應。它是富足豐饒，而非稀少匱乏。它意謂著刻意尋求第3選擇：「和平的維持，需要充滿想像可能的外交，擁有衝勁……而非陣陣不絕的絕望，以及相互衝突的軍事行動。」

　　歷史上最具有想像力的外交行動之一，便是馬歇爾計畫（Marshall Plan）。這項計畫對於持續不斷的歐洲戰爭來說，真正可謂第3選擇。當歐洲大陸的每一座主要城市都淪為廢墟，當數百萬人受凍挨餓，美國國會投票通過了捐助130億美元，以餵養、提供居所，以及重建他們之前敵人的基礎建設。（如果你認為那筆錢聽起來不怎麼多，以1948年美國國內生產總額為基準，那時的1美元相當於現在的20美元，所以這是一筆相當龐大的開銷。）馬歇爾計畫是行動中的富足心態，表示我可以幫助我的敵人，我可以分享，我們可以一同建立一個豐饒富足未來的心態。結果，所產生的復興打破了歐洲好幾個世紀以來的暴力循環。

　　在此以我跟「美國及穆斯林」領導團隊的經驗為例。這是個涵蓋了基督徒、猶太人以及穆斯林的會議，目的是要在美國和伊斯蘭社群的世界之間，建立一個更好的關係。與會人士都是當今世界上最為傑出的學者、外交官員，以及和平推動者，包括美國前國務卿歐布萊特（Madeleine Albright）、美國穆斯林進展協會會長法索‧阿布杜‧勞夫（Faisal Abdul Rauf），以及馬克‧葛平博士。他們允許我在會議開幕當晚教導「發言權杖溝通法」，而接下來的兩天內，所有人的發言均遵守「發言權杖溝通法」。

　　我可以觀察到這個傑出的團體完全轉化。原本幾乎在每一項議題上，不論是文化、社會或是宗教，都抱持不同意見的人，開始互相了解，尊重彼此。歐布萊特告訴我，她不曾見過任何事物

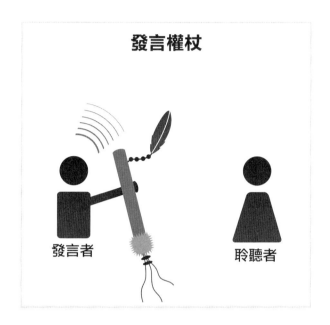

具有如此的威力，能夠對國際外交產生完全革命性的改變。她向
我解釋，大多數的外交談的都是哪些人握有權力，以及跟他們能
夠達成哪些妥協。在大多數人的心中，唯一的選擇便是妥協。互
相達成彼此希望的一半，便是他們所能期望的最佳結果，而非有
創意地產生一項第 3 選擇。

　　我讀過《可蘭經》以及《舊約》和《新約聖經》；這些都是深
具啟發性、提振精神的典籍。我相信中東地區的穆斯林、猶太人
和基督徒，能夠在他們自己的信仰傳統當中，發現到戰爭之外豐
富的第 3 選擇。

　　這個團體所提出的關鍵重點之一，是建立充滿活力、信仰之
間的對話，好讓人們可以了解彼此，在他們的共同信仰中，尋找
到與未來連結的橋梁。最重要的是要橫跨各種分界，建立深刻的

個人關係，能夠相互認識與信任、涵蓋了數千人的網絡。這些交流比起達佛斯形式的會議更為有效。當人們感受到同理心的對待時，他們的內心會獲得滿足，你便無法阻止各式各樣的第 3 選擇自然地出現。你會到達一個轉捩點，人們不會再接受那些無法接受的事情，而會往富足豐饒的未來一同邁進。

關鍵就在於內心。除非我們深入了解人們的內心，而不只是他們的心智和意識型態，否則改變無從發生。這就是為什麼必須要創造出機會，讓人們可以彼此用內心、頭腦和心靈互相傾聽。唯有此時，人們才能超越老舊、具有破壞性的方法，進而達到「較好的結果」。

南非大主教圖圖（Desmond Tutu）了解，第 3 選擇的力量就是「較好的結果」：

> 再一次，我們瞥見了較好的結果……當全世界被慈悲的精神以及令人驚奇、滿滿流溢的慷慨所激勵；當我們短暫地被關懷的人性連結，被一種「吾幫托」的普遍覺知所聯繫在一起；當勝利的強權設立了一套馬歇爾計畫，協助他們之前徹底破壞的對手進行重建工作。
>
> 如果全世界衝突的敵對各方，開始表達出象徵性的和平姿態，改變他們描述各自敵人的方式，並且開始相互對話，他們的行動可能也會改變。
>
> 如果真正的和平會降臨在說著「撒蘭」（salaam。譯註：阿拉伯文的招呼語，意指和平、平安），或是「撒隆」（shalom。譯註：希伯來文中的招呼語，意指和平、平安）的人們所居住的土地上，降臨在和平王子的土地上，對於全世界來說，這會是一項多麼神奇的禮物啊，尤其是當我們正邁

向一個新的千禧年的當下。

本應不存在的國家

當人們要我解釋個人的第 3 選擇哲學時，我可以用一個字回答：「瑞士」。通常，他們就會了解我的意思。

大多數人想到瑞士時，腦海中都會浮現一片和平繁榮的土地印象，上頭有著漂亮的山岳以及美味可口的巧克力。不過，這個擁有 700 萬人口的國家，擁有的遠多於此；以國家的尺度來看，瑞士正是第 3 選擇思維讓人讚嘆的真實例子。

綜效是瑞士思維模式的特徵。如果你在某一天的正午，走進位於巴塞爾（Basel）一家大型製藥公司的員工自助餐廳，建築物的窗戶俯瞰著萊茵河，你便會觀察到來自全世界各地的人正在一起享用午餐。你會聽到耳邊回響著多達一百種語言。你可以偷聽到無數能量充沛的對話，討論著科學、醫藥以及療癒的藝術和商業。能夠治療疾病的創新產品，便是從這樣的地方源源不絕地產出。你會感覺到這些人都是這顆行星上最聰明的一群人。

是什麼原因把他們都吸引到這裡來呢？

從國家的觀點來看，瑞士毫無疑問是個成功的故事。瑞士的員工在效率上領先全球。瑞士的國民平均收入在全世界排名數一數二。而瑞士的政府則是「全球最有效能和透明度最高的政府之一」。而且，根據世界經濟論壇的研究，瑞士更奪下了全世界最具競爭力國家的寶座。瑞士擁有「創新的優異能力……其科學研究機構於全球排行榜上名列前茅，而學術和商業部門之間的強大合作，再結合企業投資在研發活動上的經費，確保讓許多研究都能轉化成具有市場銷售潛力的產品和流程。」「快樂專案世界資料

庫」（the World Database of Happiness Project）指出，在全球最快樂的國家排行榜上，冠軍丹麥之後就是瑞士，總分僅僅些微落後。

不過，瑞士原本應該是個不存在的國家。

就瑞士本身的條件來看，沒有哪一點是有利於成為一個國家。地理環境對立國不利：瑞士人居住在龐大的阿爾卑斯山的各個不同方向，擁有的自然資源很少，而且國土完全不靠海洋。語言條件對立國不利：西部說法語，北部和東部說德語，南部則說義大利語。宗教也對立國不利：長遠以來，新教跟天主教之間就有分裂。歷史學家總是百般思索：「想像要把這些分屬於不同社群，積極進取、天性好鬥的獨立農民和商人聯合統一起來，尤其是宗教、語言以及權力上的連結，通常都會誘使他們轉而向外發展。」

瑞士的歷史，並不像人們所認為的那麼快樂。這片土地曾經被征服過、發生過戰爭，並且分裂過許多次；瑞士的22個州，或稱之為縣，在過去一千年以來，彼此之間衝突不斷。各個州忌妒地守護著各自的權利及其疆界。好幾個世紀以來，這個國家缺乏貿易，因為「一匹布料、一塊起司，或是其他物品……在貨物的運輸上，都必須要被課徵400種不同的稅。」貨幣也是一團混亂。每一個州都發行自己的貨幣，加總起來共有超過700種不同形式的硬幣。

不過，最為嚴重的問題其實是宗教。「從中古時期天主教內的紛爭，一直到宗教改革時的衝突糾紛」，在這一場撕裂了整個歐洲的憤怒狂潮裡，瑞士並未倖免於難。到了1845年時，各州組成新教和天主教兩大陣營，而到了1847年時，雙方之間就爆發了內戰。奧地利、法國及德國預見到即將發生的全面崩潰，彼此都準備來瓜分面臨破裂的瑞士。

　　很幸運地，當時的瑞士政府軍是由杜福爾將軍（Guillaume-Henri Dufour）領導。杜福爾是位多才多藝的軍方工程師，曾經參與過拿破崙戰爭，設計了位在日內瓦的全世界第一座永久式吊橋。不過，他也是一位和平人士，個人深受戰爭之苦。當時，大家都這麼描述他，「杜福爾雖然身為士兵，可是他激發出軍人心中人性的一面。雖然他發動了戰爭，可是他把戰爭轉化為和平的序曲。」

　　杜福爾將軍統領瑞士陸軍時，他向士兵們發布了一項值得紀念的命令，因為「崇高的人道精神，應該被後世記載傳頌」：「當你們越過國界之後，把憤怒留在背後，腦中只要想著祖國要求你們完成的責任……一旦我方獲得了勝利，便忘卻所有報復的感覺，因為如此一來，你便能證明自己真正的勇氣……把所有身無防禦能力的人都納入你的保護之下；別讓他們受到冒犯侮辱或是遭遇不當的待遇。別破壞摧毀任何東西，除非絕對必要；不要浪費任何東西；總而言之，你們的一言一行，都應該要能夠獲得他人的尊敬。」瑞士聯盟軍隊在戰爭中展現了「偉大的自制與寬容」，歷史學家認為，所有的這一切都要歸功於杜福爾將軍。

　　杜福爾將軍大多透過和談及停火協議，深具技巧地在26天之後，就讓戰爭結束。實際開打的只有屈指可數的幾場戰役，總共有128位士兵喪生。（相較之下，8年之後的美國內戰則喪生了618,000人。）杜福爾將軍對於受傷敵軍的額外照護，加上他寬容大量的條件，讓他贏得了叛軍的敬重，協助瑞士重新統一。這件成就並非杜福爾將軍最後的一項貢獻：1863年時，他主持了第一屆的日內瓦會議，從中誕生了國際紅十字會。

　　1847年的內戰讓自由派、支持工業發展及信奉新教的瑞士人，跟保守、居住在鄉村地區與信奉天主教的瑞士人一爭高下。

今日的瑞士則是當年政治、經濟和宗教衝突之外的第3選擇。競爭力專家暨作家麥可・波特（Michael Porter）說，「一直到十九世紀時都還是個窮苦國家的瑞士，當時主要的出口是移民到國外的瑞士公民。到了二十世紀的最初幾十年時，瑞士已經崛起成為一個舉足輕重、重要的工業國家，遠遠超越了其國土的幅員大小。」

這究竟是如何發生的？瑞士是如何從接近毀滅性的分裂狀態，轉變為這個星球最成功的國家呢？

所有的這一切，有許多因素都要歸功於杜福爾將軍的領導，還有他向對手所展現的慷慨大方、慈善以及寬恕的態度。自從宗教改革運動之後，新教徒和天主教徒之間，由於雙方在一連串長期的嚴厲懲罰中相互責難，仇恨便一直持續不斷。詩人奧登（W.H. Auden）寫道：「我和公眾知道所有學童學到的事情，／那些遭受不公不義待遇的人，反過來對他人也施加了不公不義。」

然而，在他們的內戰之後，事情有了變化。瑞士人建立了一個世界上無可比擬的全國政府。為了打破過去導致戰爭的敵對仇恨，藉由1848年的憲法，他們採用了一套直接民主的制度。雖然法律是由立法機構所擬定，任何一位國民都能透過一套請願的流程對任何一條法律提出挑戰。然後，全體的選民再對這項議題投票。目前，類似這樣的「全國性公民投票」（votations），每一年平均會舉行四次。根據分析家的說法，這套制度教育了大眾，鼓勵權力的分享以及尊重少數族群，同時讓政策制定者更有動機，凡事保持中道，考慮到共識的重要性。雖然偶爾還是會發生缺失，但若人權未受到尊重，聯邦最高法院可以廢除一項法律。

基於某種原因，這個第3選擇的政府模式，協助終結了瑞士各州之間的紛擾爭論。最後，當所有的瑞士人民覺得他們的聲音確實被人注意時，整個國家便發生了非凡的轉變。原本各式各樣的

道路與橋梁的通行費、五花八門的各種貨幣，還有繁複有如蜘蛛網的各項法條都消失了。和平成為主導的原則；在接下來的一個世紀裡，瑞士完全避免了兩次世界大戰的嚴重破壞。

然而，雖然他們的民主制度說明了瑞士「多元中的統一」，但是並未能提出充分的解釋。其他導致的因素包括教育制度，積極強調他們所共同分享、深具創造力的團結一致，同時對於以往發生過的憎恨與憤怒輕描淡寫。除此之外，法律並未承認任何族群的團體身分，只承認個人身分。根據施密德教授（Carol L. Schmid）的研究，「這樣的態度暗示了對於少數族群的尊重，意謂著：族群團體的數量大小，並不是決定性的因素，一個人不應該只因為歸屬於少數族群或團體，就受到不公平的待遇，或是處於不利的地位。」在施密德教授針對擁有許多族裔分歧紛爭的國家所進行的研究中，她觀察到「族群之間如果要能夠和平共存，決定因素便是不同群體之間必須要有相當程度的平等……如果各個族群團體之間，意識到重大的不平等時，便可能讓緊張態勢更加惡化。」這樣的意識對於綜效的達成便是個巨大的障礙。族群之間之所以會有衝突，施密德教授說，幾乎總是因為精英團體傲慢的結果。「暴力充斥的社會，會顯露出相當程度的經濟和政治的不平等。」

多元卻統一，多種宗教及多種語言同時並存共榮的瑞士，向世界展現了如何建設第3選擇的文化。各州的古老文化都受到尊崇。所有的個人、宗教和語言都受到尊重；德文、法文及義大利文都享有平等的地位，「法律之前的平等原則，是為了照亮未來。」當瑞士人彼此之間相互表達尊重時，「讓人們變成對手、然後敵人，而最後成為奴隸的那些野蠻偏見便破滅了。」最終的結果便是「德國的深刻淵博、法國的典雅，以及義大利的品味，這三者綜效性的結合。」瑞士憲法制定者之一的拉哈普（Frédéric La

Harpe）如此寫道。

　　以色列人和巴勒斯坦人之間形勢緊張、各自占領的土地有可能變成另一個瑞士嗎？除非他們決定採取互相尊重及重視彼此差異的第 3 選擇的心態。兩個民族之間並不像某些人所說的，是個無法解決的衝突。世界上沒有無法解決的衝突。瑞士的成功並不是個偶然的機會。瑞士這一片土地上的德國人、法國人和義大利人，幾個世代以來因為種族與宗教的分歧而兵戎相見，最後他們**選擇**了改變。學者知道，「瑞士之所以能夠產生，是因為在關鍵的時代裡，人類的巧妙心靈與創造力能夠突破龐大的困難。」換句話說，瑞士是一個**選擇**。

　　完全沒有任何理由，其他人不能做出相同的選擇。許多人稱之為聖地的土地有可能變成另一個瑞士。想像結合阿拉伯的活力與以色列的創造力，所能夠達成的第 3 選擇！這絕對不是個天真的夢想。世界政策學院的安德魯・瑞汀（Andrew Reding）曾經建議以瑞士做為以色列與巴勒斯坦聯邦的模範。在 2010 年，活力洋溢的拉丁美洲作家羅薩（Alvaro Vargas Llosa）遊覽了這個區域的家戶、企業及街頭市場。他觀察到的現象激勵了他：「以色列的經濟正在蓬勃發展，而巴勒斯坦在西岸的領土則正經歷自由市場的欣欣向榮……巴勒斯坦領土的經濟活力、以色列令人著迷的創業精神，都向我們展現了這兩個社會能夠一同達成的驚人成效。讓人覺得悲傷的，並不是現實情況距離有多遙遠，而是要做出這樣的想像有多麼容易。」

　　無論如何，我樂觀地認為，整體來說，世界正朝著和平的方向發展。某些區域仍然存在令人氣餒的衝突，不過都在逐漸減少當中。我相信全球貿易及民主化會持續下去。從摩洛哥到印尼，我們觀察到新興國家中受過教育的年輕人，從過往禁錮限制的力

502 第 3 選擇 The 3rd Alternative

量中,掌控了他們的未來。

新聞記者萊特(Robert Wright)提及第 3 選擇的思維模式,在人類衝突的歷史中所扮演的引人入勝的角色。他指出我們在這顆行星上的生命,曾經經歷過許多零和的階段,在這些階段裡,稀少的法則統治了一切,總是會有贏家和輸家。一位征服者出現,把人們變成奴隸,到了最後又被另一人所征服。不過,萊特主張,歷史總是會朝著「非零和」的階段發展,在其中,富饒是一切的法則,而每個人都是贏家:「你是否曾經想過,當你買車時,有多少居住在不同洲的人們對那輛車的製造都有所貢獻呢?那些就是實質上你跟他們一起參與了非零和遊戲的一群人。」當各個民族與國家都能深度地相互連結,創造共同的未來時,人類的綜效最終可以終結彼此之間的衝突。當我們的興趣轉向貢獻全球社會時,古老的仇恨便會枯萎消逝。我在萊特的結論中看到了智慧:

　　總結來看,我認為歷史在非零和遊戲裡的總和是個正數。讓我最為驚訝、印象最為深刻,也讓我最感到振奮的一個證據便是,歷史是擁有道德層面及道德指標的。我們看到了與時俱進的道德進展。

從教導中學習

學習本書內容最好的方法，就是把本書的內容再教導給別人。大家都知道，教學的過程中，老師所學到的遠多於其他人。所以，找一個人 —— 無論是同事、朋友或家人 —— 把你所學到的都傳授給他。請以下列這些問題來問他，或者你也可以自己再想一些問題。

- 我們從莫罕默德・達加尼有關第 3 選擇思維模式的道德力量的故事裡，學習到了什麼？
- 瑪格麗特・卡倫提到她就讀一所猶太學院時說，「長達六個月的時間，我都沒有開口說話。」你認為她沉默的原因何在？她的例子教導了我們哪些有關同理心價值的事情？
- 1993 年的「奧斯陸協定」是如何發生的？從這個故事中，我們學習到哪些有關綜效流程的事情？
- 美國前總統卡特是如何催生大衛營協議？這個故事如何舉例說明給予人們「心理上的新鮮空氣」的重要性？
- 根據馬克・葛平的經驗，在解決衝突上，同理心扮演了什麼樣的角色？
- 從哪些地方來看，丹尼爾・巴倫波因是第 3 選擇活生生的見證？
- 在追求中東的和平上，你認為東西和平會議管弦樂團扮演了什麼樣的角色？從交響樂團的音樂家身上，你獲得了哪些洞見？
- 請解釋在追求和平中每一種綜效模式的重要性。

- 根據猶太人與穆斯林的雙方傳統，自我覺知以及自我反省在解決衝突上有哪些角色？
- 馬克‧葛平說，「在你盤算的當下，便拯救了你的心智。」他說這句話是什麼意思？在解決衝突上，為何那個時刻如此重要？
- 「如果你想要某個人的感覺產生思維移轉，你必須要藉由實際上傾聽他們，而讓他們覺得混淆。」在追求和平的過程中，具有同理心的傾聽扮演了什麼角色？
- 解釋「和平調解」跟「建立和平」之間的差異。「建立和平與綜效有關」是什麼意思？
- 解釋正向綜效為何是戰爭的相反面。
- 為何學者會說瑞士甚至不應該是個國家？從瑞士的故事跟以色列及巴勒斯坦衝突的故事的比較中，我們學習到了什麼？
- 有關歷史的方向有哪些事情讓我們覺得樂觀？

自己試試看

當你考慮自己的關係、鄰里或是社群時，有任何你可以協助解決的嚴重衝突嗎？請著手發展第3選擇的原型。邀請其他人一起貢獻心力。請運用「發揮綜效4步驟」這項工具。

---第 9 章---

第3選擇的人生

我們需要的不是更多的休假（vacation），
而是更多的使命感（vocation）。
——艾蓮娜・羅斯福（Eleanor Roosevelt，美國前第一夫人）

　　在波多黎各的塞瓦鎮（Ceiba）上，你會找到當地人稱之為
「曼卓」（The Manger）的一棟房子，這裡是偉大的大提琴家帕布
羅‧卡薩爾斯（Pablo Casals）於1973年去世之前，人生最後20年
的居所。在幾乎一個世紀之前，在他的西班牙家鄉，他第一次聽
到了大提琴的樂聲；在他征服大提琴之前，大提琴就先征服了
他。還是個小男孩的時候，他除了練習媽媽給的一本破舊的巴哈
大提琴組曲樂譜之外，其餘事幾乎都沒做。當一名傑出的作曲家
聽到他的演奏，邀請他在西班牙皇室面前演奏之後，他的職業生
涯便平步青雲。23歲時，他在維多利亞女皇面前演奏；85歲時，
他在白宮為甘迺迪總統演奏。

　　中間的60年是音樂世界裡延續久遠、日益上揚的漸強樂音。
卡薩爾斯擔任主角，跟偉大的交響樂團搭檔演奏；他贏得了每一
次的榮耀，被譽為全球、同時或許也是有史以來最偉大的大提琴
演奏家。他在西班牙深受愛戴，當他在國王面前演奏時，聽眾會
指著皇家包廂然後叫喊著說，「這位是我們的國王，可是帕布羅是
我們的皇帝！」

　　在這位偉人的暮年時分，他在塞瓦鎮上的鄰居會聽到巴哈組
曲的悠揚樂音從「曼卓」的窗戶裡飄送出來。在他93歲時的某一
天，一位鄰居問他，為何他每一天都持續練習大提琴三個小時。
卡薩爾斯回答說，「我開始注意到一些改善……我留意到自己愈
來愈好。」

漸強的生活

　　一直到帕布羅‧卡薩爾斯97歲時，最後一回放下他的弓的
那一天為止，他從來不曾停止過演奏他的音樂。他建立了自己的

能力，改善自己的力量，並且將自己內在最好的部分貢獻出來，直到最後一口氣。當其他人覺得奇怪，他為什麼不在接近綿長生命的終點時放慢腳步，他會告訴他們，「退休就是死亡。」卡薩爾斯原本可以跟他們解釋說，當音樂愈來愈小聲時，稱為「漸弱」（diminuendo），而當音樂樂聲逐漸增強，則稱為「漸強」（crescendo）。他下定決心，他的生命不要向下滑落成為「漸弱」。他生活在「漸強」之中。

在我專業工作上所分享的所有想法之中，我不知道有哪一個想法，比起我個人的座右銘**「生活在『漸強』之中！你最重要的工作總是在你前方。」**還要能夠激勵其他人，賦予他們力量。

有一回，我把這個想法傳授給一個大型的專業團體，之後一位法官來到我面前，眼中帶著熱情。他解釋說原本他計畫不久之後，適當的年紀一到便要退休，可是在聽到了「生活在『漸強』之中」的想法後，他了解到自己對於工作仍然擁有強烈的熱情，能夠貢獻以解決他城市裡的問題。他決定無限期地延後退休。

總是要相信，你最重要的工作是在未來，而不是在過往。依循這樣的想法來生活是很重要的。無論你完成了或是尚未完成什麼事情，你都能夠做出重要的貢獻。或許，你可以從事跟你之前不一樣的工作；工作的重要性可能是不同的方式，不過，仍然會是重要的工作，特別是如果你能夠以正面的方式影響其他人的生命。我們應該要避免一直回頭往後看從前完成的事情的誘惑，相反地，我們應該要以樂觀的信念向前看。

不論我們在人生中的年齡或是地位，身為第 3 選擇思維者的我們絕不停止貢獻。第 3 選擇心態的本質便是，總是在尋求生命中更崇高和更美好的事物。我們或許會從過去的成就裡獲得滿足，可是下一個偉大的貢獻總是在地平線的另一端。如同本書所展現

的，每一個地方都有挑戰，需要綜效推行者具有創意的影響力。我們需要建立關係、服務社群、注重家庭、解決問題、獲取知識，以及創造偉大的工作。

就我個人的例子來說，目前我已過了一般的退休年齡，可是我仍然積極地寫作、教學、提供顧問，以及為了我的專業到處旅行。我的孩子和孫子的快樂及個人成長對我來說很重要。在我面前所有這些令人興奮的挑戰，讓我相較於以往都更是個第 3 選擇的追求者。如同喜劇演員喬治‧柏恩斯（George Burns）在他 99 歲時所說的，「我現在還不能退休，我還有約會呢！」

我的女兒問我說，我是否還會寫出任何像是《與成功有約》如此具影響力的作品。我想我的答案讓她吃了一驚。我回答說：「你在開玩笑嗎？我最好的作品還沒出現呢！當下我的腦袋裡就有十本書哩！」這並不是高估我自己，而是我真的相信我的最佳作品還在未來。為什麼我不應該這麼覺得呢？如果我認為自己已經盡了全力，再也沒有任何有價值的東西剩下，好跟人分享的話，那我每天還有什麼動力起床幹活？我同意作家翁涅斯特‧崔格（Ernest T. Trigg）所說的一句話，「完成了所有他認為值得的事情的人，便開始邁向死亡。」不論他目前多少年紀。

我們之中有太多人過著兩種選擇的生命：我們不是工作，便是遊玩。許多人工作的目的是為了遊玩。我們在工作裡投入了漫漫長日，除了盡快和盡可能順利完成工作，好讓自己可以放鬆之外，心中沒有特定的目的或是目標。我們常聽到這樣的說法：

- 「好吧，又是星期一。」
- 「這個星期告一段落時，我會很高興。」
- 「只要我可以度過今天……」

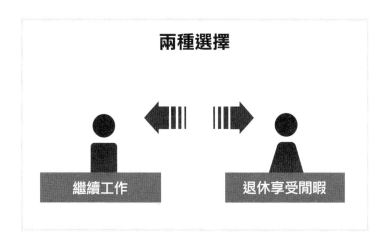

- 「週末就快來了。」
- 「感謝上帝，今天是星期五。」

因此，我們如此期許著，日復一日，週復一週，年復一年，生活便這樣過去。每一天都是「打開腦袋」和「關掉腦袋」兩種截然不同的狀態。我們透過工業時代的鏡片看待自己，如同執行某項功能的機器，一直到我們不再被需要為止。每天晚上，我們如開關一般關掉，直到隔天早上開關再次打開；一直等到某一天，開關永遠關上。接下來呢？

我們如滯銷的存貨一樣，擱置不用。我們退休享受閒暇，餘年的時光都拿來遊玩。許多人想要的就是這樣的生活，因為我們都被洗腦，以如此兩種選擇觀點來看待我們的全部人生。

不過，這是個由帶著工業時代心態的社會，所施加的錯誤的二元對立狀態。我們受到制約影響，認為只有兩種選擇：繼續工作，或是退休。我們認為，等到某一天我們不再是「機器」時，

我們就會快樂。接下來，生命便會有其意義。可是，對許多人來說，如同詩人威廉‧葉慈（William Butler Yeats）所寫的，「生命是為了某件從未發生的事情的漫長準備。」他們的生命往下滑落成漸弱，而衰老可能會是既漫長又枉然。

我相信第3選擇「提供貢獻」是目前為止最好的選擇。它能夠涵蓋前述兩種選擇。你可以持續你生命的工作，直到超過65歲的「黃金歲月」，而且持續提供堅實的貢獻。或者，你可以從目前的職業退休，然後開展第二個職業，回應你在周遭所觀察到的巨大需求，對你的家庭和社會做出有意義的貢獻。

無庸置疑地，如果你擁有貢獻的模式，無論你工作的歲月以及退休的歲月都會充滿了意義。

在我們對於工作以及退休的思維上，我提議一種急劇的思維移轉。根據已開發國家的人口報告，在超過55歲的人口當中，有33%到40%的人不再為了謀生而工作。在一兩個世代之前，我們的祖先在這個歲數還因為操勞過度而喪命，現在我們大多數人可以在老年期望一個完整的「第二次成年」（second adulthood）。在未來的幾十年間，當超過65歲的人口成長兩倍，突破全部人口的25%時，如何度過這個「第二次成年」的問題會縈繞在許多人的心頭上。歐洲或美國人的平均壽命將會達到79歲，而日本人則是平均高達82歲。過去的這個世紀裡，美國人的平均壽命每一天增加7個小時；相當於我們每一個人增加了25年的歲月！壞消息是，我們當中的某些人不知道如何運用這段時光，進而可能錯失了無價的機會，在這麼多人的生命裡創造改變。

我們是要虛擲這些時光，無所事事，還是要善加利用？

事實上，貢獻的模式可以拯救你的生命。我曾經觀察過退休享受閒暇的人，通常在身心方面幾乎立刻開始衰退，除非他們忙

碌地做出有意義的貢獻。根據著名的壓力專家漢斯·塞利（Hans
Selye）的研究：

> 隨著年紀增加，大多數人逐漸需要更多的休息，不過
> 每個人老化的過程並非都以同樣的速度進展。許多有價值的
> 人，仍然可以提供給社會數年有用的工作，當他對於活動的
> 需求和能力仍然高昂時，卻因到了年齡的限制而強制退休，
> 如此便造成身體疾病以及未老先衰。這類心因性的疾病非常

普遍，已經被取了個「退休病」的名稱。

作家恰克‧布萊克曼（Chuck Blakeman）這樣描述「退休病」：「我會等到我滿65歲，然後開始過著有意義的生活。前面65年的歲月，我會一切行禮如儀，好讓我可以活到65歲。到那之前，我只是在數時間而已。」

相反地，一個以使命為導向的生命卻能夠讓人重拾活力。充滿意義的貢獻讓我們的免疫系統維持強健，同時讓身體再生恢復的力量持續運作。我自己的使命感在我內心裡增長，而非縮小，這就是為何每一天的嶄新日子都讓我感覺興奮的原因。我並沒有感覺自己只是變老而已；如同卡爾‧羅傑斯所說的，「我感覺自己變老也成長。」

在生命中的某個階段辭掉有意義的工作，這個想法是個相當新近的觀念。如果你往回看的話，你就會發現歷史上的偉人們，從來沒有停止他們在生命的旅途中發現全新道路的慾望。對我來說，退休是個錯誤的觀念，是工業時代裡文化錯置的遺物。

放眼望去，你會看到許多年紀較大的人仍然擔任工程師、執行長、教練、教育家、律師、創業家、發明家、部長、科學家、企業家以及醫師的工作，他們並未接受社會退休的概念，繼續年復一年做出重大的貢獻。其他人則完全重新定義他們的角色，提供前所未料的貢獻。這些人都生活在「漸強」之中。

第3選擇的生活

1981年當卡特總統及其夫人蘿薩琳（Rosalynn）回到喬治亞州平原市的家中時，他們揣想著，「白宮之後的生活是什麼？」一

直以來，他們都相當投入州參議院、州長，以及美國最高首長的工作，從此之後他們該往何處去呢？他們感覺洩氣且非自願地退休，內心感到空虛，擔憂他們的生命會落入「漸弱」之中。

　　無庸置疑地，他們享受著跟家人、朋友以及教會在一起的時光，這是過去所不熟悉的。然而，他們的生活裡還是少了某樣東西。他們當然不會永遠在高爾夫球場上嬉戲。他們也並不想要像眾人對前任總統的期望那樣安定下來，寫寫回憶錄和打造一座總統圖書館。卡特想要在他身後留下做為紀念之物的，不是僅僅一本書和一棟建築物而已。接下來的某一夜，他醒來時想到了一項第3選擇生活的願景。他了解到，現在他可以自由自在地從事在白宮時無法做的事情：他仍然可以運用自己身為美國前任總統的身分，協助解決某些世界上最為艱難的問題。

　　他的願景是成為改變的催化劑，和平及療癒的主要推動力。他充滿幹勁，迅速著手他的第一個專案——建立一間讓全世界的人都能會面、討論及探索，解決他們問題的創意方案的庇護所。這個最後成為「卡特中心」（The Carter Center）的專案，同時也讓他的夫人感到興奮。就在這個時候他們了解到，他們的生活中原來缺少了什麼東西：能夠比起從前做出更偉大、甚至更有意義的貢獻的機會。

　　雖然擔任美國總統是人類成就的一大高峰，卡特夫婦認為他們能夠達成更崇高的事物。「誰知道呢？」他們自問，「相較於如果我們在1980年競選連任時獲勝，我們或許甚至還能做得更多。」這是個激勵他們、賦予兩人自主權力的洞識。「在白宮之後，還有哪些可能性呢？」我們或許可以這麼問自己。卡特夫婦便是這個問題的答案。

　　他們生活在漸強之中。跟以往相較起來，他們更加忙碌。

他們跟卡特中心一起工作，解決各地衝突，促進民主和人權的進展。身為七十個國家聯盟的一分子，他們贊助了公共衛生的專案，比方說消滅一度讓數百萬非洲人痛苦畸殘的麥地那龍線蟲病（guinea worm）。他們倡導「仁人家園」（Habitat for Humanity），擔任志工，幫需要的人蓋房子；一張大家熟悉的照片裡，吉米·卡特手裡拿著槌子和釘子，跟其他蓋房子的人一起工作。他幾乎是眾人普遍公認，史上最具有生產力的美國前任總統。

　　吉米和蘿薩琳·卡特在離開白宮時，怎麼可能知道，或許他們最重要的工作會是在未來。他們並沒有從生活中退休，而且他們對世人提出挑戰，要我們以綜效加入其他人的行列，一同回應人類的需求：

　　　　參與為他人提倡良善的事物，在我們近年的生活裡造成了極大的改變。各個地方對於志工都有嚴重的需求，以便協助饑餓、無家可歸、眼盲、殘障、患有藥癮或酒癮、不識字、精神疾病、年老的、坐牢的，或者只是沒有朋友、感到孤單的許多人。很明顯地，還有許多事情可以做，而無論我們要做其他什麼事情，我們最好繼續幹活。

　　「繼續幹活」眾多人當中的一位，是位在佛羅里達州奧蘭多市（Orlando）的旅館經營者哈瑞斯·羅森（Harris Rosen）。哈瑞斯出身貧困，成長在紐約市著名的「地獄廚房」區域，他從父母那裡持續聽到告誡，「接受好的教育會讓你脫離這個地方。」哈瑞斯聽從他們的勸告，成為家族中第一位從大學畢業的成員。他在旅館業從基層做起，努力奮發，兢兢業業，最後在繁榮的奧蘭多地區擁有 7 家旅館。他大可以放輕鬆，享受他辛勞的果實。

　　不過，他無法忽視鄰近的坦傑羅公園市（Tangelo Park）。這個社區距離他坐落在國際大道上的一家豪華旅館不遠，但卻是截然不同的兩個世界。犯罪與毒品到處肆虐，加上失業以及令人擔憂、高達25%的高中輟學率，社區裡充斥著恐懼和貧窮。哈瑞斯想要把優良的教育貢獻給坦傑羅公園市的孩子們，在一次學校會議裡，他毫無預期地站起身來告訴與會者說，「我承諾要讓每一位坦傑羅公園市的高中畢業生免費上大學！」所有人都大吃一驚，幾乎不敢相信這件事情，可是哈瑞斯依照計畫推動。實際上他做的還更多：他資助幼稚園，好讓小孩子進入小學時不會在教育上落後。同時，他設立一所家庭資源中心，讓家長們可以獲得諮商和技能以強化他們的家庭。

　　「這是個讓人讚嘆的故事。」南佛州大學的查爾斯‧足班（Charles Dziuban）教授說，他同時也身兼坦傑羅公園市課程諮詢委員會的委員一職。注入了新希望的結果幾乎是立竿見影：犯罪率立刻減少66%，輟學率從25%下降到6%。目前，上大學的比率達到了令人難以置信的75%。

　　羅森從善行中所獲得的，遠遠超過他所付出的。某一天，他到藥房去買醫師開立的處方藥時，年輕的藥劑師認出他來。「羅森先生，我透過你設立的坦傑羅公園市課程方案，從大學畢業了。因為你，我今天才會是藥劑師！」另一位課程方案的年輕畢業生成為了橘郡的「年度老師」。這位優秀的教師可以選擇住在任何地方，可是他選擇住在坦傑羅公園市，成家立業，接近他想要影響的學生們。

　　哈瑞斯‧羅森已經七十好幾，原本可以在佛州享受奢侈的退休生活。或者，他可以繼續工作，專注在他自己的事業上，專心一意，對於隔街那一邊的痛苦毫無知曉。不過，他拒絕了那兩種

選擇。他的熱情是在第 3 選擇上，把這個遭受問題困擾的貧窮社區全面更新。他向其他的富人提出挑戰，要他們追隨他的模式，相信這樣的做法能夠轉變社會。

這個當下，我可以聽到你說，「可是我並不是前任總統，或是富有的高階主管。」不過，你應該知道我的答案：這無關緊要。在我們自己的影響範圍之內，我們能夠擁有比例上相同的影響力，正如同卡特夫婦或是哈瑞斯・羅森一樣。

在名流光譜上，距離名流最為遙遠的另一端，你會看到「傑姬」，我甚至不曉得她的真名。傑姬居住在一間 3 坪大的單房小木屋裡。我完全不知道這間小屋在哪裡，除了是在美國南方的某處之外。而且我請求你別去尋找她。

透過紐約一位環境新聞工作者威廉・鮑爾斯（William Powers）卓越的文筆，我們認識了傑姬。鮑爾斯尋找到她，獲得首肯敘述她的故事，此舉能為我們其餘人，在如何過著真正永續的生活方式上，貢獻出重要的洞見。

傑姬在她的鄰居中被視為「智慧守護者」（wisdomkeeper），這是一項根源於美洲原住民的傳統。「她們是啟發我們，往生命深處挖掘更深的年長女性。」根據傑姬所在的州法規定，一間 3 坪大或是更小的建築物，並不是房子，而是倉庫，如此她便可以完全脫離法規、公共設施及電力供應：沒電、沒自來水、沒下水道，也沒有電話。對於官僚的世界而言，鮑爾斯說，傑姬其實是「隱形而看不見的」。

身為醫師，傑姬感覺到，自己跟都會生活的步調和混亂之間的連結愈來愈微弱，她期盼跟一個較為寧靜的世界產生連結。在將孩子撫養長大，接近她人生的後半階段時，她把工作減量，並且找到了荒野中的一塊地，把自己重新定義為「樸門生活

（permaculture）農人」，全心投入與土地生活在穩定的和諧之中。在樸門生活裡，投入等於產出；換句話說，沒有任何外在的東西進入到系統之中，而且所有的廢物都被重複使用，所以沒有東西離開系統。

傑姬的生活聽起來可能很艱苦，但其實是美麗而寧靜的。鮑爾斯描述了他跟傑姬的第一次會面：

> 她身體的一部分被茶樹遮住，隔了一段距離，我只能看到她些許的臉龐，和灰白交錯繫成馬尾的頭髮……
>
> 傑姬輕輕拉了我的手一下，帶我到茶樹叢旁的雨水池子。我們蹲伏下來，那隻蜜蜂飛離我手臂，降落在水池旁。在我們頭上是個蜂巢箱。傑姬告訴我，她飼養的義大利蜜蜂每年生產40磅的蜂蜜，產量多到足夠送給友人。「注意聽，現在蜜蜂是多麼安靜啊，」她說……
>
> 輕微的嗡嗡聲，混合了小溪的喃喃自語。我們被六月莓、無花果樹、榛果樹，以及酸模樹包圍著。之前停在我手臂上的蜜蜂，現在從水池裡啜飲著水。傑姬伸手過去，撥弄牠的翅膀。「有時候，我在清晨醒來，這裡一片寧靜，我會喜極而泣。」

傑姬描述樸門生活，就是「你的祖父母知道，而你父母遺忘了的事物。」比看起來的還要複雜一些，她的林地分成好幾區，某些區域有籬笆圈圍，以免作物被野鹿和兔子啃食。除了她的蔬菜園圃之外，她還種植了原生的莓類、山核桃、原生種蘋果以及看起來像是芒果的番木瓜。她在森林裡採摘香菇。她小巧的屋子裡飄散著杉木的香氣，而且「令人驚訝地寬敞……藉由縮減到這

麼微小的人類空間，傑姬被大自然包圍起來。沒有電線，沒有自
來水管。」

　　然而，傑姬並不是隱士。她照顧病患，跟家人享受相處的時
光，而且以非常節省的方式旅行，加入和平及環境團體的工作。
她的生活方式是針對她的世代熱衷追求物質主義，以及模糊不
清、缺乏目的感，這兩種病態之外的一項第 3 選擇。鮑爾斯在傑姬
和他認識的一個人之間，刻畫下強而有力的對照，後者「48 歲時
從財務規劃的工作退休，跟她的第三任丈夫，買了棟擁有海洋景
觀的房子。過去幾年以來，她都在那裡生活，說不上快樂或是不
快樂……享受『永久』的假期，每天觀賞著夕陽，啜飲著椰汁鳳
梨雞尾酒。」

永久的假期還是永久的使命？

　　我了解許多人喜愛永久假期的想法。某些人在工作的歲月
中，對永久假期殷切盼望。在我們工業時代的工作中，我們承受
打擊、傷痕累累，很自然地，我們會夢想著穿越熱帶地區無止盡
的郵輪，或是無邊無盡、綠油油的高爾夫球道。當需要時，我們
便應該放鬆，因此高爾夫球場上的美好日子，或是異國氣息的海
外旅遊，理由都是再充分也不過的；可是，若以為逃避會讓我
們快樂，則無異於自欺欺人。這麼做是違反事物的本質的。無論
身處生命裡的哪個階段，我們都可能會對垃圾事物上癮：毫無目
標、無心地看電視、著迷沉浸在社群媒體裡、不停的嬉戲，以及
逛著一家又一家的夜店、缺乏內容的小說、對於醫藥過度依賴，
以及無所事事地睡覺。這些事情足以削弱任何人的力量，不過退
休族群尤其面臨著把他們的生活轉變成廢物的風險。

　　我的祖父理查教導我「生命是一項使命，而不是職業」。他或許還加上了「不是假期」。審慎思考在永久度假的人，以及在一項永久使命上的人，他們彼此之間大相逕庭的生命。

　　專注在一項永久使命上的代表是詹姆斯・金（James Kim），他是位 15 歲的南韓士兵，在殘酷的韓戰中受了傷躺在戰場上，瀕臨死亡。身為一個非常虔誠和謙卑的男孩，他請求他的上帝倖免他的生命，好讓他能夠「將愛回復給我的敵人」，北韓和中國的軍隊。

　　他從戰爭中存活了下來，而從那個時候開始，他所做的每一件事情都是完成他所許下的誓言，幫助他北方的鄰居們，「拯救他們的生命，而不是殺死他們」。他只是個普通的年輕人，沒有太多教育也沒有錢，一開始他不知道自己可以做些什麼來幫助他之前的敵人，更何況他們的邊界對他緊緊關閉。不過，他知道他會需要資源，所以他去了美國好賺一些錢。

　　金成了美國公民，開始一項進口韓國假髮的事業，過了一段時間之後，累積了一點財富，不過這只是用來完成他心中目的的方法。他知道美國護照會協助他突破那時仍然封閉的北韓和中國社會。到了 1980 年代時，他已經準備好要推動他的使命。他覺得，需要完成的工作，是要協助教育年輕人，讓他們的心靈開展學習。這是他所能夠想的到，給予他昔日敵人的最好禮物。

　　他接受邀請在北京一個商業會議上發表演說，他利用這個機會宣布，自己會資助北韓邊界位於中國延吉市的一所小型學院。中國當局感到懷疑，不過也被這個想法所吸引，認為這所學校或許可以支持他們向西方開放的策略。幾年之後，金和他的妻子葛瑞斯搬到宿舍裡，以便跟新成立的延邊科技大學的學生一起生活和交朋友。學生們為了回饋，除了研讀課業之外，還會在當地學

校和醫院擔任志工。學校發展蒸蒸日上，吸引了全球各地有才華的教師。

　　接著在1998年時，金聽到了北韓糧食短缺的消息，他志願帶著補給品越過國界，結果立即遭到逮捕。他被指控間諜罪名，關在牢裡，每天接受審問，長達一個半月：

　　　「當我被拘禁時，心中非常平靜。我寫下我並不怕死，因
　　　為我知道我會到一個更好的地方。而且我寫下，如果我真的
　　　死了，我會把我的器官捐贈給北韓作醫學研究。我跟他們說
　　　我心中感到平和。」金說，他後來聽到，親愛的領導人被那
　　　樣的情操所感動。

　　最後金被釋放，他持續向北韓請願，允許他為他們建立一所大學。到了2001年時，他已經說服了政府，開始準備全新的平壤科技大學，資金來自金個人的積蓄以及他募款得來的捐獻。花了整整九年的時間才蓋好大學，不過在2010年10月25日，學校敞開大門歡迎國家裡最聰明學生中的首批160人。金相信這會協助北韓跟資訊科技的世界連結，最終會將障礙打破。

　　許多金的受益人都對他的慷慨大方感到很困惑。「你若是問金，他是從哪裡找到啟發，他總是會說，『愛』。興高采烈的教授們認為，愛是一種橫越國界的力量，而教育便是運用愛的工具箱。」當他北韓與中國的招待人問他說，他會稱呼自己為資本主義者，還是共產主義者時，他回憶說，「我告訴他們，我只是個『愛的主義者』。」

　　當戰爭的創傷讓某些人滿腹牢騷時，金所受到的創傷軟化了他對待敵人的心腸。當許多人很高興看到他們的敵人碩果僅存

時，金事實上把隔離的門拉下好幫助他的敵人。他目前在生命的後半階段，當許多人都生活在「漸弱」之中時，他仍然過著「漸強」的生活。他大可以在某處的海灘上輕鬆度日，或者他大可以忘了自己年輕時不切實際的誓言，而仍然在美國佛州經營他的事業。任何一個選擇都是完全可以接受的。

不過，這些都不是金所要的。他選擇了第 3 選擇。在永久度假，還是在一項永久的使命上，何者較為崇高和良善？這是一個你必須自己回答的問題。

你可能會問說，「可是，在辛勞了一輩子之後，難道我不應該放慢腳步、放輕鬆一點嗎？如果我就是覺得不夠強健呢？如果我的健康已經衰敗了呢？」

如果我不了解那些感覺，我就是缺乏同理心。雖然我更容易感到疲倦，需要更多睡眠，而且發現跟早年比較起來，旅行現在變得更加辛勞，我很感謝自己的健康還相當不錯。不過，我的太太珊德拉背部手術過好幾次，完全改變了她的生活。她現在坐在輪椅上，即便是簡單的事務，也需要依賴其他人的協助。對我們雙方來說，要適應這個新的生活方式，從來就不是一件簡單的事情，我們整個家庭跟她一起痛苦地經歷了這一段艱辛的經驗。

無庸置疑地，珊德拉期望能夠獲得再次行走，不受拘束、隨心所欲的自由，只是現在還做不到。雖然面對了那些困難，她的態度一直都令人驚訝、振奮人心：她盡力發揮她能夠運用的資源。她的座右銘是拉丁片語「把握當下！」（Carpe diem!）她跟家人、朋友，以及對她而言重要的理想與事業保持聯繫。她在自己的影響範圍內行動，即便她所面臨的挑戰，每一天都持續擴大影響的範圍。她參與了讀書俱樂部，以及友人的午餐團體，在我們的教堂裡教導一門課，在一所大學董事會裡服務，幫鄰居包裹聖

派翠克節（St. Patrick's Day）時的餅乾，在愚人節跟家人惡作劇。她三不五時便寄卡片、打電話及拜訪孫兒女。她求知若渴地閱讀，在政治上保持活躍，並且支持一家藝術中心，自己同時協助招募了許多資金。對於一位坐在輪椅上的人來說，她的成績還真不錯！正如同大家所說的，「別『否定了』殘障狀態！」

雖然珊德拉的生活已經有了急劇的改變，透過盡可能的貢獻，她仍然生活在「漸強」之中。哲學家尼采說，「抱持著目的使命而生活的人，便能夠承受幾乎任何的情境挑戰。」

我認為我們也有責任幫助其他人生活在「漸強」之中。無論年齡或是疾病體弱，每個人都有價值，也都有貢獻的能力。我有一位朋友，工作壓力極大，而且行程滿檔。最近，他年邁的母親衰老到不再能夠獨立生活，家族討論什麼樣的方式會對她最好：是待在她自己家裡，然後雇用看護來協助她；還是搬到提供輔助生活的養老院裡；或者搬去跟她兒子一起住。我的朋友有很多事煩心，不確定自己的生活中是否有空間好配合照顧他的母親。幸運的是，他善體人意又賢慧的妻子並沒那麼遲疑，她歡迎婆婆搬來與他們同住。嬌小、脆弱，又近乎全盲與全聾的年邁女士，因為搬遷到新的地方而完全喪失了方向感。就好像家裡來了位需要他人照顧的小孩一樣；他們需要幫忙她做大部分的事情，包括沐浴、餵食，早晨幫她起床，晚上讓她上床休息。我的朋友覺得不耐煩，可是又感到有罪惡感，他左思右想這樣的安排是不是真的可行。

之後的某一個晚上，在餐桌上，他母親坐在他身邊，妻子則坐在他對面。他的母親正在告訴他妻子，自己童年時在家庭農場上的一個小故事，他們如何把豆子收集起來裝罐，以備冬天之用。房子裡一片寧靜，而夕陽的光線落在他母親的臉上，讓她看

起來相當年輕。他在一種很久沒有感受到的連結之中，感覺到一份不熟悉的滿足。讓他驚訝的是，他騰出了時間來，真正觀察他的母親，聆聽她說話，並且享受她安靜的影響。她對每一件事情都非常感恩，非常彬彬有禮和溫柔文雅，彷彿她是來自於另一個時空。他的妻子微笑著，雙手托腮，傾聽母親的故事，彷彿她有一整晚的時間。

慢慢地，我朋友的生活安排出現了改變。他和妻子帶著母親做極為緩慢的短暫步行。他們一起聽音樂。他們把她敘述自己生命的故事錄音下來。她教導他們烘培的古老訣竅，在她的指導之下，他們不怎麼有把握地複製了一條她老家自製的麵包。夜晚降臨時，他們會一塊兒觀賞古老的黑白電影，大多都是1930年代的喜劇，她幾乎都不記得了，而她的兒子會在她耳中重複她聽不見的那些幽默對白。

過了一段時間之後，我的朋友了解到，一直以來，他之前的生活是多麼地缺乏經驗和尚未完成。雖然他母親已經過了90歲的生日，就通常的意義來說，無法看見、聽清楚，或者是工作，但她所提供給兒子的晚年貢獻，以他從來未曾預期的方式充實了他的生命。原本非常習於以迅速步伐，急行走過生活的他，學習到放慢腳步，慢慢享用一頓很放鬆的晚餐，聆聽一個老故事，以及心滿意足地坐在他母親身旁，握著她的手。經過了這一切之後，他生活在溫柔的漸強之中。

我相信是因為我朋友的體恤，讓他的母親在她晚年能夠做出充滿意義的貢獻。「她來跟我們一起生活，是幫了我們一個忙。」他說，「我們才是受益的那一方。」他原本可以把她送到養老院裡，她會喜歡那裡的友伴，而且被妥善照顧。不過，他就會失去轉變了他生命的某一件事物：來自於愛與服務的靜默回報。

在我們輕率倉促地追求金錢和社會地位這類次要成功時，我們便面臨了一個非常嚴重的風險，完全喪失主要成功更為深遠的滿足：我們所服務的人給予的愛、信任及感謝。

我個人的信仰是，我們來到地球上的目的，是為了服務其他人，上帝期望我們藉由幫助我們的人類同胞，來完成祂的工作。我們可能是另一個人祈禱獲得幫助的答案。透過良心的恩賜，上帝啟發我們以物質和靈性的雙重方式，祝福祂的子民。我相信，**服務是獲得持久快樂的關鍵，也是在這一世裡真正成功的指標**。

某些人，就像是機器一樣，會繼續他們日復一日、枯燥的繁重勞動，一直到死亡把他們關掉為止。某些人則會逃避開來，自尋娛樂，至死方休。然而，其他人則會選擇第 3 選擇，只要他們還活著就努力奮鬥，做出更崇高和更良善的貢獻，讓他們的同胞獲得快樂。這便是最終極的「有待完成的工作」。

你會選擇第 3 選擇，做出貢獻，生活在「漸強」之中嗎？還是說，當你日益變老，你會讓你的生命逐漸衰退？你留下的遺產會是什麼？你必須貢獻其他什麼東西？未來有哪些令人興奮的冒險？當你擁有更多時間提供給你周遭的人們，而且你擁有知識和經驗時，你會做些什麼？你需要建立或者修復哪些重要的關係？你最偉大的工作是否還在未來？你周遭的人們將會等待並且希望，你能夠回應我們世界的艱鉅挑戰。而當你以心智及心靈的綜效回答時，你也會被祝福賜予一個充滿了意義與目的的人生。

在丁尼生（Tennyson）偉大傳世的《尤里西斯》（*Ulysses*）詩篇之中，他想像著特洛伊的英雄，在他史詩般的艱險旅程結束了很久之後，是個坐在王位上的「閒適國王」。周遭環繞著宴會餐桌和枯燥乏味的遊戲，昔日的英雄因為自我放縱而變得衰老無用。他回想自己過去的行為、他跟暴風及巨人的搏鬥，還有儘管困難

巨大無比，他所面對和克服過的挑戰，然後他了解到自己不能就這樣死去。絕對不能是現在這副模樣。

英雄不再年輕，不過仍然受到激勵，想要追尋更崇高和更良善的事物，尤里西斯從王位上站起身來，命令部屬把他的船艦準備好。他的老伙伴們也心有同感，而當他們一同啟航時，他們知道最偉大的冒險仍然還在前頭。

> 我無法從旅途中休息：我要飲盡
> 人生直到沉渣：我享受至極，
> 受苦至極，所有時光，苦樂交錯
> 愛著我，單一時光……
> 暫停，終了，是多麼乏味，
> 未打磨而鏽蝕，未在使用中發光！
> 彷彿呼吸便是生命。層層堆積的生命
> 太渺小了……
>
> ……雖然
> 現在我們不再有昔日的力量
> 撼動天地；我們現在仍然；
> 英雄胸懷如往日，
> 時運雖弱化，可意志仍堅
> 奮鬥、追求、尋找，不退讓。

從教導中學習

　　從本書中獲益的最好方法，就是將本書的內容再教導給另一個人。大家都知道，教學過程中，老師學到的東西比任何人都多。所以，找一個人 —— 無論是你的同事、朋友或家人 —— 把你所學到的傳授給他。請以下列這些問題來問他，或者你也可以自己想出一些問題來。

- 生活在「漸強」之中是什麼意思？生活在「漸弱」之中又是什麼意思？
- 我們之中有太多人過著一種兩種選擇的生命。你會如何描述這兩種選擇？對於一個尋求過著完全的生活的人來說，每一種選擇的限制為何？什麼是第 3 選擇？
- 事實上，貢獻的模式可以拯救你的生命。哪些自然的過程讓這個道理成立？
- 在白宮歲月之後，美國前總統卡特及其夫人蘿薩琳所面對的兩種選擇為何？卡特夫婦以怎麼樣的方式過著第 3 選擇的生活？
- 哈瑞斯‧羅森和「傑姬」個別的第 3 選擇生活，就他們影響範圍的大小而言，可以說剛好相反，不過雙方都做出了貢獻。有關於在生命裡，我們貢獻的尺度這件事情，我們從他們身上學習到哪些事情？
- 如果我們以為快樂就是「永久的度假」，那我們就欺騙了自己。為何這麼做是違反事物的本質呢？
- 在一項「永久使命」上的概念為何有這麼大的解放力量呢？詹姆斯‧金的故事教導了我們哪些事情？

- 尼采說，「抱持著目的使命而生活的人，便能夠承受幾乎任何的情境挑戰。」珊德拉‧柯維的例子如何具體說明了這個洞見？當你考慮到自己所受到的局限時，這個洞見提供你什麼幫助？
- 從我的朋友跟他母親的故事裡，我們學習到哪些跟生活在「漸強」之中有關的事情？為什麼我們有責任協助其他人生活在「漸強」之中？你可能會幫忙誰生活在「漸強」之中？
- 「暫停，終了，是多麼乏味，未打磨而鏽蝕，未在使用中發光！」丁尼生《尤里西斯》一詩當中的這些詩句，對你有什麼意義？

自己試試看

　　你要如何生活在「漸強」之中？你自己的成功標準是什麼？怎麼樣的第 3 選擇可能會轉變你的人生？請著手發展第 3 選擇的原型。邀請其他人一同參與。請使用「發揮綜效 4 步驟」。

第 10 章

由內而外

身為一位第3選擇思維者,你的成功會是由內而外。
當你愈想面對重大議題,就需要愈多的內在意志與力量。

　　許多年前的一個夏天，我在一個戶外求生營帶領一群年輕人，目的是教導他們如何在身上只帶著很少的糧食、絕大部分都仰賴大地供應的情況下，能夠在野外生存下來。在過了將近一個星期之後，我們跟學員現場說明，如何用一根簡單的粗繩，綁在河流兩側的大樹之間來渡河。我向這群青少年示範如何用手和腳緊握住繩索，然後一手接著一手移動，橫渡到河岸的另一端去。到了半路時，我決定要來些好玩的，就在繩索上大幅搖晃，炫耀一下自己的技術。河流很深，但流速不快，所以在這種情況下，下方不會有什麼危險。孩子們很喜歡我的表演。嬉笑之餘，我甚至還開始跟他們挑釁，「我打賭當你們渡河時，都不可能看起來這麼帥！」不過，接下來的問題是，剛才我已耗費太多體力耍寶，現在當我要重新開始橫渡時，我感覺到自己的肌肉再也沒有力氣，就快要抽筋了。我擠出所有的意志力，下定決心一定要完成剩下的路程。可是，接下來的好一陣子，我完全沒辦法移動。我懸掛在那裡幾秒鐘。肌肉放盡氣力。我朝下掉入河裡，激起水花。我掙扎地游回到岸上，全身濕淋淋地從水裡爬上來，之後在這個星期結束之前，大家都拿我開玩笑，還真是咎由自取。

　　從這件事裡，我學到一個重要的教訓，畢生難忘。你會明白，就如同大自然中的大多數東西一樣，身體教導我們「收穫法則」——要怎麼收穫，先那麼栽。世間存在著自然律。這些法則主導了所有的生命。不論我多麼地激勵我自己，想運用意志力橫渡剩下的河流，到了最後我還是受制於肌肉的情況、強度及耐力。當我體內沒有力氣時，便不可能期望我的外在達到成功。

　　當你嘗試創造出第3選擇的解決之道，好對應你最艱難的問題和挑戰時，你將會面臨到同樣的現實狀況。即便你擁有最佳的意圖與努力，當你試圖解決跟朋友、同事、或是家人之間的一項艱

難的差異，而事情的發展並不如你所願時，我保證你會發現自己有所不足，並且體驗到像是失敗的感覺。甚至，結果還似乎讓事情變得更糟。

我經常要面對處理這些限制。我會失去耐心。我會過度反應。有時候，我發現要傾聽真的很難……特別是當我「知道」我是對的時候！由於這些年來，我經常教導自己已成年的孩子這些原則，當我沒在傾聽時，他們會毫不遲疑地要求我做到。因此，我學會了露出微笑、深吸一口氣、迅速道歉，然後說，「好吧，幫助我了解。」而且，坦白說，有時候要我做到這樣，需要好一段時間。

一開始的時候，我們可能都立意良好，不過在努力的過程中，發現自己會出現防衛心理、感到受傷、反應被動，或者是落入昔日「打不過就脫逃」的溝通模式。這些事情並不一定意謂著失敗，不過卻顯示了我們需要在靈魂深處下更多工夫，以便在我們性格的「肌肉」上發展出更高的強度。

我們愈在意關心，我們便愈會試圖以第3選擇的心態生活，以面對生命中每一個重大的挑戰和機會；而當我們愈想要面對生命中的重大議題，就需要愈多的內在意志與力量。當問題愈重大，關係或議題愈重要，就愈需要內在的安全感、豐沛不絕的雙贏思考、耐心、愛、尊重、勇氣、同理心、堅忍不拔的決心，以及創造力。河流如果愈寬敞，要成功橫渡，就需要愈多的內在力量。

我們要如何才能培養這種內在的品格力量呢？這是生命裡真正偉大的問題之一。當我寫作《與成功有約》時，這一點正是我試圖說明清楚的核心。原文書名的副標題為「恢復品格道德」（Restoring the Character Ethic）。因此，我建議你閱讀或是重新閱讀這本書。我之所以會毫不保留地這麼說，是因為這本書談的是有

關人類有效成功的萬古長新、放諸四海皆準的自明原則。每一個持久繁榮的文化、社會、宗教、家族和組織，都具體展現了這些原則。我並沒有發明這些原則；我只是把它們一一排序，組織成一個架構，好讓讀者可以運用各自的方式接觸這些原則。我相信這些普遍通用的原則是來自於上帝，而且是祂對於我們的愛，以及祂希望我們快樂的表徵。

　　身為一位第 3 選擇的思維者，你的成功會是由內而外。在發展內在力量和安全感，以便創造第 3 選擇的解決之道上，我向讀者推薦，我所發現非常有幫助的下列二十項事情：

1. **留意自豪**。不再認為自己總是「正確」的。你對於現實的了解，無論如何，總是會有偏袒不公之處。允許自己在關係和具有創意的解決方案上，達成如果你固執堅持是「正確」的，便可能永遠不會實現的重要突破。

2. **學習說「抱歉」**。一旦你了解到自己有所不足，或是傷害到某人，便迅速道歉。要真誠，別猶豫。而且別只道歉一半。要完全地道歉，扛起責任，並且表達你想要了解對方的渴望。

3. **對於感受到的冷落與輕視，要迅速原諒**。切記，對於是否受到冒犯，你擁有選擇權。如果你覺得被侵犯了，就讓事情過去吧。

4. **對你自己和其他人做出、並信守非常小的承諾**。一小步、一小步、慢慢來。當你發展出這樣的固定模式之後，便可做出並信守較大的承諾。你自身的誠信會成為你安全感和力量的最重大來源。

5. **花時間處在大自然之中**。去散個長程的步。每一天都在你

的生活裡創造出空間，省思你周遭世界的綜效。

6. **廣泛地閱讀** —— 這是做出心智連結，以及獲得能夠引導出第 3 選擇的洞見的最佳方法。

7. **時常運動，如果可能的話，每一天**；並且攝取能夠帶來平衡與調節的健康食物。身體是心智和靈魂的工具。

8. **獲得充足的睡眠，每一天至少七到八個小時**。科學告訴我們，睡眠時大腦會產生新的連結，這就是為何我們醒來時經常會有嶄新想法的原因。同時，你會發現自己更能夠給予，創造出第 3 選擇所需要的情緒、心智以及心靈的能量。

9. **研讀具有啟發性或是神聖的作品**。沉思、靜坐，或者祈禱。洞見會自然而然地出現。

10. **為自己空出安靜的時間，思考具有創意的第 3 選擇，以解決你的挑戰。**

11. **對跟你有所關連的人表達出愛和感謝**。以同理心傾聽他們。付出時間來了解他們、對他們重要的事物，以及他們的故事。

12. **你擁有兩個耳朵，但只有一張嘴**：依照比例善加使用。

13. **練習對其他人慷慨大方** —— 運用你的時間、你的心、你的寬恕，以及你的肯定。明智而且大方地跟需要的人分享你的資源。對自己要大方寬容。我們都有弱點。我們也都有長處。要對未來盼望，往前邁進。所有的這些事情都會在你內心培養出一種豐饒富足的精神。

14. **避免拿自己跟其他人做比較**。就是別這麼做。你是獨一無二的。你具備了無限的價值，擁有龐大的潛能。定義出自己在生命裡特別的使命。務必要誠實以對，活出真正的自己，並且以單純和宏偉的方式服務其他人以及全世界！

15. 要心懷感謝。表達出來。

16. 學習變得充滿熱誠、不屈不撓，發現如何為他人創造出偉大的勝利 —— 能夠提升他們的和平、快樂以及繁榮昌盛的勝利。這麼做會有感染性，而你可能會發現其他人也為你尋求相同的事物。這便是產生非凡綜效的關鍵。

17. 當事情的進展不如理想時，休息一下，到街頭去散個步，晚上睡個好覺，然後以全新一天的新鮮感和觀點再回來處理。

18. 如果你真的無法達成雙贏，務必記得，在某些狀況之下，「沒有協議」會是最好的選擇。

19. 當事情涉及到其他人、他們的反應、他們的弱點，以及獨特性或怪癖時，只要多微笑就好。而當事情牽涉到你青少年的孩子時，提醒你自己，「同樣地，這件事也會過去。」

20. 永遠不要停止相信第3選擇的可能性。

　　透過獲得這些「個人的勝利」（Private Victories），你會發現你的「公共的勝利」（Public Victories）隨之而來。

　　在結束本書內文的當下，我要跟讀者表達我對你的愛，我對你本人以及你的潛能的信念。我相信，當你選擇了行走在第3選擇生活的路途上，你會帶給全世界許多良善的事物。這個世界非常需要你。上帝保佑你。

史蒂芬・柯維

發揮綜效 4 步驟

發揮綜效 4 步驟

❶　提出啟動「第 3 選擇」的問題：
「你是否願意與我一起尋求一種到目前為止你我都未曾想過的更好的解決方案？」

❷　定義「成功」的標準
在以下空格中，列出會讓每一個人都滿意的解決方案所必須具備的要素。你們心目中的「成功」是何模樣？你們真正需要做的工作為何？什麼才是所有人都認同的「贏的策略」？

❸　創造「第 3 選擇」
在以下空格中（或別的地方）畫出模型、圖案，借用各種想法及創意、徹底顛覆自己的思維模式。動作迅速、發揮創意。暫停任何批評、判斷，直到你們清楚知道，綜效已經產生的那個令人狂喜的時刻。

❹　達到「綜效」的結果
在以下空格中描繪出自己心中的「第 3 選擇」。如果願意的話，你也可以寫出自己打算如何執行。

發揮綜效 4 步驟使用說明

發揮綜效 4 步驟　這個流程可以幫助我們實踐綜效的原則。（1）提出啟動「第3選擇」的問題；（2）定義出每個人心目中所謂的成功；（3）不斷嘗試、實驗，直到（4）達到綜效的結果。

如何達到綜效的結果

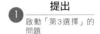 **提出啟動「第3選擇」的問題**

在一種衝突或創意的情境下，這個問題能夠幫助每個人脫離自己原有的立場或根深柢固的想法、發展出「第3選擇」。

❷ 定義「成功」的標準	❸ 創造「第3選擇」
列出一些基本要素或寫下一段話來形容每個人都會同意的「成功」。在這個過程中，同時回答以下問題： ・是否每一個人都參與制訂成功的標準？我們是否盡可能從最多人身上得到最多的想法？ ・我們真正想要的結果為何？我們真正應該做的工作為何？ ・什麼結果對大家而言都是最好的？ ・我們的眼光是否超越了自己根深柢固的想法，因而看到某些更好的可能性？	請遵循以下這些指導原則： ・放輕鬆，你不是在「辦正事」。每個人都知道這只是一個好玩的遊戲。 ・避免下結論或達成不成熟的協議及共識。 ・不要批評別人（或自己）的想法。 ・在白板上畫出圖型、圖表，製作模型、寫下初步的想法。 ・顛覆各種想法、扭轉傳統思維。 ・動作迅速。設定時間限制，好讓能量及創意快速奔馳。 大量提出各種想法。你完全不知道哪一個瘋狂點子最後會發展成我們的「第3選擇」。

❹ 達到「綜效」的結果

藉由圍繞在四周的那種狂喜及激動的感覺，你會知道綜效已經產生了。原有的衝突不見了。新的解決方案完全符合我們的成功標準。注意：千萬勿將妥協當作綜效。大家可以接受妥協，但不會覺得欣喜若狂。妥協意味著每一個人都必須有所犧牲；綜效則是每一個人都是贏家。

致謝詞

　　我要感謝許多令人驚歎、對本書有所貢獻的人士。對於具體展現了第 3 選擇 —— 無論是否在本書中提及 —— 遍及全世界的朋友、同事、客戶以及「壓浪板手們」（trim-tabbers），我以深深的感謝說，你們啟發了我。謝謝你們如此熱心，分享了你們的故事和生活。

　　謝謝我在富蘭克林・柯維公司的同事們：山姆・布萊肯（Sam Bracken）以富有感染力的熱情及忠誠敬業，幹練地管理了這個專案；狄恩・卡倫務德博士（Dr. Dean Collinwood）舉辦了我們全球的「重大挑戰」調查；裘蒂・卡爾（Jody Karr）才華洋溢的團隊設計了所有圖像；戴瑞・萊恩（Terry Lyon）蒐集了數以百計的許可權；還有我「凡事必成」的公關專家戴博拉・倫德（Debra Lund），她的忠誠跟敬業以無可計數的方式，貢獻促成了我的書籍與作品的推廣和影響力；同樣地，賈尼塔・安德森（Janita Andersen）在國際領域上也完成了宏偉的工作。來自於審閱人及撰稿人安妮・奧斯華（Annie Oswald）、麥可・歐其（Michael Ockey）以及我兒子西恩・柯維（Sean Covey）的充滿價值的洞見，無可衡量地改善了這件作品。

　　我要特別感謝我超過20年的事業伙伴、朋友以及同事博伊德‧克萊格（Boyd Craig），他最早向我提議這本書的想法和架構，把這些年以來，關於本書中的許多核心層面，我們所完成的綜效工作成果一併結合進來。他是我所知道最為傑出的第3選擇的領導人之一，同時也是我所合作過的第3選擇思考、創造、教學及解決問題最為勇敢與明智的模範之一。他工作和品格的果實彰顯在本書之中，到處可見。

　　我要感謝我的諸位助理：茱莉‧吉爾曼（Julie Gillman）和達拉‧薩琳（Darla Salin）；博伊德的助理維多利亞‧瑪洛特（Victoria Marrott）；以及這些年來我所有的助理和同事，他們對我的工作非常重要、影響至鉅。

　　同時，我公開感謝富蘭克林‧柯維公司的董事長和執行長鮑伯‧惠特曼（Bob Whitman），我們董事會、管理團隊的同事們，還有我們全世界的同事們，每一天，大家都展現了激勵人心的領導效能以及全心投入的服務。我愛你們，也感謝你們。

　　針對本書的設計、製造、行銷以及出版，我要感謝凱洛琳‧瑞迪（Carolyn Reidy）、瑪莎‧列文（Martha Levin）、多明尼克‧安夫索（Dominick Anfuso）、瑪烏拉‧歐布萊恩（Maura O'Brien）、蘇珊‧多納修（Suzanne Donahue），以及可瑞莎‧黑斯（Carisa Hays）。我同時也要感謝我親愛的朋友珍‧米勒（Jan Miller）和她的同事夏儂‧麥澤瑪文（Shannon Miser-Marven）絕佳的工作表現。

　　感謝我的妻子珊德拉，我的孩子辛希雅（Cynthia）、瑪利亞（Maria）、史蒂芬（Stephen）、西恩（Sean）、大衛（David）、凱薩琳（Catherine）、可琳（Colleen）、珍妮（Jenny）、約書亞（Joshua），以及他們卓越的配偶，他們貢獻了許多經驗，讓本書更加豐富。我們的孩子、孫兒女、曾孫兒女，還有未來的世代，是

我們生命的光和希望，而最終會是我畢生希望「生活在漸強之中」的具體實現和彰顯。尤其，我要感謝我的女兒辛希雅・柯維・海勒，〈第3選擇的人生〉一章絕大部分是由她所負責。

我要向我的父母親和祖父母表達讚揚和欽佩，他們賜給了我內在安全感，並且以一種豐饒富足的心態 —— 第3選擇思維的基礎 —— 疼愛、肯定以及扶養了我。我也要感謝親愛的姊妹，尤其是我的兄弟約翰，他們是我一輩子以來，最忠誠與真誠的朋友，對於〈家庭中的第3選擇〉一章貢獻良多。約翰對於富蘭克林・柯維公司在全世界各地的婚姻、家居與家庭工作的領導，留下了未來許多世代都會感懷的遺產。

我要特別感謝我的老朋友，美國地方法院體系的博伊勒法官，他跟我一同撰寫〈第3選擇與法律〉一章。身為司法最高層級中的第3選擇思維的例證，賴瑞在本書中提供了我們，他以綜效方式解決最艱難衝突的獨特經驗的好處。我也希望對布萊恩・博伊勒表達感謝，身為擁有第3選擇心態、技能高超的律師，他對於本書法律章節充滿洞識的貢獻，提供了現代法律執業者的觀點。同時，我也要感謝法律研究助理布蘭登・卡爾本（Brandon Karpen）、克里斯汀・佛汀・琉納斯（Kristin Fortin Lewnes）、麥可・邁爾斯（Michael Miles）、馬克・薛佛（Mark Shaffer）以及瑞貝卡・席伯勞斯基（Rebecca Symbrowski）。

還有，我也要特別感謝華德・克萊普翰，他的生活，以及在警察世界裡以原則為中心的領導，正在終結犯罪、讓年輕人變得更堅強，並且在他所到之處播下公民社會的種子。我感激他對於〈社會中的第3選擇〉一章的重要貢獻。

最後，同時也是最重要的，我要感謝富蘭克林・柯維公司的首席作家布萊克・英格蘭（Breck England），他投注了數百小時的

研究和寫作，才會有這本書的出現。他到全世界各地搜尋有關於
綜效的最佳思維，提供了熱情和全心全意的貢獻。正如同我所有
的同事一樣，他彰顯了富蘭克林‧柯維公司的使命：促進全球各
地人們、組織及社會的偉大。

❖ FranklinCovey 高成就文化，從心開始

富蘭克林柯維是全球最值得信賴的領導力公司。

我們的服務遍及 160 多個國家，透過建立卓越領導者、團隊與文化轉變組織，實現突破性成果。這些領導力與組織變革的方法，在 30 多年來與數以萬計團隊與組織的合作中，得到測試與淬鍊。

我們的使命：在世界各地協助個人與組織成就卓越。
我們的願景：深刻地影響全世界數十億人的生活、工作，並實現他們自我的偉大目標。

在富蘭克林柯維，我們重視：
- 全人思維
  我們擁抱每個人的獨特性和多元性，努力打造歸屬感文化。
- 實踐原則
  我們對所傳授的原則和知識充滿熱情，並致力於成為實踐的典範。
- 聚焦客戶
  我們深切地關注客戶，協助他們實現自身遠大目標。
- 盈利成長
  無論是個人還是組織，我們致力於實現有意義的成長。

我們的基本信念：

- 人們擁有與生俱來追求卓越的天賦，並且有能力做出選擇。
- 原則是永恆、普世的，是持續效能的基礎。
- 領導力是一種選擇，由內而外，以品格為基礎打造而成。卓越的領導者能夠釋放團隊的才華和熱情，邁向正確的目標。
- 高效能習慣來自堅持不懈地運用整合流程和工具。
- 持續卓越的績效需要產出與產能的平衡，即同時聚焦於目標達成與培養能力。

當您閱讀完此書，是否希望獲得更多學習與成長的機會呢？

富蘭克林柯維公司在台灣、香港和新加坡皆設有服務據點，歡迎致電 886-2-2325-2600，或瀏覽官網 www.franklincovey.com.tw，讓我們有機會為您提供更專業與詳盡的服務。

歡迎掃描下方各社群媒體平台，讓您即時獲得富蘭克林柯維最新資訊、掌握終極競爭優勢！

有關兒童、青少年、老師、學校、家庭等教育領域，歡迎致電 886-2-2703-5690，或瀏覽官網 www.peducation.com.tw。

心理勵志 BBPB007B

第 3 選擇
解決人生所有難題的關鍵思維
The 3rd Alternative: Solving Life's Most Difficult Problems

作者 —— 史蒂芬・柯維（Stephen R. Covey）
譯者 —— 姜雪影、蘇偉信

總編輯 —— 吳佩穎
責任編輯 —— 許玉意、陳怡琳
封面設計 —— 張議文、倪旻鋒

出版者 —— 遠見天下文化出版股份有限公司
創辦人 —— 高希均、王力行
遠見・天下文化・事業群 董事長 —— 高希均
事業群發行人／CEO —— 王力行
天下文化社長 —— 林天來
天下文化總經理 —— 林芳燕
國際事務開發部兼版權中心總監 —— 潘欣
法律顧問 —— 理律法律事務所陳長文律師
著作權顧問 —— 魏啟翔律師
地址 —— 台北市 104 松江路 93 巷 1 號 2 樓

讀者服務專線 —— (02) 2662-0012 ｜ 傳真 —— (02) 2662-0007；(02) 2662-0009
電子郵件信箱 —— cwpc@cwgv.com.tw
直接郵撥帳號 —— 1326703-6 號　遠見天下文化出版股份有限公司

電腦排版 —— 立全電腦印前排版有限公司、楊仕堯
製版廠 —— 東豪印刷事業有限公司
印刷廠 —— 柏晧彩色印刷有限公司
裝訂廠 —— 台興印刷裝訂股份有限公司
登記證 —— 局版台業字第 2517 號
總經銷 —— 大和書報圖書股份有限公司 電話／(02) 8990-2588
出版日期 —— 2013 年 1 月 30 日第一版第 1 次印行
　　　　　　2023 年 4 月 28 日第三版第 1 次印行

國家圖書館出版品預行編目（CIP）資料

第 3 選擇：解決人生所有難題的關鍵思維／
史蒂芬・柯維 (Stephen R. Covey) 著；姜雪
影，蘇偉信譯. -- 第一版. -- 臺北市：遠見
天下文化, 2013.01
　面；　公分. --（心理勵志；BPB007）
　譯自：The 3rd alternative: solving life's most
difficult problems
　ISBN 978-986-320-100-7（平裝）

1. 成功法　2. 人際衝突

177.2　　　　　　　　　　　　101025450

定價 —— NT 650 元
ISBN —— 4713510943472
書號 —— BBPB007B
天下文化官網 —— bookzone.cwgv.com.tw